Michael J. Hernandez
John L. Viescas

SQL

 ADDISON-WESLEY

An imprint of Pearson Education

München • Boston • San Francisco • Harlow, England
Don Mills, Ontario • Sydney • Mexico City
Madrid • Amsterdam

Die Deutsche Bibliothek – CIP-Einheitsaufnahme

Ein Titeldatensatz für diese Publikation ist
bei Der Deutschen Bibliothek erhältlich.

5 4 3 2 1
05 04 03 02 01

ISBN 3-8273-1772-X

© 2001 by Addison Wesley Verlag,
ein Imprint der Pearson Education Deutschland GmbH
Martin-Kollar-Straße 10–12, D-81829 München/Germany
Alle Rechte vorbehalten
Einbandgestaltung: Barbara Thoben, Köln
Lektorat: Martin Asbach, masbach@pearson.de
Korrektorat: Katrin Dirschwigl, München
Herstellung: Monika Weiher, mweiher@pearson.de
Satz: reemers publishing services gmbh, Krefeld, www.reemers.de
Druck und Bindung/Gesamtherstellung: Kösel, Kempten, www.Koeselbuch.de
Printed in Germany

Go To

Inhaltsverzeichnis

Inhaltsverzeichnis

Vorwort

GoTo SQL ist eine ausgezeichnete Einführung in SQL-Anfragen und passt gut zu dem Buch *Database Design for Mere Mortals*, das bereits bei Addison-Wesley erschienen ist. Für viele bietet dieses Buch sogar einen noch besseren Einstieg in das Thema. Ein echter (normalsterblicher) Programmierer verbringt seine Zeit damit, SQL-Anfragen zu schrdio und entwirft nur selten die eigentliche Datenbank. Die Schemata schreiben hoch bezahlte Datenbankadministratoren und -administratorinnen mit schicken Büros und Sportwagen. Die meisten Programmierer hingegen bemühen sich, ihr SQL von einem starren Entwurf aus am Laufen zu halten.

Da ich meine Brötchen damit verdiene, Datenbanken anzupassen und SQL für Fortgeschrittene zu unterrichten, kann ich bestätigen, dass der SQL-Code meistens ungefähr so angenehm zu lesen ist wie ägyptische Hieroglyphen. Sobald der Code läuft, widmet sich der Programmierer sofort der nächsten Aufgabe, ohne einen Blick zurück zu werfen. Und wenn es dann Probleme mit diesem Code gibt, schickt der Nächste verzweifelte Nachrichten an die Diskussionsgruppen im Internet, wo John und Mike mit einigen weisen Worten und einer Überarbeitung seinen Hals retten. Seit Jahren helfen die Autoren andcren bei ihren SQL-Problemen. Es ist höchste Zeit, dieses Material in einem allgemein verständlichen Buch zu veröffentlichen!

Guter Code muss nicht schwer oder langwierig zu schreiben sein. Wenn Sie verstehen, was Sie tun, sind die meisten Probleme recht unkompliziert. Zuerst müssen Sie die Grundlagen schaffen. Hier haben Sie Gelegenheit, diese Grundlagen in einem leicht verständlichen und sehr gut lesbaren Buch zu erlernen. Danach müssen Sie herausfinden, wann und wie Sie diese unkomplizierte Lösung an Ihre spezielle Datenbank und SQL-Engine anpassen. Wenn Sie die Grundlagen haben, können Sie mich auf die richtig kniffligen Dinge ansprechen.

Joe Celko
Atlanta, GA

Vorwort und Danksagung

*»Language is by its very nature a communal thing;
that is, it expresses never the exact thing but a
compromise – that which is common to you,
me, and everybody.«
- Thomas Earnest Hulme, Speculations*

Im Allgemeinen ist es verwirrend zu lernen, wie man aus einer Datenbank Daten abruft. Es kann jedoch auch einfach sein – wenn Sie die Frage, die Sie an die Datenbank richten, verstehen. Sofern Sie die Frage verstehen, können Sie sie in die von einem Datenbanksystem benutzte Sprache übersetzen. Meistens ist dies die Structured Query Language (SQL). Sie müssen Ihre Anfrage in eine SQL-Anweisung übersetzen, damit Ihre Datenbank weiß, welche Daten Sie abrufen möchten. SQL bietet Ihnen und Ihrem Datenbanksystem die Möglichkeit, miteinander zu kommunizieren.

Während unserer langjährigen Arbeit als Datenbank-Consultants haben wir festgestellt, dass die Zahl derjenigen, die nur Daten aus einer Datenbank abrufen müssen, erheblich höher ist als die Zahl derjenigen, die mit dem Schreiben von Programmen und Anwendungen für eine Datenbank zu tun haben. Leider konzentriert sich kein Buch ausschließlich auf das Abrufen von Daten, erst recht nicht aus der Perspektive des »Normalsterblichen«. Es gibt zweifellos zahlreiche gute Bücher über SQL, aber die meisten davon befassen sich mit dem Programmieren und Entwickeln von Datenbanken.

Als uns dies klar wurde, beschlossen wir, es sei an der Zeit, ein Buch zu schreiben, das den Leuten dabei hilft zu lernen, wie man richtig und wirkungsvoll Anfragen an eine Datenbank richtet. Das Ergebnis dieses Beschlusses halten Sie nun in Händen. Dieses Buch ist unter den Büchern über SQL insofern einzigartig, als es sich einzig und allein mit SQL-Anfragen beschäftigt. Wenn Sie dieses Buch zu Ende gelesen haben, werden Sie in der Lage sein, beliebige Daten abzurufen.

Ein Buch wie dieses zu schreiben, ist immer eine Gemeinschaftsarbeit. Es gibt immer Verleger, Kollegen, Freunde und Verwandte, die gerne helfen und wertvollen Rat erteilen, wenn dieser am meisten gebraucht wird. Diese Menschen ermutigen uns, helfen uns dabei, das Wesentliche nicht aus den Augen zu verlieren, und motivieren uns, das Projekt über die Ziellinie zu bringen.

Zuallererst wollen wir unserer Verlegerin Mary O'Brien dafür danken, dass sie es uns ermöglicht hat, dieses Buch zu schreiben. Wie hatten eine Idee und sie erkannte deren Potenzial und verfolgte die Idee mit großem Engagement. Wir möchten Mary und ihrer Assistentin Mariann Kourafas auch für ihre unerschöpfliche Geduld und unerschütterliche Unterstützung während der vielen Monate des Schreibens danken. Nicht zu vergessen Marilyn Rash und ihr Produktionsteam – gut gemacht, Freunde!

Als Nächstes möchten wir unseren technischen Lektoren Malcom C. Rubel, Michael Blaha, Alexander Tarasul und Keith W. Hare unseren Dank aussprechen. Die Arbeit mit Malcom war wie immer ein Vergnügen. Michael und Alexander danken wir für ihre wohlüberlegten Kommentare und Vorschläge. Und besonders danken wir Keith, der einige kleinere Fehler in unserer SQL-Geschichte korrigierte und uns einen Großteil der Informationen für das Kapitel »Was die Zukunft verspricht« aus Teil 3 lieferte. Ihnen allen nochmals vielen Dank für Ihre Zeit, Ihren Einsatz und dafür, dass Sie mitgeholfen haben, dieses Buch zu einer fundierten Arbeit über SQL-Anfragen zu machen.

Schließlich gilt unser ganz besonderer Dank Joe Celko für sein Vorwort. Joe ist ein SQL-Experte, ein Kollege und ein guter Freund. Wir haben große Achtung vor Joes fachlichem Wissen über unser Thema und es ist uns eine Freude, unser Buch mit seinen Gedanken und Kommentaren zu eröffnen.

Ich möchte meinem lieben Freund und Kollegen John L. Viescas dafür danken, dass ich dieses Buch mit ihm gemeinsam schreiben durfte. John hatte die ursprüngliche Idee für dieses Buch, und eines Tages überredete er mich beim Abendessen dazu, es mit ihm zu schreiben. Er ist seit langer Zeit im Geschäft und als Autor etabliert und anerkannt. Für mich ist es eine Ehre, die Autorenschaft dieses Buches mit ihm zu teilen.

Schließlich möchte ich meiner Frau Kendra danken. Wieder einmal war sie außerordentlich geduldig, während ich mich mit dem Schreiben abmühte. Ihre Hilfe war von unschätzbarem Wert und, noch einmal, ich verdanke ihr viel. Ich würde Ihnen sagen, dass sie die Liebe meines Lebens ist, meine engste Vertraute und meine beste Freundin, aber sie verabscheut jegliche öffentliche Zurschaustellung von Gefühlen. Also werde ich nur sagen:

Nun, Ked, der Alltag hat uns wieder – bis zum nächsten Buch!

Michael J. Hernandez
Bellevue, Washington

Mensch, Michael! Möchtest du mich hier zum Genie stempeln oder was? Du bist selbst nicht gerade eine Niete. Schon möglich, dass ich dich zum »nächsten« Buch über SQL überredet habe, aber du warst derjenige, der für die Leser das inzwischen schon bewährte Format und die »Stimme« erfunden hat. Es hat Spaß gemacht und war interessant, die komplexe Welt des SQL (eines meiner Lieblingsthemen) einem so breiten Publikum nahe zu bringen. Danke, dass ich mitmachen durfte.

Im Gegensatz zu deiner Frau hat meine, Suzanne, nichts gegen die Zurschaustellung von Gefühlen. Wir schulden ihr beide eine feste Umarmung – nicht nur dafür, dass sie mich ertragen hat, während ich durch die Arbeit an diesem Buch sozusagen »offline« war, sondern auch dafür, dass sie hinter den Kulissen viel korrigiert und kritische Kommentare zu unserem Material beigesteuert hat. Computer sind ihr nicht fremd, aber sie ist ganz entschieden eine »Normalsterbliche«, wenn es um Datenbanken geht. Sie war das perfekte Publikum, an dem wir unsere Entwürfe testen konnten. Ich musste ihr nur Eines versprechen: Wenn wir im Frühjahr wieder nach Hawaii fliegen, lasse ich meinen Laptop zu Hause!

John L. Viescas
Austin, Texas

Über die Autoren

Michael J. Hernandez ist ein Datenbankentwickler mit über 13 Jahren Erfahrung in der Entwicklung von Anwendungen für eine Vielzahl von Kunden aus verschiedenen Branchen. Er ist auf den Entwurf relationaler Datenbanken spezialisiert und hat das erfolgreiche Buch *Database Design for Mere Mortals* (Addison-Wesley, 1997) geschrieben. Mit SQL hat er während seiner ganzen Laufbahn gearbeitet: Er entwickelte Anwendungen, die auf SQL basierende Datenbanken verwenden, zum Beispiel Microcrims R:BASE, Microsoft Access und Microsoft SQL Server und schrieb oder lektorierte mehrere Bücher über Access sowie Beiträge in Fachzeitschriften.

Neben seiner Arbeit in der Datenbankentwicklung und seiner Autorentätigkeit hält er für AppDev (früher Application Developers Training Company) in ganz Amerika Schulungen zu Microsoft Access ab und ist einer der gefragtesten Schulungsleiter zu diesem Thema. Darüber hinaus bietet er ein viertägiges Seminar über relationalen Datenbankentwurf und die in diesem Buch vorgestellte Entwurfsmethodik an. Auf verschiedenen Konferenzen, wie der Microsoft Office and VBA Solutions Conference and Expo und der Microsoft Office Deployment & Development Conference in den Jahren 1999 und 2000 war er mit Beiträgen vertreten.

In seinem früheren Leben war Hernandez Musiker. Möglicherweise ist das der Grund für seinen lockeren Unterrichtsstil und seine Fähigkeit, den Kontakt zu einem Publikum herzustellen. Auch heute spielt er immer noch gern Gitarre. Mike hat Freude an den kleinen Dingen des Lebens – viel Zeit bei Barnes & Noble verbringen, einen großen Americano bei Starbucks schlürfen, eine gepflegte Zigarre rauchen, mit seiner Frau Kendra Mountainbike fahren.

Sie können seine Website *www.datatexcg.com* besuchen oder ihm eine E-Mail schreiben an *mjhernandez@msn.com*.

John Viescas ist ein unabhängiger Consultant mit mehr als 35 Jahren Erfahrung. Zu Beginn seiner Laufbahn entwarf er als Systemanalytiker große Datenbankanwendungen für IBM-Großrechner. Er verbrachte sechs Jahre bei Applied Data Research in Dallas, Texas, wo er mehr als 30 Angestellte unter sich hatte und für Forschung, Produktentwicklung und den Kundenservice für Datenbankprodukte auf IBM-Großrechnern verantwortlich war. Während seiner Zeit bei Applied Data Research promovierte John an der Universität von Texas in Dallas im Fach Unternehmensfinanzierung mit der Note *cum laude*.

Ab 1988 arbeitete John bei Tandem Computers, wo er dafür zuständig war, im Verkaufsgebiet Westliche USA Datenbankprogramme für das Marketing zu entwerfen und zu implementieren. Von Hawaii bis Colorado und von Alaska bis Arizona entwickelte und veranstaltete er technische Seminare über NonStop SQL, das relationale Datenbankmanagementsystem von Tandem. Sein erstes Buch, *A Quick Reference Guide to SQL* (Microsoft Press), verfasste er als Forschungsprojekt, um die Ähnlichkeiten in der Syntax des ANSI-86-SQL-Standards, DB2 von IBM, SQL Server von Microsoft, Oracle von der Oracle Corporation und NonStop SQL von Tandem zu dokumentieren. Die erste Auflage von *Running Microsoft Access* (Microsoft Press) schrieb er während eines Forschungsurlaubs bei Tandem. Seither sind noch vier weitere Auflagen erschienen.

1993 gründete er seine eigene Firma. Er berät eine Reihe kleiner und großer Unternehmen im Gebiet Puget Sound in der Verwaltung von Datensystemen, wobei sein Schwerpunkt auf Produkten für das Management von Microsoft Access-Datenbanken und SQL Servern liegt. Er unterhält auch ein Büro in Austin, Texas. Er schrieb zahlreiche Artikel für Fachbücher wie z. B. *Smart Access* und *Access Advisor* und hält Vorträge auf Konferenzen und Treffen von Anwendergruppen in aller Welt, unter anderem auch auf den hochrangigen Microsoft-Konferenzen Tech*Ed und European WinSummit. Von der Produktunterstützung von Microsoft wurde er wegen der Hilfe, die er bei öffentlichen Unterstützungsforen zu technischen Fragen gibt, seit 1993 jedes Jahr zum »Wertvollsten Fachmann« gekürt.

Sie können Viescas Website *www.viescas.com* besuchen oder ihm eine E-Mail schreiben an *johnv@viescascom*.

Übersetzervorwort

»SQL für Normalsterbliche« heißt dieses Buch im Original, und damit das auch für die deutsche Ausgabe zutrifft, mussten wir an einigen Stellen »zaubern«. Im Text haben wir (hoffentlich!) gutes Deutsch geschrieben, in den formal aufgebauten Beispielanweisungen und z.T. in den Fragen hingegen den Sprachduktus des Originals so weit übernommen, dass der Leser die Aufgaben an Hand der nur in Englisch vorliegenden Beispieldatenbanken nachvollziehen und lösen kann. Die Datenbank-, Tabellen- und Spaltennamen wurden ebenfalls ausschließlich in Englisch zitiert, damit sie in den Beispieldatenbanken wiederzufinden sind. Hier war uns die Benutzerfreundlichkeit wichtiger als der Stil.

In der Terminologie haben wir uns weitgehend an das ebenfalls bei Addison-Wesley erschienene Buch »SQL – Der Standard« von Chris J. Date und Hugh Darwen gehalten, das mein Kollege Frank Wegmann übersetzt hat. An einigen Stellen steht hinter der Übersetzung der englischsprachige Begriff in Klammern, damit diejenigen Leser, die an die englische Terminologie gewöhnt sind, sich leichter orientieren können.

Natürlich sind Ihre Kritik und Anregungen immer willkommen. Soweit diese die Übersetzung betreffen, können Sie sich direkt an RederTranslations wenden; in fachlichen Fragen ist der Verlag der bessere Ansprechpartner.

Wie immer gebührt auch Martin Asbach und den anderen, mit der Herstellung dieses Buchs befassten Mitarbeitern von Addison-Wesley Dank für die hervorragende Zusammenarbeit.

Dorothea Reder
RederTranslations
Bonn, im Januar 2001
E-Mail: Doro@RederTranslations.com

Go To

Einführung

»I presume you're mortal, and can err.«
- James Shirley, The Lady of Pleasure

Wenn Sie einen Computer nicht nur gelegentlich benutzen, haben Sie wahrscheinlich die Structured Query Language – kurz SQL – bereits eingesetzt, vielleicht, ohne es zu wissen. SQL ist *die* Standardsprache zur Kommunikation mit den meisten Datenbanksystemen. Wann immer Sie Daten in ein Arbeitsblatt importieren oder in ein Textverarbeitungsprogramm einbinden, verwenden Sie höchstwahrscheinlich in irgendeiner Form SQL. Wann immer Sie eine »E-Commerce«-Webseite im Internet besuchen und ein Buch, eine CD, einen Film oder eines der zahllosen anderen Produkte bestellen, greift der Code hinter der Webseite höchstwahrscheinlich mittels SQL auf seine Datenbanken zu. Wenn Sie Daten aus einem Datenbanksystem benötigen, das SQL verwendet, kann dieses Buch Ihnen helfen, diese Sprache besser zu verstehen.

Sollten Sie dieses Buch lesen?

Dieses Buch richtet sich an »Normalsterbliche«. Nun könnten Sie fragen: »Bin ich ein Normalsterblicher?« Die Antwort darauf ist nicht einfach. Als wir dieses Buch zu schreiben begannen, glaubten wir, wir seien die »Experten« für die Datenbanksprache SQL. Im Laufe der Zeit stellten wir jedoch fest, dass wir in mehreren Bereichen auch nur »Normalsterbliche« waren. Wir verstanden zwar einige spezielle Implementierungen von SQL sehr gut, erschlossen aber viele der Schwierigkeiten dieser Sprache erst, als wir uns mit ihrer Verwendung in vielen kommerziellen Produkten befassten. Wenn also eine der folgenden Beschreibungen auf Sie passt, sind auch Sie ein Normalsterblicher!

▼ Wenn Sie Computeranwendungen benutzen, die Ihnen den Zugriff auf Daten eines Datenbanksystems erlauben, sind Sie wahrscheinlich ein »Normalsterblicher«. Wenn Sie wider Erwarten zum ersten Mal Daten nicht mithilfe der Anfragetools Ihrer Anwendung erhalten, werden Sie die zu Grunde liegenden SQL-Anweisungen untersuchen müssen, um den Grund herauszufinden.

▼ Wenn Sie in letzter Zeit eine der vielen verfügbaren Desktop-Datenbankanwendungen entdeckt haben, aber Schwierigkeiten damit haben, die benötigten Daten zu definieren und abzurufen, dann sind Sie ein »Normalsterblicher«.

▼ Wenn Sie ein Datenbankprogrammierer sind, der außerhalb der gewohnten Bahnen einige komplizierte Probleme lösen muss, dann sind Sie ein »Normalsterblicher«.

▼ Wenn Sie »Guru« für ein Datenbankprodukt sind, nun aber vor der Aufgabe stehen, die Daten Ihres vorhandenen Systems in ein anderes System integrieren zu müssen, das SQL unterstützt, dann sind Sie ein »Normalsterblicher«.

Kurz gesagt, *jeder*, der ein SQL-Datenbanksystem verwenden muss, kann mit diesem Buch etwas anfangen: Einem Datenbank-Einsteiger, der eben erst entdeckt hat, dass die benötigten Daten mit SQL beschafft werden, wird dieses Buch alle Grundlagen und noch einiges mehr beibringen. Einem »Experten«, der plötzlich komplizierte Probleme lösen oder mehrere Systeme integrieren muss, die SQL unterstützen, wird dieses Buch Einblick geben, wie er die komplexen Fähigkeiten der Datenbanksprache SQL zu seinem Vorteil nutzen kann.

Über dieses Buch

Alles, was Sie in diesem Buch lesen, basiert auf dem aktuellen ANSI (American Standards Institute)-Standard für die Datenbanksprache SQL (Dokument ANSI X3.135-1992), wie er gegenwärtig in den meisten der beliebten kommerziellen Datenbanksysteme implementiert ist. Das ANSI-Dokument wurde auch von ISO/IEC (International Organization for Standardization/ International Electrotechnical Commission) übernommen und als Dokument ISO/IEC 9075:1992 veröffentlicht, sodass es sich hier um einen wirklich internationalen Standard handelt. Das SQL, das Sie hier lernen werden, ist *nicht* nur für irgendein besonderes Softwareprodukt gültig.

Wie Sie in Kapitel 3 ausführlicher erfahren werden, definiert der SQL-Standard mehr und zugleich auch weniger als das, was Sie in den meisten kommerziellen Datenbankprodukten implementiert finden. Die meisten

Datenbankanbieter müssen viele der moderneren Eigenschaften erst noch implementieren, aber die meisten unterstützen den Kern des Standards.

Wir haben eine Fülle von populären Produkten untersucht, um sicher zu gehen, dass Sie das, was wir in diesem Buch lehren, auch verwenden können. Wenn wir bekannte Produkte fanden, die Teile des Sprachkerns nicht unterstützten, haben wir Sie gewarnt und Alternativen aufgezeigt, wie Sie Ihre Datenbankanfragen in Standard-SQL formulieren können. Wenn wir entdeckten, dass wesentliche Teile des Standards nur von wenigen Anbietern unterstützt wurden, haben wir Ihnen die Syntax vorgestellt und dann Alternativen vorgeschlagen.

Dieses Buch ist in vier Hauptteile untergliedert:

▼ Teil 1 erklärt, wie moderne Datenbanksysteme auf einem rigorosen mathematischen Modell aufbauen, und stellt die Geschichte der Datenbank-Anfragesprache vor, die sich zu dem entwickelt hat, was wir heute als »SQL« kennen. Wir erörtern auch einige einfache Regeln, durch die Sie sicherstellen können, dass Ihr Datenbankentwurf auf sicheren Beinen steht.

▼ In Teil 2 lernen Sie die SELECT-Anweisung kennen, Sie erfahren, wie man Ausdrücke formuliert und Daten mit ORDER BY sortiert. Sie werden auch lernen, wie man Daten mit der WHERE-Klausel filtert.

▼ Teil 3 zeigt Ihnen, wie Sie Anfragen formulieren, die Daten aus mehreren Tabellen gleichzeitig entnehmen. Wir zeigen Ihnen auch, wie Sie Tabellen durch INNER JOIN, OUTER JOIN und UNION-Operatoren verbinden und wie Sie mit Unteranfragen arbeiten.

▼ Teil 4 beschäftigt sich damit, wie Sie zusammenfassende Informationen erhalten und zusammengefasste Daten gruppieren und filtern. Außerdem lernen Sie die Klauseln GROUP BY und HAVING kennen.

In den Anhängen am Ende des Buches finden Sie für alle besprochenen SQL-Elemente Syntaxdiagramme, Layouts der Beispieldatenbanken und ein Verzeichnis nützlicher Literatur über SQL. Die beigefügte CD enthält alle Beispieldatenbanken, die in diesem Buch benutzt werden.

Über den Umgang mit diesem Buch

Dieses Buch ist so angelegt, dass die Kapitel aufeinander aufbauen. Sie können jedoch Kapitel überspringen, ohne sich zu verirren. Wenn Sie zum Beispiel die einfachen Klauseln der SELECT-Anweisung bereits kennen und mehr über JOINs erfahren wollen, können Sie direkt zu den Kapiteln 7, 8 und 9 springen.

Am Ende vieler Kapitel finden Sie umfangreiche Aufgaben, deren Lösungen und Beispielergebnisse. Wir empfehlen Ihnen, sich mehrere Beispiele anzusehen, damit Sie die jeweiligen Techniken besser kennenlernen, und dann einige der späteren Beispiele selbst zu lösen, ohne sich die Vorschläge anzuschauen.

Ergibt eine Anfrage eine Ergebnismenge mit Dutzenden von Zeilen, dann zeigen wir Ihnen nur die ersten Zeilen, damit Sie sehen können, wie die Antwort aussehen sollte. Allerdings sehen Sie auf Ihrem System vielleicht nicht genau die gleiche Ergebnismenge, da jedes SQL-Datenbanksystem seinen eigenen Optimierer hat, der den schnellsten Weg zur Beanwortung der Anfrage sucht. Auch die ersten Zeilen, die Ihr Datenbanksystem liefert, entsprechen möglicherweise nicht den ersten Zeilen, die wir zeigen, es sei denn, die Anfrage enthält die Klausel ORDER BY, die verlangt, dass alle Zeilen in einer bestimmten Reihenfolge ausgegeben werden müssen.

Außerdem finden Sie nach der Kapitelzusammenfassung eine Sammlung von Aufgaben, die Sie alleine lösen können. So haben Sie Gelegenheit zu üben, was Sie zuvor im Kapitel gelernt haben. Keine Sorge – die Lösungen sind in den Beispieldatenbanken auf der CD enthalten. Bei kniffligen Aufgaben geben wir auch Hinweise.

Nachdem Sie sich durch das ganze Buch hindurchgearbeitet haben, bieten Ihnen die vollständigen SQL-Diagramme in Anhang A ein sehr nützliches Verzeichnis aller SQL-Techniken, die wir Ihnen gezeigt haben. Auch die Layouts von Beispieldatenbanken in Anhang B werden hilfreich sein, wenn Sie Ihre eigenen Datenbanken entwerfen.

Die Diagramme in diesem Buch lesen

Die zahlreichen Diagramme in diesem Buch veranschaulichen die richtige Syntax für Anweisungen, Terme und Phrasen, die Sie bei der Arbeit mit SQL benutzen. Jedes Diagramm zeigt ein klares Bild der Konstruktion des SQL-Elements, das gerade behandelt wird. Jedes dieser Diagramme können Sie auch als Schablone benutzen, um Ihre eigene SQL-Anweisung zu schreiben oder ein bestimmtes Beispiel besser zu verstehen.

Alle Diagramme bestehen aus einer Reihe von Kernelementen und können in zwei Kategorien unterteilt werden: *Anweisungen* und *definierte Terme*. Eine Anweisung ist in SQL immer eine Hauptoperation. Ein Beispiel ist die in diesem Buch behandelte SELECT-Anweisung. Ein definierter Term ist dagegen immer eine Komponente, ein Teil einer Anweisung, wie zum Beispiel *Wertausdruck, Suchbedingung, Bedingter Ausdruck*. (Keine Sorge – alle diese Begriffe werden wir später noch erklären.) Der einzige Unterschied zwischen einem Syntaxdiagramm einer Anweisung und dem Syntaxdiagramm eines definierten Terms besteht darin, wie die Haupt-

syntaxzeile beginnt und endet. Abbildung 1 zeigt die Anfangs- und Endpunkte beider Diagrammkategorien. Abgesehen von diesem Unterschied
bestehen die Diagramme aus denselben Elementen. Abbildung 2 zeigt für
jeden Diagrammtyp ein Beispiel. An die Abbildung schließt sich eine
kurze Erklärung jedes Diagrammelementes an.

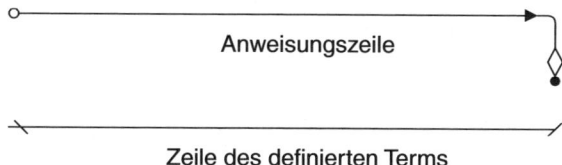

Abbildung E.1: Endpunkte der Syntaxzeile für Anweisungen und definierte Terme

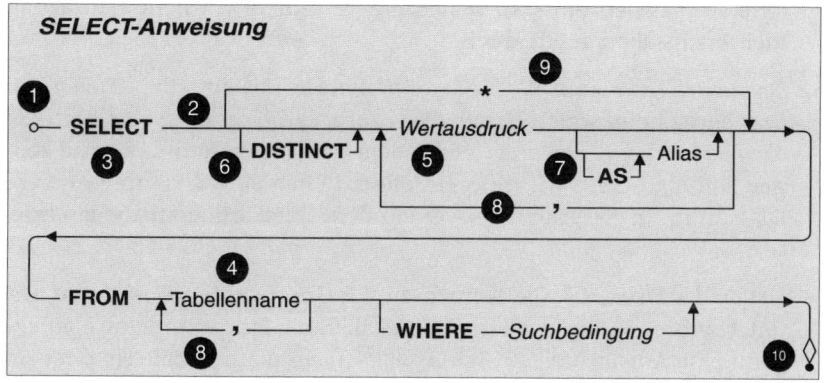

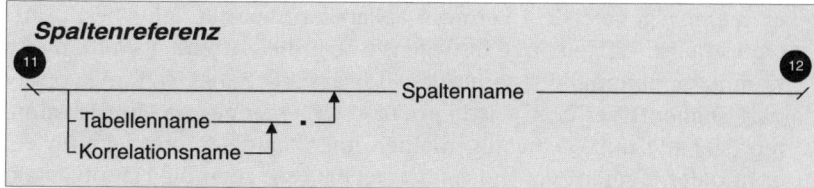

Abbildung E.2: Beispieldiagramm einer Anweisung und eines definierten Terms

1. *Anfangspunkt der Anweisung* – bezeichnet den Anfang der Hauptsyntaxzeile für die Anweisung. Jedes Element, das *direkt auf* der Hauptsyntaxzeile erscheint, ist ein *notwendiges Element* und jedes Element, das
   unterhalb erscheint, wird als *optionales Element* betrachtet.

2. *Hauptsyntaxzeile* – bestimmt die Reihenfolge aller notwendigen und optionalen Elemente der Anweisung oder des definierten Terms. Um die Syntax der Anweisung oder des definierten Terms aufzubauen, folgen Sie der Zeile von links nach rechts (oder in Richtung der Pfeile).

3. *Schlüsselwort* – ein zentrales Wort in der SQL-Grammatik, das ein notwendiger Bestandteil der Syntax einer Anweisung oder eines definierten Terms ist. In einem Diagramm sind Schlüsselwörter in Großbuchstaben und fett gedruckt. (Wenn Sie in Ihrem Datenbankprogramm selbst eine Anweisung schreiben, brauchen Sie ein Schlüsselwort nicht in Großbuchstaben zu schreiben, aber die Anweisung ist dadurch leichter zu lesen.)

4. *Wörtlicher Eintrag* – der Name eines Wertes, den Sie der Anweisung explizit liefern. Ein Wort oder eine Phrase zeigt, welchen Typ der benötigte Wert haben muss. In Diagrammen werden wörtliche Einträge in Kleinbuchstaben geschrieben.

5. *Definierter Term* – ein Wort oder eine Phrase, das oder die eine Operation bezeichnet, welche einen Wert zurückgibt; dieser Wert soll in der Anweisung benutzt werden. Zu jedem definierten Term, den Sie kennen sollten, liefern wir Ihnen in diesem Buch eine Erklärung und ein Diagramm. In Diagrammen werden definierte Terme kursiv geschrieben.

6. *Optionales Element* – alle Elemente oder Gruppen von Elementen, die unterhalb der Hauptsyntaxzeile erscheinen. Ein optionales Element kann eine Anweisung, ein Schlüsselwort, ein definierter Term oder ein wörtlicher Eintrag sein. Um ein klareres Bild zu erhalten, schreibt man es in eine eigene Zeile. In einigen Fällen kann man für eine bestimmte Option eine Wertemenge festlegen, wobei die einzelnen Werte durch Kommata voneinander getrennt werden (siehe Punkt 8). Einige optionale Elemente verfügen wiederum über eine Menge von Unterelementen (siehe Punkt 7). Im Allgemeinen lesen Sie die Syntaxzeile für ein optionales Element von links nach rechts, wie auch die Hauptsyntaxzeile. Wenn Sie immer den Richtungspfeilen folgen, können Sie nichts falsch machen. Bei einigen Optionen können Sie mehrere Werte oder Wahlmöglichkeiten festlegen, sodass der Pfeil von rechts nach links weist. Nachdem Sie alle benötigten Punkte eingetragen haben, wird der Pfeil allerdings wieder in die normale Richtung weisen, also von links nach rechts. Zum Glück funktionieren alle optionalen Elemente auf die gleiche Weise. Wenn wir Ihnen später in diesem Buch die Verwendung eines optionalen Elements gezeigt haben, werden Sie die Verwendung aller optionalen Elemente kennen, denen Sie in einem Syntaxdiagramm begegnen.

Die Diagramme in diesem Buch lesen

7. *Suboptionale Elemente* – alle Elemente oder Gruppen von Elementen, die in der Hierarchie unterhalb des optionalen Elements erscheinen. Suboptionale Elemente ermöglichen die Feinabstimmung Ihrer Anweisungen, sodass Sie auch komplexere Probleme bearbeiten können.

8. *Optionslistentrenner* – gibt an, dass Sie für diese Option mehr als einen Wert festlegen können und dass jeder Wert durch ein Komma abgetrennt werden muss.

9. *Alternative Option* – kennzeichnet ein Schlüsselwort oder einen definierten Term, das oder der als Alternative zu einem oder mehreren optionalen Elementen verwendet werden kann. Die Syntaxzeile einer alternativen Option umgeht die Syntaxzeile der optionalen Elemente, die sie ersetzen soll.

10. *Endpunkt der Anweisung* – bezeichnet das Ende der Hauptsyntaxzeile einer Anweisung.

11. *Anfangspunkt des definierten Terms* – bezeichnet den Beginn der Hauptsyntaxzeile eines definierten Terms.

12. *Endpunkt des definierten Terms* – bezeichnet das Ende der Hauptsyntaxzeile eines definierten Terms.

Nachdem Sie nun mit diesen Elementen vertraut sind, können Sie alle Syntaxdiagramme in diesem Buch lesen. Und wenn ein Diagramm noch näher erklärt werden muss, liefern wir Ihnen die nötigen Erklärungen nach. Damit Sie besser verstehen, wie die Diagramme funktionieren, geben wir Ihnen hier als Beispiel eine SELECT-Anweisung, die auf dem obigen Diagramm basiert.

```
SELECT FirstName, LastName, City, DOB AS DateOfBirth
FROM Students
WHERE City = ‚El Paso'
```

Diese SELECT-Anweisung ruft vier Spalten aus der Schülertabelle ab, wie die Klauseln SELECT und FROM zeigen. Wenn Sie die Hauptsyntaxzeile von links nach rechts lesen, können Sie sehen, dass Sie wenigstens einen *Wertausdruck* angeben müssen. Ein Wertausdruck kann einen Spaltennamen repräsentieren, und mit dem *Optionslistentrenner* dieses Wertausdrucks können Sie so viele Spalten wie nötig angeben. Auf diese Weise konnten wir vier Spaltennamen aus der Students-Tabelle benutzen. Da vielleicht nicht jeder, der die Daten liest, welche die SELECT-Anweisung zurücksendet, weiß, was DOB bedeutet, haben wir der DOB-Spalte durch die Unteroption AS des Wertausdrucks einen *Aliasnamen* zugewiesen. Mit der WHERE-Klausel haben wir dafür gesorgt, dass die SELECT-Anweisung

nur diejenigen Schüler zeigt, die in El Paso leben. (Machen Sie sich keine Sorgen, wenn Ihnen dies im Moment möglicherweise nicht sehr sinnvoll erscheint. All dies wird in späteren Abschnitten ausführlich erklärt.)

Im Anhang A finden Sie zahlreiche Diagramme. Diese zeigen die vollständige Syntax aller Anweisungen und definierten Terme, die wir in diesem Buch besprechen. Sie werden möglicherweise kleine Unstimmigkeiten zwischen Diagrammen eines Kapitels und den entsprechenden Diagrammen im Anhang feststellen. Die Diagramme in den Kapiteln sind lediglich vereinfachte Versionen der Diagramme im Anhang. An Hand dieser vereinfachten Versionen können wir komplexe Anweisungen und definierte Terme besser erklären und uns auf bestimmte Elemente konzentrieren. Aber sobald Sie das ganze Material durchgearbeitet haben, werden Sie die Diagramme im Anhang völlig verstehen.

Beispieldatenbanken in diesem Buch

Am Ende des Buches finden Sie eine CD-ROM mit fünf Beispieldatenbanken, die wir für die Beispielanfragen im Buch benutzen. Diagramme der Datenbankstrukturen finden Sie auch in Anhang B.

1. **Sales Order.** Dies ist eine typische Bestelldatenbank für ein Fahrradgeschäft. (In jedem Buch über Datenbanken muss wenigstens ein Beispiel für eine Bestelldatenbank stehen, nicht wahr?)

2. **Entertainment Agency.** Eine Datenbank zur Verwaltung von Unterhaltungskünstlern, Agenten, Kunden und Buchungen. Mit einer ähnlichen Datenbank würden Sie auch Buchungen für Veranstaltungen oder Hotelreservierungen verwalten.

3. **School Scheduling.** Mit diesem Datenbankentwurf können Sie Schüler einer High School oder eines Colleges registrieren. Die Datenbank verfolgt nicht nur die Registrierungen für Kurse, sondern auch, welche Lehrkraft welchen Kurs betreut und die Noten der Schüler.

4. **Bowling League.** Diese Datenbank verfolgt Kegelmannschaften, Mannschaftsmitglieder, deren Spiele und die Ergebnisse.

5. **Recipes.** Mit dieser Datenbank können Sie Ihre Lieblingsrezepte speichern und verwalten. Wir haben auch selbst einige hinzugefügt, die Sie vielleicht ausprobieren möchten.

Im Stammordner der CD finden Sie alle fünf Beispieldatenbanken in jeweils drei Versionen. Wegen der großen Beliebtheit der Desktop-Datenbank Microsoft Access haben wir die Datenbanken (Dateierweiterung .mdb) einmal für Microsoft Access (Version 9.0) erzeugt. Für Version 9.0 haben wir uns entschieden, weil sie den aktuellen ANSI-SQL-Standard besser unterstützt als alle früheren Versionen. Die zweite Version besteht aus Datenbankdateien (Dateierweiterung .mdf) für Microsoft SQL Server (Version7). Zusätzlich bieten wir SQL-Befehlsdateien (Dateierweiterung .sql), mit denen Sie die Beispiele einem Microsoft SQL Server-Katalog hinzufügen können. Als zusätzlichen Bonus haben wir die Testversion von Microsoft SQL Server Version 7 beigefügt, die Sie unter Microsoft Windows 95, 98, 2000 oder NT installieren können. Falls Sie keine Datenbanksoftware besitzen, können Sie mit dieser Testversion alle Beispiele des Buches bearbeiten. Die Datei README.TXT im Stammverzeichnis und in jedem der Kapitelverzeichnisse auf der CD enthält die vollständigen Anweisungen zum Laden der Beispieldatenbanken. Um die Beispieldatenbanken richtig und erfolgreich laden zu können, sollten Sie unbedingt diese Dateien lesen.

Die dritte Version finden Sie in Textdateien mit SQL-Befehlen zum Aufbau der Datenbanken. Diese Daten können Sie in Ihr bevorzugtes Datenbanksystem laden. Obwohl wir sehr darauf geachtet haben, für die Befehle CREATE TABLE und INSERT die am weitesten verbreitete und einfachste Syntax zu benutzen, müssen Sie (oder Ihr Datenbankadministrator) diese Dateien für die Arbeit mit dem Datenbanksystem vielleicht etwas abwandeln. Wir liefern keine Befehle zum Erstellen von Indizes für die Tabellen, da die Syntax des CREATE INDEX-Befehls bei den verschiedenen Datenbanksystemen große Unterschiede aufweist. Sie werden vielleicht feststellen, dass viele der Beispielanweisungen sehr langsam laufen, weil die Indizes fehlen. Lesen Sie in der Dokumentation zu Ihrer Datenbank nach, wie Sie Indizes erstellen können, um die Performance zu verbessern. Wenn Sie mit einem Datenbanksystem auf einem Remote-Server arbeiten, benötigen Sie vielleicht die Erlaubnis Ihres Datenbankadministrators, um mit den mitgelieferten SQL-Befehlen die Beispiele zu erstellen.

Auf der CD finden Sie auch für jedes Kapitel einen Unterordner mit Beispielanweisungen. Die Beispieldateien haben wir so angeordnet, um Ihnen das Auffinden der Beispiele zu jedem Kapitel zu erleichtern. In einigen Fällen haben wir außerdem die Beispieldaten so abgeändert, dass jede Beispielanweisung mindestens eine Zeile in die Ergebnismenge zurückgibt. Sie können die Datenbanken von Microsoft Access 2000 direkt in diesen Unterordnern benutzen oder mit den Microsoft SQL Server-Versionen, die Sie dort finden, verbinden. Wenn Sie mit einer anderen Datenbank arbeiten, stehen Ihnen zwei Gruppen von Textdateien, die SQL enthalten, zur Verfügung: mit der einen können Sie die Beispieldaten laden, mit der anderen die Beispielanweisungen.

»Folge der gelben Ziegelstraße«

- Munchkin zu Dorothy in The Wizard of Oz

Nachdem Sie nun die Einleitung gelesen haben, sind Sie vermutlich bereit, SQL zu lernen, nicht wahr?

Springen Sie lieber nicht zu Kapitel 4, sondern folgen Sie unserem Rat und lesen Sie die ersten drei Kapitel. Kapitel 1 vermittelt Ihnen einen Eindruck davon, wie relationale Datenbanken entstanden und sich zu dem heute in der Branche meistgenutzten Datenbanktyp entwickelten. Wir hoffen Ihnen damit einen gewissen Einblick in das Datenbanksystem zu geben, das Sie momentan verwenden. In Kapitel 2 lernen Sie, wie Sie die Feinheiten Ihrer Datenstrukturen so anpassen können, dass Ihre Daten zuverlässig und vor allem genau sind. Einige der SQL-Anweisungen werden Ihnen das Leben schwer machen, wenn Sie nur dürftig angelegte Datenstrukturen haben; daher empfehlen wir Ihnen, dieses Kapitel sorgfältig zu lesen.

Kapitel 3 ist buchstäblich der Anfang der Gelben Ziegelstraße. Hier werden Sie die Ursprünge von SQL und einige Personen und Unternehmen, die der Sprache den Weg geebnet haben, kennen lernen. Sie werden erfahren, wie die Sprache sich zu ihrer gegenwärtigen Form entwickelt hat, und warum es so viele Spielarten von SQL gibt. Außerdem erfahren Sie, wie SQL zu einem nationalen und internationalen Standard wurde, und wie die Zukunft für SQL aussieht.

Wenn Sie diese Kapitel gelesen haben, können Sie davon ausgehen, dass Sie bereits ein gutes Stück des Weges nach Oz hinter sich gebracht haben. Folgen Sie einfach weiter der Straße, die wir für Sie durch die restlichen Kapitel angelegt haben. Wenn Sie das Buch schließlich zu Ende gelesen haben, werden Sie feststellen, dass Sie den Zauberer gefunden haben – Sie selbst sind es.

Teil I:
Relationale
Datenbanken und SQL

Was heißt relational?

1

Kapitelüberblick

»Knowledge is the small part of ignorance that we arrange and classify.«
- Ambrose Bierce

Bevor wir uns eingehender mit SQL befassen, müssen wir einige allgemeine Hintergrundinformationen zu relationalen Datenbanken klären. Sie werden erfahren, warum relationale Datenbanken erfunden wurden, wie sie aufgebaut sind, und warum Sie sie benutzen sollten. So können Sie erst wirklich verstehen, was es mit SQL auf sich hat und wie Sie SQL am besten zu Ihrem Vorteil nutzen können.

1.1 Datenbanktypen

Was ist eine Datenbank? Wie Sie vermutlich wissen, ist eine Datenbank eine organisierte Sammlung von Daten, mit denen man irgendeine Art von Organisation oder Organisationsprozess modelliert.

Es spielt eigentlich keine Rolle, ob Sie Ihre Daten auf Papier oder mit einem Computerprogramm sammeln und aufbewahren. Wenn Sie die Daten in organisierter Form und für einen bestimmten Zweck sammeln und aufbewahren, haben Sie auf jeden Fall eine Datenbank. Im Weiteren werden wir davon ausgehen, dass Sie Ihre Daten mit einem Computerprogramm sammeln und pflegen.

Ganz allgemein werden beim Datenbank-Management zwei Arten von Datenbanken eingesetzt: *operationale Datenbanken* und *analytische Datenbanken*.

Operationale Datenbanken sind heute das Rückgrat vieler Unternehmen, Organisationen und Institutionen in aller Welt. Dieser Datenbanktyp dient in erster Linie dem tagtäglichen Sammeln, Bearbeiten und Pflegen von Daten. Die hier gespeicherten Daten sind *dynamisch*, was bedeutet, dass sie sich ständig verändern und immer die aktuellsten Informationen widerspiegeln. Operationale Datenbanken werden in Organisationen wie Einzelhandelsgeschäften, Produktionsbetrieben, Krankenhäusern und Kliniken verwendet, da deren Daten ständig in Bewegung sind.

Die analytische Datenbank speichert und verfolgt dagegen historische und zeitabhängige Daten. Sie ist von großem Wert, wenn es darum geht, Trends zu verfolgen, statistische Daten über einen langen Zeitraum hinweg zu beobachten, oder taktische sowie strategische Geschäftspläne zu entwerfen. Die hier gespeicherten Daten sind *statisch*; sie werden nie (oder nur sehr selten) verändert. Die Informationen, die eine analytische Datenbank liefert, stellen eine Momentaufnahme der Daten dar und sind in der Regel nicht auf dem neuesten Stand. Chemielabors, geologische Unternehmen und Marktanalysefirmen sind Beispiele für Organisationen, die analytische Datenbanken einsetzen.

1.2 Eine kurze Geschichte des relationalen Modells

Es gibt mehrere Arten von Datenbankmodellen; einige, wie das hierarchische und das Netzwerkmodell, sind im Schwinden begriffen, während andere, wie etwa das relationale, sich weitgehender Beliebtheit erfreuen. In anderen Büchern können Sie auf Erörterungen von »Objekt-« oder »Objektrelationalen« Modellen stoßen. Diese neueren Modelle werden gegenwärtig noch weiter erforscht und entwickelt, aber unseres Erachtens werden sie vor allem als Erweiterungen des relationalen Modells implementiert werden. Ein Großteil der Arbeit des ANSI-Komitees an der nächsten Version des SQL-Standards gilt dem Ziel, SQL so zu erweitern, dass es auch objektorientierte Konzepte abdeckt. Wir werden uns für unsere Zwecke jedoch ausschließlich auf das relationale Modell beschränken.

1.2.1 Am Anfang war...

Die relationale Datenbank wurde 1969 erfunden und ist das heute im Datenbankmanagement am weitesten verbreitete Datenbankmodell. Der Vater des relationalen Modells, Dr. Edgar D. Codd, arbeitete in den späten Sechzigerjahren als Forscher bei IBM und untersuchte damals neue Möglichkeiten zur Verwaltung großer Datenmengen. Da er mit den Datenbankmodellen und Datenbankprodukten seiner Zeit unzufrieden war, begann er über Möglichkeiten nachzudenken, die unzähligen Probleme, denen er begegnet war, mithilfe mathematischer Disziplinen und Strukturen zu lösen. Als Mathematiker glaubte er fest daran, spezifische Zweige der Mathematik zur Lösung von Problemen wie Datenredundanz, fehlende Datenintegrität und übermäßige Abhängigkeit der Datenbankstruktur von ihrer physischen Implementierung heranziehen zu können.

In einer bahnbrechenden Arbeit unter dem Titel »A Relational Model of Data for Large Shared Databanks«[1] stellte Dr. Codd sein neues relationales Modell im Juni 1970 schließlich formell vor. Er stützte sein neues Modell auf zwei Zweige der Mathematik – Mengenlehre und Prädikatenlogik Erster Ordnung. Schon der Name des Modells ist von »Relation« abgeleitet, einem Begriff aus der Mengenlehre. (Es ist ein weit verbreiteter Irrglaube, das relationale Modell verdanke seinen Namen der Tatsache, dass Tabellen in einer relationalen Datenbank miteinander in Relation stehen können. Jetzt, da Sie die Wahrheit kennen, können Sie endlich ruhig schlafen!) Zum Glück müssen Sie nichts über Mengenlehre und Prädikatenlogik Erster Ordnung wissen, um eine relationale Datenbank zu entwerfen und zu benutzen. Wenn Sie eine gute Methode zum Entwerfen von Datenbanken benutzen – z.B. die in dem Buch *Database Design for Mere Mortals* von Mike Hernandez vorgestellte – können sie eine solide und wirkungsvolle

---

1. *Communications of the ACM*, Juni 1970, S. 377-87.

Datenbankstruktur entwickeln und sie guten Gewissens für das Sammeln und Pflegen von Daten einsetzen. (Nun ja, zugegeben, *ein bisschen* müssen Sie schon von Mengenlehre verstehen, wenn Sie kompliziertere Probleme lösen möchten. Das Wenige, das Sie wissen müssen, behandeln wir in Kapitel 7.)

1.2.2 Software für relationale Datenbanken

Seit seiner Einführung war das relationale Modell die Grundlage für Datenbankprodukte namens Relational Database Management Systems (RDBMS). Diese wurden von einer Reihe von Herstellern angeboten und im Laufe der Jahre von verschiedenen Branchen und Organisationen übernommen. Heute werden sie in vielen unterschiedlichen Umgebungen eingesetzt. In den Siebzigerjahren benutzten Großrechner Programme wie *System R* von IBM und *INGRES* von der Universität von Kalifornien in Berkeley. Die Entwicklung von RDBMSs für Großrechner setzte sich in den Achtzigerjahren fort mit Programmen wie *Oracle* der Oracle Corporation und *DB2* von IBM. Der PC (Personal Computer)-Boom in der Mitte der Achtzigerjahre brachte Programme wie *dBase* von Ashton Tate, *Paradox* von Ansa Software und *R:BASE* von Microcrim hervor. Als sich in den späten Achtzigerjahren und frühen Neunzigerjahren die Notwendigkeit abzeichnete, mehrere PCs auf dieselben Daten zugreifen zu lassen, war das Konzept des Client/Server-Rechners geboren, und damit auch die Idee zentral angesiedelter, gemeinsamer Daten, die sowohl leicht zu verwalten als auch leicht zu sichern waren. Dieses Konzept schuf die Voraussetzung für Produkte wie *Oracle 8i* von Oracle und *SQL Server 7* von Microsoft. Ungefähr seit 1996 wurden mehr gemeinsame Anstrengungen unternommen, den Zugriff auf Datenbanken vom Internet aus zu ermöglichen. Softwarehersteller nehmen diese Bemühungen ernst; sie fühlen sich der Lage inzwischen gewachsen und bieten Produkte an, die »Web-zentrischer« sind, wie etwa *Cold Fusion* von Allaire, *Sybase Enterprise Application Studio* von Sybase und *Visual InterDev* von Microsoft.

1.3 Anatomie einer relationalen Datenbank

Nach dem relationalen Modell werden Daten in einer relationalen Datenbank in Form von Relationen gespeichert, die der Nutzer als Tabellen wahrnimmt. Jede Relation besteht aus *Tupeln* (Datensätzen) und *Attributen* (Feldern). Eine relationale Datenbank hat mehrere Charakteristika, die im Folgenden besprochen werden.

Abbildung 1.1 zeigt ein Beispiel für eine Tabelle.

Customers

CustomerID	FirstName	LastName	StreetAddress	City	State	ZipCode
1010	Michael	Davolio	672 Lamont Ave	Houston	TX	77201
1011	Margaret	Peacock	667 Red River Road	Austin	TX	78710
1012	Estella	Pundt	2500 Rosales Lane	Dallas	TX	75260
1013	Mark	Rosales	323 Advocate Lane	El Paso	TX	79915
1014	Consuelo	Maynez	3445 Cheyenne Road	El Paso	TX	79915
1015	Ryan	Ehrlich	455 West Palm Ave	San Antonio	TX	78284

Daten-sätze

Felder

Abbildung 1.1: Eine Beispieltabelle

1.3.1 Tabellen

Tabellen sind die wichtigsten Strukturen in der Datenbank; jede Tabelle repräsentiert immer ein einziges, spezielles Thema. Die logische Ordnung von Datensätzen und Feldern innerhalb einer Tabelle ist völlig unwichtig. Jede Tabelle enthält mindestens ein Feld – den sogenannten *Primärschlüssel* – das jeden ihrer Datensätze eindeutig identifiziert. (In Abbildung 1.1 ist z.B. CustomerID der Primärschlüssel der Tabelle Customers). Wegen dieser beiden letztgenannten Tabelleneigenschaften können die Daten in einer relationalen Datenbank von der Art ihrer physischen Speicherung im Computer unabhängig sein. Darüber können sich alle Benutzer freuen, müssen sie doch den physischen Ort eines Datensatzes nicht mehr kennen, um seine Daten abrufen zu können.

Das Thema einer Tabelle kann ein *Objekt* oder ein *Ereignis* sein. Wenn das Thema ein Objekt ist, repräsentiert die Tabelle etwas Greifbares – eine Person, einen Ort oder einen Gegenstand. Unabhängig von seiner Art hat jedes Objekt Eigenschaften, die als Daten gespeichert werden können. Diese Daten können dann auf zahllose Arten verarbeitet werden. Piloten, Produkte, Maschinen, Studenten, Gebäude und Ausrüstungsgegenstände sind Beispiele für Objekte, die eine Tabelle darstellen kann. Abbildung 1.1 veranschaulicht eines der häufigsten Beispiele für diesen Tabellentyp.

Wenn das Thema einer Tabelle ein Ereignis ist, stellt die Tabelle etwas dar, was sich zu einem bestimmten Zeitpunkt ereignet und Eigenschaften hat, die Sie festhalten möchten. Diese Eigenschaften können als Daten gespeichert und dann als Information verarbeitet werden, und zwar genauso wie eine Tabelle, die ein bestimmtes Objekt repräsentiert. Beispiele für Ereignisse, die Sie vielleicht aufzeichnen möchten, sind gerichtliche Verneh-

mungen, die Verteilung von Finanzmitteln, Labortestergebnisse und geologische Vermessungen. Abbildung 2.1 zeigt das Beispiel einer Tabelle, die
ein Ereignis repräsentiert, das wir alle schon einmal erlebt haben: einen
Arzttermin.

Patient Visit

Patient ID	Visit Date	Visit Time	Physician	Blood Pressure	Temperature
92001	1998-05-01	10:30	Hernandez	120 / 80	98.8
97002	1998-05-01	13:00	Piercy	112 / 74	97.5
99014	1998-05-02	09:30	Rolson	120 / 80	98.8
96105	1998-05-02	11:00	Hernandez	160 / 90	99.1
96203	1998-05-02	14:00	Hernandez	110 / 75	99.3
98003	1998-05-02	09:30	Rolson	120 / 80	98.8

Abbildung 1.2: Eine Tabelle, die ein »Ereignis« darstellt

1.3.2 Felder

Ein Feld ist die kleinste Struktur in einer Datenbank und repräsentiert eine
Eigenschaft des Themas der Tabelle, zu der sie gehört. Felder sind Strukturen, in die man Daten speichert. Die Daten können dann aus diesen
Feldern abgerufen und als Informationen in fast jeder denkbaren Konfigu-
ration dargestellt werden. Denken Sie daran, dass die Qualität der Informationen, die Sie von Ihren Daten bekommen, direkt davon abhängt, wie
viel Zeit Sie darin investiert haben, die Integrität der Strukturen und Daten der Felder zu gewährleisten. Die Bedeutung der Felder kann gar nicht
genug betont werden.

In einer ordentlich angelegten Datenbank enthält jedes Feld genau einen
Wert und der Name des Feldes identifiziert den Typ des enthaltenen
Werts. Man muss daher ein Gespür für das Eintragen von Daten in ein
Feld entwickeln. Wenn Sie Felder mit Namen wie Vorname, Name, Stadt,
Bundesstaat, Postleitzahl sehen, wissen Sie genau, welcher Werttyp in je-
des Feld gehört. Dann fällt es Ihnen auch leicht, die Daten nach dem Bun-
desland zu sortieren oder nach allen Personen mit dem Namen Hernan-
dez zu suchen.

1.3.3 Datensätze

Ein Datensatz ist eine eindeutige Instanz des Tabellenthemas. Er besteht
aus allen Feldern der Tabelle, auch den leeren. Durch die Art, wie eine Tabelle definiert ist, wird jeder einzelne Datensatz der gesamten Datenbank
durch einen eindeutigen Wert im Primärschlüsselfeld identifiziert.

In Abbildung 1.1 repräsentiert zum Beispiel jeder Datensatz einen eindeutigen Kunden in der Tabelle und das Feld CustomerID identifiziert einen bestimmten Kunden in der Datenbank. Jeder Datensatz enthält wiederum alle Felder der Tabelle, und jedes Feld beschreibt irgendeinen Aspekt desjenigen Kunden, zu dem dieser Datensatz gehört. Datensätze sind der Schlüsselfaktor, um das Verhältnis zwischen verschiedenen Tabellen zu verstehen, denn Sie müssen wissen, wie ein Datensatz in einer Tabelle sich zu anderen Datensätzen in einer anderen Tabelle verhält.

1.3.4 Schlüssel

Schlüssel sind spezielle Felder, die in einer Tabelle eine ganz besondere Rolle spielen: Die Art eines Schlüssels bestimmt seinen Zweck innerhalb der Tabelle. Obwohl eine Tabelle mehrere Arten von Schlüsseln enthalten kann, werden wir unsere Erörterung auf die beiden wichtigsten beschränken: den *Primärschlüssel* und den *Fremdschlüssel*.

Ein Primärschlüssel ist ein Feld oder eine Gruppe von Feldern, das oder die jeden Datensatz in der Tabelle eindeutig identifiziert. (Wenn ein Primärschlüssel aus zwei oder mehr Feldern besteht, wird er als zusammengesetzter Primärschlüssel bezeichnet.) Der Primärschlüssel ist aus zwei Gründen der wichtigste von allen: Sein *Wert* identifiziert überall in der Datenbank einen *speziellen Datensatz*, und sein *Feld* identifiziert überall in der Datenbank eine *bestimmte Tabelle*. Primärschlüssel erzwingen auch die Tabellenintegrität und erleichtern das Herstellen von Beziehungen zu anderen Tabellen. Jede Tabelle in Ihrer Datenbank sollte einen Primärschlüssel haben.

Das Feld AgentID in Abbildung 1.3 ist ein gutes Beispiel für einen Primärschlüssel. Es identifiziert jeden Agenten innerhalb der Tabelle Agents eindeutig und hilft dabei, die Tabellenintegrität zu gewährleisten, indem es gedoppelte Datensätze verhindert. Es wird auch benutzt, um Beziehungen zwischen der Tabelle Agents und anderen Tabellen in der Datenbank herzustellen, in der Abbildung zum Beispiel zu der Tabelle Entertainers.

Wenn Sie zwischen zwei Tabellen eine inhaltliche Beziehung bemerken, dann verknüpfen Sie diese beiden Tabellen üblicherweise dadurch, dass Sie den Primärschlüssel der ersten Tabelle kopieren und in die zweite Tabelle einfügen, wo er ein Fremdschlüssel wird. (Der Begriff »Fremdschlüssel« ist aus der Tatsache abgeleitet, dass die zweite Tabelle bereits einen eigenen Primärschlüssel hat, und der Primärschlüssel, den Sie aus der ersten Tabelle übertragen, der zweiten Tabelle »fremd« ist.)

Abbildung 1.3 zeigt ein gutes Beispiel für einen Fremdschlüssel. In diesem Beispiel ist AgentID der Primärschlüssel der Tabelle Agents und zugleich ein Fremdschlüssel in der Tabelle Entertainers.

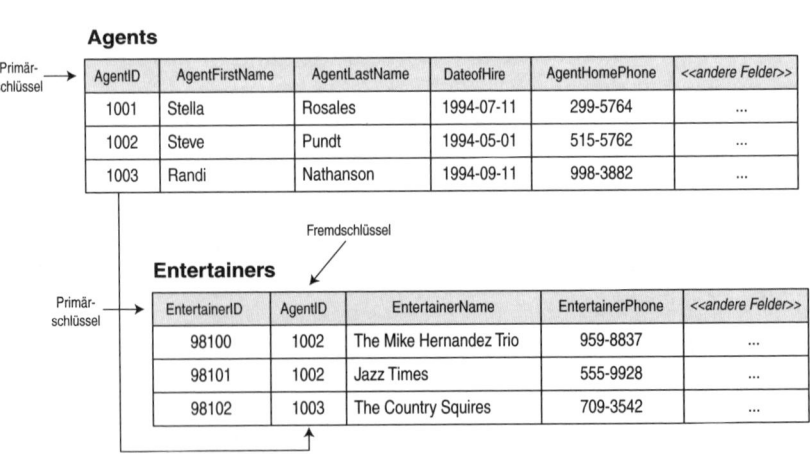

Abbildung 1.3: Primär- und Fremdschlüssel

Wie Sie sehen, verfügt die Tabelle Entertainers bereits über einen Primärschlüssel – EntertainerID. In diesem Fall ist AgentID das Feld, das die Beziehung zwischen Agenten und Künstlern herstellt.

Fremdschlüssel sind nicht nur aus dem offensichtlichen Grund wichtig, dass sie das Herstellen von Beziehungen zwischen Tabellenpaaren erleichtern, sondern auch, weil sie dabei helfen, die Integrität der Beziehung zu gewährleisten. Das bedeutet, dass die Datensätze in beiden Tabellen immer richtig miteinander verbunden sind, weil die Werte eines Fremdschlüssels aus den Werten des Primärschlüssels, auf den sich der Fremdschlüssel bezieht, erschlossen werden *müssen*. Fremdschlüssel helfen auch dabei, die gefürchteten »verwaisten Datensätze« zu vermeiden. Ein klassisches Beispiel ist ein Bestelldatensatz ohne dazugehörigen Kunden. Wenn Sie nicht wissen, wer die Bestellung aufgegeben hat, können Sie sie auch nicht verarbeiten, und natürlich können Sie sie auch niemandem in Rechnung stellen. Das wird ein schwerer Schlag für Ihre Umsatzzahlen des Quartals!

1.3.5 Sichten

Eine *Sicht* (view) ist eine virtuelle Tabelle, die aus Feldern einer oder mehrerer Tabellen der Datenbank besteht; die Tabellen, die in diese Sicht eingehen, nennt man *Basistabellen*. Das relationale Modell bezeichnet eine Sicht als virtuell, weil sie nicht selbst Daten speichert, sondern diese aus Basistabellen herauszieht. Die Struktur der Sicht ist die einzige in der Datenbank gespeicherte Information über diese Sicht.

Sichten ermöglichen es Ihnen, die Informationen in Ihrer Datenbank aus vielen verschiedenen Perspektiven zu betrachten, und so die Arbeit mit Ihren Daten sehr flexibel zu gestalten. Sie können Sichten auf verschiedene Weise erzeugen; besonders nützlich sind sie, wenn sie auf mehreren verbundenen Tabellen basieren. Sie können zum Beispiel eine Sicht erzeugen, die Informationen wie die Gesamtzahl der Arbeitsstunden jedes Schreiners im Zentrum von El Paso zusammenfasst. Oder Sie können eine Sicht erzeugen, die Daten nach speziellen Feldern gruppiert. Ein Beispiel für diese Art von Sicht ist die Gesamtzahl der Angestellten in jeder Stadt jeden Bundesstaates innerhalb eines bestimmten Gebiets.

Abbildung 1.4 zeigt ein Beispiel für eine typische Sicht.

Customers

CustomerID	CustFirstName	CustLastName	CustPhone	<<andere Felder>>
10001	Sally	Callahan	555-2671	...
10002	Ann	Fuller	555-2496	...
10003	James	Leverling	555-2501	...

<<~Mehr Zeilen ~~~~~~>>

Engagements

EngagementNumber	CustomerID	StartDate	End Date	StartTime	<<andere Felder>>
1	52113	1999-07-01	1199-07-04	13:00	...
2	54223	1999-07-01	1999-07-05	13:00	...
3	52233	1999-07-10	1999-07-15	13:00	...

<<~Mehr Zeilen ~~~~~~>>

Customer_Engagements *(View)*

EngagementNumber	CustFirstName	CustLastName	StartDate	EndDate
1	Mark	Rosales	1999-07-01	1999-07-04
2	Thomas	Fuller	1999-07-01	1999-07-05
3	Sally	Callahan	1999-07-10	1999-07-15

<<~Mehr Zeilen ~~~~~~>>

Abbildung 1.4: Eine Beispielsicht

In vielen RDBMS-Programmen wird eine Sicht entweder allgemein als *gespeicherte Anfrage* oder einfach als eine *Anfrage* (Query) bezeichnet und implementiert. Meistens hat eine Anfrage die gleichen Eigenschaften wie eine Sicht, sie wird lediglich anders genannt. (Wir fragen uns oft, ob da nicht jemand aus einer Marketingabteilung die Finger im Spiel hatte.) Beachten Sie jedoch, dass einige Anbieter beginnen, eine Anfrage bei ihrem richtigen Namen zu nennen. Unabhängig davon, wie Ihr RDBMS-Programm es nennt: Was Sie in Ihrer Datenbank verwenden, ist jedenfalls eine Sicht.

1.3.6   Beziehungen

Wenn Datensätze einer Tabelle auf irgendeine Weise mit Datensätzen in einer anderen Tabelle zusammenhängen können, spricht man von einer Beziehung zwischen ihnen. Wie diese Beziehung hergestellt wird, hängt von ihrer Art ab. Zwischen zwei Tabellen können drei Arten von Beziehungen bestehen: eins-zu-eins, eins-zu-viele und viele-zu-viele. Es muss unbedingt klar sein, was Beziehungen sind, ehe man verstehen kann, wie Sichten funktionieren und wie mehrfache SQL-Anfragen entworfen und benutzt werden. (Dazu mehr in Teil 3.)

Eins-zu-eins-Beziehungen

Zwischen zwei Tabellen besteht eine Eins-zu-eins-Beziehung, wenn ein Datensatz in der ersten Tabelle mit *genau einem* Datensatz in der zweiten Tabelle und ein Datensatz in der zweiten Tabelle mit *genau einem* Datensatz in der ersten Tabelle zusammenhängt. Bei dieser Art von Beziehung wird die eine Tabelle als *Primärtabelle* und die andere als *Sekundärtabelle* bezeichnet. Die Beziehung wird dadurch hergestellt, dass der Primärschlüssel der ersten Tabelle in die zweite Tabelle eingefügt wird, wo er zum Fremdschlüssel wird. Hierbei handelt es sich um eine besondere Art von Beziehung, da der Fremdschlüssel häufig zugleich als Primärschlüssel der zweiten Tabelle fungiert.

Abbildung 1.5 zeigt ein Beispiel für eine typische Eins-zu-eins-Beziehung, wobei Agents die Primärtabelle und Compensation die Sekundärtabelle ist. Die Beziehung zwischen diesen Tabellen besteht darin, dass ein Datensatz in der Agententabelle mit genau einem Datensatz in der Vergütungstabelle und ein Datensatz in der Compensation-Tabelle mit genau einem Datensatz in der Agents-Tabelle zusammenhängen kann. Beachten Sie, dass AgentID in beiden Tabellen der Primärschlüssel ist, in der Sekundärtabelle jedoch zugleich auch als Fremdschlüssel dient.

Agents

AgentID	AgentFirstName	AgentLastName	DateofHire	AgentHomePhone	*<<andere Felder>>*
1001	Stella	Rosales	1994-07-11	299-5764	...
1002	Steve	Pundt	1994-05-01	515-5762	...
1003	Randi	Nathanson	1994-09-11	998-3882	...

Compensation

AgentID	HourlyRate	CommissionRate	*<<andere Felder>>*
1001	21.50	4.5 %	...
1002	25.75	3.0 %	...
1003	20.00	4.5 %	...

Abbildung 1.5: Ein Beispiel für eine Eins-zu-eins-Beziehung

Es spielt hier keinerlei Rolle, welche Tabelle als Primärtabelle gewählt wird. Eins-zu-eins-Beziehungen sind eher selten und kommen eigentlich nur dann vor, wenn eine Tabelle aus Geheimhaltungsgründen in zwei Teile zerlegt wurde.

Eins-zu-viele-Beziehungen

Besteht zwischen zwei Tabellen eine Eins-zu-viele-Beziehung, so kann ein Datensatz in der ersten Tabelle mit *vielen* Datensätzen in der zweiten Tabelle zusammenhängen, aber ein Datensatz in der zweiten Tabelle kann nur mit *genau einem* Datensatz in der ersten Tabelle in Verbindung gebracht werden. Diese Beziehung wird hergestellt, indem man den Primärschlüssel der »Eins«-Tabelle in die »Viele«-Tabelle einfügt, wo er ein Fremdschlüssel wird.

Abbildung 1.6 zeigt eine typische Eins-zu-viele-Beziehung. In diesem Beispiel kann ein Datensatz in der Tabelle Artists auf *viele* Datensätze in der Tabelle Engagements bezogen werden, aber ein Datensatz in der Tabelle Engagements kann nur auf *genau einen* Datensatz in der Tabelle Artists bezogen werden. Wie Sie wohl bereits erraten haben, ist ArtistID in der Tabelle Engagements ein Fremdschlüssel.

Viele-zu-viele-Beziehungen

Ein Tabellenpaar weist eine Viele-zu-viele-Beziehung auf, wenn ein Datensatz in der ersten Tabelle mit *vielen* Datensätzen in der zweiten Tabelle und ein Datensatz in der zweiten Tabelle mit *vielen* Datensätzen in der ersten zusammenhängen kann. Um diese Art von Beziehung herzustellen, müssen Sie eine so genannte *Verknüpfungstabelle* (linking table) erzeugen.

Artists

ArtistID	ArtistFirstName	ArtistLastName	GroupName	<<*andere Felder*>>
67001	Mike	Hernandez	The Mike Hernandez Trio	...
67002	Zachary	Ehrlich	Jazz Times	...
67003	Gerry	Greer	The Country Squires	...

Engagements

EngagementID	ArtistID	CustomerID	StartDate	EndDate	<<*andere Felder*>>
1001	67003	701	1998-09-10	1998-09-12	...
1002	67001	625	1998-09-11	1998-09-12	...
1003	67001	712	1998-09-15	1998-09-19	...

Abbildung 1.6: Ein Beispiel für eine Eins-zu-viele-Beziehung

Mit dieser Tabelle können Datensätze aus einer Tabelle mit denen einer anderen Tabelle einfach in Beziehung gesetzt werden. Sie hilft Ihnen bei der Vermeidung von Problemen beim Hinzufügen, Löschen oder Verändern der zusammengehörigen Daten. Eine Verknüpfungstabelle definieren Sie, indem Sie den Primärschlüssel jeder Tabelle, für die die Beziehung gilt, kopieren und damit die Struktur der neuen Tabelle erzeugen. Diese Felder erfüllen zwei Zwecke: Jedes für sich dient als Fremdschlüssel und zusammen bilden sie den zusammengesetzten Primärschlüssel der Verknüpfungstabelle.

Wurde eine Viele-zu-viele-Beziehung nicht richtig hergestellt, so nennt man sie »ungelöst«. Abbildung 1.7 zeigt ein deutliches Beispiel für eine ungelöste Viele-zu-viele-Beziehung. In diesem Fall kann ein Datensatz in der Tabelle Artists auf viele Datensätze in der Tabelle Recordings bezogen werden, *und* ein Datensatz in der Tabelle Recordings auf *viele* Datensätzen in der Tabelle Artists.

Diese Beziehung ist wegen eines Problems, das der Viele-zu-viele-Beziehung innewohnt, ungelöst: Wie kann man Datensätze aus der ersten Tabelle auf einfache Art mit Datensätzen aus der zweiten Tabelle in Beziehung setzen? Angewendet auf die Tabellen in Abbildung 1.7 lautet die Frage: Wie kann man einen Künstler mit mehreren Aufnahmen oder eine Aufnahme mit mehreren Künstlern in Beziehung setzen? Fügt man in die Tabelle Recordings einige Artist-Felder ein? Oder in die Tabelle Artists mehrere Recording-Felder? Jeder dieser Ansätze verursacht eine Reihe von Problemen, wenn Sie mit zusammengehörigen Daten arbeiten, wobei die

Datenintegrität nicht das geringste ist. Die Lösung dieses Dilemmas besteht darin, mit dem zuvor beschriebenen Verfahren eine Verknüpfungstabelle zu erzeugen. Indem Sie eine Verknüpfungstabelle erzeugen und benutzen, können Sie die Viele-zu-viele-Beziehung richtig auflösen. Abbildung 1.8 zeigt, wie diese Lösung in der Praxis aussieht.

Artists

ArtistID	ArtistFirstName	ArtistLastName	GroupName	<<andere Felder>>
67001	Mike	Hernandez	The Mike Hernandez Trio	...
67002	Zachary	Ehrlich	Jazz Times	...
67003	Gerry	Greer	The Country Squires	...

Recordings

RecordingID	Title	YearReleased	<<andere Felder>>
1102	Jazz 'Round Midnight	1995	...
1103	Until I Return	1998	...
1104	Love Me, Don't Leave Me	1995	...
1105	Midnight Breeze	1996	...
1106	No Puede Ver	1994	...

Abbildung 1.7: Eine ungelöste Viele-zu-viele-Beziehung

Artists

ArtistID	ArtistFirstName	ArtistLastName	GroupName	<<andere Felder>>
67001	Mike	Hernandez	The Mike Hernandez Trio	...
67002	Zachary	Ehrlich	Jazz Times	...
67003	Gerry	Greer	The Country Squires	...

Artist_Recordings *(Verknüpfungstabelle)*

ArtistID	RecordingID
67001	1102
67001	1105
67002	1102
67002	1106
67003	1104

Recordings

RecordingID	Title	YearReleased	<<andere Felder>>
1102	Jazz 'Round Midnight	1995	...
1103	Until I Return	1998	...
1104	Love Me, Don't Leave Me	1995	...
1105	Midnight Breeze	1996	...
1106	No Puede Ver	1994	...

Abbildung 1.8: Eine richtig aufgelöste Viele-zu-viele-Beziehung

In Abbildung 1.8 wurde eine Verknüpfungstabelle erzeugt, indem ArtistID aus der Tabelle Artists und RecordingID aus der Tabelle Recordings entnommen und als Grundlage für eine neue Tabelle benutzt wurden. Wie jede andere Tabelle der Datenbank hat auch die neue Verknüpfungstabelle einen eigenen Namen: Artist_Recordings. Der eigentliche Vorteil der Verknüpfungstabelle besteht darin, dass Sie damit eine beliebige Zahl von Aufnahmen aus beiden Tabellen der Beziehung in Zusammenhang bringen können. Wie das Beispiel zeigt, können Sie jetzt leicht einen bestimmten Künstler mit einer beliebigen Zahl von Aufnahmen oder eine bestimmte Aufnahme mit einer beliebigen Zahl von Künstlern in Beziehung setzen.

Wie bereits gesagt: Wenn Sie mit mehrfachen SQL-Anfragen zu arbeiten beginnen, lohnt es sich, etwas von Beziehungen zu verstehen. Sehen Sie sich diesen Abschnitt also dann noch einmal an, wenn Sie mit Teil 3 dieses Buches anfangen.

1.4 Was habe ich davon?

Warum sollten Sie sich die Mühe machen, relationale Datenbanken zu verstehen? Warum sollte es Sie auch nur interessieren, in welcher Umgebung Sie mit Ihren Daten arbeiten? Und davon einmal ganz abgesehen – was haben Sie davon? Jetzt werden Sie aufgeklärt, jetzt fängt der Spaß an.

Die Zeit, die Sie mit dem Studium relationaler Datenbanken verbringen, ist eine Investition, die sich bestimmt auszahlt. Sie sollten sich ein gründliches Arbeitswissen über relationale Datenbanken aneignen, da diese heute das am weitesten verbreitete Datenmodell sind. Vergessen Sie alles, was Sie irgendwo gelesen haben, oder was Harry drüben in der IT-Abteilung gesagt hat – der größte Teil der Daten eines Unternehmens oder einer Organisation wird in relationalen Datenbanken gesammelt, gepflegt und manipuliert. Zugegeben, es wurden Erweiterungen des Modells vorgeschlagen, den Anwendungsprogrammen, die mit relationalen Datenbanken arbeiten, wurde Objektorientierung eingeimpft, und relationale Datenbanken wurden bis zu einem gewissen Grad mit dem Internet verbunden. Alles Mögliche wurde damit angestellt – und doch ist es immer noch die gute alte relationale Datenbank. Es gibt sie seit über 25 Jahren, sie leistet noch immer gute Arbeit, und in absehbarer Zukunft wird sie nicht durch etwas anderes ersetzt werden.

Fast die gesamte Anwendungssoftware für die Verwaltung von Datenbanken ist heute relational. (Obwohl Leute wie Dr. Codd, C.J. Date und Fabian Pascal diesen Anspruch ernsthaft in Frage stellen könnten!) Falls Sie auf dem Gebiet der Datenbanken Ihre Brötchen verdienen möchten, sollten Sie eine relationale Datenbank anlegen können und wissen, wie man sie unter Verwendung eines verbreiteten RDBMS-Programms implementiert. Da viele Unternehmen und Konzerne gegenwärtig zum Internethandel drängen, sollten auch Sie einige Erfahrung in der Internetentwicklung vorweisen können.

Ein gutes Arbeitswissen über relationale Datenbanken ist in vielerlei Hinsicht hilfreich. Zum Beispiel wird es Ihnen umso leichter fallen, für eine bestimmte Datenbank Endnutzeranwendungen zu entwickeln, je mehr Sie über den Entwurf relationaler Datenbanken wissen. Sie werden auch überrascht sein, wie intuitiv Sie dann mit Ihrem RDBMS-Programm umgehen können, weil Sie verstehen, warum es bestimmte Tools bietet, und wie Sie diese Tools am vorteilhaftesten nutzen können. Ihr Arbeitswissen wird Ihnen beim Erlernen von SQL sehr helfen, da SQL die Standardsprache ist, um relationale Datenbanken zu erstellen, zu pflegen und mit ihnen zu arbeiten.

1.4.1   »Wie mache ich weiter?«

Da Sie nun wissen, wie wichtig es ist, mehr über relationale Datenbanken zu lernen, müssen Sie verstehen, dass es einen Unterschied gibt zwischen der *Datenbanktheorie* und dem *Datenbankentwurf*. Gegenstand der Datenbanktheorie sind die Prinzipien und Regeln, auf denen das relationale Datenbankmodell gründet. Die Datenbanktheorie ist das, was in den heiligen Hallen der akademischen Welt gelehrt und in den dunklen Höhlen der »realen Welt« schnell wieder verworfen wird. Aber die Theorie ist dennoch wichtig, da sie gewährleistet, dass die relationale Datenbank solide strukturiert ist, und dass alles, was mit den Daten in der Datenbank gemacht wird, vorhersehbare Ergebnisse zeitigt. Der Datenbankentwurf hingegen betrifft eine strukturierte und organisierte Menge von Prozessen, mit denen eine relationale Datenbank entworfen wird. Eine gute Methodik des Datenbankentwurfs wird es Ihnen erleichtern, die Integrität, Konsistenz und Genauigkeit der Daten in der Datenbank zu gewährleisten und sicherzustellen, dass alle Daten, die Sie abrufen, so genau und aktuell wie möglich sein werden.

Wenn Sie unternehmensweite Datenbanken oder Datenbanken für den Internethandel entwerfen und erzeugen möchten oder in Data Warehouse-Systeme einsteigen möchten, sollten Sie sich ernsthaft mit der Datenbanktheorie auseinandersetzen. Dies gilt sogar dann, wenn Sie sich keinem der genannten Bereiche widmen, sondern Datenbank-Consultant im High-End-Bereich werden möchten. Wenn Sie für eine Reihe von Plattformen relationale Datenbanken entwerfen und erstellen möchten (was vermutlich auf den Großteil der Leser dieses Buches zutrifft), wird es sich als nützlich erweisen, eine gute und solide Methodik des Datenbankentwurfs zu erlernen. Denken Sie immer daran: Das Entwerfen einer Datenbank ist verhältnismäßig einfach, aber es ist etwas völlig Anderes, eine Datenbank in einem speziellen RDBMS-Programm auf einer bestimmten Plattform zu *implementieren*. (Darüber sprechen wir ein anderes Mal.)

Es gibt eine Reihe guter Bücher über das Entwerfen von Datenbanken. Einige, z.B. Mike Hernandez' Buch *Database Design for Mere Mortals*, befassen sich nur mit der Methodik des Datenbankentwurfs. Andere, z.B. C. J. Dates *An Introduction to Database Systems*, vermischen Theorie und Entwurf. (Glauben Sie jedoch nicht, Bücher über Theorie seien unbedingt immer leicht zu lesen.) Wenn Sie sich für eine Richtung entschieden haben, wählen und kaufen Sie die entsprechenden Bücher, holen Sie sich ein Kölsch (oder ein Getränk Ihrer Wahl) und machen Sie sich ans Werk. Wenn Ihnen der Umgang mit relationalen Datenbanken vertrauter geworden ist, werden Sie feststellen, dass Sie sich eingehend mit SQL befassen müssen.

Und genau dies ist der Grund, weshalb Sie dieses Buch lesen sollten.

1.5 Zusammenfassung

Wir haben dieses Kapitel mit einer kurzen Erörterung der verschiedenen, heute verbreiteten Datenbanktypen begonnen. Sie haben erfahren, dass Organisationen, die mit dynamischen Daten arbeiten, eine operationale Datenbank benutzen, die gewährleistet, dass die abgerufenen Daten immer so genau und aktuell wie möglich sind. Überdies haben Sie erfahren, dass Organisationen, die mit statischen Daten arbeiten, eine analytische Datenbank verwenden.

Anschließend haben wir die kurze Geschichte des relationalen Datenbankmodells betrachtet. Wir haben erklärt, dass Dr. E. F. Codd das Modell auf der Grundlage spezieller Zweige der Mathematik schuf, und dass das Modell seit über 25 Jahren existiert. Datenbanksoftware, wie Sie sie heute kennen, wurde für verschiedene Computerumgebungen entwickelt und wurde seit den Siebzigerjahren immer mächtiger, leistungsfähiger und funktionsreicher. Vom Großrechner über den Desktop bis hin zum Internet sind RDBMS-Programme heute das Rückgrat vieler Organisationen.

Dann haben wir uns die Anatomie einer relationalen Datenbank angesehen. Wir haben Ihnen die Grundkomponenten vorgestellt und deren Zweck kurz erklärt. Sie haben die drei Arten von Beziehungen kennen gelernt und wissen jetzt um deren Bedeutung innerhalb der Datenbankstruktur und für Ihr Verständnis von SQL.

Zum Schluss haben wir erklärt, was Sie davon haben, mehr über relationale Datenbanken und ihren Entwurf zu erfahren. Sie wissen jetzt, dass die relationale Datenbank der am weitesten verbreitete Datenbanktyp ist, und dass beinahe alle Datenbanksoftwareprogramme, denen Sie begegnen können, für die Unterstützung einer relationalen Datenbank benutzt werden. Sie haben nun eine gewisse Vorstellung davon, wie Sie Ihr Wissen über die Theorie und das Entwerfen relationaler Datenbanken erweitern können.

Im folgenden Kapitel werden Sie einige Techniken zur Feinabstimmung Ihrer vorhandenen Datenbankstrukturen kennen lernen.

Solide
Datenbankstrukturen

2

Kapitelüberblick

»We shape our buildings: thereafter they shape us.«
- Sir Winston Churchill

Die meisten Leser dieses Buches arbeiten wahrscheinlich mit einer vorhandenen Datenbankstruktur, die in ihr (hoffentlich) liebstes RDBMS-Programm implementiert ist. Wir können nicht beurteilen, ob Sie – oder die Person, die die Datenbank entwickelt hat – wirklich über ausreichende Kenntnisse und Fähigkeiten oder genug Zeit verfügten, um die Datenbank ordentlich zu entwerfen. Wir gehen vom schlimmsten Fall aus und nehmen an, dass Sie einige Tabellen haben, die einer Feinabstimmung bedürfen. Zum Glück werden Sie gleich einige Techniken kennenlernen, die Ihnen dabei helfen werden, Ihre Datenbank in Form zu bringen, und die sicherstellen werden, dass Sie aus Ihren Tabellen problemlos alle nötigen Daten abrufen können.

2.1 Wozu dieses Kapitel?

Sie fragen sich vielleicht, warum wir in diesem Buch über den Entwurf von Datenbanken sprechen, und warum dieses Thema am Beginn des Buches steht. Der Grund hierfür ist einfach: Wenn der Entwurf Ihrer Datenbank nicht wirklich gut ist, wird es schwierig, wenn nicht gar überflüssig sein, die SQL-Anweisungen zu implementieren, die Sie hier noch kennen lernen werden. Falls Sie jedoch über eine tragfähige Datenbankstruktur verfügen, werden Ihnen die Fähigkeiten, die Sie durch dieses Buch erwerben, von großem Nutzen sein.

Dieses Kapitel wird Ihnen nicht jedes schwierige Detail des Datenbankentwurfes beibringen, sondern Ihnen helfen, Ihre Datenbank relativ gut in Form zu bringen. Sie sollten dieses Kapitel unbedingt lesen, damit Sie auch wirklich solide Tabellen erstellen.

Es ist wichtig, darauf hinzuweisen, dass wir im Folgenden über den *logischen* Entwurf einer Datenbank sprechen werden. Wir bringen Ihnen nicht bei, eine Datenbank in SQL zu erzeugen oder zu implementieren, da diese Themen, wie in der Einleitung schon gesagt, über den Rahmen dieses Buches hinausgehen.

2.2 Wozu die Sorge um solide Strukturen?

Wenn die Struktur Ihrer Datenbank nicht solide ist, werden Sie Schwierigkeiten haben, auch scheinbar einfache Informationen aus ihr abzurufen und mit Ihren Daten zu arbeiten. Und Sie werden sich jedes Mal winden, wenn Sie Felder in Ihre Tabellen einfügen oder daraus löschen möchten. Auch andere Aspekte der Datenbank werden von schlecht entworfenen Strukturen in Mitleidenschaft gezogen, z.B. die Integrität der Daten, die

Beziehungen zwischen Tabellen und die Möglichkeit, präzise Daten abzurufen. Diese Probleme sind jedoch nur die Spitze des Eisberges. Und es geht immer so weiter! Mit soliden Strukturen können Sie all diese Sorgen vermeiden.

Viele dieser Probleme können Sie dadurch umgehen, dass Sie Ihre Datenbank von Anfang an solide entwerfen. Auch wenn Sie Ihre Datenbank bereits entworfen haben, ist noch nicht alles verloren. Sie können immer noch die nachfolgend dargestellten Techniken anwenden und somit von einer soliden Struktur profitieren. Sie sollten sich jedoch der Tatsache bewusst sein, dass die Qualität Ihrer endgültigen Strukturen unmittelbar davon abhängt, wie viel Zeit Sie in deren Feinabstimmung investieren. Je mehr Sorgfalt und Geduld Sie diesen Techniken widmen, umso sicherer ist Ihnen auch der Erfolg.

Beginnen wir nun mit dem ersten Teil der Aufgabe, Ihre Strukturen in Form zu bringen: die Arbeit mit Feldern.

2.3 Feinabstimmung von Feldern

Felder sind die grundlegendsten Strukturen einer Datenbank. Daher müssen Sie zuerst die Felder in Topform bringen, ehe Sie mit der Feinabstimmung der Tabellen selbst beginnen. Häufig wird schon das Reparieren der Felder einige der Probleme beseitigen, die Sie mit bestimmten Tabellen haben, und es wird Ihnen dabei helfen, mögliche Probleme von vornherein auszuschließen.

2.3.1 Wie wichtig sind Namen? (Teil 1)

Wie Sie wissen, repräsentiert ein Feld eine Eigenschaft des Tabellenthemas. Wenn Sie dem Feld einen passenden Namen geben, sollte man daran die Eigenschaft, die es repräsentieren soll, erkennen können. Ein mehrdeutiger, ungenauer oder unklarer Name sorgt mit Sicherheit für Schwierigkeiten und legt die Vermutung nahe, dass der Zweck des Feldes nicht richtig durchdacht ist. An Hand der folgenden Kontrollliste können Sie alle Ihre Feldnamen überprüfen.

▼ *Ist der Name anschaulich und für Ihre gesamte Organisation verständlich?* Wenn Nutzer aus verschiedenen Abteilungen die Datenbank verwenden, sollten Sie darauf achten, einen Namen zu finden, mit dem derjenige, der auf dieses Feld zugreift, etwas anfangen kann. Die Semantik kann eine vertrackte Sache sein, und wenn Sie ein Wort benutzen, das für verschiedene Personen verschiedene Bedeutung hat, fordern Sie Schwierigkeiten heraus.

▼ *Ist der Feldname klar und unzweideutig?* TelNr ist ein Feldname, der sehr irreführend sein kann. Welche Art von Telefonnummer soll dieses Feld repräsentieren? Eine Privatnummer? Eine Dienstnummer? Die Nummer eines Mobiltelefons? Gewöhnen Sie sich Genauigkeit an. Falls Sie jede dieser Arten von Telefonnummern festhalten möchten, so erzeugen Sie die Felder PrivatNr, DienstNr und MobilNr.

▼ Formulieren Sie Ihre Feldnamen nicht nur klar und eindeutig, sondern stellen Sie auch sicher, dass Sie denselben Namen nicht in mehreren Tabellen verwenden. Angenommen, Sie haben drei Tabellen: Kunden, Händler und Angestellte. Sicher haben Sie in allen drei Tabellen Felder für den Ort und den Bundesstaat angelegt, und die Namen dieser Felder stimmen in allen drei Tabellen überein. Zunächst scheint dies unproblematisch zu sein – bis Sie auf ein bestimmtes Feld Bezug nehmen möchten. Wie unterscheiden Sie zum Beispiel zwischen den Ortsnamenfeldern in den drei Tabellen? Die Antwort darauf ist einfach: Verleihen Sie jedem Feldnamen ein kurzes Präfix. Benutzen Sie in der Händlertabelle zum Beispiel den Namen HändOrt, in der Kundentabelle KundOrt und in der Angestelltentabelle AngOrt. Jetzt können Sie problemlos auf jedes dieser Felder verweisen. (Dieses Verfahren können Sie bei jedem generischen Feld einsetzen, z. B. bei Vorname, Nachname und Adresse.)

▼ Vor allem: Sorgen Sie immer für eindeutige Feldnamen, die es in der ganzen Datenbankstruktur nur ein einziges Mal gibt. Nur in einem Fall gilt diese Regel nicht, nämlich wenn ein Feld dazu benutzt wird, eine Beziehung zwischen zwei Tabellen herzustellen.

▼ *Haben Sie ein Akronym oder eine Abkürzung als Feldnamen benutzt?* Ändern sie den Namen! Akronyme sind oft schwer zu entschlüsseln und können leicht missverstanden werden. Stellen Sie sich ein Feld mit dem Namen CAD_SW vor. Woher sollen Sie wissen, was das Feld repräsentiert? Setzen Sie Abkürzungen sparsam und vorsichtig ein. Benutzen Sie nur solche Abkürzungen, die den Feldnamen ergänzen oder verbessern; Abkürzungen sollten nicht von der Bedeutung des Feldnamens ablenken.

▼ *Haben Sie einen Namen benutzt, der direkt oder indirekt mehr als eine Eigenschaft bezeichnet?* Derartige Namen können Sie leicht daran erkennen, dass sie häufig die Wörter »und« oder »oder« enthalten. Auch Feldnamen, die einen Schrägstrich (\), einen Bindestrich (-), oder das Und-Zeichen (&) enthalten, gehören in diese Kategorie. Falls Sie Namen wie Fon\Fax oder Gebiet\Ort benutzt haben, sollten Sie prüfen, ob sich diese Felder in kleinere, eindeutige Felder zerlegen lassen.

Der SQL-Standard definiert einen *gewöhnlichen Bezeichner* (regular identifier) als einen Namen, der mit einem Buchstaben beginnen muss und nur Buchstaben, Ziffern und den Unterstrich enthalten darf. Leerstellen sind nicht erlaubt. Er definiert einen *begrenzten Bezeichner* (delimited identifier) als einen von doppelten Anführungszeichen eingeschlossenen Namen, der mit einem Buchstaben beginnen muss und Buchstaben, Ziffern, Leerstellen, den Unterstrich und genau festgelegte Sonderzeichen enthalten darf. Da viele SQL-Implementierungen nur die Namenskonvention des gewöhnlichen Bezeichners implementieren, empfehlen wir Ihnen, diese Namenskonvention für alle Felder zu benutzen.

Nachdem Sie mit dieser Kontrollliste Ihre Feldnamen überprüft haben, müssen Sie noch etwas machen: Vergewissern Sie sich, dass die Feldnamen im Singular stehen. Ein Feldname im Plural (z.B. Kategorien) impliziert, dass dieses Feld für einen bestimmten Datensatz zwei oder mehr Werte enthalten kann, was nicht gut wäre. Ein Feldname steht im Singular, da er eine einzige Eigenschaft des Tabellenthemas repräsentiert. Hingegen steht der Tabellenname in der Pluralform, da er eine Sammlung ähnlicher Objekte oder Ereignisse repräsentiert. Wenn Sie diese Namenskonvention beachten, können Sie relativ leicht zwischen den Namen von Tabellen und Feldern unterscheiden.

2.3.2   Die Feinarbeiten

Nachdem Sie nun die Feldnamen in Ordnung gebracht haben, wenden wir uns der Struktur des Feldes selbst zu. Sie können zwar relativ sicher sein, dass Ihre Felder solide sind; dennoch können Sie Einiges tun, um eine möglichst effiziente Konstruktion der Felder zu gewährleisten. Prüfen Sie Ihre Felder an Hand der folgenden Kontrollliste, um zu beurteilen, ob sie noch bearbeitet werden sollten.

▼ *Jedes Feld muss eine spezielle Eigenschaft des Tabellenthemas repräsentieren.* Hier müssen Sie entscheiden, ob ein Feld tatsächlich zu einer Tabelle gehört oder nicht. Wenn es nicht in die Tabelle gehört, entfernen Sie es. Diese Regel gilt nur dann nicht, wenn das Feld dazu benutzt wird, eine Beziehung zwischen dieser und anderen Tabellen in der Datenbank herzustellen, oder wenn es im Rahmen einer Datenbankanwendung zu einem ganz bestimmten Zweck eingefügt wurde. So sind zum Beispiel in der Tabelle Classes in Abbildung 2.1 die Felder StaffLastName und StaffFirstName überlüssig, da es ein Feld StaffID gibt. Mit StaffID wird die Beziehung zwischen den beiden Tabellen Classes und Staff hergestellt, und mit einer Sicht oder einer SQL-Anfrage (SELECT) können Sie alle Daten beider Tabellen gleichzeitig betrachten.

Staff

StaffID	StaffFirstName	StaffLastName	StaffStreetAddress	StaffCity	StaffState	<<andere Felder>>
98014	James	Leverling	722 Moss Bay Blvd.	Kirkland	WA	...
98019	Laura	Callahan	901 Pine Avenue	Portland	OR	...
98020	Albert	Buchanan	13920 S.E. 40th Street	Bellevue	WA	...
98021	Tim	Smith	30301- 166th Ave. N.E.	Seattle	WA	...
98022	Janet	Leverling	722 Moss Bay Blvd.	Kirkland	WA	...
98023	Alaina	Hallmark	Route 2, Box 203 B	Woodinville	WA	...

Classes

ClassID	Class	ClassroomID	StaffID	StaffLastName	StaffFirstName	<<andere Felder>>
1031	Art History	1231	98014	Leverling	James	...
1030	Art History	1231	98014	Leverling	James	...
2213	Biological Principles	1532	98021	Smith	Tim	...
2005	Chemistry	1515	98019	Callahan	Laura	...
2001	Chemistry	1519	98233	Hallmark	Alaina	...
1006	Drawing	1627	98020	Buchanan	Albert	...
2907	Elementary Algebra	3445	98022	Leverling	Janet	...

Abbildung 2.1: Eine Tabelle mit überflüssigen Feldern

Wenn Ihre Tabellen derartige Felder enthalten, können Sie diese entweder ganz löschen oder sie, falls sie nirgendwo sonst in der Datenbankstruktur erscheinen, als Grundlage einer neuen Tabelle benutzen. (Wie Sie das machen, werden wir Ihnen in diesem Kapitel noch zeigen.)

▼ *Ein Feld darf nur einen einzigen Wert enthalten.* Ein Feld, in dem mehrere Instanzen *desselben* Wertes gespeichert werden können, nennt man ein *mehrwertiges* Feld. Entsprechend wird ein Feld, das zwei oder mehr *verschiedene* Werte speichern kann, als ein *mehrteiliges* Feld bezeichnet. Mehrwertige und mehrteilige Felder können verheerende Auswirkungen auf Ihre Datenbank haben, besonders wenn Sie versuchen, diese Daten zu bearbeiten, zu löschen oder zu sortieren. Wenn Sie dafür sorgen, dass jedes Feld nur einen einzigen Wert speichert, leisten Sie einen großen Beitrag zur Sicherung der Integrität Ihrer Daten und der Genauigkeit Ihrer Informationen. Vorläufig sollten Sie jedoch erst einmal alle mehrwertigen oder mehrteiligen Felder finden und sich merken. Wie Sie diese Felder auflösen, erfahren Sie im nächsten Abschnitt.

▼ *Ein Feld darf kein Ergebnis einer Berechnung oder Verkettungsoperation enthalten.* In einer ordentlich angelegten Tabelle sind berechnete Felder nicht zulässig. Der Grund hierfür liegt im Wert des berechneten Feldes.

2.3 Feinabstimmung von Feldern

Im Gegensatz zur Zelle eines Arbeitsblattes speichert ein Feld nicht die tatsächliche Berechnung. Wenn sich der Wert irgendeines Bestandteils der Berechnung ändert, wird der im Feld gespeicherte Ergebniswert nicht aktualisiert. Eine Aktualisierung dieses Wertes kann nur manuell oder mit einem Prozedurcode zur automatischen Aktualisierung vorgenommen werden. In beiden Fällen muss der Benutzer oder müssen Sie (als Entwickler) dafür sorgen, dass der Wert aktualisiert wird. Im Allgemeinen verwendet man für die Arbeit mit Berechnungen jedoch die SELECT-Anweisung. Welche Vorteile dieses Verfahren hat, werden Sie in Kapitel 5 erfahren.

▼ *Ein Feld darf nur ein Mal in der Datenbank erscheinen.* Falls Sie den weit verbreiteten Fehler begangen haben, dasselbe Feld (z.B. FirmaName) in mehrere Tabellen einer Datenbank einzufügen, werden Ihnen widersprüchliche Daten Sorgen bereiten, wenn Sie den Wert dieses Feldes in einer Tabelle ändern und vergessen, dieselbe Änderung überall vorzunehmen, wo dieses Feld auftaucht. Dieses Problem können Sie vermeiden, indem Sie dafür sorgen, dass ein Feld nur ein einziges Mal in der ganzen Datenbank erscheint. (Diese Regel gilt nur dann nicht, wenn Sie ein Feld benutzen, um eine Beziehung zwischen zwei Tabellen herzustellen.)

2.3.3 Mehrteilige Felder auflösen

Wie bereits erwähnt, schädigen mehrwertige und mehrteilige Felder die Datenintegrität erheblich. Daher müssen Sie diese Felder auflösen, um mögliche Probleme zu vermeiden. Da es keine Rolle spielt, welche Felder man zuerst auflöst, werden wir mit den mehrteiligen beginnen.

Ob Sie ein mehrteiliges Feld haben, erfahren Sie, indem Sie eine einfache Frage beantworten: »Kann ich den aktuellen Wert dieses Feldes in kleinere, eindeutigere Teile aufspalten?« Wenn ja, so haben Sie ein mehrteiliges Feld. Abbildung 2.2 zeigt eine schlecht angelegte Tabelle mit mehreren mehrteiligen Feldern.

In dieser Tabelle gibt es drei mehrteilige Felder: CustomerName, StreetAddress und PhoneNumber. Sie können sehen, dass jedes Feld in kleinere Felder aufgeteilt werden kann. CustomerName kann zum Beispiel in zwei eindeutige Felder aufgespalten werden – CustFirstName und CustLastName. (Beachten Sie, dass wir die bereits erwähnte Namenskonvention benutzen, wenn wir den Feldern FirstName und LastName das Präfix Cust hinzufügen.) Wenn Sie in einer Tabelle ein mehrteiliges Feld finden, stellen Sie fest, aus wie vielen Teilen der gespeicherte Wert besteht, und zerlegen das Feld dann in die entsprechende Anzahl kleinerer Felder. Abbildung 2.3 zeigt, wie die mehrteiligen Felder der Tabelle Customers zerlegt werden.

Customers

CustomerID	CustomerName	StreetAddress	PhoneNumber	<<andere Felder>>
1001	Suzanne Viescas	15127 NE 24th, #383, Redmond, WA 98052	425 555-2686	...
1002	Will Thompson	122 Spring River Drive, Duvall, Wa 98019	425 555-2681	...
1003	Gary Hallmark	Route 2, Box 203B, Auburn, WA 98002	253 555-2676	...
1004	Michael Davolio	672 Lamont Ave, Houston, TX 77201	713 555-2491	
1005	Kenneth Peacock	4110 Old Redmond Rd., Redmond, WA 98052	425 555-2506	...
1006	John Viescas	15127 NE 24rh, #383, Redmond, WA 98052	425 555-2511	...
1007	Laura Callahan	901 Pine Avenue, Portland, OR 97208	503 555-2526	...
1008	Neil Patterson	233 West Valley Hwy, San Diego, CA 92199	619 555-2541	...

Vielteilige Felder

Abbildung 2.2: Eine Tabelle mit mehrteiligen Feldern

Customers

CustomerID	CustFirstName	CustLastName	CustAddress	CustCity	CustState	CustZipcode
1001	Suzanne	Viescas	15127 NE 24th, #383	Redmond	WA	98052
1002	Wil	Thompson	122 Spring River Drive	Duvall	WA	98019
1003	Gary	Hallmark	Route 2, Box 203B	Auburn	WA	98002
1004	Michael	Davolio	672 Lamont Ave	Houston	TX	77201
1005	Kenneth	Peacock	4110 Old Redmond Rd.	Redmond	WA	98052
1006	John	Viescas	15127 NE 24th, #383	Redmond	WA	98052
1007	Laura	Callahan	901 Pine Avenue	Portland	OR	97208
1008	Neil	Patterson	233 West Valley Hwy	San Diego	CA	92199

Abbildung 2.3: Die Auflösung der mehrteiligen Felder der Tabelle Customers

 Es wäre sinnvoll, nicht nur StreetAddress zu zerlegen, sondern auch PhoneNumber in zwei eindeutige Felder aufzuspalten. Aus Platzgründen konnten wir dies in der Abbildung nicht vorführen.

Nicht immer sind mehrteilige Felder so leicht zu erkennen. Sehen Sie sich die Tabelle Instruments in Abbildung 2.4 an. Auf den ersten Blick scheint es keine mehrteiligen Felder zu geben. Bei genauerer Betrachtung werden Sie jedoch erkennen, dass InstrumentID ein mehrteiliges Feld ist. Der in diesem Feld gespeicherte Wert repräsentiert zwei verschiedene Informationen: die Kategorie – z. B. AMP (Verstärker), GUIT (Gitarre), MFX (Einheit für Mehrfacheffekte) – und die Kennnummer des Instruments. Um die Integrität der Daten zu gewährleisten, sollten diese beiden Werte getrennt und in jeweils eigenen Feldern gespeichert werden. Stellen Sie sich vor, wie schwierig es wäre, dieses Feld zu aktualisieren, wenn die Kategorie MFX in MFE umbenannt würde. Sie müssten dann einen Code schreiben, um den Wert in diesem Feld grammatisch zu zergliedern, auf das Vorhandensein von MFX zu überprüfen, und dann MFX durch MFE zu ersetzen, falls es in dem zergliederten Wert gefunden wurde. Natürlich *könnten* Sie dies tun, aber Sie würden sich damit unnötige Arbeit machen; und wenn

2.3 Feinabstimmung von Feldern

Ihre Datenbank ordentlich angelegt ist, sollte Ihnen dies erspart bleiben. Falls Sie Felder wie das im Beispiel gezeigte haben, zerlegen Sie sie in kleinere Felder, und Sie werden solide, effiziente Feldstrukturen erhalten.

Instruments

InstrumentID	Manufacturer	InstrumentDescription	<<andere Felder>>
GUIT2201	Fender	Fender Stratocaster	...
MFX3349	Zoom	Player 2100 Multi-Effects	...
AMP1001	Marshall	JCM 2000 Tube Super Lead	...
AMP5590	Crate	VC60 Pro Tube Amp	...
SFX2227	Dunlop	Cry Baby Wah-Wah	...
AMP2766	Fender	Twin Reverb Reissue	...

Abbildung 2.4: Ein Beispiel für ein schwer erkennbares mehrteiliges Feld

2.3.4   Mehrwertige Felder auflösen

Das Auflösen mehr*teil*iger Felder ist eigentlich recht einfach; mehr*wert*ige Felder aufzulösen kann etwas schwieriger sein und erfordert einen höheren Arbeitsaufwand. Zum Glück erkennen Sie ein mehrwertiges Feld, sobald Sie es sehen. Die in diesem Feldtyp gespeicherten Daten enthalten fast immer Kommata, die die einzelnen Werte im Feld voneinander trennen. Abbildung 2.5 zeigt ein Beispiel für ein mehrwertiges Feld.

Pilots

PilotID	PilotFirstName	PilotLastName	HireDate	Certifications	<<andere Felder>>
25100	John	Leverling	1994-07-11	727, 737, 757, MD80	...
25101	David	Callahan	1994-05-01	737, 747, 757	...
25102	David	Smith	1994-09-11	757, MD80, DC9	...
25103	Kathryn	Patterson	1994-07-11	727, 737, 747, 757	...
25104	Michael	Hernandez	1994-05-01	737, 757, DC10	...
25105	Kendra	Bonnicksen	1994-09-11	757, MD80, DC9	...

Abbildung 2.5: Eine Tabelle mit einem mehrwertigen Feld

In diesem Beispiel ist jeder Pilot zum Fliegen mehrerer Flugzeugtypen berechtigt, und diese Berechtigungen sind in einem einzigen Feld namens Certifications gespeichert. Bei diesem Verfahren wird Ihnen die Datenintegrität wahrscheinlich die gleichen Probleme bereiten wie bei mehrteiligen Feldern. Wenn Sie die Daten genau betrachten, werden Sie feststellen, dass es Ihnen schwer fallen wird, mit SQL Such- und Sortieranfragen an dieses Feld zu richten. Bevor Sie dieses Feld auflösen können, müssen Sie zunächst die Beziehung zwischen einem mehrwertigen Feld und der Tabelle, zu der es gehört, verstehen.

Die Werte in einem mehrwertigen Feld haben zu jedem Datensatz in der Elterntabelle eine Viele-zu-viele-Beziehung: Ein spezieller Wert in einem mehrwertigen Feld kann mit beliebig vielen Datensätzen in der Elterntabelle in Beziehung gesetzt werden, und ein Datensatz in der Elterntabelle kann mit beliebig vielen Werten im mehrwertigen Feld verbunden werden. In Abbildung 2.5 kann ein spezielles Flugzeug aus dem Feld Certifications mit beliebig vielen Piloten und ein Pilot mit beliebig vielen Flugzeugen im Feld Certifications assoziiert werden. Diese Viele-zu-viele-Beziehung lösen Sie ebenso auf wie jede andere Viele-zu-viele-Beziehung in der Datenbank auch – mit einer Verknüpfungstabelle.

Pilots

PilotID	PilotFirstName	PilotLastName	HireDate	*<<andere Felder>>*
25100	John	Leverling	1994-07-11	...
25101	David	Callahan	1994-05-01	...
25102	David	Smith	1994-09-11	...
25103	Kathryn	Patterson	1994-07-11	...
25104	Michael	Hernandez	1994-05-01	...
25105	Kendra	Bonnicksen	1994-09-11	...

Pilot Certifications *(Verknüpfungstabelle)*

PilotID	CertificationID
25100	8102
25100	8103
25100	8105
25100	8106
25101	8103
25101	8104
25101	8105

Certifications

CertificationID	TypeofAircraft	*<<andere Felder>>*
8102	Boeing 727	...
8103	Boeing 737	...
8104	Boeing 747	...
8105	Boeing 757	...
8106	McDonnell Douglas MD80	...

Abbildung 2.6: Auflösung eines mehrwertigen Feldes über eine Verknüpfungstabelle

Um eine Verknüpfungstabelle zu erzeugen, benutzen Sie als Grundlage der neuen Tabelle das mehrwertige Feld und eine *Kopie* des Primärschlüsselfeldes der ursprünglichen Tabelle. Geben Sie der neuen Verknüpfungstabelle einen passenden Namen und legen Sie beide Felder als zusammengesetzten Primärschlüssel fest. (Durch diese Kombination von Werten aus beiden Feldern wird jeder Datensatz der neuen Tabelle eindeutig identifiziert.) Jetzt können Sie die Werte beider Felder in der Verknüpfungstabelle im Verhältnis eins zu eins verbinden. Abbildung 2.6 demonstriert diesen Prozess an Hand der Tabelle Pilots aus Abbildung 2.5.

Vergleichen Sie die Einträge für John Leverling (Pilot Nr. 25100) in der alten Tabelle Pilots und der neuen Tabelle Pilot Certifications. Der wesentliche Vorteil der neuen Verknüpfungstabelle besteht darin, dass Sie jetzt *beliebig viele* Berechtigungen mit einem Piloten verbinden können. Es ist nun auch wesentlich einfacher, bestimmte Fragen zu stellen. Zum Beispiel können sie feststellen, welche Piloten berechtigt sind, eine Boing 747 zu fliegen, oder Sie können für einen bestimmten Piloten eine Berechtigungsliste abrufen. Sie werden auch feststellen, dass Sie die Daten ohne irgendwelche nachteilige Auswirkungen in jeder gewünschten Reihenfolge sortieren können.

Wenn Sie die in diesem Abschnitt besprochenen Verfahren berücksichtigen, bekommen Sie einwandfreie Felder. Nachdem Sie nun Ihre Felder angepasst haben, wenden wir uns dem zweiten Schritt zu und betrachten die Tabellenstrukturen.

2.4 Feinabstimmung von Tabellen

Tabellen sind die Grundlage jeder SQL-Anfrage. Sie werden schnell merken, dass schlecht entworfene Tabellen die Integrität der Daten gefährden. Und es ist schwierig, mit solchen Tabellen zu arbeiten, wenn Sie mehrfache SQL-Anfragen absetzen. Daher müssen Sie sicherstellen, dass Ihre Tabellen so effizient wie möglich strukturiert sind, damit Sie alle nötigen Informationen leicht abrufen können.

2.4.1 Wie wichtig sind Namen? (Teil 2)

Im vorhergehenden Abschnitt haben Sie erfahren, wie wichtig es ist, einem Feld den richtigen Namen zu geben, und warum Sie sich genau überlegen sollten, wie Sie Ihre Felder nennen. In diesem Abschnitt werden Sie erfahren, dass dasselbe auch für Tabellen gilt. Ihrer Definition nach sollte eine Tabelle ein einziges Thema darstellen; wenn sie mehr als ein Thema darstellt, muss man sie in kleinere Tabellen aufteilen. Der Name der Tabelle muss ihr Thema klar identifizieren. Ist der Name einer Tabelle mehrdeutig, vage oder unklar, ist ihr Thema mit Sicherheit nicht richtig durchdacht. Stellen Sie sicher, dass Ihre Tabellennamen solide sind, indem Sie die folgende Kontrollliste durchgehen.

▼ *Ist der Name eindeutig und aussagefähig genug, um für Ihre ganze Organisation verständlich zu sein?* Indem Sie Ihrer Tabelle einen eindeutigen Namen geben, sorgen Sie dafür, dass jede Tabelle der Datenbank einen anderen Gegenstand darstellt, und dass in der Organisation jeder versteht, was die Tabelle darstellt. Das Finden eines eindeutigen und anschaulichen Namens bedeutet für Sie zwar einige Arbeit, aber auf lange Sicht wird es sich lohnen.

▼ *Bezeichnet der Name das Tabellenthema genau, klar und unmissverständlich?* Wenn der Name unklar oder mehrdeutig ist, können Sie sicher sein, dass die Tabelle mehr als nur ein Thema darstellt. »Termine« ist ein gutes Beispiel für einen unklaren Tabellennamen. Es lässt sich kaum feststellen, was diese Tabelle darstellt, sofern man nicht eine Beschreibung der Tabelle in Händen hält. Angenommen, diese Tabelle erscheint in der Datenbank einer Künstleragentur. Wenn Sie sie genau betrachten, stellen Sie vermutlich fest, dass es sich bei den Terminen um Treffen mit Kunden und Engagements der Künstler handelt. Diese Tabelle repräsentiert demnach zwei Themen. Sie sollte in zwei Tabellen aufgeteilt werden, von denen jede einen passenden Namen erhält, z.B. Kunden_Treffen und Künstler_Zeitplan.

▼ *Enthält der Name Wörter, die physische Eigenschaften bezeichnen?* Um unnötige Verwirrung zu vermeiden, verwenden Sie für den Tabellennamen keine Wörter wie »File«, »Record« und »Table«. Ein Tabellenname, der solche Wörter enthält, repräsentiert aller Wahrscheinlichkeit nach mehrere Gegenstände. Zum Beispiel erscheint der Name »Employee_-Record« auf den ersten Blick klar. Wenn Sie sich jedoch überlegen, was dies sein soll, werden Sie feststellen, dass der Name zu Problemen führen kann. Er enthält ein Wort, dass wir möglichst zu vermeiden suchen, und stellt bis zu drei Themen dar: Angestellte, Abteilungen und Gehaltsliste. Teilen Sie diese Tabelle (»Employee_Record«) daher auf und legen Sie für jedes dieser drei Themen eine neue Tabelle an.[1]

▼ *Ist der Name ein Akronym oder eine Abkürzung?* Wenn Sie diese Frage mit ja beantworten müssen, dann sollten Sie den Namen sofort ändern! Nur selten vermitteln Abkürzungen tatsächlich den Gegenstand der Tabelle und Akronyme sind meist schwer zu entschlüsseln. Angenom-

---

1. Anm. d. Übers.: Zur Verdeutlichung des Namensproblems wurden hier die englischen Bezeichnungen übernommen. Im Deutschen wird dieses Problem dagegen eher selten vorkommen.

men, die Datenbank Ihres Unternehmens enthält eine Tabelle »SC«. Wie wollen Sie wissen, was die Tabelle darstellt, ohne die Bedeutung der Buchstaben zu kennen? Diese Tabelle können Sie nicht ohne Weiteres identifizieren. Außerdem kann die Tabelle für verschiedene Abteilungen Ihres Unternehmens unterschiedliche Bedeutung haben (ein wirklich beunruhigender Gedanke). In der Personalabteilung hält man sie vielleicht für »Steering_Committees«, in der EDV-Abteilung für »System_Configurations« und in der Sicherheitsabteilung für »Security_Codes«. Dieses Beispiel zeigt ganz deutlich, warum Sie Abkürzungen und Akronyme nicht in Tabellennamen verwenden sollten.

▼ Identifiziert ein Name implizit oder explizit mehr als einen Gegenstand? Dies ist einer der häufigsten Fehler, der verhältnismäßig einfach zu erkennen ist. Ein solcher Name enthält üblicherweise die Wörter »und« oder »oder«, die Zeichen \ und & oder einen Bindestrich (-). Beispiele hierfür sind »Einrichtung\Gebäude« und »Abteilung oder Ressort«. Wenn Sie eine Tabelle so benennen, müssen Sie sich klar machen, ob sie wirklich mehr als ein Thema darstellt. In diesem Falle sollten Sie die Tabelle in kleinere Tabellen zerlegen und jeder neuen Tabelle einen geeigneten Namen geben.

Denken Sie daran, dass der SQL-Standard einen *gewöhnlichen Bezeichner* als einen Namen definiert, der mit einem Buchstaben beginnen muss und nur Buchstaben, Ziffern und den Unterstrich (_) enthalten darf. Leerstellen sind nicht zulässig. Einen *begrenzten Bezeichner* definiert der SQL-Standard als einen von doppelten Anführungszeichen eingeschlossenen Namen, der mit einem Buchstaben beginnen muss und Buchstaben, Ziffern, Leerstellen, ganz spezielle Sonderzeichen und den Unterstrich enthalten darf. Da viele SQL-Implementierungen nur die Namenskonvention des gewöhnlichen Bezeichners implementieren, empfehlen wir Ihnen, für Ihre Tabellennamen ausschließlich diese Namenskonvention zu benutzen.

Nachdem Sie die Tabellennamen überarbeitet haben, müssen Sie noch eine Aufgabe erledigen: Überprüfen Sie jeden Tabellennamen noch einmal und stellen Sie sicher, dass Sie alle Namen in den Plural gesetzt haben. Die Pluralform benutzen Sie deshalb, weil eine Tabelle eine Sammlung von Instanzen des Tabellenthemas ist. Die Tabelle »Angestellte« zum Beispiel speichert nicht nur die Daten eines Angestellten, sondern vieler Angestellter. Wenn Sie den Plural benutzen, fällt es Ihnen leichter, Tabellen- und Feldnamen voneinander zu unterscheiden.

2.4.2 Solide Strukturen gewährleisten

Konzentrieren wir uns nun, da Sie die Tabellennamen überarbeitet haben, auf die Tabellenstrukturen. Die Tabellen müssen unbedingt so gestaltet sein, dass Sie Daten wirksam speichern und genaue Informationen abrufen können. Die Zeit, die Sie in den Aufbau wohl strukturierter Tabellen investieren, macht sich bezahlt, wenn Sie komplexe SQL-Anfragen an mehrere Tabellen absetzen. Mit der folgenden Kontrollliste können Sie prüfen, ob Sie über solide Tabellenstrukturen verfügen.

▼ *Stellen Sie sicher, dass die Tabelle nur ein Thema darstellt.* Zugegeben: das haben wir bereits mehrmals erwähnt; aber auf diesen Punkt kann man nicht oft genug hinweisen. Wenn Sie dafür sorgen, dass jede Tabelle nur einen einzigen Gegenstand repräsentiert, verringern Sie das Risiko, dass Probleme mit der Datenintegrität auftreten, ganz erheblich. Denken Sie auch daran, dass es sich bei dem Thema der Tabelle um ein Objekt oder ein Ereignis handeln kann. Mit »Objekt« meinen wir etwas Greifbares, zum Beispiel Angestellte, Händler, Maschinen, Gebäude oder Abteilungen. Unter »Ereignis« verstehen wir hingegen etwas, das zu einem bestimmten Zeitpunkt geschieht und über Eigenschaften verfügt, die Sie festhalten wollen. Das beste Beispiel für ein Ereignis, mit dem jeder vertraut ist, ist ein Arztbesuch. Einen Arztbesuch können Sie zwar nicht berühren, doch er verfügt über Eigenschaften, die Sie festhalten müssen, wie zum Beispiel Datum und Uhrzeit des Termins, Blutdruck und Körpertemperatur des Patienten.

▼ *Stellen Sie sicher, dass jede Tabelle einen Primärschlüssel hat.* Dafür gibt es zwei Gründe: Erstens identifiziert der Primärschlüssel jeden Datensatz in der Tabelle, und zweitens werden mithilfe des Primärschlüssels Beziehungen zwischen Tabellen hergestellt. Wenn Sie nicht jeder Tabelle einen Primärschlüssel zuweisen, bekommen Sie früher oder später Probleme mit der Datenintegrität und mit einigen Typen mehrfacher SQL-Anfragen. In diesem Kapitel werden Sie noch einige Tipps zum Definieren von Primärschlüsseln bekommen.

▼ *Stellen Sie sicher, dass die Tabelle keine mehrteiligen oder mehrwertigen Felder enthält.* Theoretisch sollten Sie dies bereits beim Überarbeiten der Feldstrukturen erledigt haben. Aber es ist sicher keine schlechte Idee, noch ein letztes Mal zu überprüfen, ob tatsächlich alle mehrteiligen und mehrwertigen Felder restlos entfernt wurden.

▼ *Stellen Sie sicher, dass die Tabelle keine berechneten Felder enthält.* Möglicherweise haben Sie beim Überarbeiten der Felder ein oder zwei davon übersehen. Jetzt wäre ein guter Zeitpunkt, um die Tabellenstrukturen noch einmal zu überprüfen und möglicherweise noch vorhandene berechnete Felder zu entfernen.

▼ *Stellen Sie sicher, dass die Tabelle keine überflüssigen gedoppelten Felder enthält.* Schlecht angelegte Tabellen sind unter anderem daran zu erkennen, dass sie gedoppelte Felder aus anderen Tabellen enthalten. Manchmal sehen Sie sich vielleicht gezwungen, gedoppelte Felder anzulegen: um »Referenz«-Informationen zu liefern oder um anzuzeigen, dass ein bestimmter Werttyp mehrere Male vorkommt. Diese gedoppelten Felder verursachen bei der Arbeit mit Daten und dem Abrufen von Informationen Schwierigkeiten. Sehen wir uns deshalb nun genauer an, wie man mit gedoppelten Feldern umgeht.

2.4.3 Unnötige gedoppelte Felder auflösen

Der Umgang mit gedoppelten Feldern ist vermutlich der schwierigste Teil der Arbeit an den Strukturen. Einige Beispiele sollen Ihnen zeigen, wie Sie Tabellen, die gedoppelte Felder enthalten, richtig auflösen.

Abbildung 2.7 zeigt ein Beispiel für eine Tabelle mit gedoppelten Feldern, die »Referenz«-Informationen liefern.

Staff

StaffID	StaffFirstName	StaffLastName	StaffStreetAddress	StaffCity	StaffState	<<andere Felder>>
98014	James	Leverling	722 Moss Bay Blvd.	Kirkland	WA	...
98019	Laura	Callahan	901 Pine Avenue	Portland	OR	...
98020	Albert	Buchanan	13920 S.E. 40th Street	Bellevue	WA	...
98021	Tim	Smith	30301 166th Ave. N.E.	Seattle	WA	...
98022	Janet	Leverling	722 Moss Bay Blvd.	Kirkland	WA	...
98023	Alaina	Hallmark	Route 2, Box 203 B	Woodinville	WA	...

Diese Felder sind überflüssig

Classes

ClassID	Class	ClassroomID	StaffID	StaffLastName	StaffFirstName	<<andere Felder>>
1031	Art History	1231	98014	Leverling	James	...
1030	Art History	1231	98014	Leverling	James	...
2213	Biological Principles	1532	98021	Smith	Tim	...
2005	Chemistry	1515	98019	Callahan	Laura	...
2001	Chemistry	1519	98233	Hallmark	Alaina	...
1006	Drawing	1627	98020	Buchanan	Albert	...
2907	Elementary Algebra	3445	98022	Leverling	Janet	...

Abbildung 2.7: Eine Tabelle, in die gedoppelte Felder eingefügt wurden, um »Referenz«-Informationen zu bekommen.

Hier erscheinen die Felder StaffLastName und StaffFirstName in der Tabelle Classes, damit der Betrachter der Tabelle den Namen der Lehrkraft eines bestimmten Kurses sehen kann. Diese Felder sind jedoch überflüssig, da zwischen den Tabellen Classes und Staff eine Eins-zu-eins-Beziehung besteht. (Eine Lehrkraft kann beliebig viele Kurse unterrichten, aber ein Kurs wird nur von einer Lehrkraft unterrichtet.) StaffID stellt die Beziehung zwischen diesen Tabellen her, und die Beziehung selbst ermöglicht es Ihnen, in einer SQL-Abfrage Daten aus beiden Tabellen gleichzeitig zu betrachten. Sie können die Felder StaffLastName und StaffFirstName also guten Gewissens aus der Tabelle Classes streichen. Abbildung 2.8 zeigt die Struktur der überarbeiteten Tabelle Classes.

Staff

StaffID	StaffFirstName	StaffLastName	StaffStreetAddress	StaffCity	StaffState	<<andere Felder>>
98014	James	Leverling	722 Moss Bay Blvd.	Kirkland	WA	...
98019	Laura	Callahan	901 Pine Avenue	Portland	OR	...
98020	Albert	Buchanan	13920 S.E. 40th Street	Bellevue	WA	...
98021	Tim	Smith	30301- 166th Ave. N.E.	Seattle	WA	...
98022	Janet	Leverling	722 Moss Bay Blvd.	Kirkland	WA	...
98023	Alaina	Hallmark	Route 2, Box 203 B	Woodinville	WA	...

Classes

ClassID	Class	ClassroomID	StaffID	<<andere Felder>>
1031	Art History	1231	98014	...
1030	Art History	1231	98014	...
2213	Biological Principles	1532	98021	...
2005	Chemistry	1515	98019	...
2001	Chemistry	1519	98233	...
1006	Drawing	1627	98020	...
2907	Elementary Algebra	3445	98022	...

Abbildung 2.8: Auflösung der gedoppelten »Referenz«-Felder

Belässt man diese überflüssigen Felder in der Tabelle, so stellen inkonsistente Daten ein großes Problem dar. Sie müssen sicherstellen, dass die Werte der Felder StaffLastName und StaffFirstName in der Tabelle Classes immer mit ihren Gegenstücken in der Tabelle Staff übereinstimmen. Wenn zum Beispiel ein Mitglied des Lehrkörpers heiratet und den Namen des Ehepartners annimmt, müssen Sie diesen Namen nicht nur in der Tabelle Staff ändern, sondern auch überall dort, wo er in der Tabelle Classes genannt wird. Natürlich ist dies machbar (zumindest technisch), aber Sie machen sich viel unnötige Arbeit. Außerdem lautet eine der wichtigsten

2.4 Feinabstimmung von Tabellen

Prämissen der relationalen Datenbank, jedes Datum nur einmal in die Datenbank einzutragen. (Die einzige Ausnahme von dieser Regel ist die Verwendung eines Feldes zum Herstellen einer Beziehung zwischen zwei Tabellen.) Wie üblich besteht das beste Verfahren darin, alle gedoppelten Felder einfach aus den Tabellen Ihrer Datenbank zu entfernen.

Ein weiteres deutliches Beispiel für eine Tabelle mit gedoppelten Feldern ist in der Abbildung 2.9 dargestellt. Dieses Beispiel veranschaulicht, wie gedoppelte Felder irrtümlich dazu benutzt werden, ein mehrfaches Auftreten eines bestimmten Werttyps anzuzeigen. In diesem Fall erfüllen die drei Committee-Felder scheinbar den Zweck, die Namen der Komitees anzuzeigen, an denen die Angestellten teilnehmen.

Employees

EmployeeID	EmpFirstName	EmpLastName	Committee1	Committee2	Committee3	<<andere Felder>>
7004	Peacock	Samuel	Steering			...
7005	Kennedy	John	Y2K Conformance	Safety		...
7006	Thompson	Sarah	Safety	Y2K Conformance	Steering	...
7007	Callahan	David				...
7008	Buchanan	Andrea	Y2K Conformance			...
7009	Smith	David	Steering	Safety	Y2K Conformance	...
7010	Patterson	Neil				...
7011	Viescas	Michael	Y2K Conformance	Steering	Safety	...

Abbildung 2.9: Eine Tabelle, in der gedoppelte Felder das mehrfache Auftreten eines bestimmten Werttyps anzeigen

Man kann leicht erkennen, warum diese gedoppelten Felder zu Problemen führen werden. Ein Problem betrifft die Anzahl der Komiteefelder in der Tabelle. Was, wenn ein Angestellter vier Komitees angehört? Was das anbetrifft: Wie können wir überhaupt wissen, wie viele Komiteefelder wir benötigen? Falls sich herausstellen sollte, dass mehrere Angestellte jeweils mehr als drei Komitees angehören, müssen Sie der Tabelle weitere Komiteefelder hinzufügen.

Ein zweites Problem hat mit dem Abrufen von Informationen aus dieser Tabelle zu tun. Wie können Sie diejenigen Angestellten abrufen, die gegenwärtig dem Komitee Y2K Conformance angehören? Es ist nicht unmöglich, aber es wird Ihnen schwerfallen. Sie müssen drei einzelne Anfragen absetzen, um die Frage richtig zu beantworten, da Sie nicht sicher sein können, in welchem der drei Komitee-Felder der Wert Y2K Conformance gespeichert ist. Damit wenden Sie jedoch unnötig viel Zeit und Mühe auf.

Ein drittes Problem betrifft das Sortieren der Daten. Es gibt keine brauchbare Möglichkeit, die Daten nach Komitees zu sortieren, und überhaupt keine Möglichkeit, die Komitees in alphabetischer Reihenfolge zu sortieren. Diese Schwierigkeiten mögen Ihnen nebensächlich erscheinen; sie können jedoch sehr frustrierend sein, wenn Sie einen geordneten Überblick über die Daten erhalten möchten.

Wenn Sie sich die Tabelle Employees in Abbildung 2.9 genau ansehen, werden Sie schnell feststellen, dass es zwischen den Angestellten und den Komitees, denen sie angehören, eine Viele-zu-viele-Beziehung gibt. Ein Angestellter kann beliebig vielen Komitees angehören und ein Komitee kann sich aus beliebig vielen Angestellten zusammensetzen. Sie können diese gedoppelten Felder demnach genauso auflösen wie jede andere Viele-zu-viele-Beziehung auch: durch eine Verknüpfungstabelle. Für die Tabelle Employees erstellen Sie die Verknüpfungstabelle mit einer Kopie des Primärschlüssels (EmployeeID) und einem Komitee-Feld. Geben Sie der neuen Tabelle einen passenden Namen, zum Beispiel Committee_Members. Benennen Sie die Felder EmployeeID und Committee als Primärschlüssel und entfernen Sie die Komitee-Felder aus der Tabelle Employees. Fertig. (Über Primärschlüssel werden Sie weiter unten in diesem Kapitel mehr erfahren.) Abbildung 2.10 zeigt die überarbeitete Tabelle Employees und die neue Tabelle Committee_Members.

Employees

EmployeeID	EmpFirstName	EmpLastName	EmpCity	<<andere Felder>>
7004	Peacock	Samuel	Chico	...
7005	Kennedy	John	Portland	...
7006	Thompson	Sarah	Lubbock	...
7007	Callahan	David	Salem	...
7008	Buchanan	Andrea	Medford	...
7009	Smith	David	Fremont	...
7010	Patterson	Neil	San Diego	...
7011	Viescas	Michael	Redmond	...

Committee_Members

EmployeeID	Committee
7004	Steering
7005	Y2K Conformance
7005	Safety
7006	Safety
7006	Y2K Conformance
7006	Steering
7008	Y2K Conformance
7009	Steering

Abbildung 2.10: Die überarbeitete Tabelle Employees und die neue Tabelle Committee_Members

Nun haben Sie zwar die gedoppelten Felder aus der ursprünglichen Tabelle Employees aufgelöst, sind aber noch nicht ganz fertig. Da zwischen den Angestellten und den Komitees eine Viele-zu-viele-Beziehung besteht, könnten Sie nun fragen: »Wo ist die Tabelle Committees?« Es gibt keine – noch nicht! Aller Wahrscheinlichkeit nach hat ein Komitee auch noch andere Eigenschaften, die Sie festhalten möchten, zum Beispiel die Bezeichnung des Tagungsraumes und den Termin, zu dem das Komitee üblicherweise zusammentritt. Sie sollten daher eine eigene Tabelle Committees erstellen, die Felder wie CommitteeID, CommitteeName, Meeting-Room und MeetingDay enthält. Nachdem Sie diese Tabelle erstellt haben, ersetzen Sie das Feld Committee in der Tabelle Committee_Members durch das Feld CommitteeID aus der neuen Tabelle Committees. Die endgültigen Strukturen erscheinen in Abbildung 2.11.

Employees

EmployeeID	EmpFirstName	EmpLastName	EmpCity	<<andere Felder>>
7004	Peacock	Samuel	Chico	...
7005	Kennedy	John	Portland	...
7006	Thompson	Sarah	Lubbock	...
7007	Callahan	David	Salem	...
7008	Buchanan	Andrea	Medford	...
7009	Smith	David	Fremont	...
7010	Patterson	Neil	San Diego	...
7011	Viescas	Michael	Redmond	...

Committee_Members

EmployeeID	CommitteeID
7004	103
7005	104
7005	102
7006	102
7006	104
7006	103
7008	104
7009	103

Committees

CommitteeID	CommitteeName	MeetingRoom	MeetingDay
100	Budget	11-C	Tuesday
101	Christmas	9-F	Monday
102	Safety	12-B	Monday
103	Steering	12-D	Tuesday
104	Y2K Compliance	Main-South	Wednesday

Abbildung 2.11: Die endgültigen Strukturen für Employees und Committees

Es lohnt sich wirklich, die Tabellen so zu strukturieren, da Sie nun ein Mitglied mit beliebig vielen Komitees und ein Komitee mit beliebig vielen Angestellten in Beziehung setzen können. Dann können sie mit einer SQL-Anfrage Informationen aus allen drei Tabellen gleichzeitig betrachten.

Nun sind Sie fast fertig mit der Feinabstimmung Ihrer Tabellenstrukturen. Der letzte Schritt ist, dafür zu sorgen, dass jeder Datensatz in der Tabelle eindeutig identifiziert werden kann, und dass die Tabelle selbst in der ganzen Datenbank identifiziert werden kann.

2.4.4   Identifizierung ist der Schlüssel

Wie Sie in Kapitel 1 gelernt haben, ist der Primärschlüssel einer der wichtigsten Schlüssel in einer Tabelle, da er jeden Datensatz in der Tabelle eindeutig identifiziert und die Tabelle offiziell in der Datenbank identifiziert. Er stellt auch die Beziehung zwischen zwei Tabellen her. Man kann die Bedeutung des Primärschlüssels gar nicht hoch genug ansetzen – jede Tabelle in Ihrer Datenbank muss einen eigenen Primärschlüssel haben!

Seiner Definition nach ist der Primärschlüssel ein Feld oder eine Gruppe von Feldern, durch das oder die jeder Datensatz in der Tabelle eindeutig identifiziert wird. Ein Primärschlüssel wird als einfacher Primärschlüssel (oder einfach als Primärschlüssel) bezeichnet, wenn er aus einem einzigen Feld besteht, und er wird zusammengesetzter Primärschlüssel genannt, wenn er aus zwei oder mehr Feldern zusammengesetzt ist. Definieren Sie möglichst einen einfachen Primärschlüssel, da er effizienter ist und sich viel besser zur Herstellung von Tabellenbeziehungen eignet. Benutzen Sie nur dann einen zusammengesetzten Primärschlüssel, wenn dies angemessen ist (zum Beispiel, um eine Verknüpfungstabelle zu definieren und zu erstellen).

Sie können ein bestehendes Feld als Primärschlüssel verwenden, wenn es alle Kriterien der folgenden Kontrollliste erfüllt. Wenn das Feld, das Sie als Primärschlüssel benutzen wollen, nicht alle Kriterien erfüllt, benutzen Sie entweder ein anderes Feld oder definieren ein neues Feld als Primärschlüssel dieser Tabelle. Gehen Sie nun in Ruhe die folgende Kontrollliste durch und klären Sie, ob jeder Primärschlüssel in Ihrer Datenbank solide ist.

▼ *Identifiziert das Feld jeden Datensatz in der Tabelle eindeutig?* Jeder Datensatz in der Tabelle repräsentiert eine Instanz des Tabellenthemas. Ein guter Primärschlüssel garantiert, dass Sie jeden Datensatz in dieser Tabelle genau von anderen Tabellen in der Datenbank unterscheiden und eindeutig auf ihn Bezug nehmen können. Er unterstützt Sie auch bei der Vermeidung gedoppelter Datensätze in der Tabelle.

▼ *Enthält das Feld eindeutige Werte?* Wenn die Werte des Primärschlüssels eindeutig sind, können Sie sicher sein, dass es keine doppelten Datensätze in der Tabelle gibt.

▼ *Wird dieses Feld jemals unbekannte Werte enthalten?* Diese Frage ist äußerst wichtig, weil ein Primärschlüssel keine unbekannten Werte enthalten darf. Wenn auch nur die geringste Gefahr besteht, dass dieses Feld unbekannte Werte enthalten könnte, sollten Sie es als Primärschlüssel unverzüglich ablehnen.

▼ *Kann dieses Feld jemals optionale Werte enthalten?* Wenn dies der Fall ist, dürfen Sie dieses Feld nicht als Primärschlüssel benutzen. Falls der Wert dieses Feldes optional sein kann, könnte er irgendwann einmal unbekannt sein. Im vorhergehenden Punkt haben Sie jedoch erfahren, dass der Primärschlüssel keine unbekannten Werte enthalten darf.

▼ *Ist das Feld mehrteilig?* Obwohl Sie alle mehrteiligen Felder bereits entfernt haben sollten, stellen Sie sich diese Frage besser noch einmal. Falls Sie vorher ein mehrteiliges Feld übersehen haben, lösen Sie es jetzt auf und benutzen ein anderes Feld als Primärschlüssel.

▼ *Kann der Wert dieses Feldes jemals modifiziert werden?* Die Werte eines Primärfeldes sollten statisch sein. Das heißt, Sie sollten den Wert eines Primärschlüssels niemals ändern, sofern es dafür nicht einen wirklich zwingenden Grund gibt. Wenn der Wert dieses Feldes willkürlichen Änderungen unterworfen ist, kann das Feld schwerlich mit den anderen Punkten dieser Kontrollliste in Übereinstimmung gebracht werden.

Wie bereits gesagt muss ein Feld *alle* Punkte der Prüfliste einwandfrei bestehen, ehe Sie es als Primärschlüssel einsetzen können. In Abbildung 2.12 dient das Feld PilotID als Primärschlüssel der Tabelle Pilots. Aber: Stimmt PilotID mit allen Punkten der obigen Kontrollliste überein? Wenn dem so ist, dann ist der Primärschlüssel solide. Wenn nicht, dann müssen Sie das Feld entweder so verändern, dass es mit allen Punkten der Kontrollliste übereinstimmt, oder Sie müssen ein anderes Feld als Primärschlüssel auswählen.

Pilots

PilotID	PilotFirstName	PilotLastName	HireDate	Position	PilotAreaCode	PilotPhone
25100	John	Leverling	1994-07-11	Captain	206	555-3982
25101	David	Callahan	1994-05-01	Captain	206	555-6657
25102	David	Smith	1994-09-11	FirstOfficer	915	555-1992
25103	Kathryn	Patterson	1994-07-11	Navigator	972	555-8832
25104	Michael	Hernandez	1994-05-01	Navigator	360	555-9901
25105	Kendra	Bonnicksen	1994-09-11	Captain	206	555-1106

Abbildung 2.12: Ist PilotID ein solider Primärschlüssel?

Das Feld PilotID ist tatsächlich ein solider Primärschlüssel, da es allen Punkten der Kontrollliste entspricht. Was aber geschieht, wenn Sie kein Feld haben, das als Primärschlüssel fungieren kann? Betrachten Sie zum Beispiel die Tabelle Employees. Gibt es in dieser Tabelle ein Feld, das als Primärschlüssel eingesetzt werden kann?

Employees

EmpFirstName	EmpLastName	EmpCity	EmpState	EmpZip	EmpAreaCode	EmpPhone	HireDate
Peacock	Samuel	Chico	CA	95926			1998-12-31
Kennedy	John	Portland	OR	97208	503	555-2621	1998-05-01
Thompson	Michael	Redmond	WA	98052	425	555-2626	1998-09-11
Callahan	David	Salem	OR				1998-12-27
Buchanan	Andrea	Medford	OR	97501	541	555-2641	1998-05-01
Smith	Michael	Fremont	CA	94538	510	555-2646	1998-09-11
Peacock	Neil	San Diego	CA	92199	619	555-2541	1998-05-01
Kennedy	John	Redmond	WA	98052	425	555-2511	1998-09-11

Abbildung 2.13: Hat diese Tabelle einen Primärschlüssel?

Diese Tabelle hat ganz klar kein Feld (und auch keine Gruppe von Feldern), das als Primärschlüssel dienen könnte. Mit Ausnahme von EmpPhone enthält jedes Feld gedoppelte Werte. EmpZip, EmpAreaCode und EmpPhone enthalten unbekannte Werte. Da der Wert jedes Feldes in dieser Tabelle willkürlich verändert werden kann, gibt es offensichtlich kein Feld, das Sie als Primärschlüssel für diese Tabelle verwenden könnten. Was nun? Erstellen Sie einen künstlichen Primärschlüssel. Dabei handelt es sich um ein künstliches Feld, das Sie nur erstellen und in die Tabelle einfügen, um es als Primärschlüssel der Tabelle zu benutzen. Der Vorteil eines künstlichen Feldes liegt darin, dass Sie sicher sein können, dass es allen Punkten der Kontrollliste entspricht. Sobald Sie das Feld in die Tabelle eingefügt haben, benennen Sie es als Primärschlüssel und fertig! Das ist die ganze Kunst. Abbildung 2.14 zeigt die Tabelle Employees mit einem neuen, künstlichen Primärschlüssel namens EmployeeID.

Employees

EmployeeID	EmpFirstName	EmpLastName	EmpCity	EmpState	EmpZip	<<andere Felder>>
98001	Peacock	Samuel	Chico	CA	95926	...
98002	Kennedy	John	Portland	OR	97208	...
98003	Thompson	Michael	Redmond	WA	98052	...
98004	Callahan	David	Salem	OR		...
98005	Buchanan	Andrea	Medford	OR	97501	...
98006	Smith	Michael	Fremont	CA	94538	...
98007	Peacock	Neil	SanDiego	CA	92199	...
98008	Kennedy	John	Redmond	WA	98052	...

Abbildung 2.14: Die Tabelle Employees mit dem neuen künstlichen Primärschlüssel

2.4 Feinabstimmung von Tabellen

Jetzt haben Sie alles getan, um Ihre Tabellenstrukturen zu stabilisieren und abzustimmen. Als Nächstes werden wir uns ansehen, wie Sie gewährleisten können, dass alle Tabellenbeziehungen solide sind.

2.5 Solide Beziehungen herstellen

In Kapitel 1 haben Sie erfahren, dass zwischen zwei Tabellen eine Beziehung besteht, wenn Datensätze in der ersten Tabelle in irgendeiner Form mit Datensätzen in der zweiten Tabelle in Zusammenhang stehen. Außerdem wissen Sie nun, dass die Beziehung selbst zu einem von drei Typen gehört: eins-zu-eins, eins-zu-viele- oder viele-zu-viele. Schließlich haben Sie noch erfahren, dass jede Art von Beziehung auf eine spezielle Weise hergestellt wird. Diesem Punkt wollen wir uns nun zuwenden.

▼ Eine **Eins-zu-eins**-Beziehung stellen Sie her, indem Sie den Primärschlüssel aus der »Primärtabelle« entnehmen und in die »untergeordnete« Tabelle einfügen, in der er zum Fremdschlüssel wird. Hierbei handelt es sich um eine besondere Art der Beziehung, da der Fremdschlüssel in vielen Fällen zugleich der Primärschlüssel der untergeordneten Tabelle ist. Wie Sie diese Beziehung grafisch darstellen, wird in Abbildung 2.15 gezeigt.

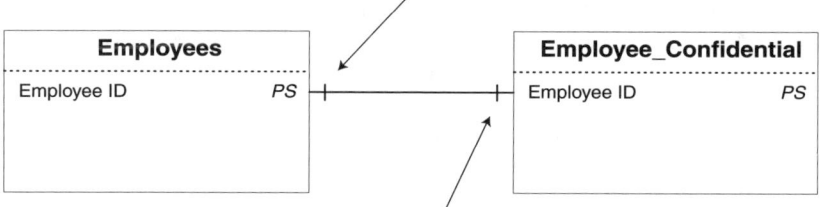

Dieser Strich zeigt an, dass ein Datensatz in Employee_Confidential mit *genau* einem Datensatz in Employees in Zusammenhang steht.

Employees		Employee_Confidential	
Employee ID	*PS*	Employee ID	*PS*

Dieser Strich zeigt an, dass ein Datensatz in Employees mit *genau* einem Datensatz in Employee_Confidential in Zusammenhang steht.

Abbildung 2.15: Diagramm einer Eins-zu-eins-Beziehung

▼ Eine **Eins-zu-viele**-Beziehung stellen Sie her, indem Sie den Primärschlüssel der »Eins«-Tabelle in die »Viele«-Tabelle einfügen, in der er zum Fremdschlüssel wird. Ein Diagramm dieser Art von Beziehung ist in Abbildung 2.16 dargestellt.

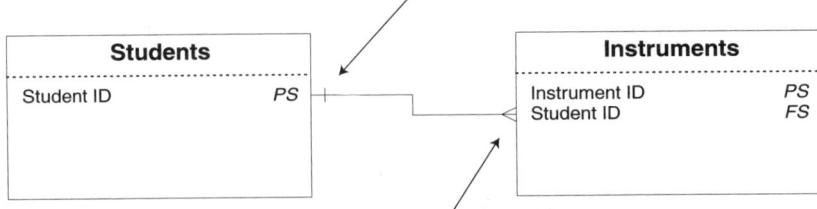

Dieser Strich zeigt an, dass ein Datensatz in Instruments auf *genau* einen Datensatz in Students bezogen ist.

Dieser „Krähenfuß" zeigt an, dass ein Datensatz in Students auf *viele* Datensätze in Instruments bezogen ist.

Abbildung 2.16: Diagramm einer Eins-zu-viele-Beziehung

Die Diagrammsymbole in diesem Abschnitt stammen aus der Zeichenmethode in Mike Hernandez Buch *Database Design for Mere Mortals*.

▼ Eine **Viele-zu-viele**-Beziehung stellen Sie her, indem Sie eine Verknüpfungstabelle erstellen. Definieren Sie die Verknüpfungstabelle, indem Sie die Primärschlüssel aller an der Beziehung beteiligten Tabellen kopieren und mit diesen Kopien die Struktur der neuen Tabelle bilden. Diese Felder dienen im Allgemeinen zwei Zwecken: Einzeln dienen sie als Fremdschlüssel und gemeinsam bilden sie den zusammengesetzten Primärschlüssel der Verknüpfungstabelle. Zeichnen Sie ein Diagramm dieser Beziehung so, wie Abbildung 2.17 es zeigt.

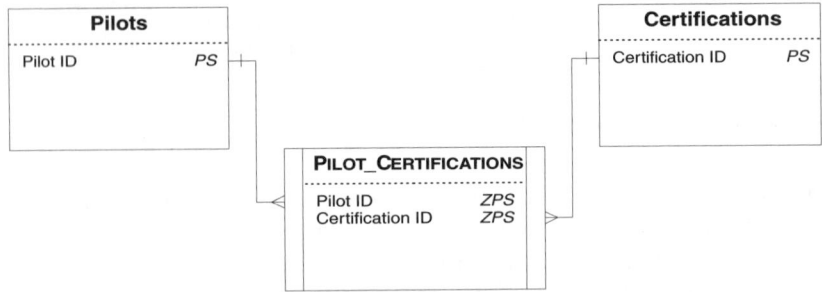

Abbildung 2.17: Diagramm einer Viele-zu-viele-Beziehung

Um sicher zu sein, dass die Beziehungen zwischen den Tabellen Ihrer Datenbank wirklich solide sind, müssen sie für jede Beziehung Beziehungs-eigenschaften festlegen. Die Eigenschaften, die Sie gleich definieren wer-den, zeigen an, was geschehen wird, wenn Sie einen Datensatz löschen, welchen Partizipationstyp eine Beziehung aufweist, und in welchem Maß jede Tabelle an der Beziehung teilnimmt.

Bevor wir über Beziehungseigenschaften sprechen können, müssen wir Eines unmissverständlich klarstellen: Wir stellen Ihnen die folgenden Eigenschaften in einem generischen und einem logischen Referenzzusam-menhang vor. Diese Eigenschaften sind wichtig, weil sie es Ihnen ermöglichen, die Integrität der Beziehung zu sichern. Wie Sie diese Eigen-schaften jedoch implementieren, hängt von Ihrem Datenbankprogramm ab. Sie müssen die Dokumentation Ihrer Software gründlich studieren, um zu klären, ob diese Eigenschaften unterstützt werden, und falls sie un-terstützt werden, wie Sie sie implementieren können.

2.5.1 Eine Löschregel aufstellen

Eine Löschregel schreibt vor, was passiert, wenn ein Benutzer eine Anfrage absetzt, um einen Datensatz in der Primärtabelle einer Eins-zu-eins-Bezie-hung oder in der »Eins«-Tabelle einer Eins-zu-viele-Beziehung zu löschen. Durch das Erstellen einer solchen Ordnung können Sie sich vor »verwais-ten« Datensätzen schützen. (Verwaiste Datensätze sind diejenigen Daten-sätze in der untergeordneten Tabelle einer Eins-zu-eins-Beziehung, für die es in der Primärtabelle keine zugehörigen Datensätze gibt; oder es sind Datensätze in der »Viele«-Tabelle einer Eins-zu-viele-Beziehung, für die es in der »Eins«-Tabelle keine zugehörigen Datensätze gibt.)

Es gibt zwei Arten von Löschregeln: die restriktive und die kaskadierende.

▼ Die **restriktive Löschregel** verbietet das Löschen eines Datensatzes, wenn es in der untergeordneten Tabelle einer Eins-zu-eins-Beziehung oder in der »Viele«-Tabelle einer Eins-zu-viele-Beziehung zugehörige Datensätze gibt. Zugehörige Datensätze müssen Sie löschen, *bevor* Sie den gewünschten Datensatz löschen können. Im Normalfall verwen-den Sie diese Löschregel.

▼ Wenn die **kaskadierende Löschregel** in Kraft ist, können Sie nicht nur den gewünschten Datensatz löschen, sondern auch alle zugehörigen Datensätze in der untergeordneten Tabelle einer Eins-zu-eins-Bezie-hung oder in der »Viele«-Tabelle einer Eins-zu-viele-Beziehung. Setzen Sie diese Ordnung vorsichtig ein, damit Sie nicht Datensätze löschen, die Sie eigentlich behalten wollten!

Egal welchen Typ Löschregel Sie verwenden: Prüfen Sie Ihre Beziehung immer sehr sorgfältig, um den richtigen Typ auszuwählen. Eine sehr einfache Frage kann Ihnen bei der Suche nach der richtigen Art von Regel helfen. Wählen Sie zunächst zwei Tabellen aus und stellen Sie dann die folgende Frage: »Falls ein Datensatz in [Name der Primär- oder »Eins«-Tabelle] gelöscht wird, sollten dann auch zugehörige Datensätze in [Name der untergeordneten oder »Viele«-Tabelle] gelöscht werden?«

Diese Frage ist allgemein formuliert, damit Sie die zu Grunde liegende Prämisse verstehen können. Um diese Frage auf die Praxis anzuwenden, ersetzen Sie die in eckige Klammern gesetzten Phrasen durch Tabellennamen. Ihre Frage sieht nun ungefähr so aus: »Wenn ein Datensatz in der Tabelle Committees gelöscht wird, sollten dann auch zugehörige Datensätze in der Tabelle Committee_Members gelöscht werden?«

Lautet die Antwort auf diese Frage »nein«, so benutzen Sie die restriktive Löschregel; anderenfalls die kaskadierende. Letzten Endes hängt die Antwort auf diese Frage davon ab, wie Sie die in Ihrer Datenbank gespeicherten Daten verwenden. Daher müssen Sie die Beziehung sorgfältig untersuchen und ganz sicher sein, dass Sie die richtige Löschregel wählen. Abbildung 2.18 zeigt, wie die Löschregel für diese Beziehung zeichnerisch dargestellt wird. Denken Sie daran, (R) für die restriktive Löschregel und (K) für die kaskadierende Löschregel zu benutzen.

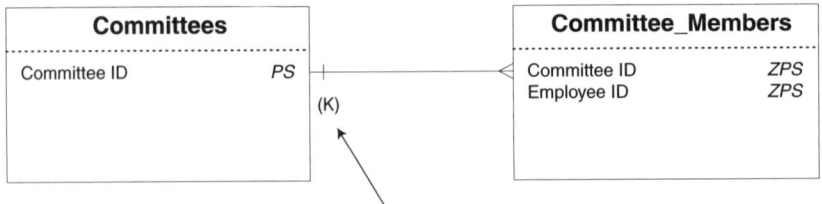

Dieses Symbol zeigt an, dass verwandte Datensätze in der Tabelle Committee_Members gelöscht werden, wenn ein Datensatz in der Tabelle Committees gelöscht wird.

Abbildung 2.18: Diagramm einer Löschregel für die Tabellen Committees und Committee_Members

2.5.2 Den Partizipationstyp festlegen

Wenn Sie zwischen zwei Tabellen eine Beziehung herstellen, nimmt jede Tabelle daran in besonderer Weise teil. Der Partizipationstyp, der einer bestimmten Tabelle zugewiesen wird, entscheidet darüber, ob ein Datensatz in dieser Tabelle vorhanden sein muss, bevor Sie einen Datensatz in die andere Tabelle einfügen können. Es gibt zwei Partizipationstypen.

▼ **Obligatorisch**: Mindestens ein Datensatz muss in dieser Tabelle vorhanden sein, bevor Sie in die andere Tabelle irgendwelche Datensätze eintragen können.

▼ **Optional**: Es ist nicht erforderlich, dass in dieser Tabelle Datensätze vorhanden sind, bevor Sie in die andere Tabelle Datensätze eintragen können.

Employees

EmployeeID	EmpFirstName	EmpLastName	EmpCity	<<andere Felder>>
7004	Peacock	Samuel	Chico	...
7005	Kennedy	John	Portland	...
7006	Thompson	Sarah	Lubbock	...
7007	Callahan	David	Salem	...
7008	Buchanan	Andrea	Medford	...
7009	Smith	David	Fremont	...
7010	Patterson	Neil	San Diego	...
7011	Viescas	Michael	Redmond	...

Department_Employees

EmployeeID	DepartmentID	Position
7004	1000	Head
7005	1000	Floater
7005	1001	Floater
7007	1001	Staff
7008	1001	Head
7009	1003	Floater
7010	1002	Head
7011	1004	Head

Departments

DepartmentID	DepartmentName	Floor
1000	Accounting	5
1001	Administration	5
1002	HumanResources	7
1003	InformationServices	6
1004	Legal	7

Abbildung 2.19: Die Tabellen Employees, Departments und Department_Employees

Welchen Partizipationstyp Sie für ein Tabellenpaar auswählen, hängt weitgehend von der Geschäftslogik Ihrer Organisation ab. Nehmen wir an, Sie arbeiten für ein großes Unternehmen, das aus mehreren Abteilungen besteht. Weiter nehmen wir an, dass es in der Datenbank, die Sie für Ihr Unternehmen erstellt haben, die Tabellen Employees, Departments und Department_Employees gibt. Alle wesentlichen Informationen über einen Angestellten sind in der Tabelle Employees gespeichert und alle wesentlichen Informationen über eine Abteilung in der Tabelle Departments. Die Tabelle Department_Employees ist eine Verknüpfungstabelle, die es ermöglicht, beliebig viele Abteilungen mit einem bestimmten Angestellten in Zusammenhang zu bringen. Diese Tabellen werden in der Abbildung 2.19 dargestellt.

Auf der letzten Personalversammlung wurden Sie angewiesen, der neuen Abteilung für Forschung und Entwicklung einen Teil des Personals zuzuweisen. Dies ist also Ihre Aufgabe: Sie müssen die neue Abteilung so in die Tabelle Departments einfügen, dass Sie der Abteilung in der Tabelle Department_Employees Personal zuweisen können. Hier kommt nun der Partizipationstyp ins Spiel. Legen sie fest, dass der Partizipationstyp der Tabelle Departments obligatorisch und der Partizipationstyp der Tabelle Department_Employees optional ist. Durch diese Einstellungen gewährleisten Sie, dass eine Abteilung zuerst in die Tabelle Departments eingetragen sein muss, bevor Sie ihr in der Tabelle Department_Employees Personal zuweisen können.

Wie schon bei der Löschregel müssen Sie auch hier die Beziehung sorgfältig untersuchen, um den angemessenen Partizipationstyp für jede an der Beziehung beteiligte Tabelle zu finden. Abbildung 2.20 zeigt, wie Sie den Partizipationstyp in einem Diagramm darstellen.

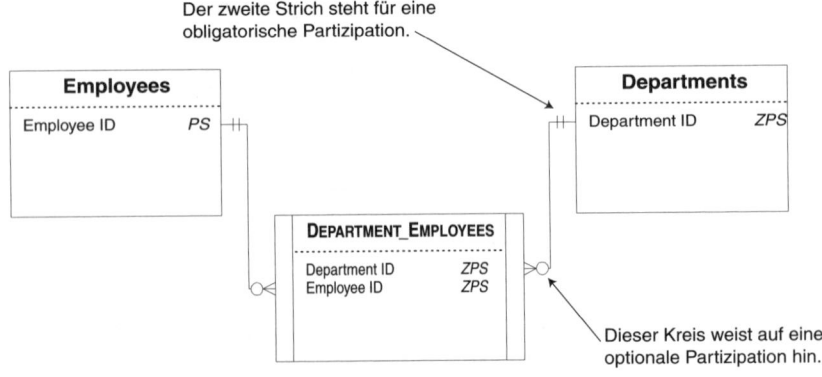

Abbildung 2.20: Diagramme des Partizipationstyps für die Tabellen Departments und Department_Employees

2.5.3   Den Partizipationsgrad festlegen

Nachdem Sie nun festgelegt haben, *wie* jede Tabelle an der Beziehung teil-hat, müssen Sie herausbekommen, *in welchem Maß* sie daran teilhat. Dafür bestimmen Sie die kleinste und größte Zahl von Datensätzen in der ersten Tabelle, die zu einem Datensatz in der zweiten Tabelle in Beziehung ge-setzt werden können. Diesen Prozess bezeichnet man als Bestimmung des *Partizipationsgrads* einer Tabelle. Der Partizipationsgrad einer gegebenen Tabelle wird durch zwei Zahlen wiedergegeben, die durch ein Komma ge-trennt und in Klammern gesetzt werden. Die erste Zahl gibt an, wie viele zugehörige Datensätze es mindestens geben muss, und die zweite Zahl, wie viele es höchstens geben darf. Der Partizipationsgrad »(1,12)« be-stimmt zum Beispiel ein Minimum von einem und ein Maximum von zwölf Datensätzen.

Welchen Partizipationsgrad Sie für verschiedene Tabellen in Ihrer Daten-bank wählen, hängt weitgehend davon ab, wie Ihre Organisation ihre Da-ten ansieht und benutzt. Angenommen, Sie sind Agent bei einer Talent-agentur und in Ihrer Datenbank gibt es die beiden Tabellen Agents und Entertainers. Zwischen diesen Tabellen besteht eine Eins-zu-viele-Bezie-hung: Ein Datensatz in der Tabelle Agents kann sich auf viele Datensätze in der Tabelle Entertainers beziehen, aber ein Datensatz in der Tabelle En-tertainers kann sich nur auf genau einen Datensatz in der Tabelle Agents beziehen. Auf diese Weise haben wir (allgemein ausgedrückt) sicherge-stellt, dass ein Unterhaltungskünstler nur einem Agenten zugeordnet wer-den kann. (Wir haben jede Möglichkeit ausgeschlossen, dass der Künstler mehrere Agenten gegeneinander ausspielt, und das ist auch gut so.)

Wie sich herausgestellt hat, möchte der Chef sichergehen, dass alle seine Agenten eine faire Chance auf gute Provisionen haben, und er möchte Konkurrenzkämpfe zwischen den Agenten so weit wie möglich vermei-den. Also verfolgt er eine neue Strategie, der zufolge ein Agent höchstens sechs Unterhaltungskünstler vertreten kann. (Obwohl er glaubt, diese Strategie werde langfristig möglicherweise nicht funktionieren, möchte er sie doch auf jeden Fall ausprobieren.) Um diese neue Strategie zu imple-mentieren, legt er für die beiden Tabellen folgenden Partizipationsgrad fest:

Agents	(1,1): Ein Unterhaltungskünstler kann mit genau einem Agen-ten verbunden sein.
Entertainers	(0,6): Ein Agent muss mit keinem und darf mit nicht mehr als sechs Unterhaltungskünstlern gleichzeitig verbunden sein.

Abbildung 2.21 zeigt ein Diagramm des Partizipationsgrades dieser Tabel-len.

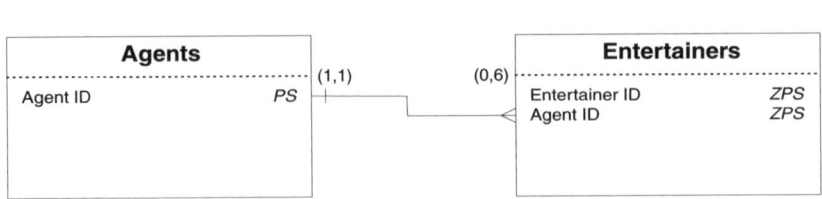

Abbildung 2.21: Grafische Darstellung des Partizipationsgrads der Tabellen Agents und Entertainers

Auch hier sollten Sie wieder jede Beziehung sorgfältig untersuchen, um für jede Tabelle den richtigen Partizipationsgrad zu finden. Nehmen wir an, Sie haben für die Tabellen Agents und Entertainers alle Beziehungseigenschaften festgelegt. Abbildung 2.22 zeigt, wie Sie den Partizipationsgrad in Ihr Beziehungsdiagramm einfügen, und wie das vollständige Diagramm dann aussehen wird. Mit diesem Diagramm können Sie nun den Beziehungstyp, die Löschregel für jede Beziehung, den Partizipationstyp jeder Tabelle und den Partizipationsgrad jeder Tabelle erkennen.

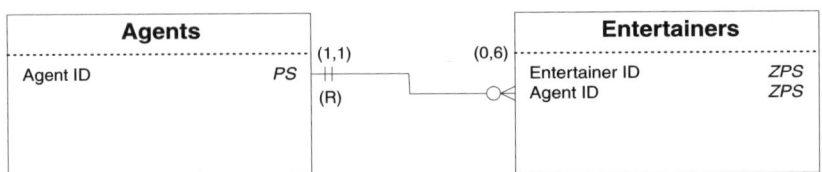

Abbildung 2.22: Diagramm aller Beziehungseigenschaften der Tabellen Entertainers und Agents

2.6 Ist das alles?

Mit den Techniken, die Sie in diesem Kapitel gelernt haben, können Sie die notwendigen ersten Schritte auf dem Weg zur vollständigen Integrität der Daten in Ihrer Datenbank machen. Der nächste Schritt besteht darin zu erkunden, wie Ihre Organisation ihre Daten ansieht und benutzt, damit Sie für Ihre Datenbank Geschäftsregeln aufstellen und durchsetzen können. Um wirklich alles aus Ihrer Datenbank herausholen zu können, sollten Sie noch einmal zum Anfang zurückkehren und die Datenbank mit einer guten Entwurfsmethodik einem gründlichen Entwurfsprozess unterziehen. Diese Themen gehen jedoch über den Rahmen dieses Buches hinaus. Allerdings gibt es Bücher, aus denen Sie eine gute Entwurfsmethodik lernen können, z.B. *Database Design for Mere Mortals* von Michael J. Hernandez oder *Handbook of Relational Database Design* von Barbara Von Halle und Candace C. Fleming. Denken Sie immer daran: Je solider Ihre

Datenbank ist, desto leichter wird es Ihnen fallen, Informationen aus den Daten der Datenbank zu extrahieren und Anwendungsprogramme für die Datenbank zu erstellen.

2.7 Zusammenfassung

Wir haben dieses Kapitel mit einer kurzen Erörterung darüber begonnen, warum Sie bei Ihrer Datenbank für solide Strukturen sorgen sollten. Sie haben erfahren, dass schlecht entworfene Tabellen zahlreiche Probleme verursachen können, nicht zuletzt auch mit der Integrität der Daten.

Im Anschluss daran haben wir uns mit der Feinabstimmung jeder Tabelle befasst. Sie haben erfahren, dass die richtige Benennung Ihrer Felder wichtig ist, weil sie bedeutungslose Namen verhindert und das Auffinden versteckter Probleme in der Feldstruktur erleichtert. Sie wissen jetzt, wie Sie Ihre Feldstrukturen an Hand einiger einfacher Regeln genau anpassen können. Diese Regeln gewährleisten, dass jedes Feld nur eine Eigenschaft des Tabellenthemas repräsentiert, nur einen Wert enthält und niemals eine Berechnung speichert. Außerdem haben wir uns damit auseinandergesetzt, welche Probleme durch mehrteilige und mehrwertige Felder entstehen, und wie Sie diese Probleme lösen.

Unser nächstes Thema war die Feinabstimmung der Tabellen. Sie haben erfahren, dass Tabellennamen ebenso wichtig sind wie Feldnamen, und zwar im Wesentlichen aus denselben Gründen. Sie wissen jetzt, wie Sie Ihren Tabellen bedeutungsvolle Namen geben und sicherstellen, dass jede Tabelle nur ein Thema darstellt. Anschließend haben wir einige Regeln vorgestellt, die Ihnen helfen, für solide Tabellenstrukturen zu sorgen. Einige dieser Regeln schienen zwar die Regeln für die Feinabstimmung von Feldstrukturen zu wiederholen, aber Sie haben erfahren, dass die Regeln für die Feinabstimmung von Tabellenstrukturen eine zusätzliche Schutzmaßnahme bieten, um sicher zu sein, dass die Tabellenstrukturen so solide sind wie irgend möglich.

Danach haben wir die Primärschlüssel näher betrachtet. Sie haben erfahren, wie wichtig es ist, dass jede Tabelle Ihrer Datenbank über einen Primärschlüssel verfügt. Sie wissen nun, dass jeder Primärschlüssel eine Reihe spezieller Eigenschaften aufweisen muss, und dass das als Primärschlüssel einer Tabelle verwendete Feld sehr sorgfältig ausgewählt werden muss. Außerdem haben Sie erfahren, dass Sie einen künstlichen Primärschlüssel erstellen können, falls es in der Tabelle kein Feld gibt, das alle nötigen Eigenschaften eines Primärschlüssel aufweist.

Schließlich haben wir noch über das Herstellen solider Beziehungen gesprochen. Sie haben gelernt, wie Sie jeden der drei besprochenen Beziehungstypen in einem Diagramm darstellen. Sie haben auch erfahren, wie

Sie eine Löschregel für die Beziehungen erstellen und in einem Diagramm darstellen. Diese Regel ist wichtig, da sie Ihnen das Vermeiden »verwaister« Datensätze erleichtert. Die letzten beiden Themen, mit denen wir uns befasst haben, waren der Partizipationstyp und der Partizipationsgrad jeder an einer Beziehung beteiligten Tabelle. Sie haben erfahren, dass die Beteiligung einer Tabelle obligatorisch oder optional sein kann, und dass Sie einen Mengenbereich für die Anzahl der aufeinander bezogenen Datensätze zweier Tabellen festlegen können.

Im nächsten Kapitel werden Sie etwas mehr über die Geschichte von SQL und seine Entwicklung zur heutigen Version, SQL-92, erfahren.

2.7 Zusammenfassung

Go To

SQL – kurzer geschichtlicher Überblick

3

Kapitelüberblick

»There is only one religion, though there are many versions of it.«
- George Bernard Shaw, Plays Pleasant and Unpleasant

Erzählt man Geschichte, so gibt man immer auch vage und ambivalente Berichte über verschiedene Ereignisse, politische Intrigen und menschliche Schwächen. In dieser Hinsicht unterscheidet sich die Geschichte von SQL nicht von anderen Themen. In der einen oder anderen Form gibt es SQL beinahe ebenso lange wie das relationale Modell, und über seine lange und wechselhafte Geschichte gibt es mehrere ausführliche Berichte. In diesem Kapitel werden wir uns jedoch den Ursprung, die Entwicklung und die Zukunft dieser Datenbanksprache genauer ansehen. Damit verfolgen wir zwei Ziele: Wir möchten Ihnen zum einen eine Vorstellung davon vermitteln, wie SQL zu der Sprache wurde, die heute von der Mehrheit der relationalen Datenbanken benutzt wird, und zum anderen davon, warum es für Sie wichtig ist, den Umgang mit SQL zu erlernen.

3.1 SQL: Wie es entstand

Wie Sie in Kapitel 1 erfahren haben, stellte Dr. E. F. Codd der Welt 1970 das relationale Datenbankmodell vor. Schon bald nach diesem bahnbrechenden Ereignis begannen Organisationen wie Universitäten und Forschungslabors mit der Entwicklung einer Sprache, die als Grundlage eines Datenbanksystems dienen konnte, das das relationale Modell unterstützt. Dies führte dazu, dass Mitte der Siebzigerjahre mehrere Sprachen entwickelt wurden, und spätere Bemühungen brachten SQL und die auf SQL basierenden Datenbanken hervor, die heute noch verwendet werden. Wie ist SQL jedoch genau entstanden? Wie hat es sich entwickelt? Wie sieht seine Zukunft aus? Um diese Fragen beantworten zu können, müssen wir unsere Erzählung im Santa Teresa-Forschungslabor von IBM in San Jose, Kalifornien, beginnen.

In den frühen Siebzigerjahren begann IBM mit einem großen Forschungsprojekt namens System/R. Das Ziel dieses Projektes war es, die Lebensfähigkeit des relationalen Modells zu beweisen und Erfahrung beim Entwerfen und Implementieren einer relationalen Datenbank zu gewinnen. Die ersten Arbeiten zwischen 1974 und 1975 erwiesen sich als erfolgreich: Den Forschern gelang die Herstellung eines Minimalprototyps einer relationalen Datenbank.

Darüber hinaus arbeiteten die Forscher auch an der Definition einer Datenbanksprache. Man kann mit einigem Recht sagen, die Arbeit in diesem Labor sei von den ursprünglichen Bemühungen um die Definition einer solchen Sprache die kommerziell bedeutendste gewesen. 1974 entwickelten Dr. Donald Chamberlin und seine Kollegen die Structured English Query Language (SEQUEL). Mit dieser Sprache konnten Benutzer in klar definierten Sätzen, die der englischen Sprache ähnelten, Anfragen an eine relationale Datenbank richten. Chamberlin und seine Mitarbeiter implementierten diese neue Sprache zuerst in einen Datenbankprototyp namens SEQUEL-XRM.

Die positiven Reaktionen und der Erfolg von SEQUEL-XRM ermutigten Chamberlin und seine Mitarbeiter, ihre Forschungsarbeit fortzusetzen. Von 1976 bis 1977 überarbeiteten sie SEQUEL vollständig und nannten die neue Version SEQUEL/2. Später mussten sie den Namen jedoch aus rechtlichen Gründen von SEQUEL in SQL (Structured Query Language) abändern: Jemand anders hatte das Akronym SEQUEL bereits benutzt. Bis heute sprechen viele Leute SQL immer noch wie »sequel« aus, obwohl die weithin akzeptierte »offizielle« Aussprache ess-ku-ell lautet. SQL verfügt über einige neue Eigenschaften, zum Beispiel die Unterstützung mehrfacher Anfragen und den gemeinsamen Datenzugriff durch mehrere Nutzer.

Bald nachdem SQL entstanden war, begann IBM ein neues und noch ehrgeizigeres Projekt mit dem Ziel, einen Datenbankprototyp herzustellen, der die Umsetzbarkeit des relationalen Modell weiter erhärten sollte. Den neuen Prototyp, der auf einer großen Teilmenge von SQL aufbaute, nannte man »System R«. Nachdem ein Großteil der Anfangsarbeit geleistet war, installierte IBM System R an einer Reihe interner Standorte und wählte Client-Standorte aus, um den Prototyp zu testen und zu bewerten. Auf Grund der Erfahrungen und Reaktionen der Nutzer an diesen Standorten wurden an System R und SQL viele Veränderungen vorgenommen. 1979 schloss IBM das Projekt mit dem Ergebnis ab, das relationale Modell sei tatsächlich eine lebensfähige Datenbanktechnologie mit kommerziellem Potenzial.

Einer der größten Erfolge, die diesem Projekt zugeschrieben werden, ist die Entwicklung von SQL. Die Wurzeln von SQL liegen allerdings in der Forschungssprache SQUARE (Specifying Queries As Relational Expressions). Diese Sprache wurde 1975 (vor dem System R-Projekt) in der Absicht entwickelt, relationale Algebra mit englisch klingenden Sätzen zu implementieren.

3.2 Frühe Implementierungen

Die in den Siebzigerjahren im Forschungslabor von IBM geleistete Arbeit wurde in verschiedenen technischen Fachzeitschriften mit großem Interesse verfolgt, und die Verdienste des neuen relationalen Modells wurden in Seminaren über Datenbanktechnologie lebhaft diskutiert. In der zweiten Hälfte des Jahrzehnts wurde deutlich, dass IBM sehr an der Entwicklung von Produkten interessiert war, die auf der Technologie der relationalen Datenbank und auf SQL aufbauten, und sich auf diesem Gebiet engagierte. Dies verleitete natürlich viele Anbieter zu Mutmaßungen, wie bald IBM sein erstes Produkt herausbringen würde. Einige Anbieter waren umsichtig genug, so rasch wie möglich mit der Arbeit an Ihren eigenen Produkten zu beginnen, und nicht zu warten, bis IBM sich die Marktführerschaft gesichert hatte.

1977 gründete eine Gruppe von Ingenieuren in Menlo Park, Kalifornien, das Unternehmen Relational Software, um auf der Basis von SQL ein neues relationales Datenbankprodukt aufzubauen. Dieses Produkt wurde Oracle genannt und 1979 ausgeliefert. So kam Oracle zwei Jahre vor dem ersten entsprechenden IBM-Produkt auf den Markt und war das erste im Handel erhältliche relationale Datenbank-Managementsystem (RDBMS). Einer der Vorteile von Oracle bestand darin, dass es nicht auf den Großrechnern von IBM lief, sondern auf den billigeren VAX-Minicomputern von Digital. Die Firma Relational Software wurde später in Oracle Corporation umbenannt und ist einer der führenden Anbieter von RDBMS-Software.

Inzwischen erforschten auch Michael Stonebraker, Eugene Wong und einige andere Professoren der Universität von Kalifornien in den Computerlabors von Berkeley die Technologie der relationalen Datenbank. Ebenso wie das IBM-Team entwickelten auch sie den Prototyp einer relationalen Datenbank und nannten ihr Produkt »INGRES«. INGRES umfasste eine Datenbanksprache namens Query Language (QUEL), die im Vergleich zu SQL wesentlich strukturierter war, aber weniger englisch klingende Anweisungen benutzte. Als deutlich wurde, dass sich SQL zur Standarddatenbanksprache entwickelte, wurde INGRES schließlich in eine SQL-gestützte RDBMS umgewandelt. 1980 verließen einige Professoren Berkeley, gründeten die Firma Relational Technology und gaben 1981 die erste kommerzielle Version von INGRES heraus. Relational Technology hat mehrere Veränderungen durchgemacht und gehört nun zu Computer Associates International. INGRES ist auch heute noch eines der führenden Datenbankprodukte der Branche.

Kommen wir nun auf IBM zurück. IBM gab 1981 sein eigenes RDBMS namens SQL/Data System (SQL/DS) bekannt und lieferte es ab 1982 aus. 1983 stellte man eine neue Version von SQL/DS für das Betriebssystem VM/CMS vor (eines von mehreren Betriebssystemen, die IBM für seine Großrechnersysteme anbot) und gab ein neues RDBMS-Produkt namens Database 2 (DB2) bekannt, das mit MVS, dem gebräuchlichsten IBM-Betriebssystem, auf IBM-Großrechnern eingesetzt werden konnte. DB2 wurde seit 1985 ausgeliefert und entwickelte sich zum wichtigsten RDBMS von IBM. Seine Technologie wurde in die ganze IBM-Produktpalette eingebaut. Nebenbei gesagt: IBM wurde nicht umbenannt; es heißt noch immer IBM.

Wir haben gesehen, dass sich das, was als Forschung für das Projekt System R begann, innerhalb von über 25 Jahren zu einer milliardenschweren Branche und einer Macht entwickelt hat, die heute fast alle Bereiche des Geschäftslebens beeinflusst.

3.3   »... Und dann war da ein Standard«

Bei der plötzlichen Betriebsamkeit rund um die Entwicklung von Datenbanksprachen stellt sich die Frage, ob schon einmal jemand über eine Standardisierung nachgedacht hat. Zwar wurde diese Idee in der Welt der Datenbanken hin- und hergewälzt, aber man konnte sich nie darüber einig werden, wer den Standard auf der Grundlage welchen Dialektes setzen sollte. Also entwickelte und verbesserte jeder Anbieter weiterhin sein eigenes Datenbankprodukt, immer in der Hoffnung, dieses – und mit ihm sein SQL-Dialekt – werde sich zum Standard der Branche mausern.

Einige Anbieter bauten bestimmte Elemente in ihren SQL-Dialekt ein, weil die Nachfrage und die Reaktionen der Nutzer es verlangten. So kristallisierte sich mit der Zeit ein inoffizieller Standard heraus. Nach heutigen Maßstäben war dies nur eine dürftige Spezifikation, da sie nur solche Elemente umfasste, die in verschiedenen SQL-Dialekten ähnlich waren. Diese Spezifikation (so mager sie auch war) lieferte den Nutzern von Datenbanken jedoch einen Kern von Kriterien zur Beurteilung der verschiedenen auf dem Markt angebotenen Datenbankprogramme und einen kleinen Wissensschatz, den sie von einem Datenbankprogramm auf ein anderes übertragen konnten.

1982 reagierte das American National Standards Institute (ANSI), eine amerikanische Normierungsbehörde, auf die wachsende Nachfrage nach einem offiziellen Sprachenstandard für relationale Datenbanken, indem es das für Datenbanken zuständige technische Komitee seiner Organisation X3 (X3H2) damit beauftragte, einen Vorschlag für einen solchen Standard auszuarbeiten. (X3 ist eine der vielen Organisationen unter Aufsicht des ANSI.) X3H2 Datenbanken (X3H2) ist nur eines von vielen technischen Komitees, die X3 untergeordnet sind. X3H2 setzt sich von jeher aus Experten der Datenbankindustrie und Vertretern fast aller größeren Anbieter SQL-gestützter Datenbanken zusammen. Anfangs prüfte und diskutierte das Komitee die Vor- und Nachteile verschiedener vorgeschlagener Sprachen und begann auch damit, einen auf QUEL, der Datenbanksprache für INGRES, basierenden Standard auszuarbeiten. Aber die Marktkräfte und IBMs zunehmender Einsatz für SQL veranlassten das Komitee, stattdessen SQL zur Grundlage seines Vorschlags zu machen.

Der Vorschlag des Komitees X3H2 gründete weitgehend auf dem SQL-Dialekt DB2 von IBM. Das Komitee arbeitete während der folgenden zwei Jahre an mehreren Versionen seines Standards und verbesserte SQL sogar in gewissen Maße. Diese Verbesserungen zeitigten jedoch ein unglückliches Ergebnis: Der neue Standard war mit vorhandenen SQL-Dialekten unvereinbar. X3H2 stellte bald fest, dass die Veränderungen SQL nicht wesentlich genug verbesserten, um die Unvereinbarkeiten zu rechtfertigen, und kehrte daher zur ursprünglichen Version des Standards zurück.

1986 verabschiedete das ANSI den von X3H2 entwickelten Standard unter dem Namen »ANSI X3.135-1986 Database Language SQL,« besser bekannt als »SQL/86«. X3H2 überarbeitete seinen Standard zwar noch in einigen kleineren Punkten, ehe das ANSI ihn übernahm; dennoch definierte SQL/86 lediglich einen »kleinsten gemeinsamen Nenner«, eine Reihe von Minimalanforderungen, denen die Anbieter von Datenbanken gerecht werden mussten. Doch der neue Standard bot endlich eine spezielle Grundlage, von der aus die Sprache und ihre Implementierungen weiterentwickelt werden konnten.

Die International Organization for Standardization (ISO) verabschiedete 1987 ihr eigenes Dokument (das ANSI SQL/86 genau entsprach) als einen internationalen Standard und veröffentlichte es als »ISO 9075-1987 Database Language SQL«. (Beide Standards werden oft einfach als SQL/86 bezeichnet.) In aller Welt konnten die Anbieter von Datenbanken nun mit denselben Standards arbeiten wie die amerikanischen Anbieter. Obwohl SQL den Status eines offiziellen Standards erlangte, war die Sprache noch lange nicht perfekt.

3.4 Entwicklung des ANSI/ISO-Standards

In Artikeln, von der Regierung und von Wirtschaftsweisen wie C. J. Date wurde SQL/86 bald kritisiert. Als problematisch bezeichneten diese Kritiker unter anderem Redundanzen in der SQL-Syntax (es gab mehrere Möglichkeiten, die gleiche Anfrage zu formulieren), die fehlende Unterstützung bestimmter relationaler Operatoren und die fehlende referenzielle Integrität. X3H2 kannte diese Probleme zwar schon, bevor SQL/86 veröffentlicht wurde, hielt es jedoch für besser, sofort einen Standard zu veröffentlichen (auch wenn dieser noch überarbeitet werden musste), als überhaupt keinen Standard zu haben.

Um die Kritik an der referenziellen Integrität auszuschalten, führten ISO und ANSI verbesserte Versionen ihrer Standards ein. ISO veröffentlichte Mitte des Jahres 1989 »ISO 9075:1989 Database Language SQL With Integrity Enhancements«, ANSI Ende 1989 den oft als SQL/89 bezeichneten Standard »X3.135-1989 Database Language SQL With Integrity Enhancements«. Das ANSI-Komitee hatte seine Arbeit für dieses Jahr jedoch noch nicht abgeschlossen; X3H2 versuchte noch immer, mit einem wichtigen Problempunkt fertigzuwerden, den die Regierung angesprochen hatte.

Einige Nutzer in der Regierung beklagten, dass die Spezifikation, die erklärte, wie SQL in eine konventionelle Programmiersprache eingebettet wurde, nicht ausdrücklich ein Bestandteil des Standards war. (Die Spezifikation war nicht im Standard enthalten, sondern in einen Anhang verbannt worden.) Sie befürchteten, die Anbieter würden keine portierbaren Implementierungen eines eingebetteten SQL unterstützen, da der Standard dies nicht von ihnen verlangte. X3H2 reagierte darauf durch die Erarbeitung eines zweiten Standards, der eine Übereinstimmung mit der Spezifikation für eingebettetes SQL vorschrieb, und veröffentlichte ihn als »ANSI X3.168-1989 Database Language Embedded SQL«. Es ist interessant, dass ISO keinen entsprechenden Standard veröffentlichte, da man sich außerhalb der USA um diesen Punkt keine Gedanken machte. ISO verfügte demzufolge nicht über eine Spezifikation für das Einbetten von SQL in eine Programmiersprache, was sich bis zur Veröffentlichung des Standards SQL/92 auch nicht ändern sollte.

SQL/86 und SQL/89 waren alles andere als vollständige Standards: Es fehlten einige der wichtigsten Funktionen, die kommerzielle Datenbanksysteme benötigen. Zum Beispiel legte keiner der beiden Standards fest, wie nach der Definition der Datenbankstruktur Veränderungen der Datenbankstruktur (auch innerhalb des Datenbanksystems selbst) vorgenommen werden sollen. Niemand konnte Strukturkomponenten (wie Tabellen oder Spalten) modifizieren oder löschen oder die Sicherheit der Datenbank in irgendeiner Form verändern. So konnte man zum Beispiel mit CREATE eine Tabelle erstellen, aber der Standard enthielt keine Definition des DROP-Befehls, um die Tabelle zu löschen, oder des ALTER-Befehls, um sie zu verändern. Ebenso konnte man zwar mit GRANT Zugriff auf die Tabelle gewähren, aber der Standard enthielt keine Definition des REVOKE-Befehls, um die Zugriffsberechtigung zu widerrufen. Alle kommerziellen SQL-gestützten Datenbanken boten diese Funktionen. Sie waren jedoch in keinem der Standards enthalten, da jeder Anbieter sie anders implementierte. Auch andere Funktionen wurden zwar in vielen SQL-gestützten Datenbanken implementiert, waren in den Standards aber nicht erwähnt. Auch hier lag das Problem in den verschiedenartigen Implementierungen.

Als SQL/89 fertiggestellt war, arbeiteten ANSI und ISO bereits an grundlegenden Überarbeitungen von SQL, die es in eine vollständige und stabile Sprache verwandeln sollten. Diese neue Version sollte SQL/92 genannt werden und Funktionen enthalten, die die meisten Anbieter von Daten-

banken bereits weitgehend implementiert hatten. Eines der Hauptziele von ANSI und ISO bestand darin, nicht noch einmal einen »kleinsten gemeinsamen Nenner« zu definieren. Daher entschlossen sich beide dazu, auch Funktionen einzuschließen, die noch nicht weithin akzeptiert waren, und neue Funktionen hinzuzufügen, die über die gegenwärtig implementierten weit hinausgingen.

Im Oktober 1992 veröffentlichten ANSI und ISO ihre neuen SQL-Standards: »X3.135-1992 Database Language SQL« und »ISO/IEC 9075:1992 Database Language SQL«. (Diese Dokumente waren zwar Ende 1991 fertig gestellt worden, aber Anfang 1992 wurden noch einige abschließende Feinarbeiten durchgeführt.) Das Dokument für SQL/92 ist wesentlich umfangreicher als das für SQL/89, aber auch wesentlich inhaltsreicher. Es bietet zum Beispiel eine Möglichkeit, die Datenbankstruktur zu verändern, nachdem sie definiert worden ist; es unterstützt zusätzliche Operationen für das Manipulieren von Zeichenketten sowie Datums- und Uhrzeitwerten und es definiert zusätzliche Sicherheitsfunktionen. Im Verhältnis zu allen seinen Vorgängern bedeutet SQL/92 einen großen Schritt vorwärts.

Allerdings gibt es heute noch kein Datenbankprodukt, das SQL/92 vollständig unterstützt und implementiert. Dies liegt vor allem an der Komplexität vieler Funktionen des neuen Standards. Es wäre jedoch unvernünftig anzunehmen, es sei den Anbietern möglich, alle diese Funktionen innerhalb von ein oder zwei Versionen in ihre Produkte einbauen. Abgesehen davon, dass es einige Zeit und Mühe kosten wird, viele der komplizierten Funktionen zu implementieren, müssen sich die Anbieter dem Druck des Marktes stellen: Sie sollen die Performance verbessern, die Zuverlässigkeit erhöhen und eine bessere Systemintegration bieten. Dies soll keine Ausrede sein, sondern vielmehr erklären, wie die Dinge in der Datenbankbranche ablaufen.

Die für die Standards zuständigen Komitees haben diese Situation zum Glück bis zu einem gewissen Grade vorausgesehen. Um einen reibungslosen und allmählichen Übergang zur Beachtung des neuen Standards zu erleichtern, haben ANSI und ISO SQL/92 auf drei Ebenen definiert.

ENTRY SQL	Ähnlich wie SQL/89 enthält diese Ebene auch Funktionen, um den Übergang von SQL/89 zu SQL/92 zu erleichtern, und Funktionen, die Fehler im Standard SQL/89 korrigieren. Diese Ebene soll am leichtesten zu implementieren sein, da die meisten Funktionen in vorhandenen Produkten bereits weitgehend implementiert sind.

INTERMEDIATE SQL	Diese Ebene umfasst die meisten Funktionen des neuen Standards. Die Entscheidung der beiden Komitees, auf dieser Ebene bestimmte Funktionen einzuschließen, beruhte auf mehreren Faktoren. Hauptziel war es, den Standard so zu verbessern, dass SQL die Konzepte des relationalen Modells besser unterstützt, und die Syntax, so weit sie unklar und mehrdeutig war, neu zu definieren. Es war eine leichte Entscheidung, Funktionen aufzunehmen, die einige Anbieter bereits in irgendeiner Form implementiert hatten, und die mit diesen Zielen übereinstimmten. Funktionen, die die Nutzer von SQL-Datenbanksystemen verlangten, wurden vorrangig behandelt, sofern sie diesen Zielen entsprachen und von den meisten Anbietern leicht implementiert werden konnten. Diese Ebene sollte gewährleisten, dass es auf vernünftige Weise machbar war, einem Produkt eine möglichst stabile Implementierung zu geben. Die meisten Händler versuchen zur Zeit noch, diese Ebene in ihre Produkte zu implementieren.
FULL SQL	Diese Ebene umfasst die vollständige Spezifikation SQL/92. Sie enthält natürlich die komplizierteren Funktionen, die bei den beiden ersten Ebenen weggelassen worden waren. Diese Ebene enthält Funktionen, die zwar als wichtig angesehen wurden, da sie den Wünschen der Kunden entgegenkamen oder die Sprache weiter »reinigen« konnten, die für die meisten Anbieter aber möglicherweise schwer zu implementieren sind. Leider ist es noch nicht unbedingt erforderlich, dieser Ebene zu entsprechen. Es wird daher noch einige Zeit dauern, ehe wir von Datenbankprodukten erwarten können, dass sie den Standard vollständig implementieren.

Obwohl viele Anbieter von Datenbanken weiterhin daran arbeiten, die Funktionen von SQL/92 zu implementieren, entwickeln und implementieren sie doch auch eigene Funktionen. Die Dinge, die sie dem SQL-Standard hinzufügen, werden als *Erweiterungen* bezeichnet. Ein Anbieter kann zum Beispiel mehr als die sechs Datentypen anbieten, die in SQL/92 spezifiziert sind. Diese Erweiterungen erhöhen zwar die Funktionalität eines bestimmten Produkts und ermöglichen es den Anbietern, sich voneinander zu unterscheiden, sie haben jedoch auch Nachteile. Das Hauptproblem: Das Hinzufügen von Erweiterungen führt dazu, dass sich der SQL-Dialekt eines Anbieters immer weiter vom Standard entfernt. Dadurch können Datenbankentwickler keine portierbaren Anwendungen erstellen, die auf allen SQL-Datenbanken laufen. Vielleicht wird sich dies mit der nächsten Version des Standards ändern.

3.4.1 Andere SQL-Standards

Der Standard ANSI/ISO SQL/92 ist heute der am weitesten verbreitete Standard. Das bedeutet natürlich, dass es auch andere Standards gibt, in die SQL in irgendeiner Form eingebaut ist. Einige der bedeutenderen alternativen Standards nennen wir Ihnen im Folgenden.

X/Open	Eine Gruppe europäischer Anbieter (die gemeinsam X/Open genannt werden) entwickelte eine Reihe von Standards, die das Erstellen einer Umgebung für portierbare Anwendungen auf der Grundlage von Unix erleichtern. Die Möglichkeit, eine Anwendung unverändert von einem Computersystem auf ein anderes zu portieren, ist auf dem europäischen Markt ein wichtiges Thema. Obwohl die Europäer den SQL-Standard als Teil dieser Gruppe von Standards übernommen haben, weicht ihre Version in einigen Bereichen vom ANSI/ISO-Standard ab.
SAA	IBM hat schon immer seinen eigenen SQL-Dialekt entwickelt und in die Spezifikation seiner Systemanwendungsarchitektur (Systems Application Architecture, SAA) eingebaut. Ein Ziel, das IBM mit der SAA-Spezifikation verfolgte, war die Integration des eigenen SQL-Dialekts in alle IBM-Datenbankprodukte. Dieses Ziel wurde zwar nie erreicht, aber SQL spielt bei der Vereinheitlichung der IBM-Datenbankprodukte noch immer eine wichtige Rolle.
FIPS	Das National Institute of Standards and Technology (NIST) erklärte SQL 1987 zu einem amerikanischen Standard für Informationsverarbeitung (Federal Information Processing Standard, FIPS). Dieser Standard wurde unter dem Namen »FIPS PUB 127« veröffentlicht und legte fest, wie weit ein RDBMS dem ANSI/ISO-Standard entsprechen muss. Seither mussten alle relationalen Datenbankprodukte, die die US-Regierung benutzt, der aktuellen Veröffentlichung des FIPS entsprechen.
ODBC	1989 schloss sich eine Gruppe von Datenbankanbietern zur SQL Access Group zusammen, um das Problem der Kompatibilität von Datenbanken anzugehen. Die ersten Bemühungen dieser Gruppe blieben zwar etwas erfolglos, doch sie erweiterte ihr Blickfeld auf das Verbinden von SQL-Datenbanken mit einer Benutzeroberflächensprache. 1992 wurde die Call-Level Interface-Spezifikation (CLI) veröffentlicht. Noch im gleichen Jahr veröffentlichte Microsoft seine Spezifikation Open Database Connectivity (ODBC), die auf dem CLI-Standard aufbaute. ODBC ist inzwischen de facto das Mittel des gemeinsamen Zugriffs auf und der gemeinsamen Nutzung von Daten durch SQL-Datenbanken, die ODBC unterstützen.

Diese Standards entfalten sich immer weiter, während neue Versionen von ANSI/ISO SQL entstehen, und manchmal entwickeln sie sich auch unabhängig davon.

3.4.2 Kommerzielle Implementierungen

Wie Sie in diesem Kapitel bereits gelesen haben, erschien SQL zuerst in der Großrechnerumgebung. Produkte wie DB/2, INGRES und Oracle gibt es seit 1979. Diese Produkte haben SQL als die bevorzugte Methode, mit relationalen Datenbanken zu arbeiten, legitimiert. In den Achtzigerjahren griffen die relationalen Datenbanken und SQL auf die PCs über, und Produkte wie R:BASE, dBase IV und Super Base machten den Benutzern die Mächtigkeit von SQL zugänglich. Die frühen Neunzigerjahre läuteten den Aufstieg von Client/Server-Rechnern ein und RDBMS-Programme wie Microsoft SQL Server und Informix-SE wurden entworfen, um den Benut-

3.4 Entwicklung des ANSI/ISO-Standards

zern Datenbankdienste in vielerlei Mehrbenutzerumgebungen verfügbar zu machen. Jetzt, zu Beginn des neuen Jahrtausends, werden gemeinsame Anstrengungen unternommen, um den Zugriff auf Datenbankinformationen über das Internet zu ermöglichen. Unternehmen finden Gefallen an der Idee des E-Commerce und viele beeilen sich, im Internet präsent zu sein. Deshalb fordern Datenbankentwickler mächtigere Client/Server-Datenbanken und neuere Versionen lange anerkannter RDBMS-Programme für Großrechner, mit denen sie die Datenbanken für ihre Webseiten entwickeln und pflegen können.

3.5   Was die Zukunft verspricht

Kurz bevor SQL/92 veröffentlicht wurde, begann das X3H2-Komitee des ANSI bereits wieder mit einer weiteren Überarbeitung des Standards. (Das hört sich genauso an wie das Szenario bei der Veröffentlichung von SQL/89, nicht wahr?) X3H2 wich von seinem traditionellen Namensstandard ab und nannte seine neue Spezifikation SQL3. Eines der Hauptziele, die das Komitee mit dieser neuen Version verfolgte, war die Unterstützung einer Kombination aus relationalem und Objekt-Modell. Diese Kombination wurde wahlweise als erweitertes relationales Modell oder als objektrelationales Modell bezeichnet. Das Komitee arbeitet auch daran, eine Unterstützung für On-Line Analytical Processing (OLAP) hinzuzufügen. Vor allem hat sich das Komitee jedoch darauf konzentriert, den vorhandenen Standard SQL/92 zu verbessern und Funktionen zu unterstützen, die in den meisten objektrelationalen Datenbankumgebungen vorkommen.

Die bisherige Arbeit an SQL3 ist das Ergebnis eines ehrgeizigen Unternehmens – um es vorsichtig auszudrücken. Nicht nur wurden die zuvor genannten Ziele verfolgt, sondern der Standard wurde in eine Reihe von Einzelteilen zerlegt. Mehrere dieser Einzelteile wurden irgendwann geteilt oder vereinigt, sodass Sie manchmal eine gute Punktetabelle brauchen, um nicht den Überblick zu verlieren, was der neue Standard enthält und was nicht.

Die folgende Tabelle 3.1 zeigt den Namen und die Beschreibung aller Teile von SQL3 und welchen Status jeder Teil jetzt innehat, während wir dieses Buch schreiben.

Name	Status	Beschreibung
Teil 1: SQL/Rahmen	1999 fertig gestellt	Beschreibt jeden Teil des Standards und enthält Informationen, die allen Teilen gemeinsam sind.
Teil 2: SQL/Grundlagen	1999 fertig gestellt	Definiert die Syntax und Semantik der Sprache SQL, soweit sie die Datendefinition und Datenmanipulation betrifft.

Name	Status	Beschreibung
SQL/OLAP (Online Analytical Processing)	noch nicht fertig gestellt	Beschreibt die Funktionen und Operationen, die für Analytical Processing benutzt werden. (Dies ist als Zusatz zu SQL/Grundlagen gedacht.)
Teil 3: SQL/CLI (Call-Level Interface)	1999 fertig gestellt	Wurde von der SQL Access Group entwickelt und entspricht der Spezifikation von Microsofts ODBC.
Teil 4: SQL/PSM (Persistent Stored Modules)	1999 fertig gestellt	Definiert Prozesssprachen-Anweisungen von SQL, die in benutzerdefinierten Funktionen und Prozeduren nützlich sind. (Unterstützung gespeicherter Prozeduren, gespeicherter Funktionen, der CALL-Anweisung und des Aufrufs von Routinen wurden in SQL/Grundlagen eingegliedert.)
Teil 5: SQL/ Bindings	1999 fertig gestellt	Spezifiziert, wie SQL in nicht-objektorientierten Programmiersprachen eingebettet wird. Dieser Teil wird in der nächsten Version von SQL mit SQL/Grundlagen vereinigt werden.
Teil 6: Transaktion (XA Spezialisierung)	N/A	Eine SQL-Spezifikation der X-Open XA-Spezifikation. Dieser Teil wurde gestrichen.
Teil 7: SQL/Temporal	gestoppt	Definiert die Unterstützung des Speicherns und Abrufens temporärer Daten. Wegen einiger Meinungsverschiedenheiten über Anforderungen und Details von Temporal ist die Arbeit in den letzten Jahren ins Stocken geraten.
Teil 8: SQL/Objekte – Erweiterte Objekte	N/A	Definiert, wie RDBMS mit anwendungsdefinierten, abstrakten Datentypen umgeht. Dieser Teil wurde in SQL/Grundlagen integriert, existiert demnach nicht mehr.
Teil 9: SQL/MED (Management of External Data)	Noch nicht fertig gestellt	Definiert zusätzlich zu SQL/Grundlagen Syntax und Definitionen, die SQL den Zugriff auf SQL-fremde Datenquellen (Dateien) ermöglichen.

3.5 Was die Zukunft verspricht

Name	Status	Beschreibung
Teil 10: SQL/OLB (Object Language Binding)	1998 fertig gestellt (nur ein ANSI-Standard)	Spezifiziert die Syntax und Semantik des Einbettens von SQL in die Programmiersprache Java. Entspricht dem ANSI-Standard SQLJ Part 0.
Teil 11: SQL/Schemata	N/A	Informations- und Definitionsschemata. Gehört im Moment zu SQL/Grundlagen, wird aber in der nächsten Version von SQL einen eigenen Teil bilden.
SQL-Routinen, die die Programmiersprache Java™ benutzen.	1999 fertig gestellt (nur ein ANSI-Standard auf der Grundlage von SQL/92)	Definiert, wie der Java-Code in einer SQL-Datenbank verwendet werden kann.
Teil 12: SQL/Replikation	Arbeit beginnt 2000	Definiert die Unterstützung und Einrichtungen für das Replizieren einer SQL-Datenbank.

1997 wurde die Organisation X3 des ANSI umbenannt in National Committee for Information Technology Standards (NCITS), und das technische Komitee, das für den Standard SQL3 zuständig ist, heißt jetzt ANSI NCITS-H2. Da es heute eine unübersehbare Menge von relationalen Datenbanksystemen gibt, wird NCITS-H2 seine Arbeit an SQL in der absehbaren Zukunft nicht einstellen. Und tatsächlich hat die Arbeit an der nächsten Version bereits begonnen.

3.6 Warum sollten Sie SQL lernen?

Wenn Sie SQL lernen, werden Sie in der Lage sein, Informationen aus jeder beliebigen relationalen Datenbank abzurufen. Sie werden dann auch die Mechanismen besser verstehen, die in vielen RDBMS hinter den grafischen Oberflächen für Anfragen stehen. SQL erleichtert Ihnen das Formulieren komplizierter Anfragen und bietet Ihnen das nötige Wissen, um Probleme mit Anfragen zu beheben.

Da SQL in sehr verschiedenen RDBMS-Produkten zu finden ist, können Sie Ihre Fähigkeiten auf einer Vielzahl von Plattformen anwenden. Haben Sie SQL zum Beispiel in Microsoft Access 2000 gelernt, können Sie dieses Wissen auch dann noch anwenden, wenn Ihr Unternehmen zu einem Sybase SQL-Server übergeht. Sie müssen SQL dann nicht noch einmal lernen: Sie brauchen lediglich den Unterschied zwischen den Dialekten von Microsoft Access 2000 und Sybase SQL-Server zu lernen. Dasselbe gilt auch, wenn Ihr Unternehmen plötzlich von Sybase SQL-Server zu IBMs DB/2 wechselt.

SQL wird nicht wieder verschwinden. Viele Anbieter haben sehr viel Geld, Zeit und Forschungsarbeit darin investiert, SQL in ihre RDBMS-Produkte zu implementieren, und sehr viele Unternehmen und Organisationen haben einen Großteil ihrer informationstechnologischen Infrastrukturen auf diesen Produkten aufgebaut. Wie Sie aus diesem Kapitel wohl bereits gefolgert haben, wird sich SQL weiterentwickeln, um die neuen Bedürfnisse und Anforderungen des Marktes zu befriedigen.

3.7 Zusammenfassung

Am Anfang dieses Kapitels wurden die Ursprünge von SQL dargelegt. Sie haben erfahren, dass SQL eine Sprache für relationale Datenbanken ist, die bald nach der Einführung des relationalen Modells entwickelt wurde. Wir erklärten, dass die frühe Entwicklung von SQL eng mit der Entwicklung des relationalen Modells selbst verknüpft war.

Anschließend haben wir die ursprünglichen Implementierungen des relationalen Modells durch verschiedene Anbieter von Datenbanken vorgestellt. Sie haben erfahren, dass die ersten relationalen Datenbanken auf Großrechnern implementiert wurden. Weiter haben Sie gelernt, wie IBM und Oracle zu den wichtigsten Spielern in der Datenbankbranche wurden.

Als Nächstes haben wir über den Urspung des SQL-Standards von ANSI gesprochen. Sie haben erfahren, dass es bereits einen inoffiziellen Standard gab, bevor ANSI beschloss, einen offiziellen zu definieren. Wir haben die ursprüngliche Arbeit des ANSI-Komitees X3H2 an der Spezifikation dargestellt und erklärt, dass der neue Standard zwar im Wesentlichen ein »kleinster gemeinsamer Nenner« war, aber eine Grundlage bot, von der aus sich die Sprache weiter entwickeln konnte. Sie haben außerdem erfahren, dass die ISO ihren eigenen Standard veröffentlichte, der genau der ANSI-Spezifiktion entsprach.

Unser nächster Punkt war der ANSI/ISO-Standard. Sie haben erfahren, dass viele Einzelpersonen und Organisationen den ursprünglichen Standard kritisierten, worauf ANSI und ISO mit mehreren Revisionen des Standards reagierten. Eine Überarbeitung führte zur nächsten, bis schließlich der SQL/92-Standard entwickelt wurde. Wir haben erklärt, wie der Standard verschiedene Ebenen der Konformität definiert, damit die Händler die Eigenschaften dieses Standards möglichst reibungslos implementieren können. Anschließend haben wir kurz über andere Standards gesprochen, in die SQL in irgendeiner Form eingebaut ist, und haben uns die Entwicklung kommerzieller SQL-Datenbanken angesehen.

Am Ende des Kapitels haben Sie etwas über die Zukunft von SQL erfahren: Momentan wird an SQL3 gearbeitet, das ein wesentlich komplizierterer Standard werden wird als SQL/92. Wir haben auch erklärt, warum SQL weiterentwickelt werden wird, und haben Ihnen einige gute Gründe genannt, aus denen Sie die Sprache lernen sollten.

Go To

Teil II:
SQL-Grundlagen

Einfache Anfragen

4

Kapitelüberblick

»Think like a wise man but communicate in the language of the people.«
- William Butler Yeats

Nachdem Sie nun etwas mehr über die Geschichte von SQL gehört haben, ist es an der Zeit, ins kalte Wasser zu springen und die Sprache selbst zu erlernen. Wie in der Einleitung bereits erwähnt wurde, befassen wir uns ausschließlich mit dem Teil der Sprache, der die Manipulation von Daten betrifft. Wir konzentrieren also unsere gesamten Bemühungen auf das eigentliche Arbeitspferd von SQL: die SELECT-Anweisung.

4.1 SELECT: Eine Einführung

Mehr als jedes andere Schlüsselwort ist das Wort SELECT der wahre Kern von SQL. Es ist der Grundstein der mächtigsten und komplexesten Anweisungen in dieser Sprache und das geeignete Mittel, um aus Datenbanktabellen Informationen abzurufen. SELECT benutzen Sie in Verbindung mit anderen Schlüsselwörtern und Klauseln, um auf vielfache Weise Informationen zu finden und zu betrachten. Fast jede Frage nach dem Wer, Was, Wo, Wann oder sogar nach dem Was-wäre-wenn und Wie viele kann mit SELECT beantwortet werden. Sofern Ihre Datenbank ordentlich entworfen ist und die richtigen Daten gesammelt hat, können Sie die nötigen Antworten erhalten, um für Ihre Organisation die richtigen Entscheidungen zu treffen.

Die SELECT-Operation in SQL kann in drei kleinere Operationen zerlegt werden, die wir als SELECT-Anweisung, SELECT-Ausdruck und SELECT-Anfrage bezeichnen werden. (Die SELECT-Operation so zu zerlegen erleichtert es Ihnen, ihre Komplexität zu verstehen und zu würdigen.) Jede dieser Operationen verfügt über ihre eigene Menge von Schlüsselwörtern und Klauseln. Dadurch erhalten Sie die nötige Flexibilität, um eine endgültige SQL-Anweisung für die Frage zu formulieren, die Sie an die Datenbank richten möchten. Wie Sie in späteren Kapiteln noch lernen werden, gibt es zudem mehrere Möglichkeiten, die Operationen so zu kombinieren, dass sich auch komplexe Fragen beantworten lassen.

In diesem Kapitel sprechen wir zuerst über die SELECT-Anweisung und sehen uns kurz die SELECT-Anfrage an. Anschließend werden wir auf dem Weg zu Kapitel 6 die SELECT-Anweisung genauer untersuchen.

In vielen Büchern und Artikeln über relationale Datenbanken werden die Begriffe Tabelle, Zeichensatz und Feld gleichbedeutend mit den Begriffen Tabelle, Zeile und Spalte benutzt. Der SQL-Standard bezeichnet diese speziellen Elemente der Datenbankstruktur jedoch ausdrücklich als Tabelle, Zeile und Spalte. Wir werden uns an den SQL-Standard halten und im Weiteren diese Begriffe benutzen.

4.2 Die SELECT-Anweisung

Die SELECT-Anweisung ist die Basis jeder Frage, die Sie an die Datenbank richten. Wenn Sie eine SELECT-Anweisung formulieren und ausführen, erstellen Sie eine »Anfrage« an die Datenbank. (Wir sind uns bewusst, dass dies ziemlich offensichtlich klingt, wollen aber sichergehen, dass alle Leser von denselben Voraussetzungen ausgehen können.) In der Tat ist es bei vielen RDBMS-Programmen möglich, eine SELECT-Anweisung als *Anfrage*, als *Sicht* (View) oder als *gespeicherte Prozedur* (stored procedure) zu speichern. Wenn jemand davon spricht, eine Anfrage an die Datenbank zu richten, wissen Sie, dass er irgendeine SELECT-Anweisung ausführen wird. In den verschiedenen RDBMS-Programmen können SELECT-Anweisungen entweder direkt von einem Kommandozeilenfenster, von einem QBE-Raster (Query By Example) oder von einem Codeblock aus durchgeführt werden. Egal wie Sie die SELECT-Anweisung definieren und ausführen, ihre Syntax ist immer die gleiche.

4.2.1 Wichtige Klauseln in einer SELECT-Anweisung

Eine SELECT-Anweisung besteht aus mehreren eindeutigen Schlüsselwörtern, die *Klauseln* genannt werden. Um die nötigen Informationen abzurufen, definieren Sie eine SELECT-Anweisung mit verschiedenen Konfigurationen dieser Klauseln. Einige der Klauseln sind obligatorisch, andere optional. Außerdem verfügt jede Klausel über ein oder mehrere Schlüsselwörter zur Darstellung obligatorischer oder optionaler Werte. Mit diesen Werten kann die Klausel diejenigen Informationen abrufen, nach denen die SELECT-Anweisung insgesamt fragt. Abbildung 4.1 zeigt ein Diagramm einer SELECT-Anweisung und ihrer Klauseln.

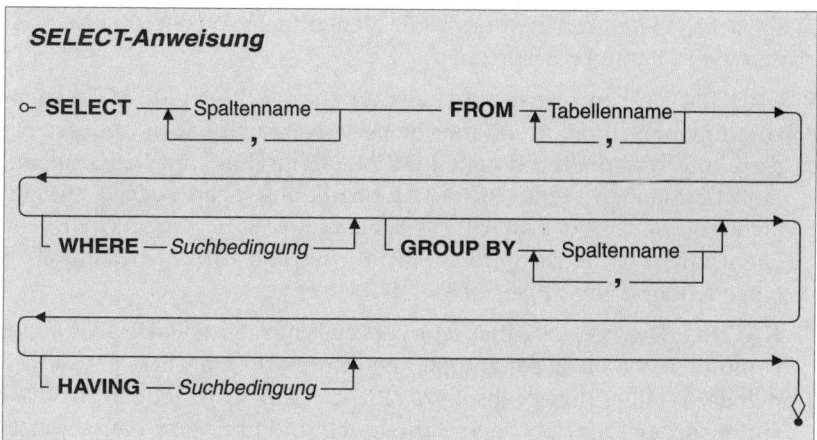

Abbildung 4.1: Diagramm der SELECT-Anweisung

Das Syntaxdiagramm in Abbildung 4.1 gibt eine rudimentäre SELECT-Anweisung wieder. Dieses Diagramm werden wir aktualisieren und verändern, wenn wir neue Schlüsselwörter und Klauseln einführen und damit arbeiten. Diejenigen Leser, die mit SQL-Anweisungen bereits einige Erfahrung haben, bitten wir daher um etwas Geduld.

Im Folgenden fassen wir die Klauseln einer SELECT-Anweisung kurz zusammen.

▼ **SELECT**: Dies ist die wichtigste und eine unerlässliche Klausel der SELECT-Anweisung. Mit SELECT legen Sie die für die Ergebnismenge Ihrer Anfrage benötigten Spalten fest. Die Spalten selbst werden aus der Tabelle oder Sicht entnommen, die Sie in der FROM-Klausel festlegen. (Sie können die Spalten auch aus mehreren Tabellen gleichzeitig entnehmen. Damit werden wir uns in Teil 3 befassen.) In dieser Klausel können Sie auch Aggregatfunktionen wie etwa »Summe(ArbeitsStunden)«, oder mathematische Ausdrücke benutzen, zum Beispiel »Menge x Preis«.

▼ **FROM**: Dies ist die zweitwichtigste und ebenfalls eine unerlässliche Klausel in der SELECT-Anweisung. Mit der FROM-Klausel legen Sie fest, aus welchen Tabellen die in der SELECT-Klausel genannten Spalten entnommen werden sollen. Es gibt auch komplexere Anwendungsmöglichkeiten dieser Klausel; aber darüber später mehr.

▼ **WHERE**: Dies ist eine optionale Klausel, mit der Sie die von der FROM-Klausel zurückgegebenen Spalten filtern. Dem Schlüsselwort WHERE folgt ein Ausdruck, der *Prädikat* genannt wird und nach wahr, falsch und unbekannt ausgewertet wird. Diesen Ausdruck können Sie testen, indem Sie Standardvergleichsoperatoren, Boolesche Operatoren oder spezielle Operatoren benutzen. Alle Elemente der WHERE-Klausel werden wir in Kapitel 6 besprechen.

▼ **GROUP BY**: Wenn Sie mit Aggregatfunktionen in der SELECT-Klausel zusammenfassende Informationen hervorgebracht haben, zerlegen Sie diese Informationen mit der GROUP BY-Klausel in einzelne Gruppen. Zum Gruppieren benutzt Ihre Datenbank eine Spalte oder Liste von Spalten, die Ihren GROUP BY-Schlüsselwörtern entsprechen. Die GROUP BY-Klausel ist optional. Mit ihr werden wir uns in Kapitel 13 eingehender beschäftigen.

▼ **HAVING**: Die HAVING-Klausel ist speziell mit der GROUP BY-Klausel verbunden: Sie filtert die gruppierten Informationen. Diese Klausel ähnelt der WHERE-Klausel insofern, als auch dem Schlüsselwort HAVING ein Ausdruck folgt, der nach wahr, falsch und unbekannt ausgewertet wird. Diesen Ausdruck können Sie mit Standardvergleichsoperatoren,

Booleschen Operatoren oder speziellen Operatoren prüfen. Auch HA-VING ist eine optionale Klausel; in Kapitel 14 werden wir uns näher mit ihr befassen.

Da wir anfangs mit einer sehr einfachen SELECT-Anweisung arbeiten, konzentrieren wir uns auf die Klauseln SELECT und FROM. Im Laufe der Kapitel werden wir nach und nach andere Klauseln hinzufügen und komplexere SELECT-Anweisungen aufbauen.

4.3   Ein kurzer Exkurs: Daten versus Informationen

Ehe wir die erste Anfrage an die Datenbank richten, müssen wir Eines unmissverständlich klarstellen: Es gibt einen eindeutigen Unterschied zwischen *Daten* und *Informationen*. Im Wesentlichen sind Daten das, was Sie in Ihrer Datenbank speichern, und Informationen das, was Sie aus Ihrer Datenbank abrufen. Es ist wichtig, dass Sie diesen Unterschied verstehen, damit Sie die Dinge leichter im richtigen Verhältnis sehen. Denken Sie daran, dass der Zweck einer Datenbank darin besteht, jemandem in Ihrer Organisation bedeutungsvolle Informationen zu liefern. Die Informationen können jedoch nur dann geliefert werden, wenn in Ihrer Datenbank die entsprechenden Daten vorhanden sind, und wenn die Datenbank selbst so strukturiert ist, dass sie die Informationen unterstützt. Das wollen wir uns noch etwas genauer ansehen.

Die Werte, die Sie in Ihrer Datenbank speichern, sind Daten. Daten sind insofern statisch, als sie in demselben Zustand bleiben, solange Sie sie nicht manuell oder automatisch verändern. Abbildung 4.2 zeigt Beispieldaten.

```
Katherine Ehrlich 89931 Active 79915
```

Abbildung 4.2: Ein Beispiel für einfache Daten

Oberflächlich betrachtet sind diese Daten bedeutungslos. Sie werden zum Beispiel nicht leicht sagen können, was 89931 bedeutet. Eine Postleitzahl? Eine Teilenummer? Selbst wenn Sie wissen, dass es sich um eine Kundennummer handelt – ist es die von Katherine Ehrlich? Solange die Daten nicht verarbeitet wurden, können Sie dies auf keinen Fall wissen. Aus den Daten werden Informationen, wenn sie durch ihre Verarbeitung Bedeutung erhalten, in sinnvoller Weise dargestellt werden und Sie sinnvoll damit arbeiten können. Informationen sind dynamisch, da sie sich in Relation zu den Daten in der Datenbank ständig verändern und da sie auf zahllose Arten verarbeitet und dargestellt werden können. Informationen können Sie als Ergebnis einer SELECT-Anweisung zeigen, als Formular auf

Ihrem Computerbildschirm darstellen oder als Bericht auf Papier ausdrucken. Aber Sie dürfen nie vergessen, dass Sie Ihre Daten so verarbeiten müssen, dass sie zu bedeutungsvollen Informationen werden.

Abbildung 4.3 zeigt die Daten aus dem vorherigen Beispiel auf einem Kundenbildschirm, nachdem sie zu Informationen verarbeitet wurden. Dies veranschaulicht, wie die Daten so manipuliert werden können, dass sie für jeden, der sie betrachtet, bedeutungsvoll sind.

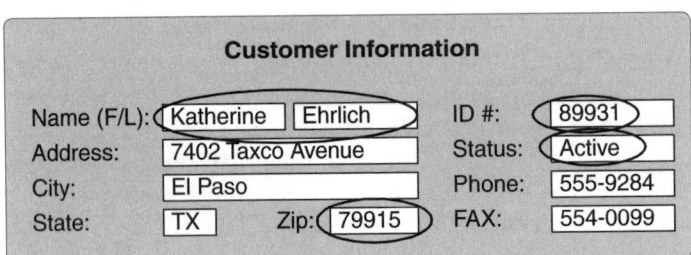

Abbildung 4.3: Ein Beispiel für zu Informationen verarbeitete Daten

Wenn Sie mit einer SELECT-Anweisung arbeiten, manipulieren Sie mit den Klauseln der Anweisung *Daten*, aber die Anweisung selbst sendet *Informationen* zurück. Verstanden?

Einen letzten Punkt müssen wir noch klären. Wenn Sie eine SELECT-Anweisung ausführen, ruft diese in der Regel eine oder mehrere Zeilen von Informationen ab, wobei die genaue Anzahl der Zeilen von der Konstruktion der Anweisung abhängt. Diese Zeilen werden insgesamt *Ergebnismenge* genannt; auch wir werden sie in diesem Buch so nennen. Diese Bezeichnung ist sehr sinnvoll, da Sie bei einer relationalen Datenbank immer mit Datenmengen arbeiten. (Denken Sie daran, dass das relationale Modell zum Teil auf der Mengenlehre beruht.) Die Informationen in einer Ergebnismenge können Sie leicht betrachten und in vielen Fällen auch die zugehörigen Daten verändern. Aber, um es noch einmal zu sagen: Alles hängt davon ab, wie Sie Ihre SELECT-Anweisung konstruieren.

Also, machen wir uns an die Arbeit und fangen wir an, die SELECT-Anweisung zu benutzen.

4.4 Fragen in SQL übersetzen

Wenn Sie nach Informationen aus der Datenbank fragen, tun Sie das meistens in der Form einer Frage oder einer Anweisung, die eine Frage impliziert. Sie könnten zum Beispiel Aussagen wie die folgenden machen:

▼ »In welchen Städten wohnen unsere Kunden?«

▼ »Zeige mir eine aktuelle Liste unserer Angestellten und ihrer Telefon-nummern.«

▼ »Welche Kurse bieten wir im Moment an?«

▼ »Nenne mir die Namen unserer Angestellten und ihre Einstellungster-mine.«

Sobald Sie wissen, was Sie fragen möchten, können Sie Ihre Frage in eine formellere Anweisung übersetzen. Die Übersetzung können Sie in der folgenden Form vornehmen:

▼ Wähle <Objekt> aus der <Quelle>

Sehen Sie sich Ihre Frage an und ersetzen Sie Wörter oder Sätze wie »Liste auf«, »Zeige«, »was«, »welche« und »wer« durch das Wort »Wähle«. Dann finden Sie alle Substantive in Ihrer Frage und klären, ob es sich bei einem Substantiv um ein Objekt handelt, das Sie ansehen möchten, oder ob es der Name einer Tabelle ist, in der ein Objekt gespeichert sein könnte. Falls das Substantiv ein Objekt bezeichnet, ersetzen Sie damit <Objekt> in der Übersetzung; wenn es ein Tabellenname ist, verwenden Sie es als Ersatz für <Quelle>. Wenn Sie die erste der oben genannten Fragen übersetzen, sieht Ihre Anweisung in etwa so aus:

▼ Wähle City aus der Tabelle Customers

Nachdem Sie Ihre Übersetzung definiert haben, müssen Sie sie noch in eine richtige SELECT-Anweisung umwandeln, wobei Sie die in Abbil-dung 4.4 gezeigte SQL-Syntax benutzen.

Zuerst müssen Sie Ihre Übersetzung jedoch aufräumen. Dafür strei-chen Sie alle Wörter, die nicht ausdrücklich zur SQL-Syntax gehören und keine Substantive zur Bezeichnung einer Spalte oder Tabelle sind. So sieht die Übersetzung in ihrer bereinigten Fassung aus:

▼ Wähle City aus Customers

Setzen Sie nun die korrekten Schlüsselwörter ein, und Sie erhalten eine vollständige SELECT-Anweisung.

```
SELECT City FROM Customers
```

Mit diesen drei Schritten können Sie jede Frage bearbeiten, die Sie der Da-tenbank stellen möchten. Wir verwenden diese Technik in diesem Buch fast durchgehend und empfehlen dies auch Ihnen, solange Sie im Kon-struieren dieser Anweisungen noch keine Erfahrung haben. Wenn Sie sich an das Schreiben von SELECT-Anweisungen gewöhnt haben, werden diese drei Schritte irgendwann zu einem einzigen verschmelzen.

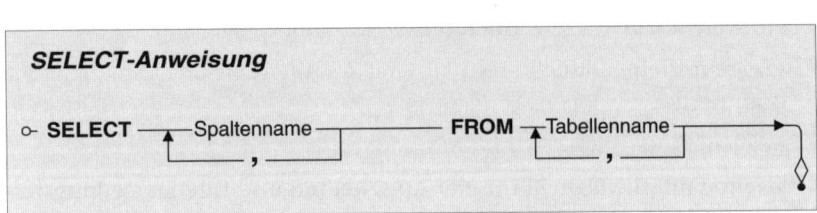

Abbildung 4.4: Die Syntax einer einfachen SELECT-Anweisung

Denken Sie daran: Wenn Sie anfangen, den Umgang mit SQL zu lernen, werden Sie vor allem mit Spalten und Tabellen arbeiten. Das Syntaxdiagramm in Abbildung 4.4 wird dieser Tatsache dadurch gerecht, dass es in der SELECT-Klausel einen Spaltennamen und in der FROM-Klausel einen Tabellennamen benutzt. Im nächsten Kapitel werden Sie erfahren, wie in diesen Klauseln andere Terme benutzt und komplexere SELECT-Anweisungen formuliert werden.

Sie haben wahrscheinlich bemerkt, dass die Frage im obigen Beispiel verhältnismäßig unkompliziert war. Es war einfach, sie als Übersetzungsanweisung neu zu definieren und die Spaltennamen in der Anweisung herauszufinden. Was aber geschieht, wenn eine Frage komplexer und weniger leicht übersetzbar ist, und wenn es schwierig ist, die für die SELECT-Klausel benötigten Spalten zu finden? Die einfachste Möglichkeit besteht darin, Ihre Frage zu verfeinern und genauer zu formulieren. Ein Beispiel: Eine Frage wie »*Zeige mir die Informationen über unsere Kunden*« wird klarer, wenn Sie statt dessen »*Nenne mir die Namen, Wohnorte und Telefonnummern aller unserer Kunden*« sagen. Wenn eine genauere Formulierung der Frage das Problem nicht löst, haben Sie immer noch zwei Möglichkeiten. Zum einen können Sie klären, ob die in der FROM-Klausel der SELECT-Anweisung genannte Tabelle irgendwelche Spaltennamen enthält, mit deren Hilfe Sie die Frage klarer machen können, sodass die Definition einer Übersetzungsanweisung einfacher wird. Zum anderen können Sie die Frage genauer untersuchen und klären, ob sie ein Wort oder eine Phrase enthält, das oder die auf Spaltennamen *hinweist*. Ob Sie eine dieser Möglichkeiten oder auch beide nutzen können, hängt von der Frage ab. Behalten Sie nur im Gedächtnis, dass Ihnen diese Techniken zur Verfügung stehen, falls Sie mit der Formulierung einer Übersetzungsanweisung Schwierigkeiten haben. Sehen wir uns nun für jede Technik und ihre Anwendung in einem typischen Szenario ein Beispiel an.

Um die erste Technik zu veranschaulichen, gehen wir von der folgenden Frage aus:

»*Ich brauche die Namen und Adressen aller Angestellten.*«

4.4 Fragen in SQL übersetzen

Diese Frage sieht zunächst unkompliziert aus. Wenn Sie sie jedoch genauer betrachten, werden Sie auf ein kleines Problem stoßen. Sie können zwar erkennen, welche Tabelle Sie für die Übersetzungsanweisung benötigen (Employees), aber die Frage enthält keinen Hinweis darauf, welche Spalten Sie für die SELECT-Klausel benötigen. Die Wörter »Namen« und »Adressen« erscheinen zwar in der Frage, aber in sehr allgemeiner Form. Dieses Problem können Sie dadurch lösen, dass Sie die in der Frage identifizierte Tabelle noch einmal ansehen und klären, ob sie irgendwelche Spalten enthält, durch die Sie diese Wörter ersetzen können. Wenn ja, benutzen Sie die Spaltennamen in der Übersetzungsanweisung. (Sie können in der Übersetzungsanweisung auch generische Versionen der Spaltennamen verwenden, wenn Ihnen das hilft, sich ein genaueres Bild von der Anweisung zu machen. In der SQL-Syntax müssen Sie jedoch die genauen Spaltennamen angeben.) In diesem Fall suchen Sie in der Tabelle Employees nach Spaltennamen, die anstelle der Wörter »Namen« und »Adressen« benutzt werden können. Sehen Sie sich die Tabelle Employees in Abbildung 4.5 an und klären Sie, ob Sie irgendeine der Spalten gebrauchen können.

```
┌─────────────────────────────┐
│        EMPLOYEES            │
├─────────────────────────────┤
│ EmployeeID           PS     │
│ EmpLastName                 │
│ EmpFirstName                │
│ EmpStreetAddress            │
│ EmpCity                     │
│ EmpState                    │
│ EmpZipCode                  │
│ EmpPhoneNumber              │
└─────────────────────────────┘
```

Abbildung 4.5: Die Struktur der Tabelle Employees

In Wirklichkeit verwenden Sie sechs Spalten aus dieser Tabelle. EmpFirstName und EmpLastName ersetzen zusammen das Wort »Namen« in der Frage, und EmpStreetAddress, EmpCity, EmpSate und EmpZipCode ersetzen »Adressen«. Wenden Sie nun den ganzen Übersetzungsprozess auf die Frage an, die wir der Bequemlichkeit halber noch einmal wiederholen. (Für die Übersetzungsanweisung benutzen wir die generischen Formen der Spaltennamen und für die SQL-Syntax die tatsächlichen Spaltennamen.)

»Ich brauche die Namen und Adressen aller Angestellten.«

Übersetzung	Wähle First Name, Last Name, Street Address, City, State und Zip Code aus der Tabelle Employees
Bereinigte Fassung	Wähle First Name, Last Name, Street Address, City, State, Zip Code aus Employees

SQL	`SELECT EmpFirstName, EmpLastName, EmpStreet,`
	`EmpCity, EmpState, EmpZipCode`
	`FROM Employees`

Dieses Beispiel zeigt klar, wie mehrere Spalten in einer SELECT-Klausel benutzt werden. Diese Technik werden wir weiter unten in diesem Kapitel ausführlicher besprechen.

Das folgende Beispiel illustriert die zweite Technik, bei der Sie in einer Frage nach implizierten Spalten suchen. Wir gehen davon aus, dass Sie die folgende Frage übersetzen möchten.

»Welche Art Kurse bieten wir im Moment an?«

Auf den ersten Blick erscheint die Formulierung einer Übersetzung für diese Frage vielleicht schwierig. In der Frage gibt es keine Hinweise auf Spaltennamen; und Sie können keine vollständige Übersetzung formulieren, wenn Sie nichts wählen können. Was tun? Sehen Sie sich jedes Wort in der Frage genau an und entscheiden Sie, ob ein Wort einen Spaltennamen in der Tabelle Classes impliziert. Bevor Sie weiterlesen, sehen Sie sich noch einmal in Ruhe die Frage an. Können Sie ein solches Wort finden?

In diesem Fall kann das Wort »Art« einen Spaltennamen in der Tabelle Classes implizieren. Warum? Weil eine Kursart immer als eine Kurskategorie angesehen werden kann. Wenn es in der Tabelle Classes eine Kategoriespalte gibt, verfügen Sie über den nötigen Spaltennamen, um die Übersetzung und damit die SELECT-Anweisung zu vervollständigen. Nehmen wir also an, in der Tabelle Classes gibt es eine Kategoriespalte, und wenden wir die Drei-Schritte-Technik auf die Frage an.

»Welche Art Kurse bieten wir im Moment an?«

Übersetzung	Wähle Category aus der Tabelle Classes
Bereinigte Fassung	Wähle Category aus Classes
SQL	`SELECT Category` `FROM Classes`

Wie das Beispiel zeigt, suchen Sie bei dieser Technik nach einem Ersatz für bestimmte Wörter oder Phrasen in der Frage. Sie sollten ein Wort oder eine Phrase, die einen Spaltennamen implizieren könnten, möglichst durch ein Synonym ersetzen. Das gewählte Synonym kann eine Spalte identifizieren, die in der Datenbank vorhanden ist. Wenn Sie mit dem ersten Synonym keinen Erfolg haben, versuchen Sie es mit einem anderen. Setzen Sie diesen Prozess fort, bis Sie entweder ein Synonym gefunden haben, das einen Spaltennamen identifiziert, oder bis Sie sicher sind, dass weder das ursprüngliche Wort noch eines seiner Synonyme einen Spaltennamen repräsentiert.

Sofern nicht ausdrücklich anders festgelegt, entstammen alle Spaltennamen und Tabellennamen im SQL-Teil der Beispiele den Beispieldatenbanken in Anhang B. Diese Konvention gilt für alle weiteren Beispiele in diesem Buch.

4.4.1 Das Blickfeld erweitern

Die Abfrage mehrerer Spalten in einer SELECT-Anweisung ist nicht schwieriger als die Abfrage einer Spalte. Zählen Sie die Namen der Spalten auf, die Sie in der SELECT-Klausel benutzen wollen, und trennen Sie die Namen durch Kommata voneinander ab. Im Syntaxdiagramm in Abbildung 4.6 wird die Möglichkeit, mehr als eine Spalte zu benutzen, durch eine Linie angezeigt, die unterhalb von »Spaltenname« von rechts nach links verläuft. Das Komma in der Mitte der Linie weist darauf hin, dass Sie vor dem nächsten Spaltennamen, den Sie in der SELECT-Klausel benutzen möchten, ein Komma einsetzen.

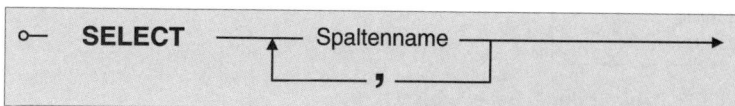

Abbildung 4.6: In einer SELECT-Klausel mehrere Spalten benutzen

Durch die Möglichkeit, in der SELECT-Anweisung mehrere Spalten zu verwenden, können Sie Fragen wie die folgenden beantworten.

»Zeige mir eine aktuelle Liste aller Angestellten und Ihrer Telefonnummern.«

Übersetzung	Wähle Last Name, First Name und Phone Number aller Angestellten aus der Tabelle Employees
Bereinigte Fassung	Wähle Last Name, First Name, Phone Number aus Employees
SQL	SELECT EmpLastName, EmpFirstName, EmpPhoneNumber FROM Employees

»Nenne mir die Bezeichnungen und Preise aller Produkte, die wir anbieten, und sage mir, in welcher Kategorie jedes Produkt aufgeführt wird.«

Übersetzung	Wähle Name, Price und Category aller Produkte aus der Tabelle Products
Bereinigte Fassung	Wähle Name, Price, Category aus Products
SQL	SELECT ProductName, RetailPrice, Category FROM Products

Wenn Sie mit mehreren Spalten in einer SELECT-Anweisung arbeiten, können Sie ein größeres Spektrum an Informationen sehen. Übrigens spielt die Reihenfolge der Spalten in Ihrer SELECT-Klausel keine Rolle: Sie können sie in beliebiger Reihenfolge aufzählen. Dadurch können Sie dieselben Informationen auf verschiedene Weise betrachten.

Nehmen wir zum Beispiel an, Sie arbeiten mit der in Abbildung 4.7 gezeigten Tabelle und richten folgende Frage an Ihre Datenbank:

»Zeige mir eine Liste aller Gegenstände, ihre Kategorie und den Code, den wir in unserem Katalog benutzen. Aber ich möchte zuerst den Namen sehen, dann die Kategorie und zuletzt den Code.«

SUBJECTS	
SubjectID	*PS*
CategoryID	*FS*
SubjectCode	
SubjectName	
SubjectDescription	

Abbildung 4.7: Struktur der Tabelle Subjects

Diese Frage können Sie in eine geeignete SELECT-Anweisung umformulieren, obwohl die fragende Person die Spalten in einer bestimmten Reihenfolge sehen möchte. Zählen Sie die Spaltennamen bei der Definition der Übersetzung einfach in der gewünschten Reihenfolge auf. Wenn Sie diese Frage in eine SELECT-Anweisung umwandeln, sieht dies folgendermaßen aus:

Übersetzung	Wähle Subject Name, Category ID und Subject Code aus der Tabelle Subjects
Bereinigte Fassung	Wähle Subject Name, Category ID, Subject Code aus Subjects

In der SELECT-Klausel können Sie beliebig viele Spalten aufzählen, auch alle Spalten der Quelltabelle. Das folgende Beispiel zeigt die SELECT-Anweisung, mit der Sie alle Spalten der Tabelle Subjects in Abbildung 4.7 auswählen.

SQL	`SELECT SubjectID, CategoryID, SubjectCode,`
	`SubjectName, SubjectDescription`
	`FROM Subjects`

Wenn Sie alle Spalten der Quelltabelle auswählen und diese eine ganze Reihe von Spalten enthält, werden Sie viel zu tun haben! Zum Glück spezifiziert der SQL-Standard das Sternchen als Kurzbefehl, sodass Sie diese Anweisung deutlich verkürzen können. Das Syntaxdiagramm in Abbildung 4.8 zeigt, dass Sie das Sternchen in der SELECT-Klausel als Alternative zur Angabe einer ganzen Liste von Spalten verwenden können.

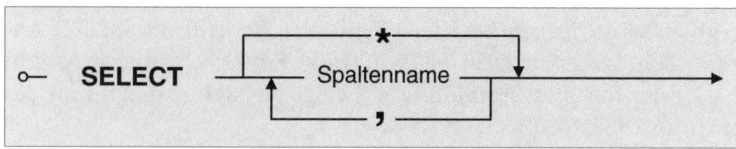

Abbildung 4.8: Ein Syntaxdiagramm mit dem Sternchen-Kurzbefehl

Wenn die FROM-Klausel alle Spalten der Quelltabelle einbeziehen soll, setzen Sie das Sternchen unmittelbar hinter die SELECT-Klausel. Mit dem Kurzbefehl sieht die vorherige SELECT-Anweisung folgendermaßen aus.

SQL	`SELECT *` `FROM Subjects`

Bei dieser Anweisung gibt es definitiv weniger zu schreiben! Allerdings gibt es hierbei ein Problem: Das Sternchen vertritt alle gegenwärtig in der Quelltabelle vorhandenen Spalten, und das Hinzufügen oder Entfernen von Spalten beeinflusst das, was Sie in der Ergebnismenge der SELECT-Anweisung sehen. (Eigenartigerweise ist im SQL-Standard festgelegt, dass das Hinzufügen oder Entfernen von Spalten die Ergebnismenge nicht beeinflussen darf.) Dieses Problem ist jedoch nur dann von Bedeutung, wenn Sie immer dieselben Spalten in der Ergebnismenge sehen müssen. Falls Sie in der SELECT-Klausel das Sternchen benutzen, warnt Ihr Datenbanksystem Sie nicht, wenn Spalten aus der Quelltabelle gelöscht wurden; es warnt Sie allerdings dann, wenn es eine ausdrücklich genannte Spalte nicht finden kann. Für unsere Zwecke ist diese Frage zwar nicht von Belang, sie kann aber zu einem ernsthaften Problem werden, wenn Sie tatsächlich in die Welt der SQL-Programmierung eintauchen. Wir empfehlen die folgende Faustregel: Benutzen Sie das Sternchen nur dann, wenn Sie eine »schnelle und schmutzige« Anfrage absetzen, um alle Informationen in einer bestimmten Tabelle zu sehen. Ansonsten sollten Sie die für eine Anfrage benötigten Spalten spezifizieren. Dann wird die Anfrage genau die benötigten Informationen zurückgeben und sich selbst besser dokumentieren.

Die bisherigen Beispiele basieren auf einfachen Fragen, die Spalten aus nur einer Tabelle benötigen. In Teil 3 werden Sie lernen, wie man mit komplexeren Fragen arbeitet, die Spalten aus mehreren Tabellen benötigen.

4.5 Doppelt vorhandene Zeilen entfernen

Wenn Sie mit SELECT-Anweisungen arbeiten, stoßen Sie unweigerlich auch auf Ergebnismengen mit doppelten Zeilen. Solche Ergebnismengen müssen Ihnen keine Sorgen bereiten. Benutzen Sie in Ihrer SELECT-Anweisung das Schlüsselwort DISTINCT und die Ergebnismenge wird von doppelten Zeilen frei sein. Abbildung 4.9 zeigt das Syntaxdiagramm des Schlüsselwortes DISTINCT.

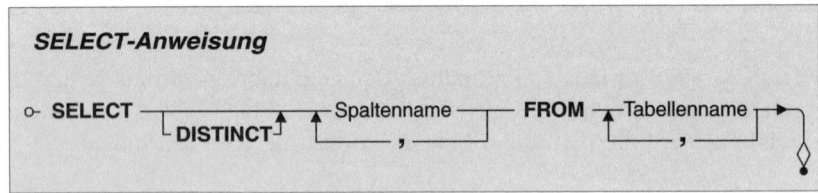

SELECT-Anweisung

Abbildung 4.9: Die Syntax des Schlüsselwortes DISTINCT

Wie das Diagramm zeigt, ist DISTINCT ein optionales Schlüsselwort, das der in der SELECT-Klausel festgelegten Spaltenliste vorangeht. Das Schlüsselwort DISTINCT weist Ihr Datenbanksystem an, Zeile für Zeile die Werte aller Spalten als eine Einheit zu bewerten und alle Redundanzen zu entfernen. Die übriggebliebenen, eindeutigen Zeilen werden dann an die Ergebnismenge zurückgegeben. Das folgende Beispiel zeigt, dass das Schlüsselwort SELECT gegebenenfalls erhebliche Auswirkungen haben kann.

Angenommen, Sie richten die folgende Frage an die Datenbank:

»Welche Städte sind in unserer Kegelliga vertreten?«

Diese Frage scheint zunächst sehr einfach, also fangen Sie mit der Übersetzung an.

Übersetzung	Wähle City aus der Tabelle Bowlers
Bereinigte Fassung	Wähle City aus Bowlers
SQL	`SELECT City` `FROM Bowlers`

Das Problem besteht darin, dass die Ergebnismenge dieser SELECT-Anweisung *jedes Vorkommen* jedes Stadtnamens in der Tabelle Bowlers enthält. Wenn es zum Beispiel 20 Personen aus Bellevue, 7 Personen aus Kent und 14 Personen aus Seattle gibt, dann zeigt die Ergebnismenge 20 Mal Bellevue, 7 Mal Kent und 14 Mal Seattle an. Diese redundante Information ist zweifellos überflüssig; Sie wollen jeden in der Tabelle Bowlers gefundenen Städtenamen nur einmal sehen. Dieses Problem lösen Sie, indem Sie das Schlüsselwort DISTINCT in die SELECT-Anweisung einfügen und so redundante Informationen ausschließen.

Übersetzen wir die Frage also noch einmal und benutzen dabei das Schlüsselwort DISTINCT. Achten Sie darauf, dass wir das Wort »distinct« (eindeutig unterschieden) jetzt sowohl in der Übersetzungs- als auch in der Bereinigungsphase benutzen.

»Welche Städte sind in unserer Kegelliga vertreten?«

Übersetzung	Wähle eindeutig unterschiedene City aus der Tabelle Bowlers
Bereinigte Fassung	Wähle eindeutig unterschiedene City aus Bowlers
SQL	`SELECT DISTINCT City` `FROM Bowlers`

Die Ergebnismenge dieser SELECT-Anweisung zeigt genau das, was Sie suchen: genau ein Vorkommnis jeder eindeutig unterschiedenen (oder einmaligen) Stadt in der Tabelle Bowlers.

Das Schlüsselwort DISTINCT können Sie auch auf mehrere Spalten anwenden. Fragen wir im vorherigen Beispiel in der Tabelle Bowlers sowohl nach dem Bundesstaat als auch nach der Stadt. Unsere neue SELECT-Anweisung sieht folgendermaßen aus.

SQL	`SELECT DISTINCT State, City FROM Bowlers`

Diese SELECT-Anweisung schickt eine Ergebnismenge zurück, die eindeutige Datensätze enthält und klar zwischen Städten mit dem gleichen Namen unterscheidet. Sie zeigt zum Beispiel den Unterschied zwischen »Portland, ME,« »Portland, OR,« »Hollywood, CA« and »Hollywood, FL.«

Das Schlüsselwort DISTINCT ist unter den richtigen Umständen ein sehr nützliches Werkzeug. Benutzen Sie es nur dann, wenn Sie wirklich eindeutige Zeilen in Ihrer Ergebnismenge sehen wollen.

4.6 Informationen sortieren

Am Anfang dieses Kapitels haben wir gesagt, die Operation SELECT könne in drei kleinere Operationen zerlegt werden: die SELECT-Anweisung, den SELECT-Ausdruck und die SELECT-Anfrage. Wie haben auch festgestellt, dass Sie diese Operationen zur Beantwortung komplexer Fragen auf verschiedene Weise kombinieren können. Sie müssen diese Operationen jedoch auch dann kombinieren, wenn Sie die Zeilen in der Ergebnismenge sortieren möchten.

Laut Definition sind die Zeilen in einer von der SELECT-Anweisung zurückgegebenen Ergebnismenge ungeordnet; die Reihenfolge ihres Erscheinens beruht auf ihrer physischen Position in der Tabelle. Die Ergebnismenge kann nur sortiert werden, indem man die SELECT-Anweisung in eine SELECT-Anfrage einbettet, wie Abbildung 4.10 es zeigt. Eine SELECT-Anfrage definieren wir als eine SELECT-Anweisung mit einer ORDER BY-Klausel. Durch die ORDER BY-Klausel der SELECT-Anfrage können Sie die Reihenfolge der Zeilen in der endgültigen Ergebnismenge festlegen. Wie Sie in späteren Kapitel noch erfahren werden, können sie eine SELECT-Anweisung auch in eine andere SELECT-Anweisung oder in einen SELECT-Ausdruck einbetten, und so sehr komplexe Fragen beantworten. Die SELECT-Anfrage hingegen kann nirgendwo eingebettet werden.

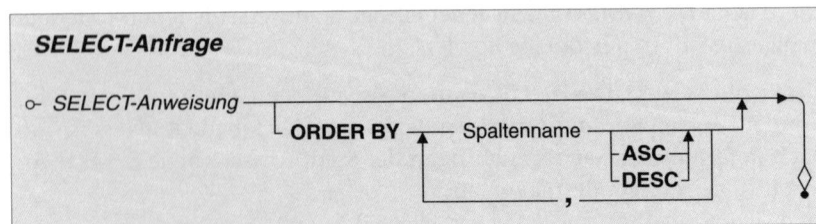

Abbildung 4.10: Das Syntaxdiagramm der SELECT-Anfrage

In diesem Buch verwenden wir dieselben Begriffe, die auch der ANSI SQL Standard und die meisten Datenbanksysteme verwenden. Der ANSI SQL Standard definiert die ORDER BY-Klausel jedoch nur als Teil eines Cursors, und dieser ist ein in einem Anwendungsprogramm definiertes Objekt. Eine vollständige Behandlung von Cursorn geht über den Rahmen dieses Buches hinaus. Da viele SQL-Implementierungen das Einfügen einer OR-DER BY-Klausel am Ende einer SELECT-Anweisung ermöglichen, haben wir für diesen Anweisungstyp den Begriff SELECT-Anfrage erfunden. Auf diese Weise können wir auch darstellen, wie die endgültige Ausgabe einer Anfrage sortiert wird, damit sie online gezeigt oder in einem Bericht eingesetzt werden kann.

Die ORDER BY-Klausel ermöglicht das Sortieren der Ergebnismenge der spezifizierten SELECT-Anweisung nach einer oder nach mehreren Spalten; sie bietet auch die Möglichkeit, für jede Spalte eine auf- oder absteigende Sortierreihenfolge festzulegen. In der ORDER BY-Klausel können Sie nur diejenigen Spalten verwenden, die in der SELECT-Klausel aufgeführt sind. (Obwohl diese Anforderung im SQL-Standard festgelegt ist, kann man sie bei den Implementierungen einiger Anbieter völlig ignorieren. Wir werden uns jedoch in allen Beispielen in diesem Buch an diese Anforderung halten.) Wenn Sie in einer ORDER BY-Klausel zwei oder mehr Spalten benutzen, trennen Sie diese durch ein Komma voneinander ab. Sobald das Sortieren beendet ist, gibt die SELECT-Anfrage eine endgültige Ergebnismenge zurück.

Die ORDER BY-Klausel beeinflusst nicht die physische Reihenfolge der Zeilen in einer Tabelle. Wenn Sie die physische Reihenfolge der Zeilen ändern müssen, sollten Sie in der Dokumentation Ihrer Datenbanksoftware die richtige Vorgehensweise nachlesen.

4.6.1 Das Wichtigste zuerst: die Vergleichsreihenfolge

Bevor wir uns einige Beispiele für SELECT-Anfragen ansehen, müssen wir kurz über die Vergleichsreihenfolge (collating sequence) sprechen.

Wie die ORDER BY-Klausel die Informationen sortiert, hängt davon ab, welche Vergleichsreihenfolge die Datenbanksoftware benutzt. Die Vergleichsreihenfolge bestimmt die Vorgehensweise für jedes Schriftzeichen des Zeichensatzes Ihres Betriebssystems. Sie legt zum Beispiel fest, ob Kleinbuchstaben vor Großbuchstaben einsortiert werden, oder ob Klein- und Großschreibung überhaupt eine Rolle spielen. Sehen Sie in der Dokumentation Ihrer Software nach und fragen Sie eventuell Ihren Datenbankadministrator, um die Standard-Vergleichsreihenfolge Ihrer Datenbank herauszufinden.

4.6.2 Und nun zur Ordnung

Da Ihnen nun die ORDER BY-Klausel zur Verfügung steht, können Sie die Informationen, die Sie aus der Datenbank abrufen, sinnvoller darstellen. Dies gilt für einfache Fragen ebenso wie für komplexe. Sie können Ihre

Fragen nun so umformulieren, dass sie auch die Sortierreihenfolge implizieren. Die Frage »*Welche Kurskategorien bieten wir im Moment an?*« kann zum Beispiel so formuliert werden: »*Nenne mir die angebotenen Kurskategorien und zeige sie in alphabetischer Reihenfolge.*«

Bevor Sie mit der SELECT-Anfrage arbeiten, müssen Sie die Definition in der Übersetzung anpassen. Dafür fügen Sie am Ende der Übersetzung einen neuen Abschnitt ein, der die in der Frage genannten Sortieranforderungen enthält. Formulieren Sie die Übersetzung in dieser neuen Form.

▼ Wähle <Objekt> aus der <Quelle> **und ordne nach <Spalte(n)>**

Nachdem Ihre Frage nun Phrasen wie »sortiere die Ergebnisse nach Ortsnamen«, »zeige sie geordnet nach Jahr« oder »nenne sie nach Nachname und Vorname« enthält, sehen Sie sich die Frage genau an, um zu klären, welche Spalte oder Spalten Sie zum Sortieren benötigen. Dies ist einfach, weil die meisten Menschen Phrasen dieser Art verwenden und die benötigten Spalten in der Regel offensichtlich sind. Wenn Sie die passende Spalte oder die Spalten gefunden haben, ersetzen Sie damit <Spalte(n)> in der Übersetzung. Sehen wir uns am Beispiel einer einfachen Frage an, wie das funktioniert.

»*Nenne mir die angebotenen Kurskategorien und zeige sie in alphabetischer Reihenfolge.*«

Übersetzung	Wähle Category aus der Tabelle Classes und ordne nach Category
Bereinigte Fassung	Wähle Category aus Classes, ordne nach Category

SQL	`SELECT Category`
	`FROM Classes`
	`ORDER BY Category`

In diesem Beispiel können Sie davon ausgehen, dass Category zum Sortieren benutzt wird, da in der Frage nur diese eine Spalte genannt wird. Außerdem können Sie davon ausgehen, dass in aufsteigender Reihenfolge sortiert werden soll, da nichts in der Frage auf das Gegenteil hinweist. Diese Annahme ist an sich zuverlässig. Laut SQL-Standard wird automatisch in aufsteigender Reihenfolge sortiert, sofern Sie keine andere Sortierreihenfolge festlegen. Wollen Sie die aufsteigende Reihenfolge jedoch ganz ausdrücklich festlegen, fügen Sie in der ORDER BY-Klausel nach Category das Schlüsselwort ASC ein.

In der folgenden Frage wird die für das Sortieren benötigte Spalte genauer definiert.

»Zeige mir eine Liste von Anbieternamen in der Reihenfolge der Postleitzahlen.«

Übersetzung	Wähle Vendor Name und Zip Code aus der Tabelle Vendors und ordne nach Zip Code
Bereinigte Fassung	Wähle Vendor Name, Zip Code aus Vendors, ordne nach Zip Code
SQL	SELECT VendName, VendZipCode FROM Vendors ORDER BY VendZipCode

Falls jemand seine Informationen in absteigender Reihenfolge sehen möchte, wird er Ihnen dies in der Regel mitteilen. Wenn dieser Fall eintritt und Sie die Ergebnismenge in umgekehrter Reihenfolge darstellen müssen, fügen Sie in der ORDER BY-Klausel nach der entsprechenden Spalte das Schlüsselwort DESC ein. Wollen Sie im vorhergehenden Beispiel die Informationen nach der Postleitzahl in absteigender Reihenfolge sortieren, sieht die SELECT-Anweisung folgendermaßen aus.

SQL	SELECT VendName, VendZipCode FROM Vendors ORDER BY VendZipCode DESC

Das nächste Beispiel veranschaulicht eine komplexere Frage, die das Sortieren mehrerer Spalten erfordert. Der einzige Unterschied zwischen diesem Beispiel und den vorherigen besteht darin, dass hier in der ORDER BY-Klausel mehr Spalten benutzt werden. Beachten Sie, dass die Spalten in Übereinstimmung mit dem Syntaxdiagramm in Abbildung 4.10 durch Kommata voneinander getrennt werden.

»Zeige die Namen unserer Angestellten mit ihrer Telefonnummer und Personalnummer und sortiere sie nach Nachname und Vorname.«

Übersetzung	Wähle Last Name, First Name, Phone Number und Employee ID aus der Tabelle Employees und ordne nach Last Name und First Name
Bereinigte Fassung	Wähle Last Name, First Name, Phone Number, Employee ID aus Employees, ordne nach Last Name, First Name
SQL	SELECT EmpLastName, EmpFirstName, EmpPhoneNumber, EmployeeID FROM Employees ORDER BY EmpLastName, EmpFirstName

Mit den Spalten in einer ORDER BY-Klausel können Sie interessante Dinge anstellen; zum Beispiel können Sie für jede Spalte eine andere Sortierreihenfolge festlegen. Im obigen Beispiel können Sie die Nachnamen in absteigender und die Vornamen in aufsteigender Reihenfolge sortieren. Wenn Sie die entsprechenden Änderungen vornehmen, sieht die SELECT-Anweisung folgendermaßen aus.

SQL	`SELECT EmpLastName, EmpFirstName, EmpPhoneNumber,`
	`EmployeeID`
	`FROM Employees`
	`ORDER BY EmpLastName DESC, EmpFirstName ASC`

Sie müssen das Schlüsselwort ASC zwar nicht ausdrücklich nennen, die Anweisung dokumentiert sich selbst jedoch besser, wenn Sie es tun.

Das zuletzt genannte Beispiel wirft eine interessante Frage auf: Spielt es eine Rolle, in welcher Reihenfolge die Spalten in der ORDER BY-Klausel genannt werden? Die Antwort darauf lautet »Ja!«. Die Reihenfolge ist wichtig, da Ihr Datenbanksystem die Spalten in der ORDER BY-Klausel von links nach rechts bearbeitet. Die Bedeutung der Reihenfolge steigt also proportional zu der Anzahl der benutzten Spalten. Nennen Sie die Spalten in der ORDER BY-Klausel immer in der richtigen Reihenfolge, damit auch das Ergebnis in der richtigen Reihenfolge sortiert ist.

4.7 Die Arbeit speichern

Speichern Sie Ihre SELECT-Anweisungen – jedes große Datenbankprogramm bietet diese Möglichkeit! Wenn Sie Ihre Anweisungen speichern, müssen Sie sie nicht jedes Mal neu formulieren, wenn Sie die gleiche Frage an die Datenbank richten. Wenn Sie Ihre SELECT-Anweisung speichern, weisen Sie ihr einen sprechenden Namen zu, der es Ihnen erleichtert, sich an die Art der von der Anweisung gelieferten Informationen zu erinnern. Und falls Ihre Datenbanksoftware dies zulässt, sollten Sie auch den Zweck der Anweisung kurz beschreiben. Der Wert dieser Beschreibung wird Ihnen klar werden, wenn Sie eine SELECT-Anweisung längere Zeit nicht gesehen haben und sich daran zu erinnern versuchen, warum Sie sie einmal erstellt haben.

In manchen Datenbankprogrammen wird eine gespeicherte SELECT-Anweisung als Anfrage eingeordnet, in anderen als Sicht. Unabhängig von der jeweiligen Bezeichnung bietet ihnen jedes Datenbankprogramm die Möglichkeit, die gespeicherte Anweisung auszuführen und mit ihrer Ergebnismenge zu arbeiten.

Im Weiteren bezeichnet das Wort »Anfrage« die gespeicherte SELECT-Anweisung und »ausführen« die für die Arbeit mit dieser Anweisung verwendete Methode.

Es gibt zwei Methoden, eine Anfrage auszuführen: mit einem interaktiven Gerät (z.B. einer Werkzeugleiste oder einem Anfrageraster (query grid)) oder aus einem Codeblock heraus. Die erste Methode werden Sie regelmäßig anwenden; über die zweite Methode brauchen Sie sich keine Gedanken zu machen, solange Sie nicht mit der Programmiersprache Ihrer Datenbanksoftware arbeiten. Unsere Aufgabe ist es, Ihnen die Erstellung und Verwendung von SQL-Anweisungen beizubringen; und Ihre Aufgabe ist es zu lernen, wie Sie diese Anweisungen in Ihrem Datenbankprogramm erstellen, speichern und ausführen.

4.8 Beispielanweisungen

Nachdem wir nun die grundsätzlichen Eigenschaften der SELECT-Anweisung und SELECT-Anfrage geklärt haben, wollen wir uns einige Beispiele dafür ansehen, wie diese Operationen in verschiedenen Szenarios angewendet werden. Diese Beispiele schließen alle Beispieldatenbanken ein und veranschaulichen die Verwendung der SELECT-Anweisung, der SELECT-Anfrage und der beiden zusätzlichen Techniken zur Festlegung von Spalten für die Übersetzung. Außerdem führen wir direkt nach der SQL-Syntaxzeile Beispiele für Ergebnismengen an, die bei diesen Operationen zurückgegeben würden. Der unmittelbar über einer Ergebnismenge erscheinende Name erfüllt einen zweifachen Zweck: Er identifiziert die Ergebnismenge und ist der Name der SQL-Anweisung in diesem Beispiel.

Falls Sie sich fragen, warum jede SQL-Anweisung einen Namen hat: Wir haben sie gespeichert, wie wir alle SQL-Anweisungen in den Beispielen in diesem Abschnitt und im Rest des Buches benannt und gespeichert haben. Jede ist in einer Beispieldatenbank gespeichert (wie im Beispiel angezeigt), und diese Datenbank können Sie von der Begleit-CD herunterladen. So können Sie diese Anweisungen in Aktion sehen, ehe Sie sich selbst im Schreiben von Anweisungen versuchen.

Wir möchten Sie nur noch einmal daran erinnern, dass alle Spaltennamen und Tabellennamen in diesen Beispielen aus den Strukturen der Beispieldatenbanken in Anhang B stammen.

Sales Orders-Datenbank

»Zeige mir die Namen aller unserer Händler.«

Übersetzung	Wähle Vendor Name aus der Tabelle Vendors
Bereinigte Fassung	Wähle Vendor Name aus Vendors
SQL	SELECT VendName FROM Vendors

VendName
Shinoman, Incorporated
Viscount
Nikoma of America
ProFormance
Kona, Incorporated
Big Sky Mountain Bikes
Dog Ear
Sun Sports Suppliers
Lone Star Bike Supply
Armadillo Brand

Tabelle 4.1: Vendor_Names (10 Zeilen)

»Nenne mir die Namen und Preise aller Produkte, die wir anbieten.«

Übersetzung	Wähle Product Name, Retail Price aus der Tabelle Products
Bereinigte Fassung	Wähle Product Name, Retail Price aus Products
SQL	SELECT ProductName, RetailPrice FROM Products

ProductName	RetailPrice
Trek 9000 Mountain Bike	$1,200.00
Eagle FS-3 Mountain Bike	$1,800.00
Dog Ear Cyclecomputer	$75.00
Victoria Pro All Weather Tires	$54.95
Dog Ear Helmet Mount Mirrors	$7.45
Viscount Mountain Bike	$635.00
Viscount C-500 Wireless Bike Computer	$49.00
Kryptonite Advanced 2000 U-Lock	$50.00

Tabelle 4.2: Product_Price_List (40 Zeilen)

4.8 Beispielanweisungen

ProductName	RetailPrice
Nikoma Lok-Tight U-Lock	$33.00
Viscount Microshell Helmet	$36.00
<<weitere Zeilen>>	

Tabelle 4.2: Product_Price_List (40 Zeilen)

»Aus welchen Bundesstaaten kommen unsere Kunden?«

Übersetzung	Wähle eindeutig unterschiedenen State aus der Tabelle Customers
Bereinigte Fassung	Wähle eindeutig unterschiedenen State aus Customers
SQL	SELECT DISTINCT CustState FROM Customers

CustState
CA
OR
TX
WA

Tabelle 4.3: Customer_States (4 Zeilen)

Entertainment-Datenbank

»Nenne mir alle Unterhaltungskünstler und ihre Wohnorte und sortiere sie in aufsteigender Reihenfolge nach Stadt und Name.«

Übersetzung	Wähle City und Stage Name aus der Tabelle Entertainers und ordne nach City und Stage Name
Bereinigte Fassung	Wähle City, Stage Name aus Entertainers, ordne nach City, Stage Name
SQL	SELECT EntCity, EntStageName FROM Entertainers ORDER BY EntCity ASC, EntStageName ASC

EntCity	EntStageName
Auburn	Caroline Coie Cuartet
Auburn	Topazz
Bellevue	Albert Buchanan

Tabelle 4.4: Entertainer_Locations (13 Zeilen)

EntCity	EntStageName
Bellevue	Jazz Persuasion
Bellevue	Susan McLain
Redmond	Carol Peacock Trio
Redmond	JV & the Deep Six
Seattle	Coldwater Cattle Company
Seattle	County Feeling
Seattle	Julia Schnebly
<<weitere Zeilen>>	

Tabelle 4.4: Entertainer_Locations (13 Zeilen)

»Zeige mir eine eindeutige Liste aller Engagementtermine, wobei mich nicht interessiert, wie viele Engagements es pro Termin gibt.

Übersetzung	Wähle eindeutig unterschiedenes Start Date aus der Tabelle Engagements
Bereinigte Fassung	Wähle eindeutig unterschiedenes Start Date aus Engagements
SQL	`SELECT DISTINCT StartDate` `FROM Engagements`

StartDate
1999-07-01
1999-07-10
1999-07-11
1999-07-15
1999-07-17
1999-07-18
1999-07-24
1999-07-29
1999-07-30
1999-07-31
<<weitere Zeilen>>

Tabelle 4.5: Engagement_Dates (66 Zeilen)

School Scheduling-Datenbank

»Können wir die vollständigen Kursinformationen sehen?«

Übersetzung	Wähle alle Spalten aus der Tabelle Classes
Bereinigte Fassung	Wähle alle aus Classes
SQL	SELECT * FROM Classes

ClassID	Subject	Class room	Credits	StartTime	Duration	<<Weitere Spalten>>
1000	Introduction to Art	1231	5	10:00	50	...
1002	Design	1619	4	15:30	110	...
1004	Drawing	1627	4	08:00	50	...
1006	Drawing	1627	4	09:00	110	...
1012	Painting	1627	4	13:00	170	...
1020	Computer Art	3404	4	13:00	110	...
1030	Art History	1231	5	11:00	50	...
1031	Art History	1231	5	14:00	50	...
1156	Composition Fundamentals	3343	5	08:00	50	...
1162	Composition Fundamentals	3443	5	09:00	80	...
<<weitere Zeilen>>						

Tabelle 4.6: Class_Information (76 Zeilen)

»Zeige mir eine Liste aller Gebäude auf dem Schulgelände und die Anzahl der Stockwerke in jedem Gebäude. Sortiere die Liste in aufsteigender Reihenfolge.«

Übersetzung	Wähle Building Name und Number of Floors aus der Tabelle Buildings
Bereinigte Fassung	Wähle Building Name, Number of Floors aus Buildings
SQL	SELECT BuildingName, NumberOfFloors FROM Buildings ORDER BY BuildingName ASC

BuildingNam	NumberOfFloors
Arts and Sciences	3
College Center	3
Instructional Building	3
Library	2
PE and Wellness	1
Technology Building	2

Tabelle 4.7: Building_List (6 Zeilen)

Bowling League-Datenbank

»Wo finden unsere Turniere statt?«

Übersetzung	Wähle eindeutig unterschiedene Tourney Location aus der Tabelle Tournaments
Bereinigte Fassung	Wähle eindeutig unterschiedene Tourney Location aus Tournaments
SQL	`SELECT DISTINCT TourneyLocation` `FROM Tournaments`

TourneyLocation
Acapulco Lanes
Bolero Lanes
Imperial Lanes
Red Rooster Lanes
Sports World Lanes
Thunderbird Lanes
Totem Lanes

Tabelle 4.8: Tourney_Locations(7 Zeilen)

»Nenne mir alle Turniertermine und -orte. Ich brauche die Termine in absteigender Reihenfolge und die Orte in alphabetischer Reihenfolge.«

Übersetzung	Wähle Tourney Date und Location aus der Tabelle Tournaments und ordne nach Tourney Date in absteigender Reihenfolge und Location in aufsteigender Reihenfolge
Bereinigte Fassung	Wähle Tourney Date, Location aus Tournaments, ordne nach Tourney Date absteigend, Location aufsteigend

4.8 Beispielanweisungen

```
SQL          TourneyDate, TourneyLocation
             FROM Tournaments
             ORDER BY TourneyDate DESC, TourneyLocation ASC
```

TourneyDate	TourneyLocation
1999-09-04	Acapulco Lanes
1999-08-28	Totem Lanes
1999-08-21	Sports World Lanes
1999-08-14	Imperial Lanes
1999-08-07	Bolero Lanes
1999-07-31	Thunderbird Lanes
1999-07-24	Red Rooster Lanes
1999-07-17	Acapulco Lanes
1999-07-10	Totem Lanes
1999-07-03	Sports World Lanes
<<weitere Zeilen>>	

Tabelle 4.9: Tourney_Dates (14 Zeilen)

Recipes-Datenbank

»Welche Rezeptarten haben wir und wie heißen die Rezepte, die wir von jeder Art haben? Sortiere die Informationen nach Art und Rezeptname.«

Übersetzung	Wähle Recipe Class ID und Recipe Title aus der Tabelle Recipes und ordne nach Recipe Class ID und Recipe Title
Bereinigte Fassung	Wähle Recipe Class ID, Recipe Title aus Recipes, ordne nach Recipe Class ID, Recipe Title
SQL	SELECT RecipeClassID, RecipeTitle FROM Recipes ORDER BY RecipeClassID ASC, RecipeTitle ASC

RecipeClassID	RecipeTitle
1	Fettuccini Alfredo
1	Huachinango Veracruzana (Red Snapper, Veracruz style)
1	Irish Stew
1	Pollo Picoso
1	Roast Beef
1	Salmon Filets in Parchment Paper

Tabelle 4.10: Recipe_Classes_And_Titles (15 Zeilen)

RecipeClassID	RecipeTitle
1	Tourtière (French-Canadian Pork Pie)
2	Asparagus
2	Garlic Green Beans
3	Yorkshire Pudding
<<weitere Zeilen>>	

Tabelle 4.10: Recipe_Classes_And_Titles (15 Zeilen)

»Zeige mir eine Liste eindeutiger Rezeptklassennummern in der Rezepttabelle.«

Übersetzung	Wähle eindeutig unterschiedene Recipe Class ID aus der Tabelle Recipes
Bereinigte Fassung	Wähle eindeutig unterschiedene Recipe Class ID aus Recipes
SQL	SELECT DISTINCT RecipeClassID FROM Recipes

RecipeClassID
1
2
3
4
5
6

Tabelle 4.11: Recipe_Class_IDs(6 Zeilen)

4.9 Zusammenfassung

In diesem Kapitel haben wir die SELECT-Operation eingeführt, eine von vier SQL-Operationen zur Manipulation von Daten. Außerdem haben wir besprochen, wie die SELECT-Operation in drei kleinere Operationen zerlegt werden kann: die SELECT-Anweisung, den SELECT-Ausdruck und die SELECT-Anfrage.

Anschließend haben wir uns der SELECT-Anweisung zugewandt, wobei Sie deren Klauseln kennen gelernt haben: Die SELECT- und FROM-Klauseln sind die grundlegenden Klauseln zum Abrufen von Informationen aus der Datenbank und mit den übrigen Klauseln – WHERE, GROUP BY und HAVING – werden die von der SELECT-Klausel zurückgegebenen Informationen nach bestimmten Bedingungen verarbeitet und gefiltert.

Wir sind kurz auf den Unterschied zwischen Daten und Informationen eingegangen. Sie haben erfahren, dass die in der Datenbank gespeicherten Werte Daten sind, und dass Informationen Daten sind, die so verarbeitet wurden, dass sie für den Betrachter Bedeutung gewinnen. Außerdem haben Sie erfahren, dass die von einer SELECT-Anweisung zurückgegebenen Informationszeilen als Ergebnismenge bezeichnet werden.

Unser nächstes Thema war das Abrufen von Informationen, wobei wir Ihnen zunächst die Grundform der SELECT-Anweisung gezeigt haben. Sie haben gelernt, mit einer Drei-Schritte-Technik eine korrekte SELECT-Anweisung zu konstruieren, indem Sie eine Frage in korrekte SQL-Syntax übersetzen. Außerdem haben Sie erfahren, dass Sie in einer SELECT-Klausel auch zwei oder mehr Spalten benutzen können, um die Bandbreite der aus der Datenbank abgerufenen Informationen zu erweitern. Anschließend haben wir uns das Schlüsselwort DISTINCT angesehen, mit dem doppelte Zeilen aus der Ergebnismenge entfernt werden.

Im nächsten Abschnitt haben wir uns mit der SELECT-Anfrage und damit befasst, wie man die Ergebnismenge der SELECT-Anweisung durch eine Kombination von SELECT-Anweisung und SELECT-Anfrage sortieren kann. Sie haben erfahren, dass diese Kombination nötig ist, da die SELECT-Anfrage die einzige SELECT-Operation mit einer ORDER BY-Klausel ist. Die ORDER BY-Klausel sortiert die Informationen nach einer Spalte oder mehreren Spalten und für jede Spalte kann eine auf- oder absteigende Sortierreihenfolge festgelegt werden. Anschließend haben wir kurz über das Speichern einer SELECT-Anweisung gesprochen und Sie haben gelernt, dass Sie eine Anweisung für die spätere Verwendung als Anfrage oder als Sicht speichern können.

Schließlich haben wir eine Reihe von Beispielen angeführt, die verschiedene Tabellen aus den Beispieldatenbanken benutzen. Die Beispiele veranschaulichen, wie die verschiedenen Konzepte und Techniken dieses Kapitels in typischen Szenarios und Anwendungen eingesetzt werden. Im nächsten Kapitel werden wir die SELECT-Klausel näher betrachten und Ihnen zeigen, wie Sie aus einer Liste von Spalten mehr als nur Informationen abrufen können.

4.10 Aufgaben

Nachfolgend zeigen wir Ihnen die Frage-Anweisung und den Namen der Lösungs-Anfrage in den Beispieldatenbanken. Wenn Sie sich etwas Praxis aneignen möchten, können Sie selbst den SQL-Code schreiben, den Sie für die einzelnen Fragen benötigen, und dann Ihre Antwort mit der Anfrage vergleichen, die wir in den Beispielen gespeichert haben. Keine Sorge, wenn Ihre Syntax mit der der gespeicherten Anfragen nicht genau übereinstimmt: Hauptsache, Sie haben dieselbe Ergebnismenge.

Sales Order-Datenbank

1. »Zeige mir alle Informationen über unsere Angestellten« Die Lösung finden Sie in Employee_Information (8 Zeilen).

2. »Zeige mir eine alphabetische Liste aller Städte, in denen wir Händler haben, und die Namen der Händler, mit denen wir in jeder Stadt zusammenarbeiten.« Die Lösung finden Sie in Vendor_Locations (10 Zeilen).

Entertainment-Datenbank

1. »Nenne mir die Namen und Telefonnummern aller unserer Agenten und sortiere sie nach Nachname/Vorname.« Die Lösung finden Sie in Agent_Phone_List (8 Zeilen)

2. »Zeige mir die Informationen über alle unsere Engagements.« Die Lösung finden Sie in Engagement_Information (131 Zeilen).

3. »Nenne mir alle Engagements und wann sie beginnen. Sortiere die Datensätze in absteigender Reihenfolge nach Terminen und in aufsteigender Reihenfolge nach Engagements.« Die Lösung finden Sie in Scheduled_Engagements (131 Zeilen).

School Scheduling-Datenbank

1. »Zeige mir eine vollständige Liste aller Fächer, die wir anbieten.« Die Lösung finden Sie in Subject_List (56 Zeilen).

2. »Welche Titel gibt es in unserem Fachbereich?« Die Lösung finden Sie in Faculty_Titles (3 Zeilen).

3. »Nenne mir die Namen und Telefonnummern aller Angestellten und sortiere sie nach Nachname und Vorname.« Die Lösung finden Sie in Staff_Phone_List (27 Zeilen).

Bowling League-Datenbank

1. »Nenne mir alle Teams in alphabetischer Reihenfolge.« Die Lösung finden Sie in Team_List (8 Zeilen).

2. »Zeige mir alle Informationen über die Punkte, die unsere Mitglieder beim Kegeln erzielt haben.« Die Lösung finden Sie in Bowling_Score_Information (1 344 Zeilen).

3. »Zeige mir eine Liste aller Kegler mit ihrem aktuellen Durchschnitt und Handicap, und sortiere sie in alphabetischer Reihenfolge.« Die Lösung finden Sie in Bowler_Statistics (32 Zeilen).

Recipes-Datenbank

1. »Zeige mir eine Liste aller Zutaten, über die wir uns derzeit auf dem Laufenden halten.« Die Lösung finden Sie in Complete_Ingredients_List (79 Zeilen).

2. »Zeige mir alle Hauptinformationen der Rezepte und sortiere sie in alphabetischer Reihenfolge nach dem Rezeptnamen.« Die Lösung finden Sie in Main_Recipe_Information (15 Zeilen).

Nicht nur einfache Spalten

5

Kapitelüberblick

»Facts are stubborn things.«
- Tobias Smollett, Gil Blas de Santillane

In Kapitel 4 haben Sie gelernt, mit einer SELECT-Anweisung Informationen aus einer oder mehreren Spalten einer Tabelle abzurufen. Diese Technik ist nützlich, wenn Sie einfache Fragen nach einfachen Tatsachen an Ihre Datenbank richten. Sie werden Ihr SQL-»Vokabular« allerdings erweitern müssen, wenn Sie mit komplexen Fragen zu arbeiten beginnen. In diesem Kapitel werden wir darüber sprechen, warum sich der Typ der in einer Spalte gespeicherten Daten massiv auf Ihre Anfragen auswirken kann. Sie werden das Spektrum an Informationen, die Sie aus der Datenbank abrufen, anzupassen lernen, indem Sie diejenigen Daten, denen die Informationen entnommen werden, mit Ausdrücken manipulieren. Zunächst kehren wir zur SELECT-Klausel zurück.

5.1 Die SELECT-Klausel: Nimm zwei

Aus den Spalten einer Tabelle können Sie Informationen abrufen, indem Sie die entsprechenden Tabellennamen in der SELECT-Klausel einer SELECT-Anweisung aufführen. Sie würden zum Beispiel die folgende SELECT-Anweisung benutzen, um den Vornamen, den Nachnamen und die Telefonnummer aller Angestellten in einer Tabelle namens Employees abzurufen.

```
SQL     SELECT FirstName, LastName, PhoneNumber
        FROM Employees
```

Dies ist die einfachste Methode, Informationen aus einer Tabelle abzurufen. Wenn Sie in einer SELECT-Klausel einen Spaltennamen festlegen, benutzen Sie das, was der SQL-Standard als *Spaltenreferenz* bezeichnet. Abbildung 5.1 zeigt das entsprechende Syntaxdiagramm.

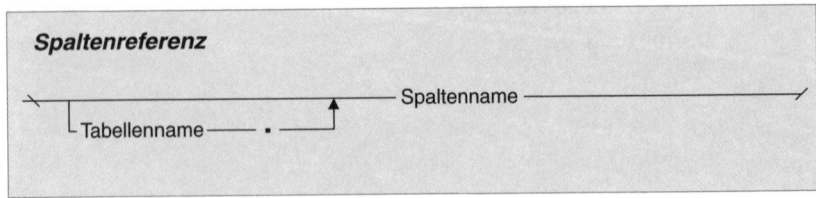

Abbildung 5.1: Das Syntaxdiagramm einer Spaltenreferenz

In einer SELECT-Klausel ist es möglich, nur den Spaltennamen selbst zu benutzen; Sie können einen Spaltennamen aber auch durch den Namen seiner Elterntabelle qualifizieren. Mit qualifizierten Spaltennamen würde die obige SELECT-Anweisung wie folgt aussehen:

```
SQL    SELECT Employees.FirstName, Employees.LastName,
            Employees.PhoneNumber
       FROM Employees
```

Wenn Sie eine SELECT-Anweisung auf einer einzigen Tabelle aufbauen, dann brauchen Sie natürlich nicht jeden Spaltennamen zu qualifizieren; wenn Sie eine SELECT-Anweisung jedoch auf mehreren Tabellen aufbauen, gewinnt dieser Punkt an Bedeutung. Mehr darüber erfahren Sie in Kapitel 8.

5.1.1 Explizite Werte spezifizieren

Der SQL-Standard läßt es zu, in einem gültigen Ausdruck in einer SELECT-Anweisung Werte wie Zeichenketten, Zahlen, Datum und Uhrzeit oder eine angemessene Kombination dieser Dinge zu benutzen, und ermöglicht es Ihnen damit, die Informationen zu verbessern, die Ihre SELECT-Anweisung zurückgibt. Der SQL-Standard ordnet diese Werttypen als *Literalwerte* ein und legt die Art ihrer Definition fest.

Zeichenketten als Literale

Eine Zeichenkette ist eine Abfolge einzelner Zeichen, die in einfache Anführungszeichen gesetzt wird. Wir wissen, dass Sie wahrscheinlich an doppelte Anführungszeichen gewöhnt sind, stellen Ihnen aber diese Begriffe so vor, wie der SQL-Standard sie definiert. Abbildung 5.2 zeigt das Diagramm eines Zeichenkettenliterals.

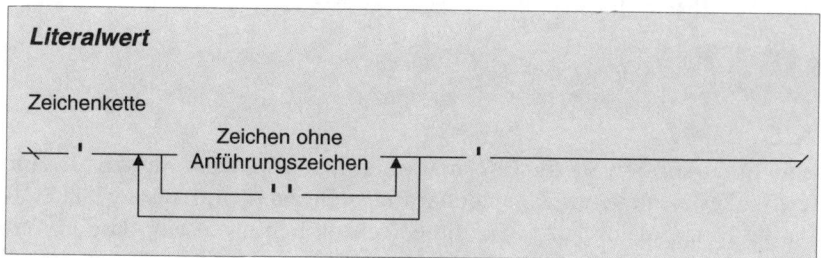

Abbildung 5.2: Diagramm eines Zeichenketten-Literalwerts

Im Folgenden fnden Sie einige Beispiele für Arten von Zeichenkettenliteralen, die Sie definieren können.

```
,Dies ist ein Beispiel für ein Zeichenkettenliteral.'
,Und noch''n Beispiel'
,B-28'
,Seattle'
```

Sie haben wahrscheinlich bemerkt, dass sowohl im Diagramm als auch in der zweiten Beispielzeile etwas vorkommt, das wie ein doppeltes Anführungszeichen aussieht. Es handelt sich hierbei jedoch nicht um ein doppeltes Anführungszeichen, sondern um zwei aufeinanderfolgende einfache Anführungszeichen ohne Leerzeichen dazwischen. Der SQL-Standard setzt fest, dass ein einfaches Anführungszeichen innerhalb einer Zeichenkette durch zwei aufeinanderfolgende einzelne Anführungszeichen dargestellt wird. So kann Ihr Datenbanksystem zwischen einem einfachen Anführungszeichen, das den Anfang oder das Ende eines Zeichenkettenliterals bezeichnet, und einem Anführungszeichen innerhalb des Literals unterscheiden. Die beiden folgenden Zeilen veranschaulichen, wie dies funktioniert.

SQL	'The Vendor''s name is: '
Gezeigt als	The Vendor's name is:

Wie bereits erwähnt, können Sie mit Zeichenkettenliteralen die Informationen verbessern, die eine SELECT-Anweisung zurückschickt. Die Informationen, die Sie in Ihrer Ergebnismenge sehen, sind zwar normalerweise leicht zu verstehen, aber es ist durchaus wahrscheinlich, dass die Informationen noch klarer gemacht werden können. Wenn Sie zum Beispiel die folgende SELECT-Anweisung ausführen, zeigt die Ergebnismenge nur die Internetadresse und den Namen des Anbieters.

SQL	SELECT VendWebPage, VendName FROM Vendors

Manchmal können Sie die Informationen klarer machen, indem Sie eine Zeichenkette mit einer Zusatzerklärung definieren und sie der SELECT-Klausel hinzufügen. Setzen Sie diese Technik behutsam ein, da der Wert der Zeichenkette in jeder Zeile der Ergebnismenge erscheint. Das vorherige Beispiel könnten Sie zum Beispiel durch ein Zeichenkettenliteral folgendermaßen verändern.

```
SQL     SELECT VendWebPage, 'is the web site for',
            VendName
        FROM Vendors
```

Eine Zeile der Ergebnismenge dieser SELECT-Anweisung sieht so aus:

| www.datatexcg.com | is the web site for | DataTex Consulting Group |

Die Information in der Ergebnismenge ist nun etwas klarer, da der eigentliche Zweck der Internetadresse angegeben wird. Dies ist zwar ein einfaches Beispiel, doch es veranschaulicht, was Sie mit Zeichenkettenliteralen bewirken können. Später in diesem Kapitel werden Sie erfahren, wie Sie Zeichenkettenliterale in Ausdrücken einsetzen können.

Diese Technik wird sich besonders dann als nützlich erweisen, wenn Sie mit Legacy-Datenbanken arbeiten, die kryptische Spaltennamen enthalten. In Ihren eigenen Datenbanken werden Sie diese Technik jedoch nicht allzu oft anwenden müssen, wenn Sie die Empfehlungen aus Kapitel 2 berücksichtigen.

Nummerische Literale

Ein *nummerischer Literal* ist ein anderer Literaltyp, den Sie in einer SELECT-Anweisung benutzen können. Wie der Name schon sagt, besteht der nummerische Literal aus einer vorzeichenbehafteten Zahl und kann eine Dezimalstelle, das Exponentsymbol und einen Exponenten enthalten. Abbildung 5.3 zeigt das Diagramm eines nummerischen Literals.

Beispiele für nummerische Literale sind unter anderem:

```
427
-11.253
.554
0.3E-3
```

Da nummerische Literale insbesondere in Ausdrücken nützlich sind, werden wir auf dieses Thema erst später detailliert eingehen.

Datums- und Uhrzeitliterale

Mit *Datums- und Uhrzeitliteralen* können Sie Datum und Uhrzeit in einer SELECT-Anweisung benutzen. Der SQL-Standard bezeichnet diese Literale insgesamt als *Datum/Uhrzeit-Literale*. Wie Abbildung 5.4 zeigt, lassen sich diese Literale ganz einfach definieren. Sie müssen jedoch bei der Verwendung von Tagzeitliteralen einige Punkte berücksichtigen.

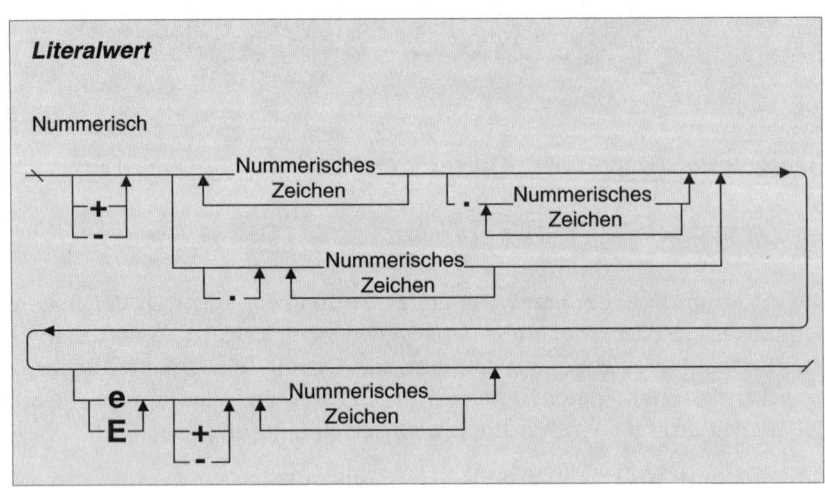

Abbildung 5.3: Diagramm eines nummerischen Literalwerts

DATUM	Das Format eines Datumsliterals, das wir auch in diesem Buch benutzen, ist Jahr-Monat-Tag. Viele SQL-Datenbanken lassen auch die gebräuchlicheren Formate Monat/Tag/Jahr (USA) und Tag/Monat/Jahr (die meisten anderen Länder) zu.
UHRZEIT	Das Uhrzeitformat beruht auf einer 24-Stunden-Uhr. 07:00 abends wird zum Beispiel als 19:00 dargestellt.

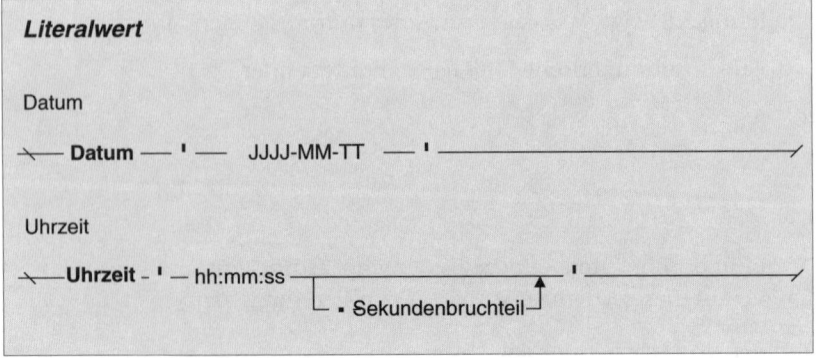

Abbildung 5.4: Diagramm eines Datum/Uhrzeit-Literalwerts

Hier einige Beispiele für Datum/Uhrzeit-Literale.

```
DATE '1999-05-16'
DATE '2016-11-22'
TIME '21:00'
TIME '03:30:25'
```

Beachten Sie, dass beide Literale aus einem Schlüsselwort und einer Zeichenkette, die den gewünschten Wert angibt, bestehen. Die Schlüsselwörter DATE und TIME werden zwar im SQL-Standard als notwendige Bestandteile von Datums- und Uhrzeitliteralen definiert, aber die meisten Datenbanksysteme unterstützen diese Schlüsselwörter in diesem Zusammenhang nicht und erfordern lediglich die Zeichenkette. Daher werden auch wir diese Schlüsselwörter nicht benutzen und statt dessen in den Beispielen dieses Buches einen Datums- oder Uhrzeitliteral durch einfache Anführungszeichen abgrenzen. Wie Datum und Uhrzeit in Ausdrücken benutzt werden, zeigen wir Ihnen weiter unten in diesem Kapitel.

5.2 Über die Basisinformationen hinausgehen

Mit den Techniken, die Sie bisher gelernt haben, können Sie Antworten auf einfache Fragen an die Datenbank erhalten. Nun müssen Sie mit komplexeren Fragen umzugehen lernen, die Ihnen bei der Arbeit mit Ihrer Datenbank mit Sicherheit begegnen werden.

Der SQL-Standard liefert Ihnen die nötigen Werkzeuge, um mit komplexen Fragen zu arbeiten. Welches Tool Sie verwenden, hängt von der Art der Frage ab. Im Folgenden nennen wir Ihnen einige Beispiele.

▼ Um die Namen der Lehrkräfte zu finden, die einen bestimmten Kurs unterrichten, implementieren Sie durch die WHERE-Klausel einer SELECT-Anweisung eine *Suchbedingung* (siehe Kapitel 6).

▼ Um Informationen über Ihre angestellten Ärzte und deren Patienten zu erhalten, sammeln Sie mit einer oder mehreren JOIN-Klauseln Informationen aus den entsprechenden Tabellen (siehe Kapitel 8).

▼ Um Datengruppen zu filtern, implementieren Sie in der HAVING-Klausel einer SELECT-Anweisung eine Suchbedingung (siehe Kapitel 14).

Keine Sorge: Die Anwendung dieser Techniken werden Sie in diesem Buch noch lernen. Wir zählen hier alle Techniken auf, da sie Eines gemeinsam haben: Um die jeweilige Frage richtig zu beantworten, muss bei jeder Technik ein *Ausdruck* benutzt werden. Da ein Ausdruck ein zentraler Bestandteil jeder SQL-Anweisung zur Beantwortung einer komplexen Frage ist, ist es unbedingt notwendig, dass Sie die Ausdrücke völlig verstehen, ehe Sie in diesem Buch andere Techniken erlernen.

5.3 Was ist ein Ausdruck?

Ein Ausdruck ist eine Operation, die Zahlen, Zeichenketten oder Datum und Uhrzeit einschließt. Er kann Werte aus speziellen Spalten einer Tabelle, Literalwerte oder eine Kombination aus beidem benutzen. Nachdem die durch den Ausdruck definierte Operation abgeschlossen ist, gibt der Ausdruck einen Wert zur Weiterverarbeitung an die SQL-Anweisung zurück. Ausdrücke können Sie benutzen, um die Bandbreite der Informationen, die Sie aus der Datenbank abrufen, zu erweitern oder einzugrenzen. Sie sind insbesondere dann nützlich, wenn Sie »was-wäre-wenn«-Fragen stellen. Im Folgenden nennen wir Ihnen einige Beispiele für die Art von Fragen, die Sie mit Hilfe von Ausdrücken beantworten können.

▼ Wie hoch ist die Gesamtsumme jeder Rechnung?

▼ Zeige mir eine Liste aller Angestellten, den Nachnamen zuerst.

▼ Nenne mir die Zeit, zu der die Kurse jeweils beginnen und enden.

▼ Zeige mir die Differenz zwischen den Handicap-Punkten und der Rohpunktzahl jedes Keglers.

▼ Wie hoch ist der geschätzte Stundensatz jedes Engagements?Was wäre, wenn wir die Preise unserer Produkte um 5 Prozent erhöhten?

Der Datentyp in diesen Ausdrücken beeinflusst den zurückgegebenen Wert. Daher wollen wir uns zuerst einige Datentypen ansehen, die der SQL-Standard bietet.

5.4 Was möchten Sie zum Ausdruck bringen?

Jeder Datenbankspalte ist ein bestimmter *Datentyp* zugewiesen, der über die Art der Werte entscheidet, die in dieser Spalte gespeichert werden können. Der Datentyp bestimmt auch die Operationen, die mit den Spaltenwerten durchgeführt werden können. Wenn Sie die Datentypen der im Ausdruck benutzten Spalten kennen, können Sie sicherstellen, dass ein Ausdruck bedeutungsvoll ist und den richtigen Wert zurückgibt.

5.4.1 Datentypen in SQL

Der SQL-Standard definiert sieben Hauptdatentypen in drei allgemeinen Kategorien: Zeichen-, nummerische und Datum/Uhrzeit-Daten. (Kommt Ihnen das nicht bekannt vor?) Jeder Datentyp verfügt wiederum über einige eindeutig benannte Variationen, die ebenfalls Datentypen genannt werden. Sehen wir uns jeden dieser Datentypen kurz an.

CHARACTER	Dieser Datentyp speichert eine Zeichenkette von fester oder variabler Länge, die aus einem oder mehreren druckbaren Zeichen besteht. In der Regel akzeptiert er Zeichen, die auf den Zeichensätzen des American Standard Code for Information Interchange (ASCII) oder des Extended Binary Coded Decimal Interchange Code (EBCDID) basieren. Ein Character- Datentyp von fester Länger wird CHARACTER oder CHAR genannt, ein Character-Datentyp von variabler Länge wird CHARACTER VARYING, CHAR VARYING oder VARCHAR genannt. Die Größe eines Character-Datentyps von fester Länge wird vom Nutzer definiert, wobei die maximale Größe durch das Datenbanksystem vorgegeben wird. (Diese Regel gilt auch für den nationalen Zeichendatentyp.)
NATIONAL CHARACTER	Der Datentyp National Character entspricht dem Datentyp Character, bezieht seine Zeichen allerdings aus dem Fremdsprachen-Zeichensatz der ISO. NATIONAL CHARACTER, NATIONAL CHAR und NCHAR sind verschiedene Namen für einen nationalen Zeichendatentyp von fester Länge; einer von variabler Länge wird als NATIONAL CHARACTER VARYING, NATIONAL CHAR VARYING und NCHAR VARYING bezeichnet.
BIT	In diesem Datentyp können Sie Zeichenketten aus Folgen von Binärzahlen wie z.B. digitalisierte Bilder oder Schallwellen speichern. Das Datenbanksystem definiert die Größe des Bitdatentyps als Ganzes. Dieser Datentyp wird als BIT oder BIT VARYING bezeichnet.
EXACT NUMERIC	Dieser Datentyp speichert ganze Zahlen und Zahlen mit Dezimalstellen. Die Genauigkeit (die Anzahl signifikanter Ziffern) und die Dezimalstellen (die Anzahl der Ziffern rechts vom Komma) des exakt nummerischen Datentyps kann benutzerdefiniert sein und darf die vom Datenbanksystem zugelassene Größe nicht überschreiten. Dieser Datentyp wird NUMERIC, DECIMAL, DEC, INTEGER, INT oder SMALLINT genannt. Denken Sie daran, dass laut Definition des SQL-Standards – wie auch der meisten Datenbanksysteme – ein INTEGER einen größeren Wertebereich umfasst als ein SMALLINT. Die genauen Wertebereiche entnehmen Sie der Dokumentation Ihres Datenbanksystems.
APPROXIMATE NUMERIC	Dieser Datentyp speichert Zahlen mit Dezimalstellen und Exponentialzahlen. Er wird FLOAT, REAL und DOUBLE PRECISION genannt. Der annähernd nummerische Datentyp hat an sich weder Genauigkeit noch Dezimalstellen; eine benutzerdefinierte Anzahl der Dezimalstellen lässt der SQL-Standard nur für den Datentyp REAL zu. In Zusammenhang mit diesen Datentypen sind die Dezimalstellen immer durch das Datenbanksystem definiert. Denken Sie daran, dass laut Definition des SQL-Standards und der meisten Datenbanksysteme der Wertebereich des Datentyps DOUBLE PRECISION größer ist als der des Datentyps REAL. Auch diese Wertebereiche entnehmen Sie bitte Ihrer Dokumentation.

DATETIME	In diesem Datentyp werden Datum, Uhrzeit und Kombinationen aus beidem gespeichert. Wie wir bereits bei der Besprechung der Literalwerte erwähnt haben, definiert der SQL-Standard das Datumsformat als Jahr-Monat-Tag und verwendet für die Uhrzeit eine 24-Stunden-Uhr. Obwohl die meisten Datenbanken die gebräuchlicheren Formate Monat/Tag/Jahr und Tag/Monat/Jahr sowie morgens/abends-Zeitangaben zulassen, benutzen wir in diesem Buch die Formate des SQL-Standards. Dieser Datentyp wird mit den drei Namen DATE, TIME und TIMESTAMP bezeichnet. Mit dem Datentyp TIMESTAMP können Sie eine Kombination aus Datum und Uhrzeit speichern.
INTERVAL	Dieser Datentyp speichert den Zeitraum zwischen zwei Datum/Uhrzeit-Werten. Er wird meistens als Jahr, Monat, Jahr/Monat, Tag, Uhrzeit oder Tag/Uhrzeit ausgedrückt. Da die meisten Datenbanksysteme diesen Datentyp nicht unterstützen, brauchen Sie sich im Moment nicht darum zu kümmern.

Die meisten Datenbanksysteme bieten zusätzlich zu den Datentypen des SQL-Standards weitere Datentypen, die als *erweiterte Datentypen* bezeichnet werden. Beispiele hierfür sind MONEY/CURRENCY, BOOLEAN (für wahr/falsch-Werte), SERIAL/ROWID (für Bezeichner eindeutiger Zeilen) und BYTE/BLOB (für unstrukturierte binäre Daten).

Da wir uns mit SQL nur im Hinblick auf die *Manipulation von Daten* beschäftigen, ist hier für Sie nur der Wertebereich der von Ihrem Datenbanksystem unterstützten Datentypen interessant. Dieses Wissen wird es Ihnen erleichtern, dafür zu sorgen, dass die von Ihnen definierten Ausdrücke richtig ausgeführt werden; machen Sie sich also unbedingt mit den Datentypen vertraut, die Ihr RDBMS-Programm zur Verfügung stellt.

Da Sie nun mit den verschiedenen Datentypen des SQL-Standards vertraut sind, wollen wir über die Erstellung einfacher Ausdrücke sprechen.

5.5 Ausdruckstypen

Im Allgemeinen werden Sie bei der Arbeit mit SQL-Anweisungen die folgenden drei Ausdruckstypen benutzen.

VERKETTUNG	Eine Kombination von zwei oder mehr Gegenständen zu einer einzigen Zeichenkette.
MATHEMATISCH	Addition, Subtraktion, Multiplikation und Division.
DATUM/UHRZEIT-ARITHMETIK	Anwendung von Addition und Subtraktion auf Datum und Uhrzeit.

5.5.1 Verkettung

Als Verkettungsoperator definiert der SQL-Standard zwei aufeinanderfolgende vertikale Striche. Sie können zwei Gegenstände verketten, indem Sie auf jeder Seite des Verkettungsoperators einen Gegenstand platzieren. Als Ergebnis erhalten Sie eine Zeichenkette, die eine Kombination beider Gegenstände ist. Abbildung 5.5 zeigt das Syntaxdiagramm eines Verkettungsausdrucks.

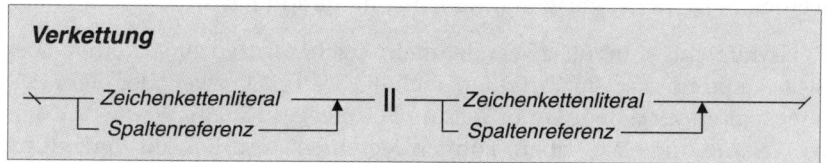

Abbildung 5.5: Syntaxdiagramm eines Verkettungsausdrucks

Im Folgenden zeigen wir Ihnen die allgemeine Funktionsweise der Verkettungsoperation.

Ausdruck	`GegenstandEins||GegenstandZwei`
Ergebnis	`GegenstandEinsGegenstandZwei`

Beginnen wir mit dem einfachsten Beispiel der Welt: mit der Verkettung von zwei Zeichenkettenliteralen, zum Beispiel eines Vor- und eines Nachnamens.

Ausdruck	`'Mike'||'Hernandez'`
Ergebnis	`MikeHernandez`

Bei diesem Beispiel müssen Sie zwei Dinge beachten: Erstens muss jeder Name in einfache Anführungszeichen gesetzt werden, da es sich um Zeichenkettenliterale handelt. Zweitens stehen Vorname und Nachname direkt nebeneinander. Die Operation hat beide zwar richtig kombiniert; trotzdem entspricht das Ergebnis möglicherweise nicht Ihren Erwartungen. Die Lösung besteht darin, zwischen die Namen eine Leerstelle einzufügen.

Ausdruck	`'Mike'| ' ' |'Hernandez'`
Ergebnis	`Mike Hernandez`

Das obige Beispiel zeigt, dass Sie zusätzliche Zeichenwerte verketten können, indem sie mehr Verkettungsoperatoren benutzen. Die Zahl der Zeichenwerte, die Sie verketten können, unterliegt keiner Beschränkung; die
Länge der Zeichenketten, die die Verkettungsoperation zurückgibt, ist dagegen begrenzt. Im Allgemeinen darf die Länge der Zeichenkette, die die
Verkettungsoperation zurückgibt, die für einen Zeichendatentyp von variabler Länge zugelassene Maximalgröße nicht überschreiten. Da Ihr Datenbanksystem mit diesem Problem vielleicht etwas anders umgeht, lesen Sie
weitere Einzelheiten bitte in Ihrer Dokumentation nach.

Es ist durchaus sinnvoll, zwei oder mehr Zeichenketten zu verketten, aber
Sie können mit diesem Verfahren auch die Werte von zwei oder mehr Zei-
chenspalten verketten. Wenn Sie zum Beispiel zwei Spalten namens CompanyName und City haben, können Sie einen Ausdruck zur Verkettung
beider Spalten erstellen, indem Sie in dem Ausdruck beide Spaltennamen
benutzen. Das folgende Beispiel verkettet die Werte beider Spalten zu einer Zeichenkette.

Ausdruck	CompanyName | is based in | City
Ergebnis	DataTex Consulting is based in Seattle

Es ist nicht nötig, CompanyName und City in einfache Anführungszeichen zu setzen, da dies Spaltenreferenzen sind. (Erinnern Sie sich noch an
die Spaltenreferenzen am Anfang dieses Kapitels?) Wie Sie in den Beispielen in diesem Buch noch sehen werden, können Sie eine Spaltenreferenz
in jedem Ausdruckstyp verwenden.

Mit Zeichenketten können Sie auch Daten oder Zahlen verknüpfen, wobei Sie allerdings die in Abbildung 5.6 gezeigte CAST-Funktion benutzen.

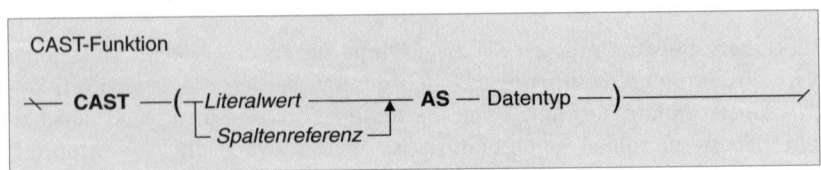

Abbildung 5.6: Syntaxdiagramm der CAST-Funktion

Die CAST-Funktion konvertiert einen Literalwert oder den Wert einer
Spalte in einen speziellen Datentyp. So können Sie sicherstellen, dass die
Datentypen der Werte im Ausdruck »kompatibel« sind. Alle in einem Ausdruck benutzten Werte müssen kompatibel sein, damit die im Ausdruck
definierte Operation richtig funktionieren kann. Anderenfalls gibt Ihr Datenbanksystem mit Sicherheit eine Fehlermeldung aus.

In jedem Datenbanksystem gibt es eine Funktion oder eine Gruppe von Funktionen zum Konvertieren von Datentypen. Dass die CAST-Funktion im SQL-Standard ausdrücklich definiert wird, bedeutet nicht, dass sie auch in Ihrem RDBMS benutzt wird. Einzelheiten zur Konvertierungsfunktion Ihres System lesen Sie in der Dokumentation Ihres Datenbanksystems nach.

Das Konvertieren eines Literalwertes aus einem Datentyp in einen anderen ist weitgehend eine Sache der Intuition und eine relativ unkomplizierte Angelegenheit. Sie müssen jedoch die folgenden Beschränkungen berücksichtigen, wenn Sie einen Spaltenwert aus dem ursprünglichen Datentyp in einen anderen Datentyp konvertieren.

▼ Der Wert einer Zeichenspalte von variabler Länge (VARCHAR) kann abgeschnitten werden, wenn Sie diese in eine Zeichenspalte fester Länge (CHARACTER) konvertieren. Ihr Datenbanksystem sollte also eine Warnmeldung ausgeben, dass der Wert abgeschnitten wird.

▼ Eine Zeichenspalte können Sie in jeden anderen Datentyp konvertieren, aber der Wert der Spalte muss einen zulässigen Literalwert des gewünschten Datentyps darstellen. Beachten Sie, dass das Datenbanksystem alle Leerschritte am Anfang oder am Ende ignoriert, wenn es eine Zeichenspalte in einen nummerischen oder Datum/Uhrzeit-Wert konvertiert.

▼ Wenn Sie einen nummerischen Spaltenwert in einen anderen nummerischen Datentyp konvertieren, gibt das Datenbanksystem eine Fehlermeldung aus, falls der Wert nicht dem Zieldatentyp entspricht. Sie werden wahrscheinlich eine Fehlermeldung erhalten, wenn Sie einen REAL-Wert, der größer ist als 32 767, in einen SMALLINT zu konvertieren versuchen. Außerdem werden Zahlen rechts vom Komma abgeschnitten oder gerundet, wenn Sie eine Dezimalzahl in einen INTEGER oder SMALLINT konvertieren. In welchem Ausmaß abgeschnitten oder gerundet wird, hängt vom Datenbanksystem ab.

▼ Wenn Sie den Wert einer nummerischen Spalte in einen Zeichendatentyp konvertieren, erhalten sie eines von drei möglichen Ergebnissen:

▼ Die Konvertierung verläuft erfolgreich.

▼ Wenn der Wert kürzer als die definierte Länge der Zeichenspalte ist, wird er mit Leerschritten aufgefüllt.

▼ Falls die Zeichenkettendarstellung des nummerischen Wertes länger als die definierte Länge der Zeichenspalte ist, gibt das Datenbanksystem eine Fehlermeldung aus.

Zwar definiert der SQL-Standard diese Restriktionen, aber Ihr Datenbanksystem bietet möglicherweise einigen Spielraum für das Konvertieren eines Wertes von einem Datentyp in einen anderen. Einzelheiten entnehmen Sie der Dokumentation Ihres Datenbanksystems.

Bitte beachten Sie, dass diese Liste nicht alle Restriktionen enthält, die der SQL-Standard definiert. Wir haben lediglich diejenigen Restriktionen aufgezählt, welche die in diesem Buch verwendeten Datentypen betreffen. Weiterführende Literatur zu Datentypen und Typkonvertierung finden Sie in Anhang C.

Nachdem Sie nun den Zweck der CAST-Funktion kennen, wenden wir uns ihrer Verwendung im Verkettungsausdruck zu.

Um eine Zeichenkette oder den Wert einer Zeichenspalte mit einem Datumsliteral oder dem Wert einer Datumsspalte zu verketten, konvertieren Sie mit der CAST-Funktion den Datumswert in einen Zeichenwert. Im folgenden Beispiel wird mit CAST der Wert einer Datumsspalte namens DateEntered konvertiert.

Ausdruck	EntStageName|| ' was signed with our agency on ' || CAST(DateEntered as CHARACTER)
Ergebnis	Modern Dance was signed with our agency on 1999-05-16

Mit der CAST-Funktion können Sie auch einen nummerischen Literal oder den Wert einer nummerischen Spalte mit einen Zeichendatentyp verketten. Im folgenden Beispiel konvertieren wir mit CAST den Wert einer nummerischen Spalte namens RetailPrice.

Ausdruck	ProductName || ' sells for ' || CAST(RetailPrice AS CHARACTER
Ergebnis	Trek 9000 Mountain Bike sells for $1,200.00

Ein Verkettungsausdruck kann Zeichenketten, Datum/Uhrzeit-Werte und nummerische Werte gleichzeitig benutzen. Das folgende Beispiel veranschaulicht, wie Sie alle drei Datentypen in ein und demselben Ausdruck benutzen können.

Ausdruck	'Order Number' || Cast(OrderNumber AS CHARACTER) || ' was placed on ' || CAST(OrderDate AS CHARACTER)
Ergebnis	Order Number 1 was placed on 1999-07-04

Der SQL-Standard definiert eine Vielzahl von Funktionen, mit denen Sie Informationen aus einer Spalte entnehmen oder einen Wert über mehrere Zeilen berechnen können. In Kapitel 12 werden wir uns mit einigen dieser Themen näher befassen.

Nachdem wir Ihnen nun gezeigt haben, wie Daten verschiedenen Ursprungs zu einer einzigen Zeichenkette verkettet werden, wenden wir uns den verschiedenen Ausdruckstypen zu, die Sie mit nummerischen Daten erstellen können.

5.5.2 Der mathematische Ausdruck

Der SQL-Standard definiert Addition, Subtraktion, Multiplikation und Division als die Operationen, die Sie mit nummerischen Daten ausführen können. Zugegeben: Dies sind sehr wenige Operationen! Zum Glück bieten die meisten RDBMS-Programme wesentlich mehr Operationen, darunter Module, Quadratwurzel, Exponent und Potenz. Sie stellen auch eine Vielzahl wissenschaftlicher, trigonometrischer, statistischer und mathematischer Funktionen zur Verfügung. Für unsere Zwecke genügt es jedoch, wenn wir uns auf die im SQL-Standard definierten Operationen konzentrieren.

Die Reihenfolge, in der die vier mathematischen Operationen durchgeführt werden – man nennt dies die *Rangordnung* – spielt eine große Rolle, wenn Sie mathematische Ausdrücke formulieren. Der SQL-Standard gibt Multiplikation und Division die gleiche Rangordnung und legt fest, dass sie vor der Addition und der Subtraktion ausgeführt werden sollen. Dies widerspricht wahrscheinlich der Rangordnung, die Sie in der Schule gelernt haben, wo die Multiplikation vor der Division kommt, die Division vor der Addition und die Addition vor der Subtraktion. In den meisten Datenbanksystemen werden mathematische Ausdrücke allerdings standardmäßig von links nach rechts ausgewertet. Dies könnte zu interessanten Ergebnissen führen, je nachdem, wie Sie Ihren Ausdruck konstruieren! Wir empfehlen Ihnen daher dringend, in komplexen mathematischen Ausdrücken großzügig Klammern zu gebrauchen, um die richtige Reihenfolge der Auswertung zu gewährleisten.

Falls Sie sich daran erinnern, wie Sie in der Schule mathematische Ausdrücke erstellt haben, wissen Sie auch schon, wie Sie sie in SQL erstellen. Im Wesentlichen erstellen Sie den Ausdruck mit einem optional vorzeichenbehafteten nummerischen Wert, einem mathematischen Operator und einem weiteren optional vorzeichenbehafteten nummerischen Wert. Abbildung 5.7 zeigt ein Diagramm dieses Prozesses.

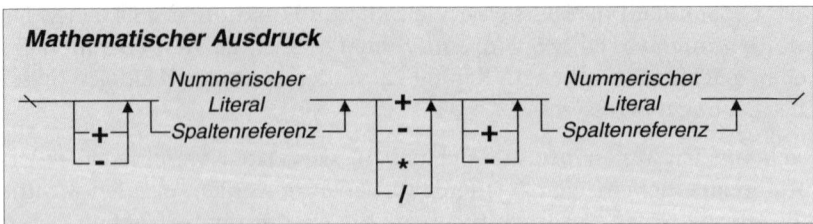

Abbildung 5.7: Syntaxdiagramm eines mathematischen Ausdrucks

Einige Beispiele mathematischer Ausdrücke mit nummerischen Literalwerten, Spaltenreferenzen und Kombinationen aus beidem:

```
25 + 35
-12 * 22
RetailPrice * QuantityOnHand
TotalScore / GamesBowled
RetailPrice - 2.50
TotalScore / 12
```

Wie bereits erwähnt müssen Sie mit Klammern arbeiten, um sicherzustellen, dass ein komplexer mathematischer Ausdruck richtig auswertet. Das folgende einfache Beispiel zeigt, wie Sie in einem solchen Ausdruck Klammern benutzen können.

Ausdruck	(11 - 4) + (12 * 3)
Ergebnis	43

Achten Sie genau darauf, wo Sie in Ihrem Ausdruck Klammern setzen, da dies den zurückgegebenen Wert beeinflusst. Die beiden Ausdrücke im folgenden Beispiel veranschaulichen dies. Zwar benutzen beide Ausdrücke genau die gleichen Zahlen und Operatoren, aber die Klammern sind völlig unterschiedlich gesetzt und sorgen dafür, dass die Ausdrücke völlig unterschiedliche Werte zurückgeben.

Ausdruck	(23 * 11) + 12
Ergebnis	265

Ausdruck	23 * (11 + 12)
Ergebnis	529

Es ist leicht zu erkennen, warum Sie mit Klammern vorsichtig umgehen müssen; aber lassen Sie sich dadurch nicht von der Verwendung von Klammern abhalten. Sie sind bei der Arbeit mit komplexen Ausdrücken von unschätzbarem Wert.

Mit Klammern können Sie in einem Ausdruck auch Operationen ineinander schachteln. Wenn Sie Operationen durch Klammern schachteln, wertet Ihr Datenbanksystem sie von innen nach außen aus. Der Ausdruck im folgenden Beispiel enthält solche geschachtelten Operationen.

Ausdruck	`(12 * (3 + 4)) - (24 / (10 + (6 - 4)))`
Ergebnis	82

Die Operationen in diesem Ausdruck auszuführen ist einfacher als es aussieht. Ihr Datenbanksystem wertet den Ausdruck folgendermaßen aus:

1. (3+4) = 7

2. (6-4) = 2

3. (10+2) = 12 *10 plus das Ergebnis der zweiten Operation*

4. (12*7) = 84 *12Mal das Ergebnis der ersten Operation*

5. (24/12) = 2 *24 geteilt durch das Ergebnis der dritten Operation*

6. 84-2 = 82 *84 minus das Ergebnis der fünften Operation*

Wir haben in diesem Beispiel zwar nummerische Literale benutzt, hätten aber ebenso gut Spaltenreferenzen oder eine Kombination aus nummerischen Literalen und Spaltenreferenzen verwenden können. Entscheidend ist, dass Sie Ihre mathematischen Ausdrücke sorgfältig planen und definieren sollten, damit diese die von Ihnen gewünschten Ergebnisse zurückgeben.

Wenn Sie mit einem mathematischen Ausdruck arbeiten, müssen Sie darauf achten, dass die Werte im Ausdruck miteinander kompatibel sind. Dies gilt insbesondere für einen Ausdruck, der Spaltenreferenzen enthält. Dafür können Sie wie beim Verkettungsaudruck die CAST-Funktion benutzen. Angenommen, Sie haben eine Spalte namens TotalLength, die auf einem INTEGER-Datentyp basiert, der Zahlen mit Dezimalstellen speichert. Um den Wert der Spalte Distance zum Wert der Spalte TotalLength hinzuzurechnen, müssen Sie mit der CAST-Funktion den Wert der Spalte Distance in einen INTEGER-Datentyp oder den Wert der Spalte TotalLength in einen REAL-Datentyp konvertieren. Dafür verwenden Sie den folgenden Ausdruck.

Ausdruck	TotalLength + CAST(Distance AS INTEGER)
Ergebnis	483

Wenn Sie vergessen, die Kompatibilität der Spaltenwerte in einem Ausdruck zu gewährleisten, gibt Ihr Datenbanksystem möglicherweise eine Fehlermeldung aus und bricht auch die Operationen in dem Ausdruck ab. Da die meisten RDBMS-Programme Ihnen mitteilen, dass inkompatible Datentypen das Problem sind, wissen Sie sofort, wie Sie den Ausdruck anpassen müssen. Viele RDBMS-Systeme führen solche Konvertierungen automatisch durch, ohne Sie zu warnen, aber sie konvertieren üblicherweise alle Zahlen in den komplexesten Datentyp, bevor sie den Ausdruck auswerten. Im letzen Beispiel hätte Ihr RDBMS die Spalte TotalLength möglicherweise in einen REAL-Datentyp konvertiert. REAL ist ein komplexerer Datentyp als INTEGER, da alle INTEGER-Werte in einem REAL-Datentyp enthalten sein können. Dies entspricht jedoch vielleicht nicht Ihren Erwartungen.

Wie Sie gerade gelernt haben, ist es relativ einfach, mathematische Ausdrücke zu erstellen, wenn sie ein wenig Planungsarbeit leisten und wissen, wie Sie die CAST-Funktion zu Ihrem Vorteil nutzen können. Im letzten Punkt dieses Abschittes werden wir Ihnen nun zeigen, wie Ausdrücke erstellt werden, die Datum und Uhrzeit addieren und subtrahieren.

5.5.3 Datums- und Uhrzeitarithmetik

Der SQL-Standard definiert Addition und Subtraktion als die Operationen, die Sie auf Datum und Uhrzeit ausführen können. Im Gegensatz zu dem, was Sie vielleicht erwarten, unterscheiden sich viele RDBMS-Programme in der Art, wie sie diese Operationen implementieren. Bei einigen Datenbanksystemen können Sie diese Operationen so definieren, wie Sie es bei einem mathematischen Ausdruck machen würden; bei anderen müssen Sie für diese Aufgaben spezielle, integrierte Funktionen benutzen. Wie Ihr RDBMS mit diesen Operationen genau verfährt, erfahren Sie in der Dokumentation Ihres Datenbanksystems. Wir besprechen Datums- und Uhrzeitausdrücke hier nur allgemein, um Ihnen eine Vorstellung von der Funktionsweise dieser Operationen zu geben.

Datumsausdrücke

Abbildung 5.8 zeigt die Syntax eines Datumsausdrucks. Wie Sie sehen können, ist die Erstellung des Ausdrucks einfach: Sie nehmen einen Wert und addieren ihn zu oder subtrahieren ihn von einem zweiten Wert. Beachten Sie beim Erstellen eines Datumsausdrucks jedoch einige Punkte.

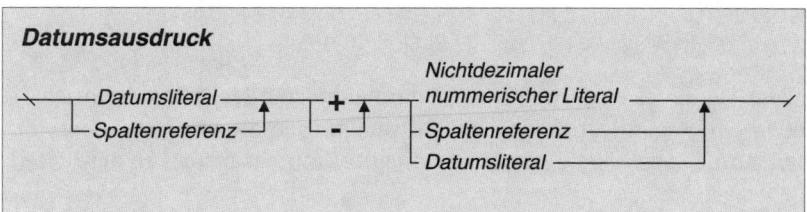

Abbildung 5.8: Syntaxdiagramm eines Datumsausdrucks

Wenn Sie eine Spaltenreferenz benutzen, muss diese auf einem DATE-Datentyp oder einem *nichtdezimalen* nummerischen Datentyp basieren. (z. B. INTEGER und SMALLINT) Anderenfalls müssen Sie sie vielleicht mit der CAST-Funktion in einen DATE-Datentyp konvertieren. Interessant ist, dass der SQL-Standard für diese Konvertierung keine Bedingungen festlegt und die Sache ganz in das Ermessen der Datenbankanbieter stellt. Infolgedessen konvertieren manche Datenbanksysteme die Spaltenwerte automatisch, bei anderen hingegen müssen Sie selbst die Spalten ausdrücklich konvertieren. Da letztlich Ihr RDBMS über die Notwendigkeit einer Konvertierung entscheidet, sollten Sie diesen Punkt in Ihrer Dokumentation nachlesen.

Der SQL-Standard ermöglicht es Ihnen, einen nichtdezimalen nummerischen Wert zu einem Datum zu addieren oder davon zu subtrahieren. Sie können sich dies als Addieren und Subtrahieren von Tagen vorstellen. Dadurch können Sie Fragen wie die folgenden beantworten: »Welches Datum haben wir in neun Tagen?« oder »Welches Datum hatten wir vor fünf Tagen?« Natürlich ist es unsinnig, Zahlen mit Dezimalstellen zu benutzen – wozu sollten Sie fragen, welches Datum heute in 3,5 Tagen ist?

Auch etwas Anderes müssen Sie bedenken. Sie können ein Datum von einem anderen subtrahieren, aber Sie können kein Datum zu einem anderen *addieren*. Bei genauerer Betrachtung ist dies durchaus logisch. Nehmen wir zum Beispiel eine Personaldatenbank. Eventuell müssen Sie ein Einstellungsdatum vom aktuellen Datum abziehen, um festzustellen, wie lange ein Angestellter für das Unternehmen arbeitet, aber Sie würden zum aktuellen Datum *eine Zahl hinzuzählen*, um ein Datum für die nächste Überprüfung der Angestelltendaten abzurufen.

Die Definition eines Datumsausdrucks entscheidet darüber, ob dieser ein Datum oder einen nichtdezimalen nummerischen Wert zurückgibt. Wir können Datumsausdrücke wie folgt zusammenfassen.

```
Datum (Literal oder Spalte) ± Nichtdezimaler Nummerischer Wert
(Literal oder Spalte) = Datum
```

```
Datum (Literal oder Spalte) - Datum (Literal oder Spalte) =
Nichtdezimaler Nummerischer Wert
```

Wenn Sie dieses einfache Konzept einmal verstanden haben, können Sie jeden beliebigen Datumsausdruck erstellen, den Sie benötigen. Sie können zum Beispiel die folgenden Arten von Datumsausdrücken definieren.

```
'1999-05-16' - 5
'1999-11-14' + 12
ReviewDate + 90
EstimateDate - DaysRequired
'1999-07-22' - '1999-06-13'
ShipDate - OrderDate
```

Der SQL-Standard legt fest, dass Sie einen INTERVAL-Datentyp zu einem DATE- oder TIME-Literal oder eine Spalte, die einen DATE- oder TIME-Wert enthält, addieren oder ihn davon subtrahieren können. Die meisten Implementierungen unterstützen zwar den INTERVAL-Datentyp des SQL-Standards nicht, ermöglichen jedoch die Addition oder Subtraktion von zwei DATE- oder TIME-Werten. Wenn Sie einen DATE- oder TIME-Wert von einem anderen subtrahieren, erhalten Sie zwar das »Intervall« zwischen den beiden Daten oder Uhrzeiten, aber als DATE- oder TIME-Datentyp. Wenn Sie einen DATE- oder TIME-Wert zu einem anderen addieren, erhalten Sie einen weiteren DATE- oder TIME-Wert. In allen Beispielen dieses Buches gehen wir davon aus, dass Sie DATE- und TIME-Werte sowohl addieren, als auch subtrahieren können. Lesen Sie in der Dokumentation Ihrer Datenbank nach, wie Ihr System mit diesen Ausdrücken verfährt.

Uhrzeitausdrücke

Auch mit Uhrzeitwerten können Sie Ausdrücke erstellen. Abbildung 5.9 zeigt die Syntax, die Sie dabei benutzen. Datums- und Uhrzeitausdrücke sind sehr ähnlich und für den Uhrzeitausdruck gelten dieselben Regeln und Beschränkungen wie für den Datumsausdruck.

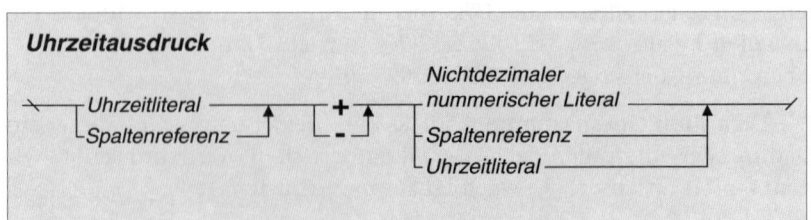

Abbildung 5.9: Syntaxdiagramm eines Uhrzeitausdrucks

5.5 Ausdruckstypen

Ein Uhrzeitausdruck gibt eine Uhrzeit oder einen nichtdezimalen nummerischen Wert zurück, je nachdem, wie Sie den Ausdruck selbst definiert haben. Wir können die Uhrzeitausdrücke wie folgt zusammenfassen.

```
Zeit (Literal oder Spalte) ± nichtdezimaler nummerischer Wert
(Literal oder Spalte) = Zeit

Zeit (Literal oder Spalte) - Zeit (Literal oder Spalte) =
nichtdezimaler nummerischer Wert
```

Einige allgemeine Beispiele für Uhrzeitausdrücke:

```
'14:00' + '00:22'
'19:00' - '16:30'
StartTime + '00:19'
StopTime - StartTime
```

Wir haben bereits darauf hingewiesen, dass wir Datums- und Uhrzeitausdrücke nur in allgemeiner Form besprechen werden. Unser Ziel ist es, dafür zu sorgen, dass Sie das Konzept der Datums- und Uhrzeitausdrücke verstehen, und dass Sie eine allgemeine Vorstellung von diesen Ausdruckstypen bekommen und diese auch erstellen können. Es ist bedauerlich, dass die meisten Datenbanksysteme die im SQL-Standard enthaltene Spezifikation der Uhrzeitausdrücke nicht genau implementieren und viele die Spezifikation des Datumsausdrucks nur teilweise implementieren. Alle Datenbanksysteme bieten jedoch eine oder mehrere Funktionen für die Arbeit mit Datum und Uhrzeit, und wir empfehlen Ihnen, die Dokumentation Ihres Datenbanksystems gründlich zu lesen, um herauszufinden, welche Arten von Funktionen Ihr System zur Verfügung stellt. Die Syntax dieser Funktionen weicht vermutlich etwas von der hier gezeigten ab, aber die generellen Konzepte der Datums- und Uhrzeitarithmetik sind anwendbar.

Nachdem Sie nun wissen, wie die verschiedenen Ausdrucksarten erstellt werden, werden Sie im nächsten Schritt lernen, sie zu benutzen.

5.6 Ausdrücke in einer SELECT-Klausel

Zu den wichtigsten Dingen, die Sie in diesem Buch lernen werden, gehört zweifellos der Gebrauch von Ausdrücken. Wenn Sie mit SQL arbeiten, werden Sie Ausdrücke aus vielen Gründen benutzen, zum Beispiel:

▼ um in einer Anfrage eine berechnete Spalte zu erstellen

▼ um nach einem speziellen Spaltenwert zu suchen

▼ um die Zeilen in einer Ergebnismenge zu filtern

▼ um zwei Tabellen mit einer JOIN-Operation zu verbinden

Wie Sie dieses (und noch anderes) machen, werden wir Ihnen in diesem Buch noch zeigen. Als Erstes stellen wir dar, wie einfache Ausdrücke in einer SELECT-Klausel benutzt werden.

In diesem Kapitel benutzen wir die in Kapitel 4 eingeführte Technik »Frage/ Übersetzung/ Bereinigte Fassung/ SQL.«

In einer SELECT-Klausel können Sie einfache Ausdrücke benutzen, um Informationen in einer Ergebnismenge klarer zu machen, oder um das Informationsspektrum in einer Ergebnismenge zu erweitern. Zum Beispiel können Sie mit Ausdrücken Vor- und Nachnamen verketten, den Gesamtpreis eines Produktes berechnen, feststellen, wie lange die Fertigstellung eines Projektes gedauert hat, oder ein Datum für den nächsten Besuch eines Patienten bestimmen. Sehen wir uns nun an, wie Sie in einer SELECT-Klausel einen Verkettungsausdruck, einen mathematischen Ausdruck und einen Datumsausdruck benutzen könnten. Wir beginnen mit dem Verkettungsausdruck.

Mit einem Verkettungsausdruck arbeiten

Im Gegensatz zu mathematischen und Datumsausdrücken werden Verkettungsausdrücke nur dazu verwendet, die Lesbarkeit der Informationen in der Ergebnismenge einer SELECT-Anweisung zu verbessern. Angenommen, Sie stellen die folgende Frage:

»Zeige mir eine aktuelle Liste unserer Angestellten und ihrer Telefonnummern.«

Wenn Sie diese Frage in eine SELECT-Anweisung übersetzen, können Sie die Ergebnismenge etwas verbessern, indem Sie die Vor- und Nachnamen zu einer einzigen Spalte verketten. Sie könnten diese Frage z.B. folgendermaßen übersetzen:

Übersetzung	Wähle First Name, Last Name und Phone Number all unserer Employees aus der Employees-Tabelle.
Bereinigte Fassung	Wähle First Name, Last Name, Phone Number aus Employees

SQL	`SELECT EmpFirstName || ' ' || EmpLastName,`
	`    'Phone Number: ' || EmpPhoneNumber`
	`FROM Employees`

Sie haben wahrscheinlich bemerkt, dass wir nicht nur die Vornamen-Spalte, eine Leerstelle und die Nachnamen-Spalte miteinander verkettet haben, sondern auch die Zeichenkette »Phone Number: » mit der Telefonnummern-Spalte. Dieses Beispiel zeigt deutlich, dass Sie in einer SELECT-Klausel leicht mehr als einen Verkettungsausdruck benutzen können, um die Lesbarkeit der Informationen in der Ergebnismenge zu verbessern.

Denken Sie daran, dass Sie mit der CAST-Funktion auch Werte mit verschiedenen Datentypen verketten können. Im folgenden Beispiel verketten wir den Wert einer Zeichenspalte mit dem Wert einer nummerischen Spalte.

»Zeige mir eine Liste aller unserer Händler und ihrer Kennziffern.«

Übersetzung	Wähle den Vendor Name und die Vendor ID aus der Vendors-Tabelle
Bereinigte Fassung	Wähle Vendor Name, Vendor ID aus Vendors

SQL	`SELECT "The ID Number for " || VendName ||`
	`    ' is ' || CAST(VendorID AS CHARACTER)`
	`FROM Vendors`

Obwohl der Verkettungsausdruck in einer SELECT-Anweisung ein nützliches Tool ist, sollten Sie doch vorsichtig damit umgehen. Wenn Sie Verkettungsausdrücke benutzen, die lange Zeichenkettenliterale enthalten, sollten Sie bedenken, dass die Literale in jeder Zeile der Ergebnismenge erscheinen. Eventuell verbessern Sie das Endergebnis nicht, sondern verstopfen es mit wiederholten Informationen. Überlegen Sie genau, wie Sie Literale in Verkettungsausdrücken benutzen, damit diese Ihren Zwecken dienen.

Dem Ausdruck einen Namen geben

Wenn Sie in einer SELECT-Klausel einen Ausdruck benutzen, enthält die Ergebnismenge eine neue Spalte mit dem Ergebnis der im Ausdruck definierten Operation. Diese neue Spalte wird als eine berechnete (oder abgeleitete) Spalte bezeichnet. Die Ergebnismenge der folgenden SELECT-Anweisung enthält zum Beispiel drei Spalten – zwei »echte« und eine berechnete.

SQL	`SELECT EmpFirstName || ' ' || EmpLastName,`
	`    EmpPhoneNumber, EmpCity`
	`FROM Employees`

Die beiden echten Spalten sind natürlich EmpPhoneNumber und EmpCity und die berechnete Spalte ist aus dem Verkettungsausdruck am Anfang der SELECT-Klausel abgeleitet.

Laut SQL-Standard steht es Ihnen frei, der neuen Spalte mit dem Schlüsselwort AS einen Namen zu geben. Bei fast allen Datenbanksystemen ist es jedoch unbedingt notwendig, der berechneten Spalte einen Namen zu geben. Einige Datenbanksysteme verlangen, dass Sie den Namen ausdrücklich nennen, andere dagegen liefern den Namen automatisch. Finden Sie heraus, wie Ihr Datenbanksystem hier verfährt, bevor Sie mit den Beispielen arbeiten.

Abbildung 5.10 zeigt, wie die Syntax für die Benennung eines Ausdrucks aussieht. Sie können für diesen Namen jeden gültigen Zeichenkettenliteral (eingeschlossen in einfache Anführungszeichen) benutzen. Einige Datenbanksysteme sind bei dieser Bedingung nachsichtig und verlangen nur dann Anführungszeichen, wenn Ihr Spaltenname eingebettete Leerstellen enthält. Wir empfehlen Ihnen allerdings dringend, in den verwendeten Namen keine Leerschritte zu benutzen, da diese in einigen Datenbankprogrammiersprachen Probleme verursachen können.

○— **SELECT** — Ausdruck — **AS** — Spaltenname →

Abbildung 5.10: Benennung eines Ausdrucks

Wir verändern nun die SELECT-Anweisung im letzten Beispiel und geben dem Verkettungsausdruck einen Namen.

```
SQL      SELECT EmpFirstName || ' ' || EmpLastName AS
             EmployeeName, EmpPhoneNumber, EmpCity
         FROM Employees
```

Die Ergebnismenge dieser SELECT-Anweisung enthält nun drei Spalten: EmployeeName, EmpPhoneNumber und EmpCity.

Mit dem Schlüsselwort AS können Sie nicht nur Ausdrücke benennen, sondern auch einen echten Spaltennamen durch einen Aliasnamen ersetzen. Wenn Sie zum Beispiel eine Spalte mit dem Namen DOB haben und befürchten, einige Nutzer und Mitarbeiter könnten die Bedeutung dieses Namens vielleicht nicht kennen, dann vermeiden Sie durch die Verwendung eines Aliasnamens jede Fehlinterpretation des Namens. Das folgende Beispiel zeigt, wie Sie der DOB-Spalte einen Aliasnamen geben.

```
SQL      SELECT EmpFirstName || ' ' || EmpLastName AS
             EmployeeName, DOB AS DateOfBirth
         FROM Employees
```

Diese SELECT-Anweisung erzeugt eine Ergebnismenge mit zwei Spalten: EmployeeName und DateOfBirth. Sie haben nun jede mögliche Verwirrung hinsichtlich der Information in der Ergebnismenge wirkungsvoll beseitigt.

Das Benennen berechneter Spalten beeinflusst den Übersetzungsprozess nicht wesentlich. Für das letzte Beispiel sieht eine mögliche Version des Übersetzungsprozesses folgendermaßen aus.

»Zeige mir eine Liste der Namen und Geburtsdaten unserer Angestellten.«

Übersetzung	Wähle First Fame und Last Name als EmployeeName und DOB als DateOfBirth aus der Employees-Tabelle
Bereinigte Fassung	Wähle First Name || ' ' || Last Name als EmployeeName und DOB als DateOfBirth aus Employees

SQL	`SELECT EmpFirstName || ' ' || EmpLastName`
	`    AS EmployeeName, DOB AS DateOfBirth`
	`FROM Employees`

Wenn Sie sich einmal an die Verwendung von Ausdrücken gewöhnt haben, brauchen Sie sie in Ihren Übersetzungsanweisungen nicht mehr so ausführlich festzuhalten, wie wir das hier getan haben. Früher oder später werden Sie die für die Konstruktion der SELECT-Anweisung benötigten Ausdrücke leicht identifizieren und definieren können.

Im Weiteren werden wir, soweit nötig, die berechneten Spalten in einer SQL-Anweisung mit Namen versehen.

Mit einem mathematischen Ausdruck arbeiten

Mathematische Ausdrücke sind zweifellos der vielseitigste Ausdruckstyp; Sie werden sie sehr häufig benutzen. Mit einem mathematischen Ausdruck können Sie zum Beispiel einen Gesamtrechnungsbetrag berechnen, die durchschnittliche Punktzahl aus einer gegebenen Menge von Tests errechnen, den Unterschied zwischen zwei Laborergebnissen herausfinden und die Gesamtmenge an Sitzplätzen in einem Gebäude schätzen. Die eigentliche Kunst besteht darin, Ihren Ausdruck zum Funktionieren zu bringen, und dafür müssen Sie nur sorgfältig planen. Das folgende Beispiel zeigt, wie Sie einen mathematischen Ausdruck in einer SELECT-Anweisung benutzen könnten.

»Zeige mir eine Liste der Namen und durchschnittlichen Punktzahlen der Kegler.«

Übersetzung	Wähle First Name und Last Name als Bowler Name und Total Score geteilt durch Games Bowled als AverageScore aus der Bowlers-Tabelle
Bereinigte Fassung	Wähle First Name und Last Name als BowlerName Total Score geteilt durch / Games Bowled als AverageScore aus der Bowlers Tabelle

SQL	```SELECT BowlerFirstName || ' ' || BowlerLastName
	    AS BowlerName, TotalScore / GamesBowled AS
	    AverageScore
	FROM Bowlers```

Wie das Beispiel zeigt, sind Sie in einer SELECT-Anweisung nicht auf den Gebrauch eines einzigen Ausdruckstyps beschränkt. Sie können vielmehr eine Vielzahl von Ausdrücken benutzen, um die Informationen abzurufen, die Sie in der Ergebnismenge haben möchten. Die obige SQL-Anweisung könnte auch so geschrieben werden:

SQL	```SELECT BowlerFirstName || ' ' || BowlerLastName || ' has an average score of ' || (CAST(TotalScore / GamesBowled AS CHARACTER)) AS BowlerAverages FROM Bowlers```

Mit mathematischen Ausdrücken können Sie fast uneingeschränkt Informationen beschaffen; Sie müssen Ihre Ausdrücke jedoch sorgfältig planen und gegebenenfalls die CAST-Funktion verwenden.

Mit einem Datumsausdruck arbeiten

Die Verwendung eines Datumsausdrucks gleicht insofern der eines mathematischen Ausdrucks, als Sie einfach Werte addieren oder subtrahieren. Mit Datumsausdrücken können Sie ganz unterschiedliche Aufgaben erledigen. Sie können zum Beispiel einen ungefähren Liefertermin berechnen, planen, wie viele Tage die Fertigstellung eines Projektes dauern wird, oder für einen Patienten einen Termin für eine Folgeuntersuchung festlegen. In einer SELECT-Klausel könnten Sie einen Datumsaudruck zum Beispiel folgendermaßen benutzen.

»Nach wie vielen Tagen wurden die bestellten Waren jeweils ausgeliefert ?«

Übersetzung	Wähle die Order Number und Ship Date minus Order Date als DaysToShip aus der Tabelle Orders
Bereinigte Fassung	Wähle Order Number Ship Date – Order Date als DaysToShip aus Orders

SQL	`SELECT OrderNumber, ShipDate - OrderDate AS`
	`DaysToShip`
	`FROM Orders`

Uhrzeitausdrücke können Sie auf die gleiche Weise verwenden.

»Wann würden die einzelnen Kurse beginnen, wenn wir die Anfangszeiten aller Kurse um zehn Minuten verschieben würden?«

Übersetzung	Wähle Start Time und Start Time plus 10 als NewStartTime aus der Tabelle Classes
Bereinigte Fassung	Wähle Start Time Start Time + 10 als NewStartTime aus Classes

SQL	`SELECT StartTime, StartTime + '00:10'`
	`    AS NewStartTime`
	`FROM Classes`

Wie bereits erwähnt, bieten alle Datenbanksysteme für die Arbeit mit Datumswerten eine Funktion oder eine Gruppe von Funktionen. Wir wollten Ihnen jedoch eine Vorstellung davon vermitteln, wie Sie Datum und Uhrzeit in Ihren SELECT-Anweisungen einsetzen können. Darüber hinaus empfehlen wir nochmals, Einzelheiten der Datums- und Uhrzeitfunktionen Ihres Datenbanksystems in Ihrer Dokumentation nachzulesen.

5.6.1   Ein kurzer Exkurs: Wertausdrücke

Sie wissen nun, wie Spaltenreferenzen, Literalwerte und Ausdrücke in einer SELECT-Klausel benutzt werden, und wie Sie einer Spaltenreferenz oder einem Ausdruck einen Namen zuweisen können. Als Nächstes werden wir Ihnen zeigen, wie sich dies alles in einen größeren Zusammenhang einfügt.

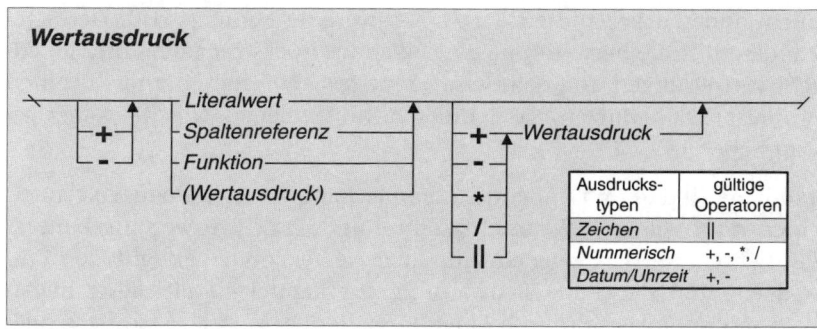

Abbildung 5.11: Diagramm eines Wertausdrucks

Der SQL-Standard bezeichnet Spaltenreferenz, Literalwert und Ausdruck kollektiv als *Wertausdruck*. Abbildung 5.11 zeigt, wie ein Wertausdruck definiert ist.

Sehen wir uns die Komponenten eines Wertausdrucks genauer an.

▼ Die Syntax beginnt mit einem optionalen Plus- oder Minuszeichen. Diese Zeichen benutzen Sie dann, wenn Sie möchten, dass der Wertausdruck einen vorzeichenbehafteten nummerischen Wert zurückgibt. Der Wert selbst kann ein nummerischer Literal, der Wert einer nummerischen Spalte, das Ansprechen einer Funktion, die einen nummerischen Wert zurückgibt (die CAST-Funktion haben wir in diesem Kapitel bereits besprochen), oder der zurückgesendete Wert eines mathematischen Ausdrucks sein. Vor einem Ausdruck, der einen Character-Datentyp zurückgibt, dürfen Sie kein Plus- oder Minuszeichen benutzen.

▼ Wie Sie sehen schließt die erste Liste auch (Wertausdruck) ein. Dies bedeutet, dass Sie einen komplexen Wertausdruck benutzen können, der aus anderen Wertausdrücken besteht, die wiederum ihre eigene Verkettung oder ihre eigenen mathematischen Operatoren enthalten. Die Klammern zwingen das Datenbanksystem dazu, diesen Wertausdruck zuerst auszuwerten. Mit der Rangordnung von Operationen werden wir uns im nächsten Kapitel eingehender beschäftigen.

▼ Nein, Sie sehen keine Trugbilder: »Wertausdruck« erscheint tatsächlich auch nach der Operatorenliste noch einmal. Die Tatsache, dass Sie in einem Wertausdruck andere Wertausdrücke benutzen können, ermöglicht Ihnen die Erstellung komplexer Ausdrücke.

▼ Der nächste Punkt in der Syntax ist eine Liste von Operatoren. Wie Sie im Kasten sehen können, bestimmt die Art des Ausdrucks am Anfang der Syntax, welche Operatoren Sie aus der Liste auswählen können.

Seiner Definition nach gibt ein Wertausdruck einen Wert zurück, der von einem anderen Bestandteil der SQL-Anweisung benutzt wird. Der SQL-Standard legt die Verwendung eines Wertausdrucks für ganz unterschiedliche Anweisungen und definierte Terme fest. Wie auch immer Sie einen Wertausdruck benutzen, Sie definieren ihn immer so, wie Sie es hier gelernt haben.

Damit Sie all dies im richtigen Zusammenhang sehen können, zeigen wir Ihnen nun, wie ein Wertausdruck in einer SELECT-Anweisung benutzt wird. Abbildung 5.12 zeigt eine modifizierte Version des endgültigen Syntaxdiagramms der SELECT-Anweisung aus Kapitel 4. Mit dieser neuen Syntax können Sie nun auch Literale, Spaltenreferenzen, Ausdrücke oder eine beliebige Kombination dieser Elemente in einer einzigen SELECT-Anweisung benutzen. Wenn Sie möchten, können Sie Ihrem Wertausdruck mit dem Schlüsselwort AS einen Namen geben.

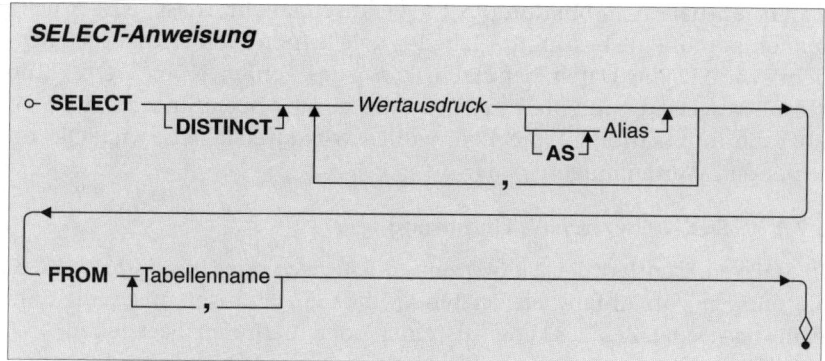

Abbildung 5.12: Das Syntaxdiagramm einer SELECT-Anweisung

Im Weiteren bezeichnen wir mit dem Begriff Wertausdruck eine Spaltenreferenz, einen Literalwert oder einen Ausdruck. In späteren Kapiteln erörtern wir, wie ein Wertausdruck in anderen Anweisungen benutzt wird, und zeigen Ihnen einige andere Dinge, die ein Wertausdruck repräsentiert.

Nun zurück zu unserem planmäßigen Programm.

5.7 Der Nullwert

Wie Sie wissen besteht eine Tabelle aus Spalten und Zeilen. Jede Spalte repräsentiert eine Eigenschaft des Tabellenthemas und jede Zeile repräsentiert eine eindeutige Instanz des Tabellenthemas. Sie können sich eine Zeile auch als einen vollständigen Satz von Spaltenwerten vorstellen – jede Zeile enthält genau einen Wert aus jeder Spalte der Tabelle. Abbildung 5.13 zeigt ein Beispiel für eine typische Tabelle.

Customers

CustomerID	CustFirstName	CustLastName	CustAddress	CustCity	CustCounty	CustState
1001	Suzanne	Viescas	15127 NE 24th, #383	Redmond	King	WA
1002	Wil	Thompson	122 Spring River Drive	Duvall	King	WA
1003	Gary	Hallmark	Route 2, Box 203B	El Paso	El Paso	TX
1004	Michael	Davolio	672 Lamont Ave	Marysville		WA
1005	Kenneth	Peacock	4110 Old Redmond Rd.	Fremont		CA
1006	John	Viescas	15127 NE 24th, #383	Redmond	King	WA
1007	Laura	Callahan	901 Pine Avenue	Washington		DC
1008	Neil	Patterson	233 West Valley Hwy	Everett	Snohomish	WA

Abbildung 5.13: Eine typische Customers-Tabelle

Bisher haben wir Ihnen gezeigt, wie Sie von den Daten in einer Tabelle mit einer SELECT-Anweisung Informationen abrufen, und wie Sie diese Daten mit Wertausdrücken manipulieren. All dies funktioniert nur deswegen so gut, weil wir immer davon ausgegangen sind, dass alle Spalten der Tabelle Daten enthalten. Abbildung 5.13 veranschaulicht, dass eine Spalte manchmal für eine bestimmte Tabellenzeile keinen Wert enthält. Je nachdem, wie Sie die Daten benutzen, kann das Fehlen eines Wertes Ihre SELCT-Anweisung und die Wertausdrücke negativ beeinflussen. Bevor wir über die Implikationen sprechen, wollen wir untersuchen, wie SQL mit fehlenden Werten umgeht.

5.7.1 Der Nullwert: eine Einführung

In SQL repräsentiert der *Nullwert* einen *fehlenden* oder *unbekannten* Wert. Sie müssen von Anfang an verstehen, dass ein Nullwert *weder* die Zahl Null, *noch* eine Zeichenkette aus einer oder mehreren Leerstellen *noch* eine Zeichenkette mit der Länge Null ist. Die Gründe hierfür sind sehr einfach.

▼ Eine Null kann viele verschiedene Bedeutungen haben. Sie kann den Zustand eines Buchungskontos, die Anzahl verfügbarer Erster-Klasse-Tickets oder den verfügbaren Lagerbestand eines bestimmten Produkts bedeuten.

▼ Obwohl eine aus einer oder mehreren Leerstellen bestehende Zeichenkette für uns gewiss nichts aussagt, hat sie für SQL auf jeden Fall eine Bedeutung. Eine Leerstelle ist in SQL ein gültiges Zeichen und eine aus drei Leerstellen bestehende Zeichenkette (,   ') ist ebenso zulässig wie eine Zeichenkette, die aus drei Buchstaben besteht (,abc').

▼ Eine »Nulllängen«-Zeichenkette – zwei aufeinander folgende einfache Anführungszeichen ohne Leerstelle dazwischen – kann unter bestimmten Bedingungen bedeutungsvoll sein. In einer Angestelltentabelle kann eine solche Zeichenkette in einer Spalte namens ZweiterVorname zum Beispiel heißen, dass ein Angestellter keinen zweiten Vornamen hat.

Wenn ein Nullwert für seinen oben genannten Zweck verwendet wird, ist er sehr nützlich. Ein deutliches Beispiel dafür zeigt die Tabelle Customers in Abbildung 5.13. In der Spalte CustCounty repräsentiert der Nullwert für die betreffende Zeile einen fehlenden oder unbekannten Bezirksnamen. Um die Nullwerte richtig zu benutzen, müssen Sie verstehen, warum sie überhaupt vorkommen.

Fehlende Werte sind meist eine Folge menschlichen Versagens. Sehen Sie sich zum Beispiel die Zeile für Michael Davolio an. Wenn Sie die Daten für Davolio eintragen und dabei vergessen, ihn zu fragen, in welchem Bezirk er wohnt, so wird dies als fehlendes Datum betrachtet und in der Zeile als Nullwert dargestellt. Sobald Sie diesen Fehler jedoch bemerkt haben, können Sie ihn dadurch korrigieren, dass Sie Herrn Davolio anrufen und ihn nach dem Namen seines Bezirks fragen.

Unbekannte Werte erscheinen aus verschiedenen Gründen in der Tabelle; ein Grund könnte sein, dass ein spezieller für eine Spalte benötigter Wert noch nicht definiert ist. Dies ist zum Beispiel der Fall, wenn Sie eine Tabelle Categories in einer School Scheduling-Datenbank haben, in der es für neue Kurse, die Sie im Winterhalbjahr anbieten wollen, noch keine Kategorie gibt. Ein anderer Grund für unbekannte Werte in einer Tabelle könnte darin liegen, dass die Werte tatsächlich unbekannt sind. Nehmen wir zum Beispiel die Zeile für Kenneth Peacock aus der Customers-Tabelle in Abbildung 5.13. Angenommen, Sie geben die Daten für Peacock ein und fragen ihn nach dem Namen des Bezirks, in dem er wohnt. Falls er den Namen des Bezirks nicht weiß und auch Sie ihn nicht wissen, dann ist der Wert für die County-Spalte tatsächlich unbekannt und wird in dieser Zeile als ein Nullwert dargestellt. Natürlich können Sie auch dieses Problem korrigieren, sobald Sie den richtigen Namen des Bezirks herausgefunden haben.

Ein Spaltenwert kann auch ein Nullwert sein, wenn keiner seiner Werte auf eine bestimmte Zeile zutrifft. Nehmen wir an, Sie arbeiten mit einer Angestelltentabelle, die eine Gehaltsspalte und eine Stundensatzspalte enthält. Der Wert einer dieser beiden Spalten wird immer ein Nullwert sein, da ein Angestellter nicht zugleich ein festes Gehalt und einen Stundensatz beziehen kann.

Denken Sie unbedingt daran, dass zwischen »trifft nicht zu« und »ist nicht anwendbar« nur ein geringfügiger Unterschied besteht. Im letzten Beispiel trifft einer der beiden Spaltenwerte tatsächlich nicht zu. Aber nehmen wir einmal an, Sie arbeiten mit einer Patiententabelle, die eine Spalte namens Haarfarbe enthält, und Sie aktualisieren die Zeile für einen vorhandenen männlichen Patienten. Falls dieser Patient kürzlich kahl geworden ist, ist der Wert für diese Spalte eindeutig nicht anwendbar. Sie könnten einen nicht anwendbaren Wert zwar einfach durch einen Nullwert darstellen; wir empfehlen Ihnen jedoch, einen echten Wert wie »N/A« oder »Nicht Anwendbar« zu verwenden. Dadurch werden die Informationen auf lange Sicht klarer.

Ob Sie in einer Tabelle Nullwerte zulassen, hängt also davon ab, wie Sie die Daten benutzen. Nachdem wir Ihnen nun die positiven Seiten der Nullwerte gezeigt haben, sehen wir uns als Nächstes ihre negativen Auswirkungen an.

Das Problem mit den Nullwerten

Der größte Nachteil der Nullwerte ist ihre negative Wirkung auf mathematische Operationen. Das Ergebnis jeder Operation, die einen Nullwert einschließt, ist ein Nullwert. Das ist durchaus logisch: Wenn eine Zahl unbekannt ist, ist zwangsläufig auch das Ergebnis der Operation unbekannt. Beachten Sie, wie im folgenden Beispiel ein Nullwert das Ergebnis der Operation verändert.

```
(25 * 3) + 4 = 79
(Null * 3) + 4 = Null
(25 * Null) + 4 = Null
(25 *3) + Null = Null
```

Dasselbe Ergebnis erhalten Sie auch, wenn eine Operation Spalten mit Nullwerten einschließt. Nehmen wir zum Beispiel an, Sie führen die folgende SELECT-Anweisung aus, und diese sendet die in Abbildung 5.14 dargestellte Ergebnismenge.

SQL	SELECT ProductID, ProductDescription, Category,
	Price, QuantityOnHand, Price *
	QuantityOnHand AS TotalValue
	FROM Products

Products

ProductID	ProductDescription	Category	Price	QuantityOnHand	TotalValue
70001	Shur-Lok U-Lock	Accessories		12	
70002	SpeedRite Cyclecomputer		65.00	20	1,300.00
70003	SteelHead Microshell Helmet	Accessories	36.00	33	1,118.00
70004	SureStop 133-MB Brakes	Components	23.50	16	376.00
70005	Diablo ATM Mountain Bike	Bikes	1,200.00		
70006	UltraVision Helmet Mount Mirrors		7.45	10	74.50

Abbildung 5.14: Nullwerte in einem mathematischen Ausdruck

Wenn die Spalten Price und QuantityOnHand gültige nummerische Werte sind, verläuft die durch die Spalte TotalValue dargestellte Operation erfolgreich. Wenn Price oder QuantityOnHand einen Nullwert enthalten, enthält auch TotalValue einen Nullwert. Die gute Nachricht ist, dass TotalValue einen richtigen Wert enthalten wird, sobald Sie die Nullwerte in Price und QuantityOnHand durch nummerische Werte ersetzen. Dieses Problem können Sie vermeiden, indem Sie dafür sorgen, dass die in einem mathematischen Ausdruck benutzten Spalten keine Nullwerte enthalten.

Mit Nullwerten haben wir es nicht nur hier zu tun. In Kapitel 12 werden wir sehen, wie Nullwerte diejenigen SELECT-Anweisungen beeinflussen, die Informationen zusammenfassen.

5.8   Beispielanweisungen

Nachdem Sie nun wissen, wie verschiedene Arten von Wertausdrücken in der SELECT-Klausel einer SELECT-Anweisung benutzt werden, sehen wir uns auf den folgenden Seiten einige Beispiele an, die die Tabellen aus den Beispieldatenbanken verwenden.

In den folgenden Beispielen haben wir die beiden Schritte Übersetzung und Bereinigte Fassung kombiniert, damit Sie allmählich lernen, diesen Prozess zusammenzuziehen. Sie werden zwar im Textteil der einzelnen Kapitel immer noch mit allen drei Schritten arbeiten, aber in den jeweiligen Beispielanweisungen bekommen Sie die Möglichkeit, mit dem zusammengezogenen Prozess zu arbeiten.

Sales Order-Datenbank

»Welchen Inventurwert hat jedes Produkt?«

Übersetzung/ Bereinigte Fassung	Wähle Product Name, Retail Price * Quantity On Hand als InventoryValue aus Products

SQL	`SELECT ProductName,`
	`    RetailPrice * QuantityOnHand AS`
	`    InventoryValue`
	`FROM Products`

ProductName	InventoryValue
Trek 9000 Mountain Bike	$7,200.00
Eagle FS-3 Mountain Bike	$14,400.00
Dog Ear Cyclecomputer	$1,500.00
Victoria Pro All Weather Tires	
Dog Ear Helmet Mount Mirrors	$89.40
Viscount Mountain Bike	$3,175.00
Viscount C-500 Wireless Bike Computer	$1,470.00
Kryptonite Advanced 2000 U-Lock	
<<weitere Zeilen>>	

Tabelle 5.1: Product_Inventory_Value (40 Zeilen)

»Wie viele Tage lagen bei jeder Bestellung zwischen Bestelldatum und Versanddatum?«

Übersetzung/ Bereinigte Fassung	Wähle Order Number, Order Date, Ship Date, Ship Date – Order Date als DaysElapsed aus Orders

SQL	`SELECT OrderNumber, OrderDate, ShipDate,`
	`    ShipDate-OrderDate AS DaysElapsed`
	`FROM Orders`

OrderNumber	OrderDate	ShipDate	DaysElapsed
1	1999-07-01	1999-07-04	3
2	1999-07-01	1999-07-03	2
3	1999-07-01	0999-07-04	3
4	1999-07-01	1999-07-03	2
5	1999-07-01	1999-07-01	0
6	1999-07-01	1999-07-05	4
7	1999-07-01	1999-07-04	3
8	1999-07-01	1999-07-01	0
9	1999-07-01	1999-07-04	3
10	1999-07-01	1999-07-04	3
<<weitere Zeilen>>			

Tabelle 5.2: Shipping_Days_Analysis (944 Zeilen)

Entertainment-Datenbank

»Wie lange dauern die einzelnen Engagements jeweils?«

Übersetzung/ Bereinigte Fassung	Wähle Engagement Number, End Date – Start Date 1 als DueToRun aus Engagements

SQL	`SELECT EngagementNumber, CAST(EndDate -`
	`    StartDate + 1 AS CHARACTER) || ' day(s)'`
	`    AS DueToRun`
	`FROM Engagements`

EngagementNumber	DueToRun
1	4 day(s)
2	5 day(s)

Tabelle 5.3: Engagement Length (131 Zeilen)

EngagementNumber	DueToRun
3	6 day(s)
4	7 day(s)
5	4 day(s)
6	5 day(s)
7	8 day(s)
8	8 day(s)
9	11 day(s)
10	10 day(s)
<<weitere Zeilen>>	

Tabelle 5.3: Engagement Length (131 Zeilen)

Um jeden Tag des Engagements einzubeziehen, müssen Sie dem Datumsausdruck »1« hinzufügen. Anderenfalls erhalten Sie bei einem Engagement, das am selben Tag beginnt und endet, das Ergebnis »0 Tag(e)«.

»Nenne mir die Mindestsumme jedes Vertrages.«

Übersetzung/ Bereinigte Fassung	Wähle Engagement Number, Contract Price, Contract Price * 0.12 als OurFee, Contract Price – (Contract Price * 0.12) als NetAmount aus Engagements

SQL	SELECT EngagementNumber, ContractPrice,
	    ContractPrice * 0.12 AS OurFee,
	    ContractPrice -(ContractPrice * 0.12)
	    AS NetAmount
	FROM Engagements

Engagement Number	ContractPrice	OurFee	NetAmount
1	$170.00	$20.40	$149.60
2	$200.00	$24.00	$176.00
3	$590.00	$70.80	$519.20
4	$470.00	$56.40	$413.60
5	$1,130.00	$135.60	$994.40
6	$2,300.00	$276.00	$2,024.00
7	$770.00	$92.40	$677.60
8	$1,850.00	$222.00	$1,628.00
9	$1,370.00	$164.40	$1,205.60

Tabelle 5.4: Net_Amount_Per_Contract (131 Zeilen)

Engagement Number	ContractPrice	OurFee	NetAmount
10	$3,650.00	$438.00	$3,212.00
<<weitere Zeilen>>			

Tabelle 5.4: Net_Amount_Per_Contract (131 Zeilen)

School Scheduling-Datenbank

»Seit wie vielen Jahren ist jedes Mitglied des Lehrkörpers an der Schule?«

Übersetzung/ Bereinigte Fassung	Wähle Last Name II ', ' II First Name als Staff, Date Hired, (('1999-10-01' – Date Hired) / 365) als YearsWithSchool aus Staff

SQL	`SELECT StfLastName || ', ' || StfFirstName`
	`    AS Staff, DateHired, CAST(('1999-10-01' -`
	`    DateHired) / 365 AS INTEGER) AS YearsWithSchool`
	`FROM Staff`
	`ORDER BY StfLastName, StrFirstName`

Staff	DateHired	YearsWithSchool
Black, Alastair	1988-12-11	10
Bonnicksen, Joyce	1986-03-02	13
Buchanan, Albert	1985-08-02	14
Buchanan, Amelia	1988-05-31	11
Callahan, David	1987-01-13	12
Callahan, Laura	1989-11-02	9
Coie, Caroline	1983-01-28	16
Davis, Allan	1989-08-20	10
Davolio, Michael	1989-02-09	10
Ehrlich, Katherine	1985-03-08	14
<<weitere Zeilen>>		

Tabelle 5.5: Length_Of_Service (27 Zeilen)

Der Ausdruck in dieser SELECT-Anweisung ist technisch korrekt und funktioniert wie erwartet, aber bei Schaltjahren gibt er die falsche Antwort zurück. Dieses Problem können Sie korrigieren, indem Sie die entsprechende arithmetische Funktion Ihres Datenbanksystems benutzen. Wie bereits erwähnt, verfügen die meisten Datenbanksysteme über eigene Verfahren, mit Datum und Uhrzeit zu arbeiten.

»Zeige mir eine Liste aller Mitglieder des Lehrkörpers, ihrer Gehälter und eines vorgeschlagenen Bonus von 7% für jeden Angestellten.«

Übersetzung/ Bereinigte Fassung	Wähle Last Name || ', ' || First Name als StaffMember, Salary, Salary * 0.07 als Bonus aus Staff

SQL	`SELECT StfLastName || ', ' || StfFirstName`
	`    AS Staff, Salary, Salary * 0.07 AS Bonus`
	`FROM Staff`

Staff	Salary	Bonus
Black, Alastair	$60,000.00	$4,200.00
Bonnicksen, Joyce	$60,000.00	$4,200.00
Buchanan, Albert	$45,000.00	$3,150.00
Buchanan, Amelia	$48,000.00	$3,360.00
Callahan, David	$50,000.00	$3,500.00
Callahan, Laura	$45,000.00	$3,150.00
Coie, Caroline	$52,000.00	$3,640.00
Davis, Allan	$56,000.00	$3,920.00
Davolio, Michael	$49,000.00	$3,430.00
Ehrlich, Katherine	$45,000.00	$3,150.00
<<Mehr Zeilen>>		
<<weitere Zeilen>>		

Tabelle 5.6: Proposed_Bonuses (27 Zeilen)

Bowling League-Datenbank

»Welchen Monatsdurchschnitt hat jeder Kegler in den letzten vier Monaten jeweils im Turnier erzielt?«

Übersetzung/ Bereinigte Fassung	Wähle Last Name || ', ' || First Name als Bowler, Total Score, Total Score / 4 als AverageScorePerMonth aus Bowlers ordne nach Bowler

SQL	`SELECT BowlerLastName || ', ' ||`
	`    BowlerFirstName AS Bowler, TotalScore,`
	`    TotalScore/4 AS AverageScorePerMonth`
	`FROM Bowlers`
	`ORDER BY Bowler`

Bowler	TotalScore	AverageScorePerMonth
Black, Alastair	6319	1579.75
Cunningham, David	6702	1675.5
Ehrlich, Zachary	6208	1552
Fournier, Barbara	6242	1560.5
Fournier, David	6581	1645.25
Hallmark, Alaina	6622	1655.5
Hallmark, Bailey	6291	1572.75
Hallmark, Elizabeth	6379	1594.75
Hallmark, Gary	6593	1648.25
Hernandez, Kendra	6276	1569
<<weitere Zeilen>>		

Tabelle 5.7: Average_Monthly_Score (32 Zeilen)

»Wie viele Punkte Unterschied bestanden bei allen Wettkämpfen und Einzelspielen jeweils zwischen dem Handicap eines Spielers und seiner Rohpunktzahl?«

Übersetzung/ Bereinigte Fassung	Wähle Bowler ID, Match ID, Game Number, Handicap Score, Raw Score, Handicap Score – Raw Score als PointDifference aus Bowler Scores ordne nach Bowler ID, Match ID, Game Number
SQL	SELECT BowlerID, MatchID, GameNumber, HandiCapScore, RawScore, HandiCapScore-RawScore AS PointDifference FROM Bowler_Scores ORDER BY BowlerID, MatchID, GameNumber

```
SELECT BowlerID, MatchID, GameNumber,
    HandiCapScore, RawScore,
    HandiCapScore-RawScore AS PointDifference
FROM Bowler_Scores
ORDER BY BowlerID, MatchID, GameNumber
```

BowlerID	MatchID	Game Number	HandiCap Score	RawScore	Point Difference
1	1	1	192	146	46
1	1	2	192	146	46
1	1	3	199	153	46
1	5	1	192	145	47
1	5	2	184	137	47
1	5	3	199	152	47
1	10	1	189	140	49
1	10	2	186	137	49

Tabelle 5.8: Handicap_vs_RawScore (1344 Zeilen)

5.8 Beispielanweisungen

BowlerID	MatchID	Game Number	HandiCap Score	RawScore	Point Difference
1	10	3	210	161	49
<<weitere Zeilen>>					

Tabelle 5.8: Handicap_vs_RawScore (1344 Zeilen)

5.9 Zusammenfassung

Zu Anfang dieses Kapitels stand die Verwendung expliziter Werte in einer SELECT-Anweisung. Sie haben erfahren, dass Sie in einer SELECT-Klausel Zeichenketten, Zahlen, Datum und Uhrzeit benutzen können, und dass diese ingesamt als Literale bezeichnet werden. Anschließend haben wir Ihnen gezeigt, dass Sie mit Ausdrücken die Bandbreite der aus der Datenbank abgerufenen Informationen erweitern oder einschränken können. Außerdem haben wir erklärt, dass ein Ausdruck eine Operation mit Zahlen, Zeichenketten, Datum oder Uhrzeit ist.

Unser nächstes Thema waren die Datentypen, und wir haben Ihnen gezeigt, dass es sieben Hauptdatentypen in drei allgemeinen Kategorien gibt. Wir haben jeden Datentyp detailliert besprochen und erklärt, dass jeder Datentyp eine oder mehrere eindeutig benannte Varianten hat.

Danach sind wir zu den Ausdrücken zurückgekehrt und haben Ihnen einen kurzen Überblick über jeden Ausdruckstyp gegeben. Wir haben Ihnen gezeigt, wie Zeichenketten verkettet werden, und wie man mithilfe der CAST-Funktion Zeichenketten mit anderen Datentypen verkettet. Anschließend haben wir Ihnen gezeigt, wie mathematische Ausdrücke erstellt werden, und wir haben erklärt, wie die Rangordnung eine bestimmte mathematische Operation beeinflusst. Schließlich haben wir uns noch mit den Datums- und Zeitausdrücken befasst. Nachdem wir Ihnen gezeigt haben, wie der SQL-Standard mit Datums- und Uhrzeitausdrücken umgeht, haben wir Ihnen eröffnet, dass die meisten Datenbanken für Datum und Uhrzeit ihre eigenen Verfahrensweisen haben.

Als Nächstes haben wir uns der Verwendung von Ausdrücken in einer SELECT-Anweisung zugewandt und Ihnen gezeigt, wie Ausdrücke in die SELECT-Klausel eingebaut werden. Anschließend haben wir Ihnen vorgeführt, wie Literalwerte und Spalten in einem Ausdruck benutzt werden, und wie man der Spalte, die den Ergebniswert des Ausdrucks enthält, einen Namen zuweist. Der letzte Punkt dieses Abschnitts war ein kurzer Exkurs, der Sie mit dem Wertausdruck bekannt gemacht hat. Wir haben Ihnen eröffnet, dass der SQL-Standard mit diesem Begriff Spaltenreferenzen, Literalwerte und Ausdrücke bezeichnet, und dass Sie einen Wertausdruck in verschiedenen Klauseln einer SQL-Anweisung benutzen können. (Mehr dazu natürlich in späteren Kapiteln!)

Wir haben dieses Kapitel mit einer Erörterung der Nullwerte abgeschlossen. Sie haben erfahren, dass ein Nullwert einen fehlenden oder unbekannten Wert repräsentiert. Wie haben Ihnen gezeigt, wie ein Nullwert richtig benutzt wird, und erklärt, dass er unter den richtigen Umständen sehr nützlich sein kann. Wir haben aber auch darüber gesprochen, wie ein Nullwert mathematische Operationen negativ beeinflussen kann. Sie wissen nun, dass eine mathematische Operation, in der ein Nullwert vorkommt, einen Nullwert zurücksendet. Wir haben Ihnen außerdem gezeigt, wie durch Nullwerte die Informationen in einer Ergebnismenge ungenau werden können.

Im nächsten Kapitel werden wir über das Abrufen einer ganz speziellen Informationsart sprechen. Wir werden Ihnen zeigen, wie Sie mit der WHERE-Klausel die von einer SELECT-Anweisung zurückgegebenen Informationen filtern.

Der folgende Abschnitt enthält eine Reihe von Fragen, die Sie selbst bearbeiten können.

5.10 Aufgaben

Nachfolgend zeigen wir Ihnen die Frage-Anweisung und den Namen der Lösungs-Anfrage in den Beispieldatenbanken. Wenn Sie sich etwas Praxis aneignen möchten, können Sie selbst den SQL-Code schreiben, den Sie für die einzelnen Fragen benötigen, und dann Ihre Antwort mit der Anfrage vergleichen, die wir in den Beispielen gespeichert haben. Keine Sorge, wenn Ihre Syntax mit der der gespeicherten Anfragen nicht genau übereinstimmt: Hauptsache, Sie haben dieselbe Ergebnismenge.

Sales Order-Datenbank

1. »Was geschieht, wenn wir jeden Produktpreis um 5% reduzieren?« Die Lösung finden Sie in Adjusted_Wholesale_Prices (90 Zeilen).

2. »Zeige mir eine Liste der Kundenbestellungen, in absteigender Reihenfolge nach Bestelldatum sortiert.« (Tipp: Sie müssen vielleicht nach mehr als einer Spalte sortieren, um die Information ordentlich anzeigen zu können.) Die Lösung finden Sie in Orders_By_Customer_And_Date (944 Zeilen).

3. »Zeige mir eine Liste von Händlernamen und -adressen, geordnet nach Händlernamen.« Die Lösung finden Sie in Vendor_Addresses (10 Zeilen).

Entertainment-Datenbank

1. »Nenne mir die Namen aller Kunden nach ihrem Wohnort.« (Tipp: Für eine der Spalten müssen Sie die ORDER BY-Klausel verwenden.) Die Lösung finden Sie in Customers_By_City (15 Zeilen)

2. »Nenne mir alle Unterhaltungskünstler und ihre Websites.« Die Lösung finden Sie in Entertainer_Web_Sites (13 Zeilen).

3. »Zeige mir für jeden Agenten das Datum seiner ersten sechsmonatigen Leistungsbewertung.« (Tipp: Diese Frage können Sie nur mit Datumsarithmetik beantworten.) Die Lösung finden Sie in First_Performance_Review (8 Zeilen).

School Scheduling-Datenbank

1. »Gib mir eine Liste aller Angestellten und zeige sie nach dem jeweiligen Gehalt in absteigender Reihenfolge geordnet an.« Die Lösung finden Sie in Staff_List_By_Salary (27 Zeilen).

2. »Gib mir eine Liste mit den Telefonnummern aller Angestellten.« Die Lösung finden Sie in Staff_Member_Phone_List (27 Zeilen).

3. »Nenne mir die Namen aller Schüler und ordne sie nach den jeweiligen Wohnorten.« Die Lösung finden Sie in Students_By_City (18 Zeilen).

Bowling League-Datenbank

1. »Zeige mir für jeden Austragungsort die Turniertermine des kommenden Jahres.« Die Lösung finden Sie in Next_Years_Tourney_Dates (14 Zeilen).

2. »Nenne mir die Namen und Telefonnummern aller Ligamitglieder.« Die Lösung finden Sie in Phone_List (32 Zeilen).

3. »Nenne mir die Aufstellung aller Mannschaften.« (Tipp: Nehmen sie die Tabelle Bowlers als Grundlage.) Die Lösung finden Sie in Team_Lineups (32 Zeilen).

Daten filtern

6

Kapitelüberblick

»I keep six honest-serving men (They taught me all I knew.) Their names are
What and Why and When and How and Where and Who.«
- Rudyard Kipling: »I keep six honest-serving men«

In den letzten beiden Kapiteln haben wir Techniken besprochen, mit denen Sie alle Informationen in einer bestimmten Tabelle sehen können.
Wir haben auch darüber gesprochen, wie Ausdrücke konstruiert und eingesetzt werden, um das Spektrum dieser Informationen zu erweitern oder
einzugrenzen. In diesem Kapitel werden wir Ihnen zeigen, wie die abgerufenen Informationen durch das Filtern mit einer WHERE-Klausel »fein ab-
gestimmt« werden.

6.1 Verfeinerte WHERE-Klauseln

Bisher haben wir mit einer Art von SELECT-Anweisung gearbeitet, die alle
Zeilen aus einer bestimmten Tabelle abruft und in der Ergebnismenge der
Anweisung verwendet. Das ist sehr schön, wenn Sie wirklich alle Informationen sehen möchten, die die Tabelle anzubieten hat. Was aber, wenn Sie
nur die Zeilen finden wollen, die eine bestimmte Person, einen bestimmten Ort, einen bestimmten nummerischen Wert oder ein Datenintervall
betreffen? Solcherlei Fragen sind nicht ungewöhnlich. Sie sind die eigentliche Triebkraft hinter vielen der Fragen, die Sie an die Datenbank richten.
Es kann zum Beispiel sein, dass Sie die folgenden Arten von Fragen stellen
müssen.

▼ »Welche Kunden haben wir in Seattle?«

▼ »Zeige mir eine aktuelle Liste unserer Angestellten aus Bellevue und ihrer Telefonnummern.«

▼ »Welche Arten von Musikkursen bieten wir momentan an?«

▼ »Zeige mir eine Liste der Kurse, die den Schülern drei Anrechnungspunkte einbringen.«

▼ »Zeige mir eine Liste der Kunden, die im Mai Bestellungen aufgegeben
haben.«

▼ »Nenne mir die Namen der Angestellten, die wir am 16. Mai 1985 eingestellt haben.«

▼ »Welche Turniere sind derzeit für die Red Rooster-Kegelbahn geplant?«

▼ »Welche Kegler sind für eine Mannschaft aufgestellt worden?«

Um diese Fragen beantworten zu können, müssen Sie Ihr SQL-Vokabular
noch einmal um eine Klausel der SELECT-Anweisung erweitern: die
WHERE-Klausel.

6.1.1 Die WHERE-Klausel

Mit einer WHERE-Klausel in einer SELECT-Anweisung werden die Daten gefiltert, die die Anweisung aus einer Tabelle entnimmt. Die WHERE-Klausel enthält eine *Suchbedingung* als Filter und diese Suchbedingung liefert den nötigen Mechanismus, um nur die gewünschten Zeilen zu wählen oder die nicht erforderlichen Zeilen zu entfernen. Ihr Datenbanksystem wendet die Suchbedingung auf alle Zeilen in der durch die FROM-Klausel definierten, logischen Tabelle an. Abbildung 6.1 zeigt die Syntax der SE-LECT-Anweisung mit der WHERE-Klausel.

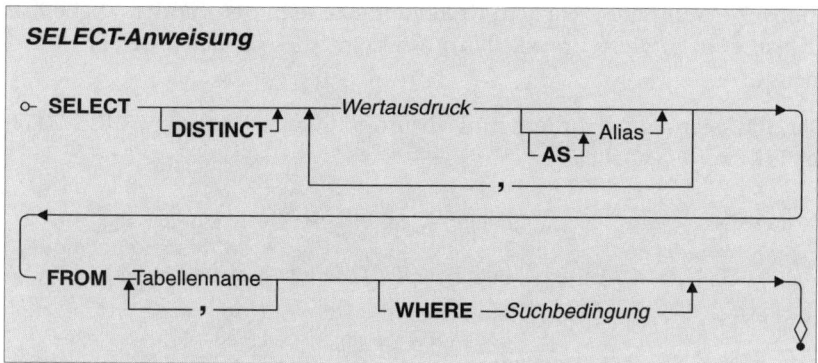

Abbildung 6.1: Die SELECT-Anweisung mit einer WHERE-Klausel

Eine Suchbedingung enthält ein oder mehrere *Prädikate*; jedes Prädikat ist ein Ausdruck, der einen oder mehrere Wertausdrücke prüft und die Antwort wahr, falsch oder unbekannt zurückgibt. Wie Sie später noch lernen werden, können Sie mit den Booleschen Operatoren AND oder OR mehrere Prädikate in einer Suchbedingung kombinieren. Wenn die ganze Suchbedingung eine bestimmte Zeile als wahr auswertet, sehen Sie diese Zeile im Endergebnis. Beachten Sie, dass die Begriffe »Suchbedingung« und »Prädikat« dann gleichbedeutend sind, wenn die Suchbedingung nur ein einziges Prädikat aufweist.

Erinnern Sie sich an Kapitel 5: Ein Wertausdruck kann Spaltennamen, Literalwerte, Funktionen oder andere Wertausdrücke enthalten. Wenn Sie ein Prädikat konstruieren, schließen Sie üblicherweise mindestens einen Wertausdruck ein, der auf eine Spalte der in der FROM-Klausel festgelegten Tabellen verweist.

Das einfachste und vielleicht am häufigsten verwendete Prädikat vergleicht einen Wertausdruck (eine Spalte) mit einem anderen (einem Literal). Wenn Sie zum Beispiel nur diejenigen Zeilen der Kundentabelle be-

nötigen, in denen der Wert der Spalte Nachname »Smith« ist, schreiben Sie ein Prädikat, das die Nachnamen-Spalte mit dem Literalwert »Smith« vergleicht.

```
SQL        SELECT CustLastName
           FROM Customers
           WHERE CustLastName = 'Smith'
```

Das Prädikat in der WHERE-Klausel hat die gleiche Bedeutung, als würden Sie jede Zeile in der Kundentabelle fragen: »Ist der Nachname des Kunden ‚Smith'?« Wenn diese Frage für irgendeine Zeile in der Kundentabelle mit ja (wahr) beantwortet wird, dann erscheint diese Zeile in der Ergebnismenge.

Der SQL-Standard definiert fünf Grundprädikate: Vergleich, BETWEEN, IN, LIKE und IS NULL.

VERGLEICH	Benutzen Sie einen der sechs Vergleichsoperatoren (=, <>, <, >, <=, >=), um einen Wertausdruck mit einem anderen Wertausdruck zu vergleichen.
BEREICH	Mit dem Prädikat BETWEEN können Sie prüfen, ob der Wert eines gegebenen Wertausdrucks in einen speziellen Wertebereich fällt. Diesen Bereich legen Sie mit zwei Wertausdrücken fest, die durch das Schlüsselwort AND getrennt werden.
ELEMENT VON	Ob der Wert eines bestimmten Wertausdrucks einem Objekt in einer gegebenen Menge von Werten entspricht, können Sie mit dem Prädikat IN überprüfen.
MUSTERVERGLEICH	Das Prädikat LIKE ermöglicht es Ihnen, zu überprüfen, ob ein Wertausdruck in Form einer Zeichenkette zu einer angegebenen Muster-Zeichenkette passt.
NULLWERT-TEST	Mit dem Prädikat IS NULL, stellen Sie fest, ob ein Wertausdruck einen Nullwert ergibt.

6.1.2 Eine WHERE-Klausel benutzen

Bevor wir die einzelnen Grundprädikate im SQL-Standard untersuchen, wollen wir uns zunächst ein weiteres Beispiel für die Konstruktion einer einfachen WHERE-Klausel ansehen. Diesmal werden wir Sie detailliert Schritt für Schritt beim Aufbau Ihrer Frage begleiten.

In diesem Kapitel verwenden wir die »Frage/ Übersetzung/ Bereinigte Fassung/SQL«-Technik, die wir in Kapitel 4 eingeführt haben.

Angenommen, Sie richten die folgende Frage an die Datenbank:

»Wie heißen diejenigen unserer Kunden, die im Bundesstaat Washington wohnen?«

Wenn Sie für diese Art von Frage eine Übersetzungsanweisung konstruieren, müssen Sie versuchen, die Informationen, die Sie in der Ergebnismenge sehen möchten, so ausdrücklich und klar wie möglich anzuzeigen. Sie werden zwar nun mehr Arbeit als bisher auf das Umformulieren einer Frage verwenden, aber die Ergebnisse werden die zusätzliche Mühe lohnen. Diese spezielle Frage übersetzen Sie folgendermaßen.

Übersetzung	Wähle First Name und Last Name aus der Tabelle Customers für die Kunden mit Wohnsitz im Bundesstaat Washington

Diese Übersetzung bereinigen Sie auf die übliche Weise, aber Sie erledigen auch zwei zusätzliche Aufgaben. Zunächst suchen Sie alle Wörter oder Phrasen, die einen bestimmten Einschränkungstyp andeuten oder implizieren. Ein sicherer Hinweis sind die Wörter »wo,« »wer,« und »für«. Die gesuchten Phrasen können zum Beispiel folgendermaßen aussehen.

▼ »...die in Bellevue wohnen.«

▼ »...für jeden, dessen Postleitzahl 98125 ist«

▼ »...die im Mai Bestellungen aufgegeben haben.«

▼ »...für Zulieferer in Kalifornien.«

▼ »...die am 16. Mai 1985 eingestellt wurden.«

▼ »...wo die Gebietskennzahl 425 ist.«

▼ »...für Mike Hernandez.«

Wenn Sie eine derartige Einschränkung finden, sind Sie für die zweite Aufgabe bereit. Untersuchen Sie die Phrasen und versuchen Sie zu klären, welche Spalte überprüft wird, mit welchem Wert diese Spalte abgeglichen wird, und wie die Spalte überprüft wird. Die Antworten auf diese Fragen werden Ihnen die Formulierung der Suchbedingung für Ihre WHERE-Klausel erleichtern. Wenden wir diese Fragen nun auf unsere Übersetzungsanweisung an.

▼ Welche Spalte wird überprüft? **Bundesstaat**

▼ Mit welchem Wert wird die Spalte abgeglichen? ‚**WA**'

▼ Wie wird die Spalte überprüft? **Mit dem »Ist gleich«-Operator.**

Sie müssen mit der Struktur der verwendeten Tabelle vertraut sein, um diese Fragen beantworten zu können. Gegebenenfalls sollten Sie eine Kopie der Tabellenstruktur zur Hand haben, wenn Sie mit der Beantwortung beginnen.

Manchmal sind die Antworten auf diese Fragen offensichtlich, manchmals sind sie impliziert. Wie Sie diese Unterscheidung treffen und die korrekten Antworten entschlüsseln, zeigen wir Ihnen im Verlaufe der Beispiele in diesem Kapitel.

Nachdem Sie die Fragen beantwortet haben, erstellen Sie mit den Antworten die passenden Bedingungen. Als Nächstes streichen Sie die ursprüngliche Einschränkung aus und ersetzen sie durch das Wort WHERE und die gerade formulierte Suchbedingung. Danach wird Ihre bereinigte Anweisung folgendermaßen aussehen:

Bereinigte Fassung	Wähle First Name, Last Name aus Customers, wobei State = 'WA'

Dies können Sie nun in eine richtige SELECT-Anweisung umwandeln.

```
SQL    SELECT CustFirstName, CustLastName
       FROM Customers
       WHERE CustState = 'WA'
```

Die Ergebnismenge unserer fertigen SELECT-Anweisung zeigt nur diejenigen Kunden, die im Bundesstaat Washington leben.

So einfach ist es, eine WHERE-Klausel zu definieren. Wir wir am Anfang dieses Abschnittes angedeutet haben, geht es einfach darum, die passende Suchbedingung zu erstellen und in die WHERE-Klausel einzufügen. Die eigentliche Arbeit ist allerdings das Definieren der Bedingungen.

6.2 Suchbedingungen definieren

Nachdem Sie nun eine Vorstellung davon haben, wie eine einfache WHERE-Klausel erstellt wird, wollen wir uns die fünf Grundprädikatarten, die Sie definieren können, genauer ansehen.

6.2.1 Vergleich

Der gebräuchlichste Bedingungstyp vergleicht zwei Wertausdrücke mit einem Vergleichsprädikat. Wie Sie in Abbildung 6.2 sehen, können Sie mit den Vergleichsprädikatoperatoren sechs verschiedene Arten von Vergleichen definieren.

= Gleich	< Kleiner als	<= Kleiner gleich
<> Ungleich	> Größer als	>= Größer gleich

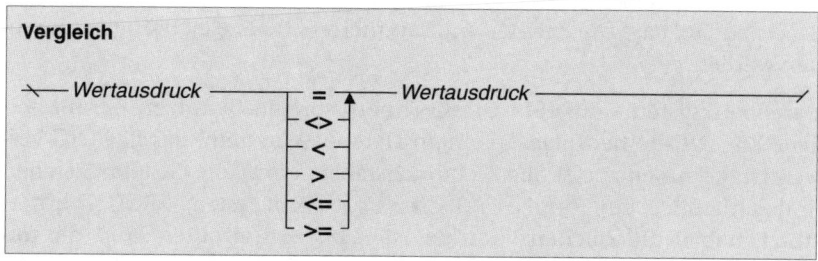

Abbildung 6.2: Syntaxdiagramm der Vergleichsbedingung

Vergleich von Zeichenkettenwerten: Eine Warnung

Nummerische oder Datum/Uhrzeit-Daten lassen sich leicht vergleichen, aber beim Vergleichen von Zeichenketten müssen Sie vorsichtig sein. Zum Beispiel erhalten Sie vielleicht nicht die erwarteten Ergebnisse, wenn Sie zwei scheinbar ähnliche Zeichenketten wie »Mike« und »MIKE« vergleichen. Der entscheidende Faktor bei allen Vergleichen von Zeichenketten ist die Reihenfolge, in der Ihre Datenbank die Zeichen vergleicht (collating sequence). Die Vergleichsreihenfolge bestimmt auch, wie Zeichenketten sortiert werden, und wirkt sich darauf aus, wie Sie andere Vergleichsbedingungen benutzen.

Da viele verschiedene Anbieter SQL auf vielen Geräten mit unterschiedlicher Architektur und neben Englisch noch für viele andere Sprachen implementiert haben, definiert der SQL-Standard keine generelle Reihenfolge für das Sortieren oder Vergleichen von Zeichenketten. Wie Zeichen von »Kleinstes« bis »Größtes« sortiert werden, hängt von Ihrer Datenbanksoftware und in vielen Fällen auch davon ab, wie die Software installiert wurde.

Viele Datenbanksysteme benutzen die ASCII-Vergleichsreihenfolge, die Zahlen vor Buchstaben und Großbuchstaben vor Kleinbuchstaben einsortiert. Falls Ihre Datenbank die ASCII-Vergleichsreihenfolge unterstützt, sieht die Reihenfolge der Zeichen vom niedrigsten bis zum höchsten Wert folgendermaßen aus.

```
"… 0123456789 … ABC … XYZ … abc … xyz …"
```

Einige Systeme bieten jedoch die Möglichkeit, Groß- und Kleinschreibung zu ignorieren; ein kleines »a« wird dann als gleichrangig mit dem großen »A« angesehen. Falls Ihre Datenbank diese Option mit ASCII als Grund-

lage unterstützt, haben die Zeichen vom niedrigsten bis zum höchsten Wert die folgende Reihenfolge.

```
"… 0123456789 … { Aa} { Bb} { Cc}  …  { Xx} { Yy} { Zz}  …"
```

Beachten Sie, dass die Zeichen in Klammern ({ }) als gleichrangig angesehen werden.

Datenbanksysteme auf IBM-Großrechnersystemen benutzen die IBM-eigene EBCDIC-Reihenfolge. In einem Datenbanksystem, das EBCDIC verwendet, kommen zuerst alle Kleinbuchstaben, dann alle Großbuchstaben und schließlich alle Zahlen. Falls Ihr Datenbanksystem EBCDIC unterstützt, haben die Zeichen vom kleinsten bis zum größten Wert die folgende Reihenfolge:

```
"… abc … xyz … ABC … XYZ … 0123456789 …"
```

Um diesen Punkt völlig klar zu machen, wollen wir uns am Beispiel einiger Spaltenwerte ansehen, welchen Einfluss die Vergleichsreihenfolge darauf hat, wie Ihr Datenbanksystem größere, kleinere und gleichrangige Werte definiert.

Die Sortierung der Spaltenwerte in der folgenden Tabelle entspricht dem ASCII-Zeichensatz, der Groß- und Kleinschreibung berücksichtigt (zuerst Zahlen, dann Großbuchstaben, dann Kleinbuchstaben).

Company Name
3rd Street Warehouse
5th Avenue Market
Al's Auto Shop
Ashby's Cleaners
Zebra Printing
Zercon Productions
allegheny & associates
anderson tree farm
z-tech consulting
zorn credit services

Wenn wir Groß- und Kleinschreibung nun unberücksichtigt lassen, werden Kleinbuchstaben und ihre groß geschriebenen Entsprechungen als gleichrangig angesehen. Die folgende Tabelle zeigt das Ergebnis.

Company Name
3rd Street Warehouse
5th Avenue Market
Al's Auto Shop
allegheny & associates
anderson tree farm
Ashby's Cleaners
z-tech consulting
Zebra Printing
Zercon Productions
zorn credit services

Zuletzt wollen wir uns noch ansehen, wie diese Werte auf einem IBM-System sortiert werden, das die EBCDIC-Vergleichsreihenfolge verwendet (zuerst Kleinbuchstaben, dann Großbuchstaben, dann Zahlen).

Company Name
allegheny & associates
anderson tree farm
z-tech consulting
zorn credit services
Al's Auto Shop
Ashby's Cleaners
Zebra Printing
Zercon Productions
3rd Street Warehouse
5th Avenue Market

Auch wenn Sie zwei Zeichenketten von unterschiedlicher Länge vergleichen, zum Beispiel »John« und »John « oder »Mitch« und »Mitchell«, können Sie auf unerwartete Ergebnisse stoßen. Zum Glück legt der SQL-Standard genau fest, wie das Datenbanksystem hiermit umgehen muss. Bevor Ihre Datenbank zwei Zeichenketten von unterschiedlicher Länge vergleicht, muss sie rechts von der kürzeren Zeichenkette das spezielle Grundfüllzeichen einfügen, bis diese Zeichenkette dieselbe Länge wie die größere hat. (Das Grundfüllzeichen ist in den meisten Datenbanksystemen ein Leerschritt.) Ihr Datenbanksystem entscheidet dann an Hand seiner Vergleichsreihenfolge, ob die beiden Zeichenketten nun gleichwertig

sind. Im Ergebnis sind »John« und »John « gleichwertig (nach dem Auf-
füllen), »Mitch« und »Mitchell« dagegen nicht.

 Einige Datenbanksysteme weichen insofern vom SQL-Standard ab, als sie
angehängte Leerschritte ignorieren. »John« und »John « werden daher in
einigen Systemen als gleichwertig angesehen, da die angehängten Leerschritte im zweiten Fall ganz übergangen werden. Prüfen Sie Ihr Datenbanksystem unbedingt daraufhin, wie es mit diesem Vergleichstyp umgeht, und ob es die erwartete Ergebnisart zurückgibt.

Insgesamt gilt: Klären Sie unbedingt an Hand der Dokumentation Ihres
Datenbanksystems, wie es Großbuchstaben, Kleinbuchstaben und Zahlen
vergleicht.

Gleichheit und Ungleichheit

Obwohl wir bereits einige Beispiele gesehen haben, wollen wir uns noch
eine Gleichheits-Vergleichsbedingung mit dem Operator »Ist gleich« ansehen.

Angenommen, wir richten die folgende Frage an die Datenbank.

*»Zeige mir die Vor- und Nachnamen aller Agenten, die wir am 14. März 1977
eingestellt haben.«*

Da wir nach einem speziellen Einstellungstermin suchen, können wir die
entsprechenden Informationen durch eine Gleichheits-Vergleichsbedingung mit einem »Ist gleich«-Operator abrufen. Wir werden diese Frage
nun übersetzen, um die geeignete SELECT-Anweisung zu definieren.

Übersetzung	Wähle First Name und Last Name aus der Tabelle Agents für alle am 14. März 1977 eingestellten Agenten
Bereinigte Fassung	Wähle First Name, Last Name aus Agents, wobei Date Hired = '1977-03-14'

SQL	`SELECT AgtFirstName, AgtLastName`
	`FROM Agents`
	`WHERE DateHired = '1977-03-14'`

In diesem Beispiel überprüften wir die Werte einer speziellen Spalte, um
zu entscheiden, ob irgendwelche Werte mit einem gegebenen Datumswert übereinstimmen. Im Grunde genommen führten wir einen *Aufnah-
meprozess* aus*: nur wenn* der aktuelle Wert der Spalte DateHired für eine bestimmte Zeile aus der Tabelle Agents dem spezifizierten Datum entspricht,
wird diese Zeile in die Ergebnismenge aufgenommen. Was aber, wenn Sie
genau das Gegenteil tun und eine bestimmte Zeile aus der Ergebnismenge

ausschließen möchten. In diesem Fall benutzen Sie eine Vergleichsbedingung mit dem Operator »Ist ungleich«.

Angenommen, Sie stellen die folgende Frage.

»Zeige mir eine Liste der Namen und Telefonnummern aller unserer Händler, mit Ausnahme der Händler hier in Bellevue.«

Wahrscheinlich ist Ihnen bereits klar, dass Sie die Händler mit Sitz in Bellevue ausschließen müssen, und dass Sie dafür eine »Ist ungleich«-Bedingung benutzen. Die Phrase »mit Ausnahme von« ist ein klarer Hinweis darauf, dass die Bedingung »ist ungleich« in diesem Fall angemessen ist. Bedenken Sie dies, während Sie sich den Übersetzungsprozess ansehen.

Übersetzung	Wähle Vendor Name und Phone Number aus der Tabelle Vendors für alle Händler außer die mit Sitz in 'Bellevue'
Bereinigte Fassung	Wähle Vendor Name, Phone Number aus Vendors, wobei City <> 'Bellevue'
SQL	```SELECT VendName, VendPhone``` ```FROM Vendors``` ```WHERE VendCity <> 'Bellevue'```

Der SQL-Standard benutzt für den Operator »ist ungleich« das Symbol <>. Mehrere RDBMS-Programme arbeiten mit alternativen Notationen wie != (unterstützt von Microsofts SQL Server und Sybase) oder ¬= (unterstützt von IBMs DB2). Lesen Sie auf jeden Fall in der Dokumentation Ihres Datenbanksystems die richtige Notation dieses Operators nach.

Mit dieser einfachen Bedingung haben Sie alle Händler mit Sitz in Bellevue wirkungsvoll ausgeschlossen. Weiter unten in diesem Kapitel werden wir Ihnen eine andere Methode zeigen, Zeilen aus einer Ergebnismenge auszuschließen.

Kleiner als und Größer als

Häufig sollen Zeilen zurückgegeben werden, bei denen ein bestimmter Wert in einer Spalte kleiner oder größer ist als der Vergleichswert. Diese Vergleichsart verwendet die Vergleichsoperatoren »kleiner als« (<), »kleiner gleich« (<=), »größer als« (>) oder »größer gleich« (>=). Der Typ der Daten, die Sie vergleichen, bestimmt die Beziehung zwischen diesen Werten.

ZEICHENKETTEN	Dieser Vergleich bestimmt, ob der Wert des ersten Wertausdrucks dem Wert des zweiten Wertausdrucks in der Vergleichsreihenfolge Ihres Datenbanksystems »vorangeht« (<) oder »folgt« (>). Zum Beispiel können Sie *a* < *c* als »Geht *a c* voran?« interpretieren. Einzelheiten zur Vergleichsreihenfolge können Sie im vorigen Abschnitt nachlesen.
ZAHLEN	Dieser Vergleich bestimmt, ob der Wert des ersten Wertausdrucks »kleiner« (<) oder »größer« (>) ist als der zweite Wertausdruck. *10 > 5* können Sie zum Beispiel als »Ist *10* größer als *5*?« interpretieren.
DATUM/UHRZEIT	Dieser Vergleich bestimmt, ob der Wert des ersten Wertausdrucks »früher« (<) oder »später« (>) als der Wert des zweiten Wertausdrucks liegt. Zum Beispiel können Sie *,1999-05-16 < 1999-12-15'* als »Liegt der 16. Mai 1999 vor dem 15. Dezember 1999?« interpretieren. Datum und Uhrzeit werden in chronologischer Reihenfolge ausgewertet.

Sehen wir uns nun an, wie Sie mit diesen Vergleichsprädikaten eine Frage beantworten können.

»Gibt es Bestellungen, bei denen das Lieferdatum aus Versehen vor dem Bestelldatum angesetzt wurde?«

In diesem Fall benutzen Sie den Vergleichsoperator »kleiner als«, da Sie klären wollen, ob ein Lieferdatum vor dem dazugehörigen Bestelldatum angesetzt wurde. Die Übersetzung dieser Frage sieht folgendermaßen aus.

Übersetzung	Wähle Order Number aus der Tabelle Orders, wobei das Ship Date vor dem Order Date liegt
Bereinigte Fassung	Wähle Order Number aus Orders, wobei Ship Date < Order Date
SQL	```SELECT OrderNumber
FROM Orders
WHERE Shipdate < OrderDate```

Die Ergebnismenge der SELECT-Anweisung enthält nur diejenigen Zeilen aus der Tabelle Orders, bei denen die Suchbedingung wahr ist.

Im folgenden Beispiel wird der Vergleichsoperator »größer als« benötigt, um die richtigen Informationen abzurufen.

»Gibt es irgendwelche Kurse, die den Schülern mehr als drei Anrechnungspunkte einbringen?«

Übersetzung	Wähle Class ID aus der Tabelle Classes für alle Kurse, die mehr als vier Punkte einbringen
Bereinigte Fassung	Wähle Class ID aus Classes, wobei Credits > 4
SQL	``` SELECT ClassID FROM Classes WHERE Credits > 4 ```

Die Ergebnismenge, die diese SELECT-Anweisung hervorbringt, schließt alle Kurse ein, die fünf oder mehr Punkte bringen, zum Beispiel Intermediate Algebra und Engineering Physics.

Sehen wir uns nun einige Beispiele an, bei denen Sie nicht nur an denjenigen Werten interessiert sind, die größer oder kleiner als der Vergleichswert sind, sondern auch an denen, die gleich dem Vergleichswert sind.

»Ich benötige die Namen aller Personen, die wir seit dem 1. Januar 1989 eingestellt haben.«

Für diese Frage benutzen Sie einen »größer gleich«-Vergleich, da Sie alle Einstellungstermine von einschließlich 1. Januar 1989 bis zum heutigen Tag abrufen möchen. Achten Sie während des Übersetzungsprozesses darauf, wirklich alle für die SELECT-Klausel benötigten Spalten aufzuzählen.

Übersetzung	Wähle First Name und Last Name als Employee Name aus der Tabelle Employees für alle seit dem 1. Januar 1989 eingestellten Angestellten
Bereinigte Fassung	Wähle First Name	' '	Last Name als Employee Name aus Employees, wobei Date Hired >= '1989-01-01'
SQL	``` SELECT FirstName || ' ' || LastName AS EmployeeName FROM Employees WHERE DateHired >= '1989-01-01' ```

Auch die folgende Frage könnten Sie an die Datenbank richten.

»Zeige mir eine Liste aller Produkte mit einem Einzelhandelspreis von maximal fünfzig Dollar.«

Wie Sie wahrscheinlich bereits vermutet haben, verwenden Sie für diese Frage einen Vergleich mit »kleiner gleich«. Dadurch stellen Sie sicher, dass die Ergebnismenge der SELECT-Anweisung nur diejenigen Produkte enthält, die zwischen einem Cent und genau fünfzig Dollar kosten. Und so übersetzen Sie diese Frage:

Übersetzung	Wähle Product Name aus der Tabelle Products für alle Products mit einem Retail Price von fünfzig Dollar oder weniger
Bereinigte Fassung	Wähle Product Name aus Products, wobei Retail Price <= 50
SQL	SELECT ProductName FROM Products WHERE RetailPrice <= 50

Die bisherigen Beispiele benutzen nur eine einzige Vergleichsart. Weiter unten in diesem Kapitel werden wir Ihnen zeigen, wie Vergleiche mit AND und OR kombiniert werden.

6.2.2 Wertebereich

Mit einer Bereichsbedingung können Sie den Wert eines Wertausdrucks mit einem speziellen Wertebereich abgleichen. Abbildung 6.3 zeigt die Syntax dieser Bedingung.

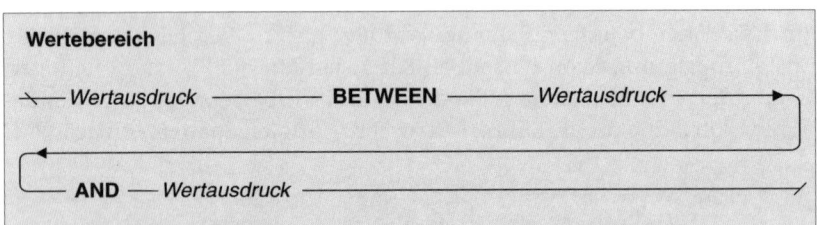

Abbildung 6.3: Syntaxdiagramm der Bereichsbedingung

Die Wertebereichsbedingung überprüft den Wert eines gegebenen Wertausdrucks an Hand eines durch zwei weitere Wertausdrücke definierten Wertebereichs. Das Prädikat BETWEEN...AND definiert diesen Wertebereich, indem es den Wert des zweiten Wertausdrucks als Anfangspunkt und den Wert des dritten Wertausdrucks als Endpunkt benutzt. Sowohl der Anfangs- als auch der Endpunkt gehören zum Wertebereich. Eine Zeile wird nur dann in die Ergebnismenge aufgenommen, wenn der Wert des ersten Wertausdrucks in den angegebenen Wertebereich fällt.

Das Prädikat BEETWEEN...AND hat einen Haken: Der SQL-Standard schreibt vor, dass Wert1 BETWEEN Wert2 AND Wert3 das Gleiche ist wie Wert1 >= Wert2 UND Wert1 <= Wert3. Das heißt, Wert2 muss kleiner gleich Wert3 sein, sonst funktioniert das Prädikt nicht richtig. Einige Datenbanken lassen jedoch auch zu, dass Wert2 größer gleich Wert3 ist. Lesen Sie die Einzelheiten hierzu in der Dokumentation Ihres Datenbanksystems nach.

Einige Beispiele sollen die Verwendung der Wertebereichsbedingung veranschaulichen.

»Welche Angestellten wurden im Juli 1986 eingestellt?«

Die Wertebereichsbedingung ist hier angemessen, da Sie die Namen aller Personen abrufen möchten, die innerhalb bestimmter Daten eingestellt wurden, in diesem Fall zwischen dem 1. Juli 1986 und dem 31. Juli 1986. Nun übersetzen wir dies und konstruieren die entsprechende SELECT-Anweisung.

Übersetzung	Wähle First Name und Last Name aus der Tabelle Staff, wobei Date Hired zwischen dem 1. Juli 1986 und dem 31. Juli 1986 liegt
Bereinigte Fassung	Wähle First Name, Last Name aus Staff, wobei Date Hired zwischen '1986-07-01' und '1986-07-31'

SQL	`SELECT FirstName, LastName`
	`FROM Staff`
	`WHERE DateHired`
	`BETWEEN '1986-07-01' AND '1986-07-31'`

Beachten Sie, dass wir den Zeitraum in der Übersetzungsanweisung konkreter formuliert haben als in der Frage. Übersetzen Sie Ihre Frage so klar wie möglich und definieren Sie so die passende SELECT-Anweisung.

Auch bei Zeichenketten können Sie eine Wertebereichsdefinition sehr wirkungsvoll einsetzen, wie das folgende Beispiel zeigt.

»Stelle mir eine Liste der Namen und Telefonnummern aller Studenten auf, deren Nachname mit dem Buchstaben B beginnt.«

Übersetzung	Wähle Last Name, First Name und Phone Number aus der Tabelle Students für alle Studenten, deren Last Name mit dem Buchstaben B beginnt.
Bereinigte Fassung	Wähle Last Name, First Name, Phone Number aus Students, wobei Last Name zwischen 'b' und 'bz'

SQL	`SELECT StudLastName, StudFirstName, StudPhoneNumber`
	`FROM Students`
	`WHERE StudLastName`
	`BETWEEN 'b' AND 'bz'`

Überlegen Sie bei der Definition eines Wertebereichs für Zeichenkettendaten genau, welche Werte Sie einschließen möchten. Bei der vorigen Frage hätten Sie die Anfangs- und Endpunkte des benötigten Bereichs auf dreierlei Weise angeben können. Dabei hätten Sie völlig verschiedene Ergebnisse bekommen!

BETWEEN ‚a' AND ‚c'	Wir wissen, dass viele von Ihnen »a« nicht als Anfangspunkt angegeben hätten, da Sie wissen, dass der Bereich dann alle Personen eingeschlossen hätte, deren Name mit diesem Buchstaben beginnt. Dieser Fehler wird jedoch relativ häufig gemacht.
BETWEEN ‚b' AND ‚c'	Mit dieser Angabe der Anfangs- und Endpunkte erhalten Sie in unserem Beispiel wahrscheinlich die gewünschten Ergebnisse. Es könnte allerdings sein, dass Sie wegen der Zeichendaten, die Sie zu vergleichen versuchen, unerwartete Ergebnisse erhalten. Denken Sie daran, dass der Operator BETWEEN die Anfangs- und Endpunkte des Bereichs einschließt. Demnach würde auch ein Schüler, dessen Nachname nur mit einem »c« beginnt, in die Ergebnismenge aufgenommen.
BETWEEN ‚b' AND ‚bz'	Dies ist die klarste und einfachste Methode, den Anfangs- und Endpunkt anzugeben; meistens wird sie die gewünschten Ergebnisse zurückgeben. Letzten Endes müssen Sie Ihre Daten verstehen, um den richtigen Bereich zu definieren.

Bisher haben wir Ihnen gezeigt, wie Sie den Zielbereich Ihrer Frage mit einem breiten Wertespektrum und einem spezielleren Wertespektrum eingrenzen können. Nun wollen wir uns genauer damit befassen, wie Sie Ihre Fragestellung mit einer expliziten Werteliste noch weiter verfeinern können.

6.2.3 Elemente einer Menge

Mit der Zugehörigkeitsbedingung (»Element von«) gleichen Sie den Wert eines Wertausdrucks mit einer Liste explizit definierter Werte ab. Abbildung 6.4 zeigt, dass die Zugehörigkeitsbedingung mit dem Prädikat IN bestimmt, ob der Wert des ersten Wertausdrucks einem Wert der in Klammern gesetzten Werteliste entspricht, die wiederum durch einen oder mehrere Wertausdrücke definiert wird.

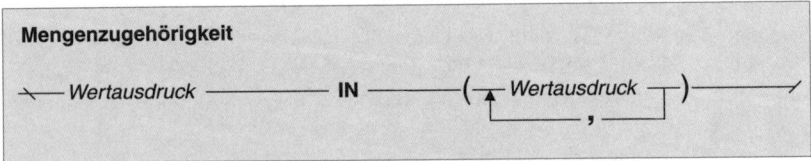

Abbildung 6.4: Syntaxdiagramm der Zugehörigkeitsbedingung

Theoretisch können Sie zwar fast beliebig viele Wertausdrücke in die Liste aufnehmen, es ist jedoch sinnvoller, nur einige wenige zu benutzen; zum Anzeigen eines breiteren Wertespektrums stehen Ihnen bereits zwei andere Bedingungen zur Verfügung. Die folgenden Beispiele zeigen, dass Sie die Zugehörigkeitsbedingung dann wirkungsvoll einsetzen können, wenn Sie eine endliche Liste von Werten definieren.

Sie könnten der Datenbank zum Beispiel die folgende Frage stellen.

»Ich muss wissen, welche Kegelbahnen Turniere am 5. Juni, 3. Juli und 7. August 1999 gesponsert haben.«

Für eine solche Frage bietet sich die Zugehörigkeitsbedingung an, da sie nach einer speziellen Wertemenge sucht. Wäre die Frage weniger explizit, würden Sie wahrscheinlich statt dessen eine Bereichsbedingung benutzen. Und so übersetzen Sie diese Frage:

Übersetzung	Wähle Tourney Location aus der Tabelle Tournaments, wobei Tourney Date auf folgender Terminliste steht: 5. Juni 1999, 3. Juli 1999, 7. August 1999.
Bereinigte Fassung	Wähle Tourney Location aus Tournaments, wobei Tourney Date in ('1999-06-05', '1999-07-03', '1999-08-07')

SQL	`SELECT TourneyLocation`
	`FROM Tournaments`
	`WHERE TourneyDate`
	`IN ('1999-06-05', '1999-07-03', '1999-08-07')`

Auch die folgende Frage erfordert eine Zugehörigkeitsbedingung.

»Welche Unterhaltungskünstler vertreten wir in Seattle, Redmond und Bothell?«

Übersetzung	Wähle Stage Name aus der Tabelle Entertainers für Künstler mit Wohnsitz in ‚Seattle,' ‚Redmond' oder ‚Bothell.'
Bereinigte Fassung	Wähle Stage Name aus Entertainers, wobei City in ('Seattle', 'Redmond', 'Bothell')

SQL	`SELECT EntStageName`
	`FROM Entertainers`
	`WHERE EntCity`
	`IN ('Seattle', 'Redmond', 'Bothell')`

Vielleicht ist Ihnen aufgefallen, dass wir in der Städteliste in der Übersetzungsanweisung nicht wie in der ursprünglichen Frage »und«, sondern »oder« gesagt haben. Dies hat einen einfachen Grund: Für jeden gegebenen Unterhaltungskünstler gibt es in der Spalte EntCity nur einen Eintrag. Dieser Punkt mag zwar trivial erscheinen, aber die Verwendung der richtigen Wörter und Phrasen macht Ihre Übersetzung klarer, bereinigt die Anweisungen und gewährleistet, dass Sie für Ihre Frage die beste SELECT-Anweisung definieren.

Alle bisher besprochenen Bedingungen arbeiten mit vollständigen Werten. Nun sehen wir uns eine Bedingung an, die auch Teilwerte als Kriterium zulässt.

6.2.4   Mustervergleich

Die Bedingung des Mustervergleichs (pattern match) ist dann nützlich, wenn Sie Werte finden müssen, die einer bestimmten Musterzeichenkette entsprechen, oder wenn Ihnen als Suchkriterium nur ein Teil einer Information zur Verfügung steht. Abbildung 6.5 zeigt die Syntax für diesen Bedingungstyp.

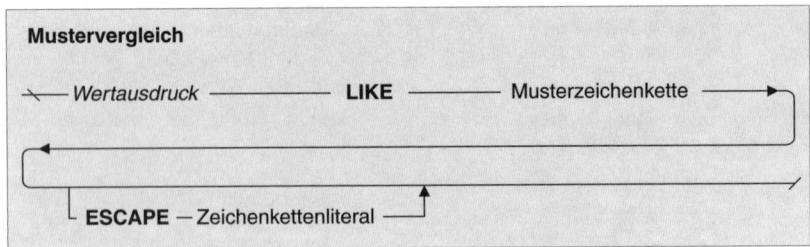

Abbildung 6.5: Syntaxdiagramm der Mustervergleichsbedingung

Diese Bedingung nimmt den Wert eines Wertausdrucks und überprüft mit dem Prädikat LIKE, ob dieser Wert einer definierten Musterzeichenkette entspricht. Eine Musterzeichenkette kann aus jeder beliebigen logischen Kombination regulärer Zeichensatz-Zeichen und zwei Jokerzeichen – dem Prozentzeichen (%) und dem Unterstrich (_) – bestehen. Das Prozentzeichen vertritt die Zahl Null oder mehrere beliebige reguläre Zeichen, und der Unterstrich vertritt ein einzelnes beliebiges reguläres Zeichen. Die Definition der Musterzeichenkette bestimmt, welche Werte aus dem Wertausdruck abgerufen werden. Tabelle 6.1 zeigt Beispiele für verschiedene Arten von Musterzeichenkettem, die Sie definieren können.

Muster zeichenkette	Verarbeitetes Kriterium	Beispielergebniswerte
'sha%'	Die Zeichenkette kann beliebig lang sein, muss jedoch mit »sha« beginnen	**Sha**nnon, **Sha**ron, **Sha**wn
'%son'	Die Zeichenkette kann beliebig lang sein, muss jedoch mit »son« enden	Ben**son**, John**son**, Morri**son**
'%han%'	Die Zeichenkette kann beliebig lang sein, muss jedoch »han« enthalten	Buc**han**an, **Han**del, Johan-sen, Nat**han**son

Tabelle 6.1: Beispiele definierter Musterzeichenketten

6.2 Suchbedingungen definieren

Muster zeichenkette	Verarbeitetes Kriterium	Beispielergebniswerte
'ro_'	Die Zeichenkette darf nur drei Zeichen lang sein und die ersten beiden Zeichen müssen »ro« sein	**Ro**b, **Ro**n, **Ro**y
'_im'	Die Zeichenkette darf nur drei Zeichen lang sein und das zweite und dritte Zeichen müssen »im« heißen	J**im**, K**im**, T**im**
'_ar_'	Die Zeichenkette darf nur vier Zeichen lang sein und das zweite und dritte Zeichen müssen »ar« heißen	B**ar**t, G**ar**y, M**ar**k
'_at%'	Die Zeichenkette kann beliebig lang sein und das zweite und dritte Zeichen müssen »at« heißen	G**at**es, M**at**thews, P**at**terson
'%ac_'	Die Zeichenkette kann beliebig lang sein und das zweit- und drittletzte Zeichen müssen »ac« heißen	Apod**ac**a, Tr**ac**y, Wall**ac**e

Tabelle 6.1: Beispiele definierter Musterzeichenketten

Sehen wir uns nun an Hand der folgenden Frage an, wie Sie eine Mustervergleichsbedingung benutzen.

»Zeige mir eine Liste derjenigen Kunden, deren Nachname mit ‚Mar' beginnt.«

Derartige Fragen benutzen im Allgemeinen Phrasen, aus denen die Notwendigkeit einer Mustervergleichsbedingung hervorgeht. Sie können zum Beispiel den folgenden Arten von Phrasen begegnen.

▼ »… mit ‚Her' beginnt.«

▼ »… mit ‚Ba' anfängt.«

▼ »… das Wort ‚Park' enthält.«

▼ »… die Buchstaben ‚han' enthält.«

▼ »… mit ‚ave' in der Mitte.«

▼ »… mit ‚son' am Ende.«

▼ »… auf ‚ez' endet.«

Wie Sie sehen, kann es verhältnismäßig einfach sein, herauszufinden, welche Art von Musterzeichenkette Sie für eine Frage benötigen. Sobald Sie wissen, welche Art von Muster Sie erstellen müssen, können sie mit dem Übersetzungsprozess fortfahren.

Übersetzung	Wähle Last Name und First Name aus der Tabelle Customers, wobei Last Name mit ‚Mar' beginnt.
Bereinigte Fassung	Wähle Last Name, First Name aus Customers, wobei Last Name wie ‚Mar%'
SQL	SELECT CustLastName, CustFirstName FROM Customers WHERE CustLastName LIKE 'Mar%'

Die Ergebnismenge dieser SELECT-Anweisung enthält Namen wie »Marks,« »Marshall,« »Martinez« und »Marx,« da es uns ausschließlich darum geht, dass die ersten drei Buchstaben des Nachnamens dem Muster entsprechen.

Auch die folgende Frage können Sie mit einer Mustervergleichsbedingung beantworten.

»Zeige mir eine Liste von Händlernamen, deren Adressen einen Straßennamen mit ‚Forest' aufweisen.«

Übersetzung	Wähle Vendor Name aus der Tabelle Vendors, wobei Street Address das Wort ‚Forest' enthält.
Bereinigte Fassung	Wähle Vendor Name aus Vendors, wobei Street Address wie ‚%Forest%'
SQL	SELECT VendName FROM Vendors WHERE VendStreetAddress LIKE '%Forest%'

In diesem Fall wird eine Zeile aus der Tabelle Vendors nur dann in die Ergebnismenge aufgenommen, wenn die Adresse einen Straßennamen wie »Forest Park Place«, »Forest Ridge Avenue«, »Evergreen Forest Drive« oder »Black Forest Road« enthält.

Obwohl Sie mit den entsprechenden Jokerzeichen nach jeder beliebigen Zeichenkette suchen können, werden Sie dann auf Probleme stoßen, wenn Sie Werte abrufen möchten, die ein Prozentzeichen oder den Unterstrich enthalten. Sie werden zum Beispiel Schwierigkeiten haben, den Wert »MX_445« abzurufen, da er einen Unterstrich enthält. Dieses Dilemma können Sie dadurch umgehen, dass Sie die Option ESCAPE des Prädikats LIKE benutzen. Die ESCAPE-Option wird in Abbildung 6.5 dargestellt.

Mit der Option ESCAPE können Sie ein Zeichenkettenliteral aus *einem* Zeichen festlegen – man nennt dies ein *Fluchtzeichen* – um dem Datenbanksystem anzuzeigen, wie es ein Prozentzeichen oder den Unterstrich in einer Zeichenkette interpretieren soll. Fügen Sie das Fluchtzeichen hinter dem Schlüsselwort ESCAPE ein und setzen Sie es, wie jedes andere Zeichenkettenliteral auch, in einfache Anführungszeichen. Wenn in einer Zeichenkette das Fluchtzeichen einem Jokerzeichen vorausgeht, interpretiert das Datenbanksystem das Jokerzeichen in der Zeichenkette *buchstäblich*.

Die Option ESCAPE können Sie zum Beispiel folgendermaßen benutzen.

»Zeige mir eine Liste aller Produkte, deren Produktnummer mit ‚G_00' beginnt und mit einem einzelnen Buchstaben oder einer einzelnen Zahl endet.«

Übersetzung	Wähle Product Name und Product Code aus der Tabelle Products, wobei Product Code mit ‚G_00' beginnt und einer einzelnen Zahl oder einem einzelnen Buchstaben endet.
Bereinigte Fassung	Wähle Product Name, Product Code aus Products, wobei Product Code wie ‚G\ _00_''

SQL	`SELECT ProductName, ProductCode`
	`FROM Products`
	`WHERE ProductCode Like 'G\ _00_' ESCAPE '\ '`

Es ist offensichtlich, dass Sie zur Beantwortung dieser Frage die Option ESCAPE benötigen: Anderenfalls interpretiert das Datenbanksystem den Unterstrich in der Zeichenkette als Jokerzeichen. Beachten Sie, dass wir das Fluchtzeichen in die bereinigte Fassung der Anweisung aufgenommen haben. Sie sollten dies in Ihren bereinigten Anweisungen ebenfalls tun, da Sie dann bei der Definition der SELECT-Anweisung garantiert an die Option ESCAPE denken.

Diese SELECT-Anweisung ruft Produktnummern wie G_002 und G_00X ab. Die ESCAPE-Klausel *müssen* wir einfügen, da wir nach einem Zeichen suchen, das im Standard als ein Joker definert wird. Wenn wir nach LIKE ‚G_00' fragen, gibt das Datenbanksystem Zeilen zurück, bei denen der erste Buchstabe der Produktnummer »G« ist, *irgendein* Zeichen an zweiter Stelle steht (wegen des Jokerzeichens), an der dritten und vierten Stelle Nullen und an fünfter Stelle wieder irgendein Zeichen steht. Wenn wir »\« als ESCAPE-Zeichen definieren, ignoriert das Datenbanksystem das Fluchtzeichen und interpretiert den ersten Unterstrich buchstäblich, nicht als Jokerzeichen. Da wir das Fluchtzeichen nicht direkt vor dem zweiten Unterstrich verwendet haben, interpretiert das Datenbanksystem den zweiten Unterstrich als echtes Jokerzeichen.

Denken Sie daran, dass das als Fluchtzeichen benutzte Zeichen nicht Bestandteil des Wertes sein sollte, den Sie abrufen möchten. Es ist unsinnig, »&« als Escape-Zeichen zu benutzen, wenn Sie nach Werten wie »Martin

& Lewis,« »Smith & Kearns« oder »Hernandez & Viescas« suchen. Vergessen Sie auch nicht, dass das Escape-Zeichen nur das Jokerzeichen beeinflusst, das ihm unmittelbar folgt. Sie können jedoch in Ihrer Zeichenkette so viele Escape-Zeichen wie nötig verwenden.

6.2.5 Nullwert

Nachdem Sie nun nach vollständigen Werten und Teilwerten suchen können, wollen wir die Suche nach *unbekannten* Werten besprechen. In Kapitel 5 haben Sie gelernt, dass ein Nullwert *nicht* die Zahl Null, eine Zeichenkette von einer oder mehreren Leerstellen oder eine Zeichenkette von der Länge null (eine Zeichenkette ohne Zeichen) vertritt, da diese alle in verschiedenen Situationen bedeutungsvoll sein können. Sie haben erfahren, dass ein Nullwert vielmehr einen fehlenden oder unbekannten Wert darstellt. Um aus einem Wertausdruck Nullwerte abzurufen, benutzen Sie die in Abbildung 6.6 dargestellte *Nullwertbedingung*.

Abbildung 6.6: Syntaxdiagramm der Nullwertbedingung

Diese Bedingung nimmt den Wert des Wertausdrucks und entscheidet mit dem Prädikat IS NULL, ob er ein Nullwert ist – eine recht unkomplizierte Operation. Sehen wir uns an einigen Beispielen an, wie Sie diese Bedingung einsetzen können.

»Zeige mir eine Liste der Kunden, die nicht angegeben haben, in welchem Bezirk sie wohnen.«

Übersetzung	Wähle First Name und Last Name als Customer aus der Tabelle Customers, wobei County Name nicht angegeben ist.
Bereinigte Fassung	Wähle First Name || ' ' || Last Name als Customer aus Customers, wobei County Name ein Nullwert ist

SQL	`SELECT CustFirstName || ' ' || CustLastName`
	`AS Customer`
	`FROM Customers`
	`WHERE CustCounty IS NULL`

In der Ergebnismenge dieser SELECT-Anweisung erscheinen nur diejenigen Kunden, die den Namen ihres Bezirks nicht wussten oder sich nicht daran erinnerten, oder die in Wasington, DC, leben. (Washington ist übrigens die einzige Stadt in den USA, die nicht in einem Bezirk liegt.)

Auch die folgende Frage könnten Sie an die Datenbank richten.

»Welche Engagements haben noch keinen Vertragspreis?«

Übersetzung	Wähle Engagement Number und Contract Price aus der Tabelle Engagements für alle Engagements ohne Vertragspreis.
Bereinigte Fassung	Wähle Engagement Number, Contract Price aus Engagements, wobei Contract Price ein Nullwert ist
SQL	```SELECT EngagementNumber, ContractPrice FROM Engagements WHERE ContractPrice IS NULL```

Oberflächlich betrachtet handelt es sich hier um eine unkomplizierte Frage: Sie suchen einfach nach einem Engagement mit dem Vertragspreis »0«. Aber der Schein kann täuschen und zu falschen Annahmen verleiten. Wenn die Unterhaltungsagentur in diesem Beispiel für irgendein Engagement zu Werbezwecken den Vertragspreis »0« ansetzt, dann ist Null ein gültiger und bedeutungsvoller Wert. Ein noch nicht festgelegter oder vereinbarter Vertragspreis ist daher ein Nullwert (oder sollte es sein).

Dieses Beispiel zeigt, dass Sie Ihre Daten verstehen müssen, um bedeutungsvolle und genaue Fragen an Ihre Datenbank zu richten. Geraten Sie nicht in Panik, wenn Sie eine SELECT-Anweisung ausführen und dann vermuten, die Informationen in der Ergebnismenge könnten falsch sein. Im ersten Moment möchten Sie wahrscheinlich die ganze SELECT-Anweisung noch einmal schreiben, weil Sie glauben, in der Syntax irgendeinen katastophalen Fehler gemacht zu haben. Aber bevor Sie zu drastischen Maßnahmen greifen, sollten Sie zuerst die Daten, mit denen Sie arbeiten, überprüfen und sich eine genaue Vorstellung davon machen, wie diese Daten verwendet werden. Wenn Sie erst Ihre Daten besser verstehen, werden Sie oft feststellen, dass kleine Veränderungen in der SELECT-Anweisung genügen, um die richtigen Informationen abzurufen.

Um in einem Wertausdruck nach Nullwerten zu suchen, müssen Sie die Nullwertbedingung verwenden. Eine Bedingung wie `<ValueExpression> = Null` ist ungültig, da der Wert des Wertausdrucks nicht mit ewas verglichen werden kann, was seiner Definition nach unbekannt ist.

6.2.6 Mit NOT Zeilen ausschließen

Bisher haben wir Ihnen gezeigt, wie Sie spezielle Zeilen in eine Ergebnismenge *einschließen*. Nun wollen wir uns ansehen, wie Sie mit dem Operator NOT Zeilen aus einer Ergebnismenge *ausschließen*. Wir haben Ihnen bereits eine einfache Möglichkeit gezeigt, durch eine Gleichheits-Vergleichsbedingung mit dem Operator »ist nicht gleich« Zeilen aus einer Ergebnismenge auszuschließen. Sie können nicht nur mit dem Operator NOT, sondern auch mit anderen Arten von Bedingungen Zeilen ausschließen. Wie die Abbildung 6.7 zeigt, ist dieser Operator ein optionaler Bestandteil der Prädikate BETWEEN, IN, LIKE und IS NULL. Wenn Sie den Operator NOT benutzen, ignoriert eine SELECT-Anweisung alle Zeilen, welche die in einer dieser Prädikate ausgedrückte Bedingung erfüllen. Statt dessen erscheinen in der Ergebnismenge nur die Zeilen, die diese Bedingung *nicht* erfüllen.

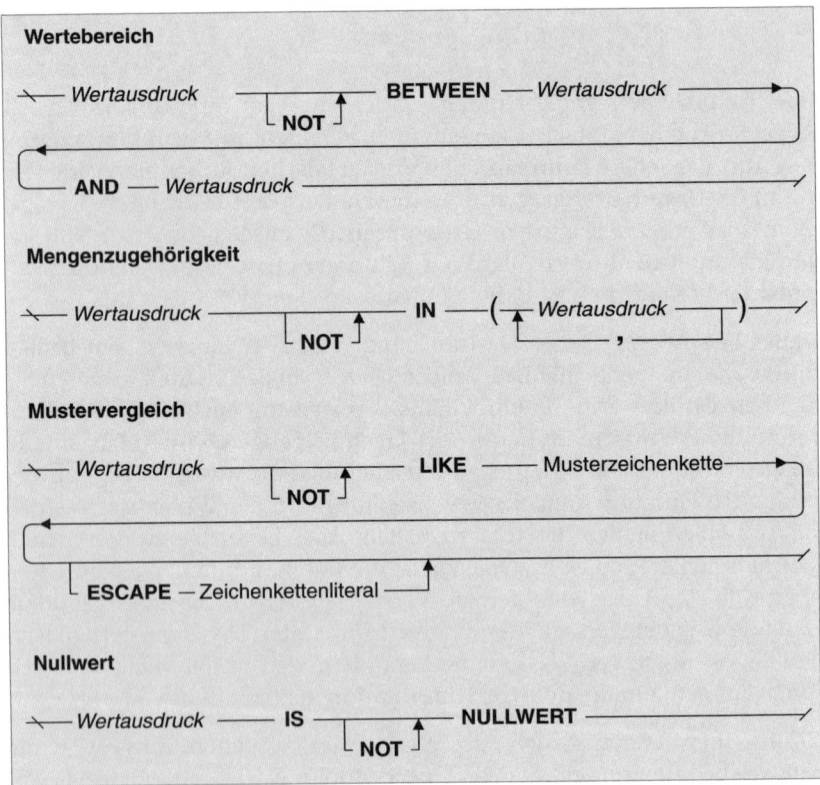

Abbildung 6.7: Syntax des Operators NOT

Die folgenden Beispiele veranschaulichen, wie Sie NOT als Teil einer Suchbedingung verwenden.

»Zeige mir eine Liste aller Bestellungen, die wir angenommen haben, mit Ausnahme der im Juli aufgegebenen.«

6.2 Suchbedingungen definieren

Bei einer solchen Frage müssen Sie eine SELECT-Anweisung definieren, die alle Zeilen ausschließt, die ein bestimmtes Kriterium erfüllen; in der Regel enthält die Frage Phrasen, die darauf hinweisen, dass der Operator NOT in die Suchbedingung eingefügt werden muss. Die Phrasen, denen Sie möglicherweise begegnen, ähneln den in der folgenden Liste aufgeführten.

▼ »...die nicht mit ‚Her' beginnen.«

▼ »...die nicht in der Verwaltungs- oder Personalabteilung sind.«

▼ »...die eine Faxnummer haben.«

▼ »...die vor dem 1. Juni oder nach dem 31. August eingestellt wurden.«

Manchmal müssen Sie aus einer Phrase erst die richtigen Schlussfolgerungen ziehen, ehe Sie sie richtig übersetzen können. Einigen Phrasen, wie der dritten in der obigen Liste, ist nicht unmittelbar anzusehen, dass sie den Operator NOT erfordern. In diesem Fall ist die Notwendigkeit impliziert, da Sie alle Personen ohne Faxnummer ausschließen möchten. Wenn Sie mit Fragen zu arbeiten beginnen, die derartige Phrasen enthalten, werden Sie oft feststellen, dass Sie die Fragen sorgfältig analysieren und möglicherweise umformulieren müssen, um herauszufinden, ob Sie bestimmte Zeilen aus der Ergebnismenge ausschließen müssen. Hierfür können wie Ihnen zwar keine einfache Faustregel nennen, aber mit etwas Geduld und Übung wird es Ihnen leichter fallen zu entscheiden, ob Sie für eine bestimmte Frage einen NOT-Operator benötigen.

Nachdem Sie geklärt haben, ob Sie Informationen aus der Ergebnismenge ausschließen müssen, können Sie mit der Übersetzung beginnen.

»Zeige mir eine Liste aller Bestellungen, die wir angenommen haben, mit Ausnahme der im Juli aufgegebenen.«

Übersetzung	Wähle Order ID und Order Date aus der Tabelle Orders, wobei Order Date nicht zwischen 1. Juli 1999 und 31. Juli 1999 liegt.
Bereinigte Fassung	Wähle Order ID, Order Date aus Orders, wobei Order Date nicht zwischen ‚1999-07-01' und ‚1999-07-31'

SQL	`SELECT OrderID, OrderDate`
	`FROM Orders`
	`WHERE OrderDate NOT BETWEEN '1999-07-01'`
	`AND '1999-07-31'`

Die Ergebnismenge dieser SELECT-Anweisung enthält keine zwischen dem 1. Juli 1999 und dem 31. Juli 1999 aufgegebenen Bestellungen. Sie enthält jedoch alle übrigen Bestellungen aus der Tabelle Orders (möglicherweise auch Zeilen aus den Jahren 1998 oder 2000). Mit mehrfachen

Bedingungen können Sie die an die Ergebnismenge zurückgegebenen Zeilen noch weiter auf die 1999 aufgegebenen Bestellungen eingrenzen. Damit werden wir uns im nächsten Abschnitt beschäftigen.

Nehmen wir nun an, Sie arbeiten mit der folgenden Frage.

»Ich benötige die Kennnummern aller Fachbereichsangehörigen, die weder Professoren noch außerordentliche Professoren sind.«

Übersetzung	Wähle Staff ID und Title aus der Tabelle Faculty, wobei Title nicht ‚professor' oder ‚associate professor' ist.
Bereinigte Fassung	Wähle Staff ID, Title aus Faculty, wobei Title nicht in (‚professor', ‚associate professor')
SQL	SELECT StaffID, Title FROM Faculty WHERE Title NOT IN ('Professor', 'Associate Professor')

Da Sie diesem Fall alle Angestellten ausschließen müssen, die einen der in der Frage spezifizierten Titel tragen, benutzen Sie eine Zugehörigkeitsbedingung mit einem NOT-Operator, um die richtigen Zeilen an die Ergebnismenge zurückzugeben.

Haben Sie sich einmal an das situationsgerechte Analysieren und Umformulieren Ihrer Fragen gewöhnt, wird es relativ unkompliziert, Zeilen aus einer Ergebnismenge auszuschließen. Wie Sie bereits gesehen haben, ist der wesentliche Punkt, dass Sie den für eine gegebene Frage benötigten Bedingungstyp herausfinden können.

6.3 Mehrere Bedingungen verwenden

Bisher haben wir mit einfachen Fragen gearbeitet, die mit einer einfachen Bedingung beantwortet werden konnten. Nun werden wir uns ansehen, wie Sie mit mehreren Bedingungen komplexe Fragen beantworten können. Beginnen wir mit der folgenden Frage.

»Nenne mir die Vor- und Nachnamen der Kunden, die in Seattle leben und deren Nachname mit dem Buchstaben ‚H' beginnt.«

Auf der Grundlage Ihres bisherigen Wissens können Sie bereits erkennen, dass Sie für die Beantwortung dieser Frage eine Gleichheits-Vergleichsbedingung und eine Mustervergleichsbedingung benötigen. Sie wissen, welche Bedingungen Sie benötigen, aber wie kombinieren Sie diese zu einer Suchbedingung? Die Antwort liegt in der Art, wie der SQL-Standard die Syntax einer Suchbedingung definiert. Diese wird in Abbildung 6.8 gezeigt.

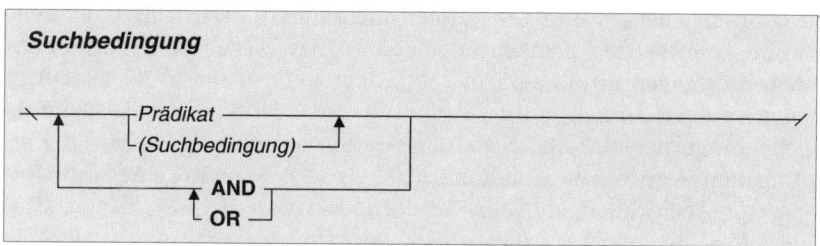

Suchbedingung

Abbildung 6.8: Syntaxdiagramm der Suchbedingung

6.3.1 AND und OR: Eine Einführung

Zwei oder mehr Bedingungen kombinieren Sie mit den Operatoren AND und OR. Alle Bedingungen, die Sie zur Beantwortung einer gegebenen Frage miteinander kombinieren, ergeben insgesamt eine einzige Suchbedingung. Wie das Diagramm zeigt, können Sie auch eine vollständige Suchbedingung mit anderen Bedingungen kombinieren, indem Sie die Suchbedingung in Klammern setzen. Durch diese Möglichkeiten können Sie sehr komplexe WHERE-Klauseln erstellen, die genau steuern, welche Zeilen in eine Ergebnismenge aufgenommen werden.

AND

Der Operator AND ist die erste Möglichkeit, zwei oder mehr Bedingungen zu verknüpfen. Diesen Operator benutzen Sie dann, wenn *alle* kombinierten Bedingungen erfüllt sein müssen, damit eine Zeile in eine Ergebnismenge aufgenommen wird. Wir wollen diesen Operator nun bei der Übersetzung der Beispielfrage vom Beginn des Kapitels anwenden:

»Nenne mir die Vor- und Nachnamen der Kunden, die in Seattle leben und deren Nachname mit dem Buchstaben ‚H' beginnt.«

Übersetzung	Wähle First Name und Last Name aus der Tabelle Customers, wobei City ‚Seattle' ist und Last Name mit ‚H' beginnt.
Bereinigte Fassung	Wähle First Name, Last Name aus Customers, wobei City = ‚Seattle' und Last Name wie ‚H%'

SQL	`SELECT CustFirstName, CustLastName`
	`FROM Customers`
	`WHERE CustCity = 'Seattle'`
	`AND CustLastName LIKE 'H%'`

Sie haben die Gleichheits-Vergleichsbedingung und eine Mustervergleichsbedingung vorgegeben und durch den Operator AND dafür gesorgt, dass beide Bedingungen erfüllt sein müssen. Zeilen, die eine der Bedingungen nicht erfüllen, werden aus der Ergebnismenge ausgeschlossen.

Sie können beliebig viele Bedingungen aneinanderhängen, um die aktuelle Frage zu beantworten. Denken Sie nur daran, dass *alle* mit AND kombinierten Bedingungen erfüllt sein müssen, damit eine Zeile in die Ergebnismenge aufgenommen wird. Vergessen Sie nicht, dass die gesamte Suchbedingung eine Zeile als wahr auswerten muss, damit diese in der Ergebnismenge erscheint. Abbildung 6.9 zeigt das Ergebnis einer mit dem Operator AND durchgeführten Kombination von zwei Prädikatausdrücken. Wird *einer* der beiden Ausdrücke als falsch ausgewertet, so wird die Zeile nicht ausgewählt.

Zweiter Ausdruck

AND	wahr	falsch
wahr	wahr (Zeilen werden ausgewählt)	falsch (Zeilen werden abgelehnt)
falsch	falsch (Zeilen werden abgelehnt)	falsch (Zeilen werden abgelehnt)

Erster Ausdruck

Abbildung 6.9: Ergebnis einer mit dem AND-Operator hergestellten Kombination zweiter Prädikatausdrücke

OR

Die zweite Möglichkeit, zwei oder mehr Bedingungen zu kombinieren, ist der Operator OR. Diesen Operator benutzen Sie, wenn *eine* der kombinierten Bedingungen erfüllt sein muss, damit eine Zeile in eine Ergebnismenge aufgenommen wird. Sie könnten den Operator OR in einer Suchbedingung zum Beispiel folgendermaßen einsetzen.

»Ich benötige den Namen, den Wohnort und den Bundesstaat jedes Angestellten, der in Seattle wohnt oder aus dem Bundesstaat Oregon stammt.«

Übersetzung	Wähle First Name, Last Name, City und State aus der Tabelle Staff, wobei City ‚Seattle' oder State ‚OR' ist.
Bereinigte Fassung	Wähle First Name, Last Name, City, State aus Staff, wobei City = ‚Seattle' oder State = ‚OR'

SQL	`SELECT StfFirstName, StfLastName, StfCity, StfState`
	`FROM Staff`
	`WHERE StfCity = 'Seattle' OR StfState = 'OR'`

In diesem Fall haben Sie beide zur Beantwortung der Frage benötigten Gleichheits-Vergleichsbedingungen vorgegeben und mit dem Operator OR dafür gesorgt, dass *nur eine* der Bedingungen erfüllt werden muss. Wenn in einer Zeile eine der Bedingungen erfüllt ist, wird sie in die Ergebnismenge aufgenommen. Abbildung 6.10 veranschaulicht dies; sie zeigt das Ergebnis einer durch den Operator OR hergestellten Kombination von zwei Prädikatsausdrücken.

Zweiter Ausdruck

OR	wahr	falsch
wahr	wahr (Zeilen werden ausgewählt)	wahr (Zeilen werden ausgewählt)
falsch	wahr (Zeilen werden ausgewählt)	falsch (Zeilen werden abgelehnt)

Erster Ausdruck

Abbildung 6.10: Das Ergebnis einer mit dem Operator OR hergestellten Kombination zweier Prädikatsausdrücke

Ob zwei Bedingungen mit einem AND-Operator kombiniert werden sollen, lässt sich relativ leicht und unkompliziert entscheiden. Die Entscheidung, ob ein OR-Operator benutzt werden soll, kann dagegen knifflig sein. Sehen Sie sich zum Beispiel die folgende Frage an.

»Zeige mir eine Liste der Namen und Telefonnummern aller Händler mit Sitz in Washington und Kalifornien.«

Spontan würden Sie vielleicht den Operator AND benutzen, da die Bedingung klar ist – Sie suchen Händler in Washington und Kalifornien. Leider hätten Sie damit Unrecht. Wenn Sie darüber nachdenken, wird Ihnen klar werden, dass ein Händler seinen Sitz *entweder* in Washington *oder* in Kalifornien hat, *da Sie in die Spalte State für jeden Händler nur einen Wert eintragen können.* Nun ist Ihnen die Sache viel klarer, oder? Wie wir in diesem Kapitel bereits sagten, müssen Sie es sich zur Gewohnheit machen, Ihre komplexer werdenden Fragen zu untersuchen und zu analysieren und möglichst nach implizierten Bedingungen zu suchen.

Machen wir nun mit der Übersetzung dieser Frage weiter.

»Zeige mir eine Liste der Namen und Telefonnummern aller Händler mit Sitz in Washington und Kalifornien.«

Übersetzung	Wähle Name, Phone Number und State aus der Tabelle Vendors, wobei State ‚WA' oder ‚CA' ist.
Bereinigte Fassung	Wähle Name, Phone Number, State aus Vendors, wobei State = ‚WA' oder State = ‚CA'

SQL	`SELECT VendName, VendPhoneNumber, VendState`
	`FROM Vendors`
	`WHERE VendState = 'WA' OR VendState = 'CA'`

Sie haben beide Gleichheits-Vergleichsbedingungen vorgegeben und mit dem Operator OR dafür gesorgt, dass eine von beiden erfüllt sein muss. Beachten Sie jedoch, dass »State« in der Suchbedingungen der bereinigten Fassung zweimal vorkommt. Dies ist notwendig, da jede Vergleichsbedingung dieselbe Syntax aufweist.

```
"Value Expression <comparison operator> Value Expression"
```

Denken Sie daran, in der Syntax jede Klausel, jedes Schlüsselwort und jeden definierten Term zu nennen, sofern diese nicht ausdrücklich als optional definiert sind. Eine Bedingung wie `WHERE VendState = 'WA' OR 'CA'` ist demnach völlig ungültig. Sie möchten wissen warum? Wir werden die Reihenfolge, in der Ausdrucksoperatoren ausgewertet werden – die Rangfolge – später eingehender klären. In diesem Fall wertet Ihr Datenbanksystem den Ausdruck streng von links nach rechts aus. `VendState = 'WA'` wird daher zuerst ausgewertet.

Für jede gegebene Zeile wird das Ergebnis dann wahr lauten, wenn der Staat Washington ist, ansonsten wird es falsch lauten. Anschließend wird dieses wahr/falsch-Ergebnis durch OR mit dem Literalwert ‚CA' verglichen – und das ist kein wahr- oder falsch-Wert! Ihr Datenbanksystem gibt hier vielleicht eine Fehlermeldung aus (‚CA' – ein Zeichenkettenliteral – ist für den Operator OR kein gültiger Datentyp), oder es gibt nur die Zeilen zurück, in denen der »State« Washington ist.

Stellen Sie immer sicher, dass ihre Bedingungen vollständig und richtig definiert sind, da sonst die Suchbedingung für Ihre SELECT-Anweisung scheitert.

An diesem Beispiel haben wir eine Falle veranschaulicht, der Sie beim Operator OR häufig begegnen werden. Falls Sie jedoch vermutet haben, Sie könnten die Frage mit einer Zugehörigkeitsklausel wie »WHERE VendState IN ('WA', 'CA')« beantworten, hatten Sie völlig recht. Manchmal gibt es mehr als nur eine Möglichkeit, eine Bedingung auszudrücken.

AND und OR zugleich benutzen

Knifflige Fragen können Sie mit einer Kombinatinon von AND und OR beantworten. Mit beiden Operatoren zusammen können Sie zum Beispiel Fragen wie die folgende beantworten.

»*Ich benötige die Namen der Angestellten, deren Gebietskennzahl 425 ist und deren Telefonnummer mit 555 beginnt, und alle Personen, die zwischen dem 1. Oktober und 31. Dezember 1999 angestellt wurden.*«

Es sollte Ihnen inzwischen leicht fallen herauszufinden, welche Bedingungsarten Sie für diese Frage benötigen. Sie haben wahrscheinlich bereits festgestellt, dass Sie zur Beantwortung der Frage drei Bedingungen benötigen: eine Gleichheits-Vergleichsbedingung, um die Gebietskennzahl zu finden, eine Mustervergleichsbedingung, um die Telefonnummern zu finden, und eine Wertebereichsbedingung, um die zwischen Oktober und Dezember eingestellten Personen zu finden. Sie müssen nur noch klären, wie Sie diese Bedingungen kombinieren möchten.

Die Vergleichs- und Mustervergleichsbedingung müssen Sie mit dem Operator AND kombinieren, da sie die gesuchten Telefonnummern identifizieren und beide Bedingungen erfüllt sein müssen, damit eine Zeile in die Ergebnismenge aufgenommen wird. Dann behandeln Sie diese Kombination von Bedingungen als eine Einheit und kombinieren sie mithilfe eines OR-Operators mit der Bereichsbedingung. Nun wird immer dann eine Zeile in die Ergebnismenge aufgenommen, wenn sie entweder die kombinierte Bedingung oder die Wertebereichsbedingung erfüllt.

Hier noch einmal die Frage und ihre Übersetzung.

»*Ich benötige die Namen der Angestellten, deren Gebietskennzahl 425 ist und deren Telefonnummer mit 555 beginnt, und alle Personen, die zwischen dem 1. Oktober und 31. Dezember 1999 angestellt wurden.*«

Übersetzung	Wähle First Name, Last Name, Area Code, Phone Number und Date Hired aus der Tabelle Staff, wobei Area gleich 425 und Phone Number mit ‚555' beginnt oder Date Hired zwischen 1. Oktober 1999 und 31. Dezember 1999 liegt.
Bereinigte Fassung	Wähle First Name, Last Name, Area Code, Phone Number, Date Hired aus Staff, wobei Area Code = 425 und Phone Number wie ‚555%' oder Date Hired zwischen ‚1999-10-01' und ‚1999-12-31'

SQL	`SELECT StfFirstName, StfLastName, StfAreaCode, StfPhoneNumber, DateHired`
	`FROM Staff`
	`WHERE (StfAreaCode = '425'`
	`AND StfPhoneNumber LIKE '555%')`
	`OR DateHired`
	`BETWEEN '1999-10-01' AND '1999-12-31'`

Dieses Beispiel veranschaulicht eine Situation, in der Sie eine Suchbedingung innerhalb einer Suchbedingung benutzen können. Vor der Übersetzung der Frage haben wir gesagt, dass Sie die Vergleichs- und die Mustervergleichsbedingung durch einen AND-Operator kombinieren und sie dann als eine Einheit behandeln sollen. Wenn Sie eine Kombination von Bedingungen als Einheit behandeln, wird sie ihrer Definition nach zu einer Suchbedingung, die Sie in Klammern setzen müssen, wir wir es in dem Beispiel gemacht haben.

Auch im folgenden Beispiel benutzen wir AND und OR.

»Ich benötige den Namen jedes Professors oder außerordentlichen Professors, der am 16. Mai 1989 eingestellt wurde.«

Übersetzung	Wähle First Name, Last Name und Date Hired aus der Tabelle Staff, wobei Title ‚professor' oder ‚associate professor' und Date Hired 16. Mai 1989 ist.
Bereinigte Fassung	Wähle First Name, Last Name, Date Hired aus Staff, wobei Title = ‚professor' oder Title = ‚associate professor' und Date Hired = 1989-05-16

SQL	`SELECT StfFirstName, StfLastName, Title, DateHired`
	`FROM Staff`
	`WHERE (Title = 'Professor' OR Title =`
	`'Associate Professor') AND DateHired =`
	`'1989-05-16'`

Sie haben vermutlich erraten, dass die beiden mit dem Operator OR kombinierten Bedingungen als eine einzige Suchbedingung behandelt werden. Dieses Beispiel untermauert noch einmal die Tatsache, dass Sie eine Suchbedingung mit den Operatoren AND oder OR definieren können. Aber noch einmal: das Wichtigste ist, dass Sie die Suchbedingung in Klammern setzen.

6.3.2 Zeilen ausschließen: Nimm zwei

Keine Sorge, wenn Ihnen das alles bekannt vorkommt: Wir haben es zumindest teilweise bereits besprochen. Weiter oben in diesem Kapitel haben Sie gelernt, dass der Operator NOT optional für die Prädikate BETWEEN, IN, LIKE und IS NULL zur Verfügung steht. Wie Abbildung 6.11 zeigt, kann NOT jedoch auch das erste Schlüsselwort einer Suchbedingung sein, wodurch Sie – genau wie bei der Verwendung von NOT in einem Prädikat – Zeilen aus einer Ergebnismenge ausschließen können. Diesen speziellen NOT-Operator benutzen Sie *vor* einer einzelnen Bedingung (Prädikat) oder eingebettet in eine Suchbedingung. Noch einmal: Sie können dieselbe Bedingung auf verschiedene Art ausdrücken.

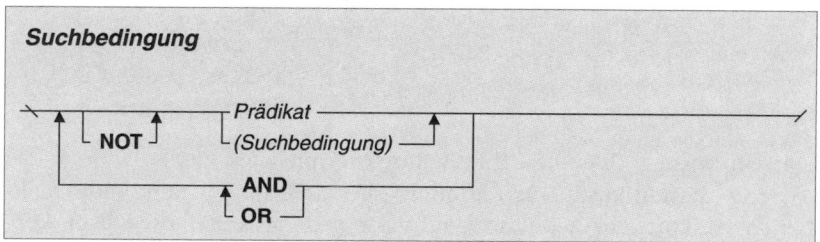

Abbildung 6.11: Der Operator NOT in einer Suchbedingung

Angenommen, Sie richten die folgende Frage an Ihre Datenbank.

»Zeige mir Ort und Datum jedes Turniers, das nicht auf der Bolero-, Imperial- oder Thunderbird-Kegelbahn stattfindet.«

Sie haben vermutlich bereits festgestellt, dass Sie diese Frage mit einer Zugehörigkeitsbedingung beantworten können. Sie müssen nur noch entscheiden, wie Sie diese Bedingung definieren. Eine Möglichkeit besteht darin, den NOT-Operator im Prädikat zu verwenden.

```
WHERE TourneyLocation NOT IN ('Bolero Lanes',
'Imperial Lanes', 'Thunderbird Lanes')
```

Eine andere Möglichkeit wäre, den NOT-Operator als erstes Schlüsselwort vor der Suchbedingung zu benutzen.

```
WHERE NOT TourneyLocation IN ('Bolero Lanes',
'Imperial Lanes','Thunderbird Lanes')
```

Beide Bedingungen schließen Turniere auf den Kegelbahnen Bolero, Imperial und Thunderbird aus der Ergebnismenge aus. Die Verwendung von NOT vor einer Suchbedingung hat jedoch den einen Vorteil, dass Sie es auch auf eine Vergleichsbedingung anwenden können. (Denken Sie daran, dass NOT in der Syntax einer Vergleichsbedingung kein optionaler Operator ist.) Nun jedoch können Sie mit einer Vergleichsbedingung Zeilen aus einer Ergebnismenge ausschließen. Das folgende Beispiel zeigt, wie Sie diesen Bedingungstyp einsetzen könnten.

»Zeige mir die Kegler, die nicht in Bellevue wohnen.«

Übersetzung	Wähle First Name, Last Name und City aus der Tabelle Bowlers, wobei City nicht ‚Bellevue' ist.
Bereinigte Fassung	Wähle First Name, Last Name, City aus Bowlers, wobei City nicht = 'Bellevue'

```
SQL          SELECT BowlerFirstName, BowlerLastName, BowlerCity
             FROM Bowlers
             WHERE NOT BowlerCity = 'Bellevue'
```

Jaja, wir wissen, dass Sie diese Bedingung auch als `WHERE BowlerCity <> 'Bellevue'` hätten ausdrücken können. Dieses Beispiel veranschaulicht lediglich, dass Sie eine Bedingung auf verschiedene Weise ausdrücken können.

Nachdem Sie nun gelernt haben, wie ein NOT-Operator in einer einzelnen Bedingung und in einer vollständigen Suchbedingung benutzt wird, lernen Sie ein Problem kennen, das auftreten kann, wenn Sie eine Suchbedingung definieren, die mit zwei NOT-Operatoren Zeilen *einschließt*, statt sie *auszuschließen*. Ein Beispiel:

»Welche Angestellten sind weder Lehrer noch Beratungslehrer?«

Übersetzung	Wähle First Name, Last Name und Title aus der Tabelle Staff, wobei Title nicht »teacher« oder »teacher's aide« ist.
Bereinigte Fassung	Wähle First Name, Last Name, Title aus Staff, wobei Title nicht in (»teacher«, »teacher's aide«)
SQL	SELECT StfFirstName, StfLastName, Title FROM Staff WHERE NOT Title NOT IN ('Teacher', 'Teacher''s Aide')

Garantiert wundern Sie sich über die beiden einzelnen Anführungszeichen im Zeichenkettenliteral `'Teacher''s Aide'`. Der SQL-Standard schreibt vor, dass ein Zeichenketten- oder Datum/Uhrzeit-Literal durch einfache Anführungszeichen abgegrenzt wird. Wenn Sie in einem Zeichenkettenliteral ein einzelnes Anführungszeichen benötigen, müssen Sie Ihr Datenbanksystem »ins Bild setzen«, indem Sie das einfache Anführungszeichen zweimal setzen. Tun Sie dies nicht, so fungiert das einzelne Anführungszeichen als Endbegrenzung der Zeichenkette. Das `»s Aide'«` würde nach einem zweiten einfachen Anführungszeichen einen Syntaxfehler verursachen!

Wir gehen natürlich davon aus, dass einer der beiden NOT-Operatoren irrtümlich eingefügt wurde. Sie können diese SELECT-Anweisung noch immer ausführen, aber sie wird die falschen Zeilen an die Ergebnismenge zurückgeben. In diesem Fall heben sich die NOT-Operatoren gegenseitig auf – wie eine doppelte Negation in der Arithmetik oder in der Sprache – und das Prädikat IN entscheidet nun, welche Zeilen an die Ergebnismenge geschickt werden. Sie sehen also in der Ergebnismenge nicht alle Angestellten *außer* Lehrern und Beratungslehrern, sondern *nur* Lehrer und Beratungslehrer. Obwohl Sie eine Suchbedingung nicht absichtlich so definieren, kann es aus Versehen durchaus einmal vorkommen. Denken Sie daran, dass die kleinen Fehler oft die größten Probleme verursachen.

6.3.3   Die Rangordnung

Der SQL-Standard legt fest, wie und in welcher Reihenfolge ein Datenbanksystem einzelne Bedingungen in einer Suchbedingung auswerten sollte. In diesem Kapitel haben Sie bereits gelernt, *wie* eine Datenbank die verschiedenen Bedingungstypen auswertet. Nun werden wir Ihnen zeigen, wie die Datenbank entscheidet, *wann* welche Einzelbedingung ausgewertet wird.

In der Grundeinstellung wertet die Datenbank Bedingungen von links nach rechts aus. Dies gilt besonders für einfache Bedingungen. Im folgenden Beispiel sucht die SELECT-Anweisung zuerst nach Zeilen, in denen das Lieferdatum gleich dem Bestelldatum ist, und entscheidet dann, welche Zeilen die Kundennummer 1001 enthalten. Die Zeilen, die beide Bedingungen erfüllen, werden dann an die Ergebnismenge weitergegeben.

```
SQL    SELECT CustomerID, OrderDate, ShipDate
       FROM Orders
       WHERE ShipDate = OrderDate
       AND CustomerID = 1001
```

Damit die SELECT-Anweisung nach einer bestimmten Kundennummer sucht, bevor sie das Lieferdatum auswertet, brauchen Sie die Position der Bedingungen nur zu vertauschen. Wir werden später noch darüber sprechen, warum Sie dies vielleicht tun möchten.

Wenn eine Suchbedingung verschiedene Arten von Einzelbedingungen enthält, wertet die Datenbank diese in einer speziellen Reihenfolge aus, die auf den *Operatoren* beruht, welche die einzelnen Bedingungen verwenden. Für die Auswertung der Operatoren definiert der SQL-Standard die folgende Rangordnung.

Reihenfolge der Auswertung	Operatortyp
1	Positives Zeichen (+), Negatives Zeichen (-)
2	Multiplikation (*), Division (/)
3	Addition (+), Subtraktion (-)
4	=, <>, <, >, <=, >=, BETWEEN, IN, LIKE, IS NULL
5	NOT

Reihenfolge der Auswertung	Operatortyp
6	AND
7	OR

Die folgende SELECT-Anweisung enthält ein Beispiel für die Art von Suchbedingung, die das Datenbanksystem veranlasst, die Rangordnung zu berücksichtigen. In diesem Fall führt die Datenbank zuerst die Additionsoperation aus, dann die Vergleiche, und entscheidet schließlich, ob eine der Bedingungen erfüllt ist. Jede Zeile, die eine der Bedingungen erfüllt, wird dann an die Ergebnismenge übergeben.

```
SQL    SELECT CustomerID, OrderDate, ShipDate
       FROM Orders
       WHERE CustomerID = 1001 OR
       ShipDate = OrderDate + 4
```

Bedingungen: Prioritäten setzen

Wenn Sie die Rangordnung verstehen, können Sie die Genauigkeit Ihrer Suchbedingungen wesentlich verbessern. Dieses Wissen wird es Ihnen erleichtern, für eine Frage die genau richtige Bedingung zu formulieren. Achten Sie jedoch darauf, keine mehrdeutigen Bedingungen zu formulieren, da diese zu unerwarteten Ergebnissen führen können.

Sehen wir uns dieses potenzielle Problem an Hand des folgenden Beispiels an.

```
SQL    SELECT CustFirstName, CustLastName, CustState,
       CustZipCode
       FROM Orders
       WHERE CustLastName = 'Patterson'
       AND CustState = 'CA'
       OR CustZipCode LIKE '%9'
```

In diesem Fall ist das eigentliche Ziel der Suchbedingung nur schwer auszumachen, da man sie auf zweierlei Weise interpretieren kann.

1. Sie suchen nach allen Personen, die im Bundesstaat Kalifornien wohnen und »Patterson« heißen, *oder* nach jedem mit einer Postleitzahl, die auf 9 endet.

2. Sie suchen speziell nach allen Personen mit dem Namen »Patterson« *und* nach jedem, der in Kalifornien wohnt oder dessen Postleitzahl auf 9 endet.

Diese Mehrdeutigkeit können Sie vermeiden und die Suchbedingung klarer machen, indem Sie bestimmte Bedingungen mit Klammern kombinieren und Prioritäten setzen. Um zum Beispiel der ersten Interpretation der Suchbedingung zu folgen, definieren Sie die WHERE-Klausel folgendermaßen:

```
WHERE (CustLastName = 'Patterson' AND CustState = 'CA')
OR CustZipCode LIKE '%9'
```

Die Klammern stellen sicher, dass die Datenbank die beiden Vergleichsbedingungen analysiert und auswertet, *bevor* sie den gleichen Prozess auf der Mustervergleichsbedingung ausführt.

Sie könnten auch der zweiten Interpretation folgen und die WHERE-Klausel folgendermaßen definieren.

```
WHERE CustLastName = 'Patterson' AND (CustState = 'CA'
OR CustZipCode LIKE '%9')
```

In diesem Fall wird die Datenbank die erste Vergleichsbedingung erst *nach* der zweiten Vergleichsbedingung und der Mustervergleichsbedingung analysieren und auswerten.

Sie sollten mittlerweile damit vertraut sein, Bedingungen in Klammern zu setzen. Wie Sie dies machen, haben Sie weiter oben in diesem Kapitel bei der Besprechung der kombinierten Bedingungen gelernt. Was wir hier betonen möchten, ist, dass das Setzen von Klammern das Ergebnis der Suchbedingung maßgeblich beeinflusst.

Sie können in Klammern beliebig viele Bedingungen definieren und sie wenn nötig sogar einbetten. Die Datenbank geht mit Bedingungen in Klammern folgendermaßen um.

▼ In Klammern gesetzte Bedingungen werden vor Bedingungen ohne Klammern verarbeitet.

▼ Zwei oder mehr Bedingungen in Klammern werden von links nach rechts verarbeitet.

▼ Eingebettete Bedingungen in Klammern werden von innen nach außen verarbeitet.

Bei der Analyse einer in Klammern gesetzten Bedingung wertet die Datenbank alle Ausdrücke in der Bedingung nach der normalen Rangordnung aus. Wenn Sie Ihre Frage sorgfältig übersetzen und Klammern in der Suchbedingung wirkungsvoll benutzen, erhalten Sie bessere Ergebnisse.

Weniger ist mehr

Am Anfang dieses Abschnitts haben wir gesagt, dass die Datenbank Bedingungen zuerst von links nach rechts auswertet und nach ihrer Rangordnung aufruft, wenn Sie komplexe Bedingungen definieren und benutzen. Außerdem haben wir gesagt, dass die Art, wie Sie in einer Suchbedingung Klammern benutzen, deren Ergebnis direkt beeinflusst. Jetzt werden wir Ihnen einen einfachen generellen Rat geben, wie Sie die Arbeit der Suchbedingung beschleunigen können: Fragen Sie nach weniger. Das heißt, wählen Sie nur die zur Beantwortung einer Frage benötigen Spalten aus und formulieren Sie die Suchbedingung möglichst genau, damit Ihre Datenbank möglichst wenige Spalten verarbeitet. Wenn Sie mehrere Bedingungen benötigen, sollten Sie dafür sorgen, dass zuerst die Bedingung verarbeitet wird, die die meisten Zeilen aus der Ergebnismenge ausschließt. (An dieser Stelle zahlt sich Ihr Verständnis der Rangordnung wirklich aus.)

Wir führen Ihnen diesen Rat an Hand eines Beispiels vor, das wir in diesem Abschnitt bereits verwendet haben.

SQL	`SELECT CustomerID, OrderDate, ShipDate`
	`FROM Orders`
	`WHERE ShipDate = OrderDate`
	`AND CustomerID = 1001`

In diesem Fall muss eine Zeile beide Bedingungen erfüllen, um in die Ergebnismenge aufgenommen zu werden. Bei dieser Reihenfolge der Prädikate sucht Ihre Datenbank eventuell zuerst nach allen Lieferterminen, die mit den jeweiligen Bestellterminen übereinstimmen; je nachdem, wie viele Zeilen die Tabelle hat, könnte das Auswerten dieser Bedingung eine ganze Weile dauern. Danach wird die Datenbank die Zeilen, die die erste Bedingung erfüllen, daraufhin untersuchen, welche davon die Kundennummer 1001 enthalten.

Sie können diese Bedingung auch besser definieren.

SQL	`SELECT CustomerID, OrderDate, ShipDate`
	`FROM Orders`
	`WHERE CustomerID = 1001`
	`AND ShipDate = OrderDate`

Jetzt ist es wahrscheinlicher, dass die Datenbank zuerst nach der Kundennummer sucht. Diese Bedingung bringt vermutlich nur eine kleine Anzahl Zeilen hervor, was bedeutet, dass die Datenbank weniger Zeit benötigt, um die Zeilen zu finden, die dem Liefertermin-Prädikat entsprechen.

Sie sollten sich angewöhnen, diese Technik bei der Definition Ihrer Suchbedingungen immer anzuwenden. Damit stellen Sie bereits weitgehend
sicher, dass Ihre SELECT-Anweisungen schnell und effektiv arbeiten. Lesen Sie unbedingt in der Dokumentation Ihres Datenbanksystems nach,
mit welchen anderen Techniken Sie die SELECT-Anweisung weiter optimieren können.

6.4 Noch einmal der Nullwert: Eine Warnung

Jetzt ist ein guter Zeitpunkt, an die Nullwerte zu erinnern. In Kapitel 5 haben Sie gelernt, dass ein Nullwert das Fehlen eines Wertes repräsentiert,
und dass ein Ausdruck, der einen Nullwert verarbeitet, auch einen Nullwert zurückgibt. Dasselbe gilt auch für Suchbedingungen. Ein Prädikat,
das einen Nullwert auswertet, *kann niemals wahr sein*. Es mag verwirrend
erscheinen, aber das Prädikat kann auch niemals falsch sein! Der SQL-
Standard definiert das Ergebnis eines Prädikats, das einen Nullwert auswertet, als »unbekannt«. Denken Sie daran, dass ein Prädikat für eine Zeile
wahr sein muss, damit diese ausgewählt wird; ist das Ergebnis falsch oder
unbekannt, so wird die Zeile abgelehnt.

Um dies noch klarer zu machen, sehen wir uns in Abbildung 6.12 und
6.13 noch einmal die »Wahrheits«-Tabellen aus Abbildung 6.9 und 6.10
an; diesmal fügen wir jedoch das Ergebnis unbekannt hinzu, das Sie bei einem Nullwert erhalten.

Zweiter Ausdruck

AND	wahr	falsch	unbekannt
wahr	wahr (Zeilen werden ausgewählt)	falsch (Zeilen werden abgelehnt)	unbekannt (Zeilen werden abgelehnt)
falsch	falsch (Zeilen werden abgelehnt)	falsch (Zeilen werden abgelehnt)	falsch (Zeilen werden abgelehnt)
unbekannt	unbekannt (Zeilen werden abgelehnt)	falsch (Zeilen werden abgelehnt)	unbekannt (Zeilen werden abgelehnt)

(Erster Ausdruck)

Abbildung 6.12: Das Ergebnis einer mit dem Operator AND erstellten Kombination von zwei Prädikatausdrücken

Zweiter Ausdruck

OR	wahr	falsch	unbekannt
wahr	wahr (Zeilen werden ausgewählt)	wahr (Zeilen werden ausgewählt)	wahr (Zeilen werden ausgewählt)
falsch	wahr (Zeilen werden ausgewählt)	falsch (Zeilen werden abgelehnt)	unbekannt (Zeilen werden abgelehnt)
unbekannt	wahr (Zeilen werden ausgewählt)	unbekannt (Zeilen werden abgelehnt)	unbekannt (Zeilen werden abgelehnt)

Erster Ausdruck

Abbildung 6.13: Das Ergebnis einer mit dem Operator OR erstellten Kombination zweier Prädikatausdrücke.

(Ausdruck)	NOT (Ausdruck)
wahr	**falsch**
falsch	**wahr**
unbekannt	**unbekannt**

Abbildung 6.14: Die Anwendung von NOT auf einen wahr/falsch/unbekannt-Wert führt zu diesem Ergebnis.

Wie Sie sehen können, streut das Ergebnis unbekannt, das Sie bei der Auswertung eines Prädikats auf einer Spalte mit einem Nullwert erhalten, wirklich Sand ins Getriebe! Nehmen wir zum Beispiel ein einfaches Vergleichsprädikat an: A = B. Wenn A oder B für eine gegebene Zeile ein Nullwert ist, dann ist das Ergebnis des Vergleichs unbekannt. Da das Ergebnis nicht wahr ist, wird die Zeile nicht ausgewählt. Und wenn A = B nicht wahr ist, könnten Sie weiter vermuten, dass NOT (A = B) wahr ist. NEIN! Auch dies ist unbekannt. Abbildung 6.13 hilft Ihnen dabei, dies zu verstehen.

6.4 Noch einmal der Nullwert: Eine Warnung

Angenommen, wir richten die folgende Frage an die Datenbank.

»Zeige mir die Namen und Telefonnummern aller Einwohner von King County, deren Familienname Hernandez ist.«

Übersetzung	Wähle First Name, Last Name und Phone Number aus der Tabelle Customers, wobei der County-Name ‚King' und der Last Name ‚Hernandez' ist.
Bereinigte Fassung	Wähle First Name, Last Name, Phone Number aus Customers, wobei County = ‚King' und Last Name = ‚Hernandez'

SQL	`SELECT CustFirstName, CustLastName, CustPhoneNumber`
	`FROM Customers`
	`WHERE CustLastName = 'Hernandez'`
	`AND CustCounty = 'King'`

Wie Sie wissen, muss eine Zeile *beide* Bedingungen erfüllen, um in die Ergebnismenge aufgenommen zu werden. Falls entweder der Name des Bezirks oder der Nachname eine Nullwert ist, ignoriert die Datenbank die Zeile vollkommen.

Sehen wir uns nun die folgende Frage an.

»Zeige mir die Namen aller Angestellten, die Studienberater sind oder am 1. September 1999 eingestellt wurden.«

Übersetzung	Wähle Last Name und First Name aus der Tabelle Staff, wobei Title ‚graduate counselor' oder Date Hired der 1. September 1999 ist.
Bereinigte Fassung	Wähle Last Name, First Name aus Staff, wobei Title = ‚graduate counselor' oder Date Hired = ‚1999-09-01'

SQL	`SELECT StfLastName, StfFirstName`
	`FROM Staff`
	`WHERE Title = 'Graduate Counselor'`
	`OR DateHired = '1999-09-01'`

Man könnte erwarten, dass Nullwerte mit OR kombinierte Bedingungen ebenso beeinflussen wie mit AND kombinierte Bedingungen; dies ist jedoch keineswegs der Fall. Eine Zeile kann in die Ergebnismenge aufgenommen werden, solange sie *eine* der beiden Bedingungen erfüllt. Sehen Sie sich die Abbildung 6.13 noch einmal an. Auf der Grundlage der Werte aus Title und DateHired zeigt die Tabelle 6.2, wie die Datenbank bei mit OR kombinierten Prädikaten entscheidet, ob eine Zeile an die Ergebnismenge geschickt werden soll.

Wert von Title	Wert von DateHired	Ergebnis
Graduate Counselor	**1999-09-01**	Die Zeile wird in die Ergebnismenge aufgenommen, da sie beide Bedingungen erfüllt
Graduate Counselor	1999-11-15	Die Zeile wird in die Ergebnismenge aufgenommen, da sie die erste Bedingung erfüllt.
Registrar	**1999-09-01**	Die Zeile wird in die Ergebnismenge aufgenommen, da sie die zweite Bedingung erfüllt.
Graduate Counselor	Null	Die Zeile wird in die Ergebnismenge aufgenommen, da sie die erste Bedingung erfüllt.
Null	**1999-09-01**	Die Zeile wird in die Ergebnismenge aufgenommen, da sie die zweite Bedingung erfüllt.
Null	Null	Die Zeile wird aus der Ergebnismenge ausgeschlossen, da sie keine der beiden Bedingungen erfüllt.

Tabelle 6.2: Die Ergebnismenge mit OR bestimmen

Wenn Sie den Verdacht haben, die Ergebnismenge könnte falsche Informationen zeigen, überprüfen Sie mit der Nullwertbedingung alle als Kriterien benutzte Spalten. Dadurch haben Sie die Möglichkeit, mit jedem Nullwert angemessen zu verfahren und dann Ihre ursprüngliche SELECT-Anweisung noch einmal auszuführen. Falls Sie zum Beispiel vermuten, in der Ergebnismenge könnten einige Studienberater fehlen, können Sie dies mit der folgenden SELECT-Anweisung nachprüfen.

```
SQL    SELECT StfLastName, StfFirstName, Title
       FROM Staff
       WHERE Title IS NULL
```

Falls die Spalte Title Nullwerte enthält, bringt diese SELECT-Anweisung eine Ergebnismenge hervor, die die Namen aller Angestellten enthält, die keinen in der Datenbank spezifizierten Titel tragen. Nun können Sie mit diesen Daten angemessen verfahren und dann zur ursprünglichen SELECT-Anweisung zurückkehren.

Mit den Nullwerten sind wir noch nicht fertig. Wir werden in Kapitel 12 noch einmal darauf zurückkommen, wenn wir über die SELECT-Anweisungen sprechen, die Daten zusammenfassen.

6.4 Noch einmal der Nullwert: Eine Warnung

6.5 Bedingungen unterschiedlich ausdrücken

Ein positiver Nebeneffekt der Dinge, die Sie in diesem Kapitel gelernt haben, ist, dass Sie eine gegebene Bedingung nun auf verschiedene Weise ausdrücken können. Sehen wir uns dies an Hand der folgenden Frage an.

»Nenne mir die Namen aller Angestellten, die im Oktober 1999 eingestellt wurden.«

Um diese Frage zu beantworten, müssen Sie nach Einstellungsterminen suchen, die zwischen dem 1. Oktober 1999 und dem 31. Oktober 1999 liegen. Auf der Grundlage dessen, was Sie bereits gelernt haben, können Sie die Bedingungen auf zweierlei Weise definieren.

```
DateHired BETWEEN '1999-10-01' AND '1999-10-31'
DateHired >= '1999-10-01' AND DateHired <= '1999-10-31'
```

Beide Bedingungen geben dieselben Zeilen an die Ergebnismenge weiter; es liegt in Ihrem Ermessen, welche Bedingung Sie wählen. Manche finden den ersten Ausdruck leichter verständlich, andere den zweiten.

Auch die folgenden Beispiele zeigen bedeutungsgleiche Bedingungen.

»Zeige mir die Händler mit Sitz in Kalifornien, Oregon oder Washington.«

```
VendState IN ('CA', 'OR', 'WA')
VendState = 'CA' OR VendState = 'OR' OR VendState = 'WA'
```

»Nenne mir die Kunden, deren Nachname mit ‚H' beginnt.«

```
CustLastName >= 'H' AND CustLastName <= 'HZ'
CustLastName BETWEEN 'H' AND 'HZ'
CustLastName LIKE 'H%'
```

»Zeige mir alle Studenten, die nicht in Seattle oder Redmond wohnen.«

```
StudCity <> 'Seattle' AND StudCity <> 'Redmond'
StudCity NOT IN ('Seattle', 'Redmond')
NOT (StudCity = 'Seattle' OR StudCity = 'Redmond')
```

Man kann eine Bedingung nicht »falsch« definieren, aber man kann sie unrichtig definieren, wenn man ihre Syntax eklatant verletzt. (Wie Sie wissen führt dies zum Scheitern der Bedingung.) Einige Datenbanksysteme optimieren jedoch bestimmte Bedingungstypen für eine rasche Verarbeitung, sodass diese anderen, gleichbedeutenden Bedingungen vorzuziehen sind. Lesen Sie in der Dokumentation Ihrer Datenbank nach, ob es bevorzugte Methoden der Definition von Bedingungen gibt.

6.6 Beispielanweisungen

Sie kennen nun alle für die Konstruktion solider Suchbedingungen nötigen Techniken. Sehen wir uns nun an Hand der Tabellen in den Beispieldatenbanken einige Beispiele für verschiedene Typen von Suchbedingungen an.

Wir haben wieder für alle Beispiele die beiden Schritte Übersetzung und Bereinigte Fassung kombiniert, damit Sie lernen, den Prozess weiter zusammenzuziehen.

Sales Order-Datenbank

»Zeige mir alle Bestellungen für Kundennummer 1001.«

Übersetzung/ Bereinigte Fassung	Wähle Order Number, Customer ID aus Orders, wobei Customer ID = 1001
SQL	SELECT OrderNumber, CustomerID FROM Orders WHERE CustomerID = 1001

OrderNumber	CustomerID
2	1001
7	1001
16	1001
52	1001
55	1001
107	1001
137	1001
138	1001
151	1001
154	1001
<<weitere Zeilen>>	

Tabelle 6.3: Orders_for_Customer_1001 (44 Zeilen)

»Zeige mir eine alphabetische Liste aller Produkte, deren Name mit ‚Dog' beginnt.«

Übersetzung/ Bereinigte Fassung	Wähle Product Name aus Products, wobei Product Name wie ‚Dog%', ordne nach Product Name
SQL	SELECT ProductName FROM Products WHERE ProductName LIKE 'Dog%' ORDER BY ProductName

ProductName
Dog Ear Aero-Flow Floor Pump
Dog Ear Cyclecomputer
Dog Ear Helmet Mount Mirrors
Dog Ear Monster Grip Gloves

Tabelle 6.4: Products_That_Begin_With_DOG (4 Zeilen)

Wir möchten Sie nur daran erinnern, die ORDER BY-Klausel *an das Ende* der SELECT-Anweisung zu setzen. Sehen Sie sich gegebenenfalls noch einmal den Abschnitt über das Sortieren in Kapitel 4 an.

Entertainment-Datenbank

»Zeige mir eine alphabetische Liste der Unterhaltungskünstler mit Wohnsitz in Bellevue, Redmond oder Woodinville.«

Übersetzung/ Bereinigte Fassung	Wähle Stage Name, Phone Number, City aus Entertainers, wobei City in (‚Bellevue', ‚Redmond', ‚Woodinville'), ordne nach Stage Name
SQL	SELECT EntStageName, EntPhoneNumber, EntCity FROM Entertainers WHERE EntCity IN ('Bellevue', 'Redmond', 'Woodinville') ORDER BY EntStageName

EntStageName	EntPhoneNumber	EntCity
Albert Buchanan	555-2531	Bellevue
Carol Peacock Trio	555-2691	Redmond
Jazz Persuasion	555-2541	Bellevue
JV & the Deep Six	555-2511	Redmond
Katherine Ehrlich	555-0399	Woodinville

Tabelle 6.5: Eastside_Entertainers (7 Zeilen)

EntStageName	EntPhoneNumber	EntCity
Modern Dance	555-2631	Woodinville
Susan McLain	555-2301	Bellevue

Tabelle 6.5: Eastside_Entertainers (7 Zeilen)

»Zeige mir alle Engagements, die vier Tage dauern.«

Übersetzung/ Bereinigte Fassung	Wähle Engagement Number, Start Date, End Date aus Engagements wobei (End Date – Start Date) = 3

SQL	`SELECT EngagementNumber, StartDate, EndDate`
	`FROM Engagements`
	`WHERE (EndDate-StartDate) = 3`

EngagementNumber	StartDate	EndDate
1	1999-07-01	1999-07-04
5	1999-07-11	1999-07-14
13	1999-07-17	1999-07-20
17	1999-07-29	1999-08-01
21	1999-07-30	1999-08-02
56	1999-09-24	1999-09-27
58	1999-09-30	1999-10-03
59	1999-09-30	1999-10-03
63	1999-10-17	1999-10-20
70	1999-10-22	1999-10-25
<<weitere Zeilen>>		

Tabelle 6.6: Four-Day Engagements (16 Zeilen)

 Ein Engagement dauert vom Anfangs- bis *einschließlich* zum Endtermin. Wenn Sie StartDate von EndDate subtrahieren, erhalten Sie einen Tag weniger als die Gesamtzahl der Tage, die das Engagement dauert. Daher vergleichen wir das Ergebnis der Berechnung mit 3, nicht mit 4.

School Scheduling-Datenbank

»Zeige mir eine alphabetische Liste aller Angestellten und ihrer Gehälter, falls diese zwischen 40 000 und 50 000 Dollar im Jahr betragen.«

Übersetzung/ Bereinigte Fassung	Wähle First Name, Last Name, Salary aus Staff, wobei Salary zwischen 40000 und 50000, ordne nach Last Name, First Name
SQL	SELECT StfFirstName, StfLastName, Salary FROM Staff WHERE Salary BETWEEN 40000 AND 50000 ORDER BY StfLastname, StfFirstName

StfLastName	StfFirstName	Salary
Buchanan	Albert	$45,000.00
Buchanan	Amelia	$48,000.00
Callahan	David	$50,000.00
Callahan	Laura	$45,000.00
Ehrlich	Katherine	$45,000.00
Fuller	Ann	$44,000.00
Leverling	Janet	$50,000.00
Maynez	Consuelo	$48,000.00
Patterson	Ann	$45,000.00
Piercy	Gregory	$45,000.00
<<weitere Zeilen>>		

Tabelle 6.7: Staff_Salaries_40K_TO_50K (14 Zeilen)

»Zeige mir eine Liste aller Schüler mit dem Nachnamen ‚Kennedy' oder mit Wohnort Seattle.«

Übersetzung/ Bereinigte Fassung	Wähle First Name, Last Name, City aus Students, wobei Last Name = ‚Kennedy' oder City = ‚Seattle'
SQL	SELECT StdFirstName, StdLastName, StdCity FROM Students WHERE StdLastName = 'Kennedy' OR StdCity = 'Seattle'

StudFirstName	StudLastName	StudCity
Sally	Callahan	Seattle
Sara	Kennedy	Portland
John	Kennedy	Portland

Tabelle 6.8: Seattle_Students_And_Students_Named_Kennedy (5 Zeilen)

StudFirstName	StudLastName	StudCity
Kendra	Bonnicksen	Seattle
David	Nathanson	Seattle

Tabelle 6.8: Seattle_Students_And_Students_Named_Kennedy (5 Zeilen)

Bowling League-Datenbank

»Nenne mir die Kennnummern aller Mannschaften, die mindestens eine der ersten zehn Runden in Spiel 3 gewonnen haben.«

Übersetzung/ Bereinigte Fassung	Wähle Team ID, Match ID, Game Number aus match_games, wobei Game Number = 3 und Match ID zwischen 1 und 10
SQL	SELECT WinningTeamID, MatchID, GameNumber FROM Match_Games WHERE GameNumber = 3 AND MatchID BETWEEN 1 AND 10

WinningTeamID	MatchID	GameNumber
1	1	3
3	2	3
5	3	3
7	4	3
3	5	3
4	6	3
5	7	3
8	8	3
2	9	3
1	10	3

Tabelle 6.9: Game3_Top_Ten_Matches (10 Zeilen)

»Zeige mir eine Liste der Kegler in Team 3, 4 und 5, die ein Handicap von maximal 40 haben.«

Übersetzung/ Bereinigte Fassung	Wähle First Name, Last Name, Team ID, Current Handicap aus Bowlers, wobei Team ID in (3, 4, 5) und Current Handicap <= 40
SQL	SELECT BowlerFirstName, BowlerLastName, TeamID, CurrentHandicap FROM Bowlers WHERE TeamID IN (3, 4, 5) AND CurrentHandicap <= 40

6.6 Beispielanweisungen

BowlerFirstName	BowlerLastName	TeamID	CurrentHandicap
David	Cunningham	3	36
Susan	McLain	3	33
Gary	Hallmark	4	39
Kathryn	Patterson	4	34
Michael	Hernandez	5	39
John	Viescas	5	29

Tabelle 6.10: Low_Handicap_Bowlers_Teams_3_Through_5 (6 Zeilen)

6.7 Zusammenfassung

In diesem Kapitel haben Sie gelernt, wie Sie durch die Suchbedingung in der WHERE-Klausel Informationen in der Ergebnismenge filtern können. Sie haben gelernt, dass eine Suchbedingung mit Kombinationen von Prädikaten die Daten herausfiltert, die an die Ergebnismenge geschickt werden, und dass Prädikate spezielle, auf Wertausdrücke anwendbare Tests sind. Anschließend haben wir Ihnen die fünf Grundtypen von Prädikaten vorgestellt, die Sie definieren können.

Als Nächstes haben wir uns eingehend mit den fünf Grundtypen von Prädikaten befasst, die Sie in einer Suchbedingung einer WHERE-Klausel definieren können. Sie haben gelernt, wie Werte verglichen werden, und wie Sie prüfen können, ob ein Wert in einen definierten Wertebereich fällt. Außerdem haben Sie erfahren, wie Sie prüfen können, ob ein Wert einem Wert aus einer definierten Liste entspricht oder Bestandteil einer speziellen Musterzeichenkette ist. Darüber hinaus haben Sie gelernt, dass Sie mit einem NOT-Operator Zeilen aus einer Ergebnismenge ausschließen können.

Anschließend haben wir gesagt, dass Sie mehrere Bedingungen benutzen können, wenn Sie sie mit den Operatoren AND und OR kombinieren. Sie haben gelernt, dass eine Zeile alle mit AND kombinierten Bedingungen, aber nur eine der mit OR kombinierten Bedingungen erfüllen muss, bevor sie in die Ergebnismenge aufgenommen werden kann. Weiter haben Sie erfahren, wie bei der Beantwortung komplexer Fragen AND und OR zusammen benutzt werden. Danach haben wir uns noch einmal damit befasst, dass mit NOT Zeilen aus einer Ergebnismenge ausgeschlossen werden, und wir haben gezeigt, dass NOT in einer Suchbedingung auf zwei Ebenen verwendet werden kann.

Unser nächstes Thema war die Rangfolge, wobei Sie gelernt haben, wie die Datenbank Bedingungen analysiert und auswertet. Sie wissen nun, dass die Datenbank die Bedingungen in einer bestimmten Reihenfolge auswertet, und zwar auf der Grundlage der in den einzelnen Bedingungen verwendeten Operatoren. Weiter haben Sie erfahren, wie Sie mit Klammern die Reihenfolge verändern, in der die Datenbank bestimmte Bedingungen auswertet, und damit zugleich mehrdeutige Bedingungen vermeiden.

Als Nächstes sind wir in einem kurzen Exkurs zu den Nullwerten zurückgekehrt. Sie haben erfahren, dass Nullwerte Bedingungen ähnlich wie Ausdrücke beeinflussen. Sie wissen nun, dass Sie auf Nullwerte hin prüfen sollten, wenn Sie den Verdacht haben, eine Ergebnismenge könnte falsche Informationen aufweisen.

Schließlich haben wir darüber gesprochen, dass dieselbe Bedingung auf verschiedene Weise ausgedrückt werden kann. Sie wissen zum Beispiel, dass Sie mit drei verschiedenen Bedingungstypen nach Personen, deren Nachname mit dem Buchstaben ‚H' beginnt, suchen können.

Im nächsten Teil des Buches werden wir Ihnen das Konzept der Mengen und die Operationstypen, die Sie ausführen können, vorstellen. Sobald Sie etwas mehr über Mengen wissen, werden Sie dem Definieren von SELECT-Anweisungen mit mehreren Tabellen ein gutes Stück näher gekommen sein.

Im folgenden Abschitt sind einige Fragen aufgefürt, die Sie selbst lösen können.

6.8 Aufgaben

Nachfolgend zeigen wir Ihnen die Frage-Anweisung und den Namen der Lösungs-Anfrage in den Beispieldatenbanken. Wenn Sie sich etwas Praxis aneignen möchten, können Sie selbst den SQL-Code schreiben, den Sie für die einzelnen Fragen benötigen, und dann Ihre Antwort mit der Anfrage vergleichen, die wir in den Beispielen gespeichert haben. Keine Sorge, wenn Ihre Syntax mit der der gespeicherten Anfragen nicht genau übereinstimmt: Hauptsache, Sie haben dieselbe Ergebnismenge.

Sales Order-Datenbank

1. »Nenne mir die Namen aller Händler mit Sitz in Ballard, Bellevue und Redmond.« Die Lösung finden Sie in Ballard_Bellevue_Redmond_Vendors (3 Zeilen).

2. »Zeige mir eine alphabetische Liste der Produkte mit einem Einzelhandelspreis von mindestens 125,00 Dollar.« (Tipp: Sie erhalten die Liste in alphabetischer Reihenfolge, indem Sie eine im letzten Kapitel besprochene Klausel benutzen.) Die Lösung finden Sie in Products_Priced_Over_125 (13 Zeilen).

3. »Welche der Händler, mit denen wir zusammenarbeiten, haben keine Webseite.« Die Lösung finden Sie in Vendors_With_No_Website (4 Zeilen).

Entertainment-Datenbank

1. »Zeige mir eine Liste aller Engagements aus dem August 1999.« Die Lösung finden Sie in August_1999_Engagements (21 Zeilen).

2. »Zeige mir alle Engagements aus dem August 1999, die zwischen 12 und 17 Uhr beginnen.« Die Lösung finden Sie in August_Dates_ Between_Noon_and_Five (17 Zeilen).

3. »Liste alle Engagements auf, die am selben Tag beginnen und enden.« (Tipp: Bei der Beantwortung dieser Frage müssen Sie mit Datumsarithmetik arbeiten.) Die Lösung finden Sie in Single_Day_Engagements (6 Zeilen).

School Scheduling-Datenbank

1. »Zeige mir alle Angestellten, die ein Postfach als Adresse angegeben haben.« Die Lösung finden Sie in Staff_Using_POBoxes (6 Zeilen).

2. »Kannst Du mir zeigen, welche Schüler außerhalb von Pacific Northwest wohnen?«
   Die Lösung finden Sie in Students_Residing_Outsid_PNW (5 Zeilen).

3. »Zeige mir eine Liste aller Fächer, deren Fachcode mit ‚MUS' beginnt.« Die Lösung finden Sie in Subjects_With_MUS_In_SubjectCode (4 Zeilen).

Bowling League-Datenbank

1. »Zeige mir eine Liste der Turniere im August 1999.« Die Lösung finden Sie in August_1999_Tournament_Schedule (4 Zeilen).

2. »Wie sehen die Turnierpläne für die Kegelbahnen Bolero, Red Rooster und Thunderbird aus?« Die Lösung finden Sie in Eastside_Tournaments (6 Zeilen).

3. »Liste die Kegler auf, die auf der Eastside wohnen (Sie wissen schon – Bellevue, Bothell, Duvall, Redmond und Woodinville), und deren Handicap zwischen 45 und 55 liegt.« Die Lösung finden Sie in High_Handicap_Eastside_Bowlers (7 Zeilen).

Go To

Teil III:
Mit mehreren Tabellen
arbeiten

Denken in
Mengenbegriffen

7

Kapitelüberblick

»Small cheer and a great welcome makes a merry feast.«
- William Shakespeare, Comedy of Errors, Akt III, Szene 1

Sie wissen jetzt, wie Sie eine Datenmenge erzeugen können, indem Sie nach bestimmten Spalten oder Ausdrücken auf Spalten fragen (SELECT). Sie wissen, wie Sie die Zeilen sortieren können (ORDER BY) und wie Sie die Anzahl der zurückgelieferten Zeilen eingrenzen (WHERE). Bisher standen einfache Übungen mit nur einer Tabelle im Mittelpunkt. Doch was ist, wenn Sie über Daten aus mehreren Tabellen etwas wissen möchten? Was, wenn Sie Datenmengen aus derselben Tabelle oder aus verschiedenen Tabellen vergleichen oder einander gegenüberstellen möchten?

Wenn Sie zur Vorbereitung einer Party nur einen einzigen Haufen Kartoffeln oder Karotten schälen, schneiden und würfeln müssen, dann haben Sie es leicht. Doch von nun an werden die meisten Probleme, deren Lösung wir Ihnen vorstellen, Daten aus *mehreren* Tabellen voraussetzen. Wir zeigen Ihnen nicht nur, wie Sie einen guten Braten hinbekommen, wir machen einen richtigen Chefkoch aus Ihnen!

Bevor wir tiefer in dieses Kapitel einsteigen, sollten Sie wissen, dass es darin nur um die Konzepte geht, die Sie verstehen müssen, wenn Sie zwei oder mehr Datenmengen erfolgreich miteinander verbinden möchten. Überdies geben wir Ihnen einen kurzen Überblick über die spezielle, im SQL-Standard definierte Syntax. Diese Syntax unterstützt unmittelbar die reine Definition dieser Konzepte. Seien Sie jedoch vorgewarnt: Viele der modernen, kommerziellen Implementierungen von SQL unterstützen diese »reine« Syntax nicht. In späteren Kapiteln werden wir Ihnen zeigen, wie Sie die hier vorgestellten Konzepte mit der SQL-Syntax implementieren, die allgemein von den meisten großen Datenbanksystemen unterstützt wird. Wir streben hier nach dem »Geist des Gesetzes« und nicht nach den »Buchstaben des Gesetzes«.

7.1 Was ist eine Menge?

Wenn Sie Mitte der Sechzigerjahre oder später ein Teenager waren, dann haben Sie wahrscheinlich im Mathematikunterricht Mengenlehre gelernt. Wenn Sie eine Einführung in die Algebra mit Mengen bekommen haben, dann haben Sie sich wahrscheinlich gefragt, ob Ihnen das jemals etwas nützen würde.

Jetzt versuchen Sie, etwas über relationale Datenbanken und diese komische Sprache SQL zu lernen, um Anwendungen zu programmieren, Probleme zu lösen oder einfach nur Antworten auf Ihre Fragen zu bekommen. Haben Sie in Algebra aufgepasst? Wenn ja, dann wird es Ihnen viel leichter fallen, Probleme in SQL zu lösen – besonders, wenn es sich um komplexe Probleme handelt.

Eigentlich haben Sie schon von Beginn dieses Buches an mit Mengen gearbeitet. In Kapitel 1 lernten Sie die Grundstruktur einer relationalen Datenbank kennen: Tabellen, die Datensätze aus einem oder mehreren Feldern enthalten. (Denken Sie daran, dass Datensätze in SQL als Zeilen und Felder als Spalten bezeichnet werden.) Jede Tabelle in Ihrer Datenbank ist eine *Menge* von Daten zu einem Thema. In Kapitel 2 haben Sie erfahren, wie Sie überprüfen können, dass Ihre Datenbank solide strukturiert ist. Jede Tabelle sollte die Menge von Daten enthalten, die zu genau einem Thema oder genau einer Aktion in Beziehung steht.

In Kapitel 4 erläuterten wir, wie Sie in SQL eine einfache SELECT-Anweisung erstellen können, um eine Ergebnis*menge* abzurufen, die Daten aus speziellen Spalten einer einzelnen Tabelle enthält, und wie Sie solche Ergebnismengen sortieren können. In Kapitel 5 lernten Sie, wie Sie eine neue Daten*menge* aus einer Tabelle sammeln, indem Sie Ausdrücke schreiben, die auf einer oder mehreren Spalten operieren. In Kapitel 6 erfuhren Sie, wie Sie die aus Ihren Tabellen abgerufene Daten*menge* noch stärker eingrenzen können, indem Sie Ihre Anfrage mit einem Filter (einer WHERE-Klausel) versehen.

Wie Sie sehen kann eine Menge auch so etwas Kleines sein, wie die Daten aus einer Spalte einer Tabellenzeile. Sie können in SQL sogar eine Anfrage konstruieren, die gar keine Zeilen zurückgibt – eine leere Menge. Manchmal ist es von Nutzen, herauszufinden, dass etwas *nicht* existiert. Eine Menge kann aber auch mehrere Spalten (darunter auch Spalten, die mit Ausdrücken erzeugt werden) von mehreren Zeilen umfassen, die aus unterschiedlichen Tabellen geholt wurden. Jede Zeile in einer Ergebnismenge ist ein *Element* dieser Menge. Die Werte in den Spalten sind spezielle *Attribute* der einzelnen Elemente – Daten, die das betreffende Element der Menge näher beschreiben. In den nächsten Kapiteln werden wir zeigen, wie Sie Daten aus mehreren Datenmengen abfragen und diese Mengen miteinander verknüpfen können, um Antworten auf komplexere Fragen zu bekommen. Doch als Erstes müssen Sie etwas mehr von Mengen und ihren logischen Kombinationsmöglichkeiten verstehen.

7.2 Operationen auf Mengen

In Kapitel 1 haben wir erörtert, wie Dr. E. F. Codd das relationale Modell entwickelte, auf dem die meisten modernen Datenbanken und auch die Sprache SQL beruhen. Codd entwickelte sein neues Modell auf der Grundlage zweier mathematischer Zweige: der Mengenlehre und der Prädikatenlogik Erster Ordnung.

Sobald Sie etwas mehr können, als nur Antworten aus einer einzelnen Tabelle zu holen, müssen Sie lernen, wie Sie Ergebnismengen von Daten einsetzen können, um komplexere Probleme zu lösen. Für diese komplexen Probleme muss man in der Regel eine der gebräuchlichen Mengenoperationen anwenden, um Daten von zwei oder mehr Tabellen zu verknüpfen. Manchmal müssen Sie auch aus ein und derselben Tabelle zwei verschiedene Ergebnismengen holen und diese dann kombinieren, um Ihre Antwort zu erhalten.

Die drei häufigsten Mengenoperationen sind die Folgenden:

▼ Schnittmenge – Damit finden Sie die gemeinsamen Elemente in zwei oder mehr verschiedenen Mengen: »Zeige mir die Rezepte, die *sowohl* Lammfleisch *als auch* Reis enthalten.« »Zeige mir die Kunden, die *sowohl* Fahrräder *als auch* Helme bestellt haben.«

▼ Differenzmenge – Damit finden Sie Gegenstände, die zwar in der einen, nicht aber in der anderen Menge vorkommen. »Zeige mir die Rezepte, die *zwar* Lamm, *aber keinen* Reis enthalten.« »Zeige mir die Kunden, die *zwar* Fahrräder, *aber keine* Helme bestellt haben.«

▼ Vereinigungsmenge – Damit kombinieren Sie zwei oder mehr ähnliche Mengen: »Zeige mir alle Rezepte, die *entweder* Lamm *oder* Reis enthalten.« »Zeige mir die Kunden, die *entweder* ein Fahrrad *oder* einen Helm bestellt haben.«

In den nächsten drei Abschnitten werden wir diese Grundoperationen auf Mengen erklären – die, die Sie im Algebraunterricht in der Schule gelernt haben. Der Abschnitt über SQL-Mengenoperationen in diesem Kapitel gibt einen Überblick darüber, wie diese Operationen in »reinem« SQL implementiert werden.

7.3 Schnittmenge

Nein, wir meinen nicht das Schneiden von Gemüse. Eine Schnittmenge von zwei Mengen enthält die gemeinsamen Elemente dieser beiden Mengen. Wir wollen uns die Schnittmenge sowohl aus mengentheoretischer Sicht als auch im Hinblick auf die Lösung von Problemen in Unternehmen anschauen.

7.3.1 Die Schnittmenge in der Mengenlehre

Eine Schnittmenge ist ein sehr mächtiges Werkzeug der Mathematik, das Wissenschaftler und Ingenieure oft benutzen. Als Wissenschaftler interessiert es Sie vielleicht, Gemeinsamkeiten aus zwei Mengen von Beispieldaten aus der Chemie oder Physik zu finden. So könnte z. B. ein Chemiker in der Pharmaforschung zwei Verbindungen vor sich haben, die anscheinend eine bestimmte positive Wirkung hervorrufen. Wenn er die Gemeinsamkeit (die Schnittmenge) dieser beiden Verbindungen herausfindet, hilft ihm dies vielleicht bei der Ermittlung des Stoffs, der die beiden Verbindungen so wirksam macht. Ein Ingenieur könnte andererseits ein Interesse daran haben, die Schnittmenge zwischen einer harten, aber spröden Legierung und einer weichen, aber unverwüstlichen Legierung zu finden.

Wir wollen uns die Schnittmenge in Aktion anschauen, indem wir zwei Zahlenmengen untersuchen. In diesem Beispiel ist jede einzelne Zahl ein Element der Menge. Die erste Zahlenmenge ist die Folgende:

1, 5, 8, 9, 32, 55, 78

Die zweite Zahlenmenge sieht so aus:

3, 7, 8, 22, 55, 71, 99

Die Schnittmenge dieser beiden Zahlenmengen besteht aus den Zahlen, die beiden Mengen gemeinsam sind. Die Antwort ist:

8, 55

Die einzelnen Einträge – die Elemente – der einzelnen Mengen brauchen nicht einfache Einzelwerte zu sein. Wenn Sie mit SQL Probleme lösen, werden Sie wahrscheinlich mit Mengen zu tun haben, die aus Zeilen bestehen.

Wenn z.B. Ihr Lieblingsrezept für Lammbraten ein komplexes Element aus allen Rezepten ist, die mehrere Zutaten enthalten, dann ist jede einzelne Zutat ein Attribut Ihres komplexen Lammbratenelements.

Um die Schnittmenge zweier Mengen mit komplexen Elementen zu ermitteln, müssen Sie diejenigen Elemente finden, die in allen Attributen übereinstimmen. Überdies müssen alle Elemente jeder Menge, die Sie in den Vergleich einbeziehen, gleich viele Attribute besitzen, und die Attribute müssen denselben Typ haben. Angenommen, Sie hätten z.B. eine komplexe Menge wie die folgende, in der jede Zeile ein Element einer Menge (ein Bratenrezept) und jede Spalte ein bestimmtes Attribut (Zutat) repräsentiert:

Kartoffeln	Wasser	Lammfleisch	Erbsen
Reis	Hühnerbrühe	Huhn	Karotten
Nudeln	Wasser	Tofu	Brechbohnen
Kartoffeln	Rinderbrühe	Rind	Kohl
Nudeln	Wasser	Schwein	Zwiebeln

Eine andere Menge könnte vielleicht wie folgt aussehen:

Kartoffeln	Wasser	Lammfleisch	Zwiebeln
Reis	Hühnerbrühe	Putenfleisch	Karotten
Nudeln	Gemüsebrühe	Tofu	Brechbohnen
Kartoffeln	Rinderbrühe	Rind	Kohl
Bohnen	Wasser	Schwein	Zwiebeln

Die Schnittmenge dieser beiden Mengen ist das einzige Element, dessen Attribute in beiden Mengen übereinstimmen:

Kartoffeln	Rinderbrühe	Rind	Kohl

7.3.2   Schnittmenge von Ergebnismengen

Wenn Ihnen die obigen Beispiele wie Zeilen in einer Tabelle oder Ergebnismenge vorkommen, dann sind Sie auf dem richtigen Weg. Wenn Sie mit Zeilen in einer Datenmenge zu tun haben, die Sie mit SQL abgerufen haben, dann sind die einzelnen Spalten die Attribute. Nehmen Sie z.B. an, eine Anfrage hätte Ihnen eine Zeilenmenge wie die folgende zurückgeliefert. (Es sind Rezepte aus Johns Kochbuch).

Rezept	Beilage	Flüssigkeit	Fleisch	Gemüse
Lammbraten	Kartoffeln	Wasser	Lamm	Erbsen
Hühnerbraten	Reis	Hühnerbrühe	Huhn	Karotten
Vegetarisch	Nudeln	Wasser	Tofu	Brechbohnen
Irish Stew	Kartoffeln	Rinderbrühe	Rind	Kohl
Schweinebraten	Nudeln	Wasser	Schwein	Zwiebeln

Die Ergebnismenge einer zweiten Anfrage könnte folgendermaßen aussehen. (Diese Rezepte stammen aus dem Kochbuch von Mike.)

Rezept	Beilage	Flüssigkeit	Fleisch	Gemüse
Lammbraten	Kartoffeln	Wasser	Lamm	Erbsen
Putenbraten	Reis	Hühnerbrühe	Pute	Karotten
Vegetarisch	Nudeln	Gemüsebrühe	Tofu	Brechbohnen
Irish Stew	Kartoffeln	Rinderbrühe	Rind	Kohl
Schweinebraten	Bohnen	Wasser	Schwein	Zwiebeln

Die Schnittmenge dieser beiden Mengen sind die beiden Elemente, deren Attribute in beiden Mengen übereinstimmen – also die beiden Rezepte, die bei Mike und John gleich sind.

Rezept	Beilage	Flüssigkeit	Fleisch	Gemüse
Lammbraten	Kartoffeln	Wasser	Lamm	Erbsen
Irish Stew	Kartoffeln	Rinderbrühe	Rind	Kohl

Manchmal kann man die Funktionsweise von Schnittmengen mit einem Mengendiagramm leichter verstehen. Ein Mengendiagramm ist eine elegante und einfache Weise, Datenmengen in Diagrammform darzustellen und zu zeigen, wie die Mengen sich überschneiden oder überlappen. Vielleicht kennen Sie diese Art Diagramm auch unter dem Namen Euler- oder Venn-Diagramm. (Leonard Euler war übrigens ein schweizer Mathematiker aus dem achzehnten Jahrhundert und John Venn benutzte dieses spezielle logische Diagramm in einem Aufsatz, den er 1880 mit einem Kollegen an der Cambridge-Universität schrieb. Sie sehen also, dass es nichts sonderlich Modernes ist, in »Mengenbegriffen zu denken«!)

Wir wollen annehmen, dass Sie eine schöne Datenbank haben, in der alle Ihre Lieblingsrezepte stehen. Da Sie es lieben, wie Zwiebeln den Geschmack von Rindfleisch verfeinern, möchten Sie alle Rezepte herausgreifen, die sowohl Rind als auch Zwiebeln enthalten. Abbildung 7.1 zeigt ein Mengendiagramm, mit dem Sie sich besser vorstellen können, wie dieses Problem zu lösen ist.

Der obere Kreis stellt die Menge der Rindfleischrezepte dar; der untere Kreis die Menge der Rezepte, die Zwiebeln enthalten. Dort, wo sich die beiden Kreise überlappen, finden Sie die Rezepte, die beides enthalten. Wie Sie sich vorstellen können, bitten Sie SQL zuerst, alle Rindfleischrezepte zu holen. In der zweiten Anfrage bitten Sie um alle Rezepte mit Zwiebeln. Wie Sie binnen kurzem sehen werden, können Sie diese beiden Anfragen mit einem speziellen SQL-Schlüsselwort – INTERSECT – koppeln, um die endgültige Antwort zu bekommen.

Jaja, wir wissen schon, was Sie denken. Wenn Ihre Rezepttabelle wie die obigen Beispiele aussieht, können Sie auch einfach sagen:

»Zeige mir die Rezepte, die als Fleischzutat Rind und als Gemüse Zwiebeln enthalten.«

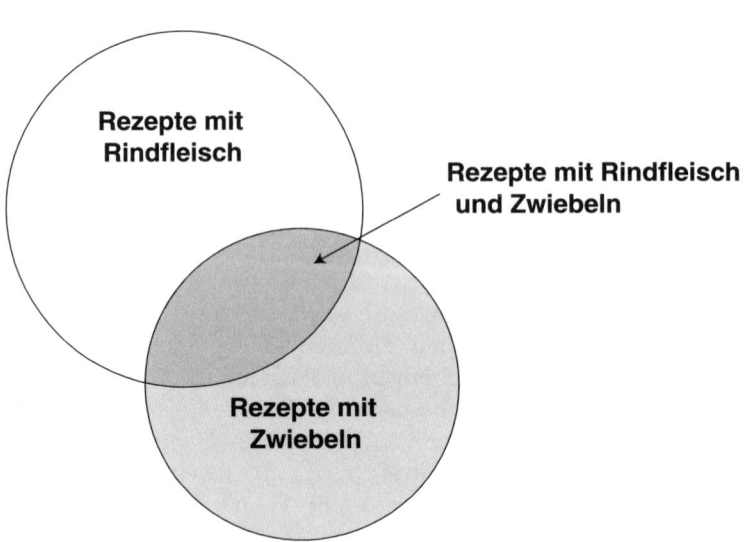

Abbildung 7.1: In welchen Rezepten kommen Rind und Zwiebeln vor?

Übersetzung	Wähle aus der Rezepttabelle den Rezeptnamen aus, zu dem die Fleischzutat Rind und die Gemüsezutat Zwiebeln gehört.
Bereinigte Fassung	Wähle Rezeptnamen aus Rezept, wobei Fleischzutat = Rind und Gemüsezutat = Zwiebeln
SQL	`SELECT RecipeName FROM Recipes WHERE MeatIngredient = ‚Beef' AND VegetableIngredient = ‚Onions'`

Halt! Wenn Sie sich noch an Kapitel 2 erinnern, dann wissen Sie, dass eine einzige Rezepttabelle wahrscheinlich nicht das richtige Rezept ist. (Kleiner Scherz am Rande!) Was ist denn mit den Rezepten, die noch andere Zutaten als Fleisch und Gemüse enthalten? Wie gehen wir damit um, dass manche Rezepte viele Zutaten haben und andere nur wenige? Eine korrekt entworfene Datenbank Recipes umfasst eine separate Recipe_Ingredients-Datenbank mit einer Zeile je Rezept je Zutat. Jede Zutatenzeile enthält nur eine einzige Zutat, damit nicht Rindfleisch und Zwiebeln zur selben Zeit in ein und derselben Zeile stehen können. Zuerst müssen Sie alle Rindfleisch-Zeilen finden, dann alle Zwiebeln-Zeilen und dann müssen Sie die Schnittmenge auf der Spalte RecipeID herstellen. (Wenn unsere Kritik an dem obigen Tabellenentwurf Sie verwirrt, blättern Sie bitte zurück und lesen Kapitel 2 noch einmal.)

Wie wär's mit einer etwas komplexeren Aufgabe? Sagen wir einmal, Sie möchten dem Ganzen noch Karotten hinzufügen. Ein Mengendiagramm zur Veranschaulichung der Lösung dürfte wie das in Abbildung 7.2 aussehen.

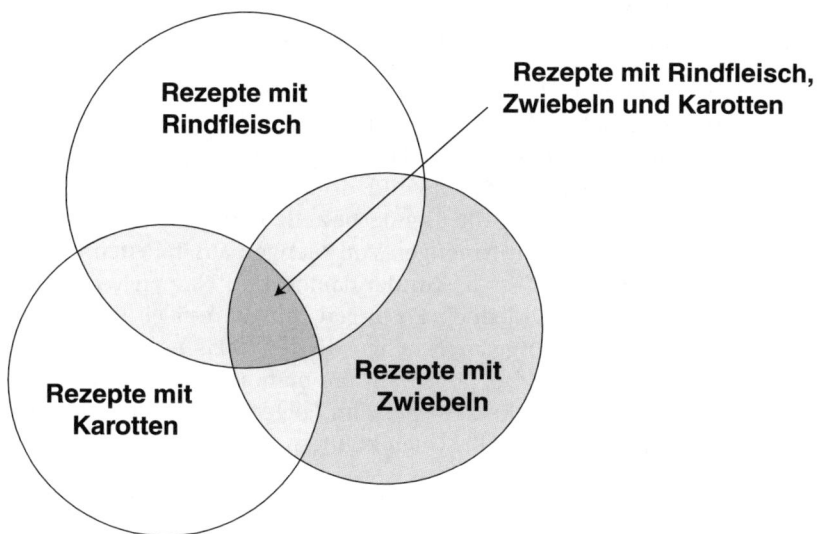

Abbildung 7.2: Rezepte mit Rindfleisch, Zwiebeln und Karotten

Alles klar? Es geht darum zu zeigen, dass ein Mengendiagramm bei Aufgaben mit komplexen Kriterien unschätzbare Dienste leisten kann, wenn es darum geht, die Lösung als Schnittmenge mehrerer SQL-Ergebnismengen dargestellt zu sehen.

7.3.3   Problemlösungen mit INTERSECT

Wie Sie sich denken können, kann man mit INTERSECT auch die Gemeinsamkeiten zwischen zwei oder mehr Datenmengen herausfinden. Hier ist nur eine kleine Auswahl von Problemen, die Sie lösen können, indem Sie auf Daten der Beispieldatenbanken eine Schnittmengen-Technik anwenden.

▼ »Zeige mir die Kunden und Angestellten, die denselben Namen haben.«

▼ »Finde alle Kunden, die ein Fahrrad und überdies auch einen Helm bestellt haben.«

▼ »Liste die Unterhaltungskünstler auf, die sowohl von Bonnicksens als auch von Rosales engagiert worden sind.«

▼ »Zeige mir die Schüler, die sowohl in Kunst als auch in Informatik mindestens die Durchschnittsnote zwei haben.«

▼ »Finde heraus, welche Kegelbrüder sowohl auf der Kegelbahn Thunderbird als auch auf der Kegelbahn Bolero mindestens 155 Punkte bekommen haben.«

▼ »Zeige mir die Rezepte mit Rindfleisch und Knoblauch.«

Eine Einschränkung bei der reinen Schnittmengentechnik besteht darin, dass die Werte in allen Spalten jeder Ergebnismenge übereinstimmen müssen. Das funktioniert gut, wenn Sie eine Schnittmenge aus zwei oder mehr Mengen aus derselben Tabelle bilden – z.B. Kunden, die Fahrräder bestellt haben und Kunden, die Helme bestellt haben. Es funktioniert auch gut, wenn Sie die Schnittmengen von Mengen aus Tabellen bilden, die gleiche Spalten haben – z.B. Kundennamen und Namen von Angestellten. Oft benötigen Sie jedoch Lösungen, für die nur einige wenige Spaltenwerte aus jeder Menge abgeglichen werden müssen. Für Aufgaben dieser Art bietet SQL eine Operation an, die man als JOIN bezeichnet – eine Schnittmenge von Schlüsselwerten. Im Folgenden nenne ich einige Probleme, die Sie mit einem JOIN lösen können.

▼ »Zeige mir die Kunden und Angestellten, die in derselben Stadt leben.« (JOIN auf dem Namen der Stadt.)

▼ »Liste die Kunden und die von ihnen engagierten Unterhaltungskünstler auf.« (JOIN auf der Engagementsnummer.)

▼ »Finde die Agenten und Unterhaltungskünstler mit derselben Postleitzahl.« (JOIN auf der Postleitzahl.)

▼ »Zeige mir alle Fälle, wo ein Schüler und sein Lehrer denselben Vornamen haben.« (JOIN auf dem Vornamen.)

▼ »Finde die Kegelbrüder mit derselben Durchschnittspunktzahl.« (JOIN auf der aktuellen Durchschnittspunktzahl.)

▼ »Zeige alle Zutaten der Rezepte an, die Karotten enthalten.« (JOIN auf der Zutaten-ID.)

Keine Angst: Im nächsten Kapitel zeigen wir Ihnen, wie man diese (und andere) Probleme mit JOINs löst. Und da so wenige kommerzielle SQL-Implementierungen INTERSECT unterstützen, zeigen wir Ihnen auch, wie Sie viele Probleme, die sonst eher ein INTERSECT erfordern, auch mit JOINs lösen können.

7.4 Differenz

Was ist die Differenz zwischen 21 und 10? Wenn Sie 11 antworten, sind Sie auf dem richtigen Weg. Eine Differenzoperation (manchmal auch Subtraktion, Minus oder Ausgenommen genannt) nimmt eine Wertemenge und zieht sie von einer zweiten Wertemenge ab. Was übrigbleibt, sind die Werte aus der ersten Menge, die *nicht* auch in der zweiten Menge enthalten sind. (Wie Sie gleich sehen werden, lautet das entsprechende Schlüsselwort im SQL-Standard EXCEPT.)

7.4.1 Differenz in der Mengenlehre

Die Differenz ist ein weiteres, mächtiges Werkzeug der Mathematik. Als Wissenschaftler interessiert es Sie vielleicht, die Unterschiede zwischen zwei Sammlungen von chemischen oder physikalischen Musterdaten herauszufinden. So könnte z.B. ein Chemiker in der Pharmaforschung zwei Verbindungen haben, die sich scheinbar sehr ähneln, wobei die eine jedoch eine bestimmte, nützliche Wirkung hat, die andere aber nicht. Den Unterschied zwischen den beiden Verbindungen herauszufinden, kann dabei helfen aufzudecken, warum die eine Verbindung funktioniert und die andere nicht. Als Ingenieur haben Sie vielleicht zwei ähnliche Entwürfe, aber der eine funktioniert besser als der andere. Um Strukturmängel der zu bauenden Häuser zu vermeiden, kann es von entscheidender Wichtigkeit sein, den Unterschied zwischen den beiden Entwürfen zu finden.

Wir wollen die Differenz an Hand zweier Zahlenmengen einmal in der Praxis untersuchen. Die erste Zahlenmenge ist:

1, 5, 8, 9, 32, 55, 78

Die zweite Zahlenmenge ist:

3, 7, 8, 22, 55, 71, 99

Die Differenz erste minus zweite Zahlenmenge ergibt die Zahlen, die zwar in der ersten, nicht aber in der zweiten Menge vorhanden sind. Die Antwort ist:

1, 5, 9, 32, 78

Beachten Sie, dass Sie die obige Differenzoperation auch umkehren können: So ist die Differenz zweite minus erste Zahlenmenge:

3, 7, 22, 71, 99

Die Elemente der beiden Mengen brauchen keine Einzelwerte zu sein. Wenn Sie Aufgaben mit SQL lösen, werden Sie höchstwahrscheinlich eher mit Zeilenmengen zu tun haben.

Weiter oben in diesem Kapitel haben wir gesagt: Wenn ein Element einer Menge mehr als nur eine einzelne Zahl oder ein Einzelwert ist, dann hat jedes Element dieser Menge mehrere Attribute (Informationen, die die Eigenschaften jedes Elements beschreiben). So ist z.B. Ihr Lieblingsrezept für Braten ein komplexes Element aus der Menge aller Rezepte, die viele verschiedene Zutaten enthalten. Jede Zutat können Sie sich als ein Attribut Ihres komplexen Bratenelements denken.

Um die Differenz zwischen zwei Mengen komplexer Elemente zu finden, müssen Sie die Elemente finden, bei denen in der ersten und in der zweiten Menge alle Attribute übereinstimmen. Vergessen Sie dabei nicht, dass die Attribute aller Elemente der ersten Menge, die Sie in den Vergleich einbeziehen, in Anzahl und Typ übereinstimmen müssen. Wenn Sie von der ersten Menge alle übereinstimmenden Elemente der zweiten Menge abziehen, ist das Ergebnis die Differenz. Angenommen, Sie haben z.B. eine komplexe Menge wie die nachfolgende. Jede Zeile stellt ein Element der Menge (ein Bratenrezept) dar, und jede Spalte gibt ein spezielles Attribut (eine Zutat) an.

Kartoffeln	Wasser	Lamm	Erbsen
Reis	Hühnerbrühe	Huhn	Karotten
Nudeln	Wasser	Tofu	Brechbohnen
Kartoffeln	Rinderbrühe	Rind	Kohl
Nudeln	Wasser	Schwein	Zwiebeln

Eine zweite Menge könnte folgendermaßen aussehen:

Kartoffeln	Wasser	Lamm	Zwiebeln
Reis	Hühnerbrühe	Pute	Karotten
Nudeln	Gemüsebrühe	Tofu	Brechbohnen
Kartoffeln	Rinderbrühe	Rind	Kohl
Bohnen	Wasser	Schwein	Zwiebeln

Die Differenz dieser beiden Mengen sind die Objekte, die in der ersten Menge vorhanden sind, nicht aber in der zweiten.

Kartoffeln	Wasser	Lamm	Erbsen
Reis	Hühnerbrühe	Huhn	Karotten
Nudeln	Wasser	Tofu	Brechbohnen
Nudeln	Wasser	Schwein	Zwiebeln

7.4.2 Differenz von Ergebnismengen

Wenn Sie mit Zeilen einer mit SQL abgerufenen Datenmenge zu tun haben, sind die Attribute die einzelnen Spalten. Angenommen, Sie haben z.B. eine Menge von Zeilen, die eine Anfrage wie die folgende zurückgeliefert hat. (Die Rezepte stammen aus Johns Kochbuch.)

Rezept	Beilage	Flüssigkeit	Fleisch	Gemüse
Lammbraten	Kartoffeln	Wasser	Lamm	Erbsen
Hühnerbraten	Reis	Hühnerbrühe	Huhn	Karotten
Vegetarisch	Nudeln	Wasser	Tofu	Brechbohnen
Irish Stew	Kartoffeln	Rinderbrühe	Rind	Kohl
Schweinebraten	Nudeln	Wasser	Schwein	Zwiebeln

Die Ergebnismenge einer zweiten Anfrage könnte folgendermaßen aussehen. (Diese Rezepte stammen aus dem Kochbuch von Mike.)

Rezept	Beilage	Flüssigkeit	Fleisch	Gemüse
Lammbraten	Kartoffeln	Wasser	Lamm	Erbsen
Putenbraten	Reis	Hühnerbrühe	Pute	Karotten
Vegetarisch	Nudeln	Gemüsebrühe	Tofu	Brechbohnen
Irish Stew	Kartoffeln	Rinderbrühe	Rind	Kohl
Schweinebraten	Bohnen	Wasser	Schwein	Zwiebeln

Die Differenz zwischen Johns und Mikes Rezepten sind die Rezepte, die in Johns Kochbuch stehen, nicht aber in dem von Mike:

Hühnerbraten	Reis	Hühnerbrühe	Huhn	Karotten
Vegetarisch	Nudeln	Wasser	Tofu	Brechbohnen
Schweinebraten	Nudeln	Wasser	Schwein	Zwiebeln

Auch diese Aufgabe können Sie umkehren. Angenommen, Sie möchten herausfinden, welche Rezepte in Mikes Kochbuch stehen, nicht aber in dem von John: Hier ist die Antwort:

Putenbraten	Reis	Hühnerbrühe	Pute	Karotten
Vegetarisch	Nudeln	Gemüsebrühe	Tofu	Brechbohnen
Schweinebraten	Bohnen	Wasser	Schwein	Zwiebeln

Auch hier können wir mit einem Mengendiagramm veranschaulichen, wie eine Differenzoperation funktioniert. Angenommen, Sie haben eine schöne Datenbank mit all Ihren Lieblingsrezepten. Da Sie Zwiebeln mit Rindfleisch nicht mögen, möchten Sie alle Rezepte finden, die zwar Rind enthalten, aber keine Zwiebeln. Abbildung 7.3 zeigt Ihnen ein Mengendiagramm, das die Lösung dieses Problems anschaulich macht.

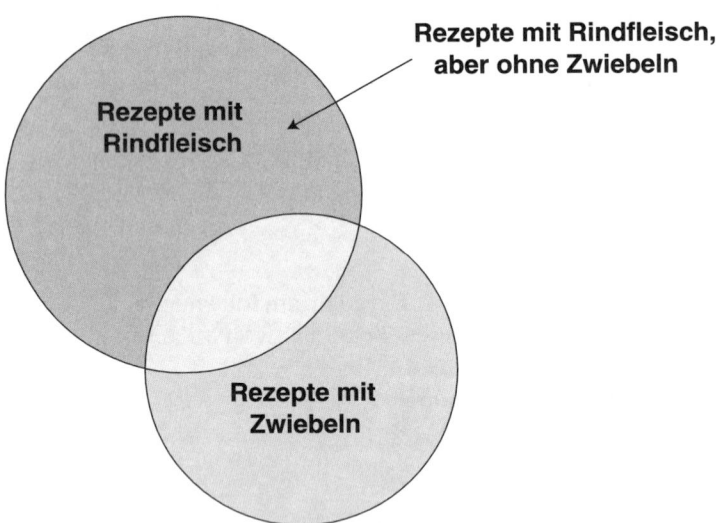

Abbildung 7.3: Welche Rezepte enthalten Rind, aber keine Zwiebeln?

Der obere, gefüllte Kreis steht für die Rezepte, die Rind enthalten. Der untere, gefüllte Kreis repräsentiert die Rezepte, die Zwiebeln enthalten. Wie Sie noch aus der Erörterung von INTERSECT wissen, finden Sie in dem überlappenden Teil die Rezepte, die beide Zutaten enthalten. Der dunkel schattierte Teil des oberen Kreises, der nicht zu dem überlappenden Bereich gehört, stellt die Menge der Rezepte dar, die Rind, aber keine Zwiebeln enthalten. Ebenso stellt der dunkel schattierte Teil des unteren Kreises, der nicht zu dem überlappenden Bereich gehört, die Menge der Rezepte dar, die Zwiebeln, aber kein Rind enthalten.

Sie wissen wahrscheinlich, dass sich mit SQL als Erstes alle Rindfleischrezepte und danach alle Rezepte mit Zwiebeln abrufen lassen. (Wie Sie weiter unten in diesem Kapitel sehen werden, verknüpft das SQL-

Schlüsselwort EXCEPT die beiden Anfragen, um die endgültige Antwort zu bekommen.)

Sind Sie schon wieder reingefallen? (Sie *haben* doch Kapitel 2 gelesen, oder?) Wenn Ihre Rezepttabelle wie die obigen Beispiele aussieht, könnten Sie darauf verfallen, einfach Folgendes zu sagen:

»*Zeige mir die Rezepte, die als Fleischzutat Rind und keine Zwiebeln als Gemüse enthalten.*«

Übersetzung	Wähle aus der Rezepttabelle den Rezeptnamen aus, zu dem die Fleischzutat Rind und keine Zwiebeln als Gemüsezutat gehören.
Bereinigte Fassung	Wähle Rezeptnamen aus Rezept, wobei Fleischzutat = Rind und Gemüsezutat <> Zwiebeln
SQL	`SELECT RecipeName FROM Recipes WHERE MeatIngredient = ,Beef' AND VegetableIngredient <> ,Onions'`

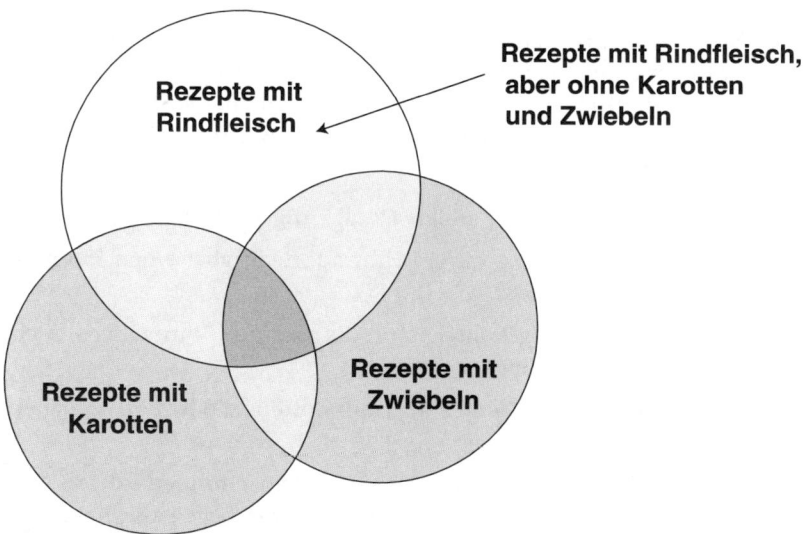

Abbildung 7.4: Rezepte mit Rindfleisch, aber ohne Zwiebeln oder Karotten

Auch hier gilt das in Kapitel 2 Gelernte: Eine einzige Rezepttabelle ist keine scharfe Idee. (Kleiner Scherz!) Was ist mit den Rezepten, die noch andere Zutaten als Fleisch und Gemüse enthalten? Und mit dem Umstand, dass manche Rezepte viele und andere wenige Zutaten haben? Eine korrekt entworfene Recipe-Datenbank umfasst eine getrennte Recipe_Ingredients-Datenbank mit einer Zeile je Rezept je Zutat. Da jede Zutatenzeile nur eine einzige Zutat enthält, können Rindfleisch und Zwiebeln nicht zur selben Zeit in ein und derselben Zeile stehen. Zuerst müssen Sie alle Rindfleisch-Zeilen finden, dann alle Zwiebeln-Zeilen und dann müssen Sie die Differenz auf der Spalte RecipeID herstellen.

Wie wär's mit einem etwas komplexeren Problem? Angenommen, Sie mögen auch keine Karotten. Abbildung 7.4 zeigt das Mengendiagramm, das dies visualisiert.

Als Erstes müssen Sie herausfinden, welche Rezepte Rind enthalten, und dann die Differenz entweder zu der Menge der Zwiebelrezepte oder der Menge der Karottenrezepte bilden. Dieses Ergebnis nehmen Sie und bilden erneut die Differenz zu der verbleibenden Menge (mit Zwiebeln oder Karotten), sodass nur die Rezepte übrigbleiben, die zwar Rind, aber keine Karotten oder Zwiebeln enthalten (der hell schattierte Bereich des oberen Kreises).

7.4.3 Problemlösungen mit Differenz

Im Gegensatz zu der Schnittmenge (die nach gemeinsamen Elementen zweier Mengen sucht) sucht die Differenzoperation nach Elementen, die sich zwar in der einen, *nicht* aber in der anderen Menge befinden. Im Folgenden sehen Sie eine kleine Auswahl von Problemen, die Sie mit den Daten aus den Beispieldatenbanken lösen können, wenn Sie eine Differenztechnik anwenden.

▼ »Zeige mir die Kunden, die anders als alle Angestellten heißen.«

▼ »Finde alle Kunden, die zwar ein Fahrrad, nicht aber einen Helm bestellt haben.«

▼ »Liste die Unterhaltungskünstler auf, die zwar für Bonnicksens, nicht aber für Rosales aufgetreten sind.«

▼ »Zeige mir die Schüler, die in Kunst mindestens die Note zwei haben, nicht aber in Informatik.«

▼ »Finde die Kegelbrüder, die auf der Kegelbahn Thunderbird 155 oder mehr Punkte errungen haben, nicht aber auf der Kegelbahn Bolero.«

▼ »Zeige mir die Rezepte mit Rind, aber ohne Knoblauch.«

Eine der Einschränkungen reiner Differenzoperationen ist, dass die Werte in allen Spalten jeder Ergebnismenge übereinstimmen müssen. Das funktioniert gut, wenn Sie die Differenz von zwei oder mehr Mengen aus derselben Tabelle ermitteln – z. B. Kunden, die Fahrräder bestellt haben, und Kunden, die Helme bestellt haben. Ebenso funktioniert es gut, wenn Sie die Differenz zwischen Mengen aus Tabellen mit gleichen Spalten herausfinden möchten – z. B. Kundennamen und Namen von Angestellten.

Oft suchen Sie jedoch nach Lösungen, die es erforderlich machen, nur einige wenige Spaltenwerte aus jeder Menge abzugleichen. Für diese Aufgabe stellt SQL die Operation OUTER JOIN bereit, die die Überschneidung von Schlüsselwerten so vornimmt, dass sie von beiden Mengen die Werte liefert, die nicht übereinstimmen. Hier sind einige Probleme, die Sie mit einem OUTER JOIN lösen können:

▼ »Zeige mir die Kunden, die in einer Stadt leben, in der keiner der Angestellten wohnt.« (OUTER JOIN auf dem Namen der Stadt.)

▼ »Liste die Kunden und die nicht von ihnen engagierten Unterhaltungskünstler auf.« (OUTER JOIN auf der Engagementsnummer.)

▼ »Finde die Agenten, die eine andere Postleitzahl haben als alle Unterhaltungskünstler.« (OUTER JOIN auf der Postleitzahl.)

▼ »Zeige mir die Schüler, die mit Vornamen anders als alle Lehrer heißen.« (OUTER JOIN auf dem Vornamen.)

▼ »Finde die Kegelbrüder, die im Durchschnitt 150 Punkte oder mehr haben, und noch bei keinem Spiel weniger als 125 Punkte hatten.« (OUTER JOIN auf der Kegler-ID von zwei verschiedenen Tabellen.)

▼ »Zeige alle Zutaten der Rezepte an, die keine Karotten enthalten.« (OUTER JOIN auf der Zutaten-ID.)

Keine Sorge! In Kapitel 9 zeigen wir Ihnen, wie Sie diese (und andere) Probleme mit OUTER JOINs lösen können. Da viele kommerzielle SQL-Implementierungen kein EXCEPT unterstützen, zeigen wir Ihnen überdies, wie Sie viele Probleme mit OUTER JOINs lösen können, die andernfalls ein EXCEPT (Differenz) erfordert hätten.

7.5 Vereinigungsmenge

Bisher haben wir besprochen, wie Sie die Elemente finden, die zwei Mengen gemeinsam haben (Schnittmenge), und wie Sie die Elemente finden, in denen sich zwei Mengen unterscheiden (Differenz). Die dritte Art von Mengenoperation ist die »Addition« zweier Mengen (Vereinigung).

7.5.1 Vereinigung in der Mengenlehre

Mit der Vereinigungsmenge können Sie zwei ähnliche Datenmengen zu einer einzigen Menge verschmelzen. Als Wissenschaftler sind Sie vielleicht daran interessiert, zwei Mengen chemischer oder physikalischer Beispieldaten miteinander zu kombinieren. So könnte z.B. ein Chemiker in der Pharmaforschung zwei verschiedene Mengen von Verbindungen haben, die eine bestimmte, vorteilhafte Wirkung erzeugen. Dieser Forscher könnte die beiden Mengen vereinigen, um eine einzige Liste aller wirksamen Verbindungen zu erhalten.

Wir wollen uns die Vereinigung in der Praxis an Hand zweier Zahlenmengen anschauen. Die erste Zahlenmenge ist:

1, 5, 8, 9, 32, 55, 78

Die zweite Zahlenmenge ist:

3, 7, 8, 22, 55, 71, 99

Die Vereinigung dieser beiden Zahlenmengen besteht in den zu einer einzigen, neuen Menge kombinierten Zahlen beider Mengen. Die Antwort ist:

1, 5, 8, 9, 32, 55, 78, 3, 7, 22, 71, 99

Beachten Sie, dass die Werte, die beiden Mengen gemeinsam sind – die 8 und die 55 – in der Antwort nur ein Mal auftauchen. Außerdem stehen die Zahlen in der Ergebnismenge nicht unbedingt in einer speziellen Reihenfolge. Wenn Sie eine Datenbank eine UNION durchführen lassen, stehen die zurückgelieferten Werte nur dann in einer Reihenfolge, wenn Sie explizit eine ORDER BY-Klausel angeben. Wenn Sie die doppelt vorhandenen Elemente sehen möchten, können Sie in SQL auch UNION ALL sagen.

Die Elemente der einzelnen Mengen brauchen nicht nur einzelne Werte zu sein. Wenn Sie mit SQL arbeiten, ist es sogar die Regel, dass Sie mit Zeilenmengen zu tun haben.

Um die Vereinigungsmenge von zwei oder mehr Mengen komplexer Elemente zu finden, müssen alle zu vereinigenden Elemente im Hinblick auf Anzahl und Typ ihrer Attribute gleich sein. Angenommen, Sie haben z.B. eine komplexe Menge wie die unten stehende vor sich. Jede Zeile stellt ein Element der Menge (ein Bratenrezept) dar, und jede Spalte gibt ein bestimmtes Attribut (eine Zutat) an.

Kartoffeln	Wasser	Lamm	Erbsen
Reis	Hühnerbrühe	Huhn	Karotten
Nudeln	Wasser	Tofu	Brechbohnen
Kartoffeln	Rinderbrühe	Rind	Kohl
Nudeln	Wasser	Schwein	Zwiebeln

Eine zweite Menge könnte folgendermaßen aussehen:

Kartoffeln	Wasser	Lamm	Erbsen
Reis	Hühnerbrühe	Pute	Karotten
Nudeln	Gemüsebrühe	Tofu	Brechbohnen

| Kartoffeln | Rinderbrühe | Rind | Kohl |
| Bohnen | Wasser | Schwein | Zwiebeln |

Die Vereinigung dieser beiden Mengen ist die Menge der Objekte beider Mengen, wobei Duplikate weggelassen werden.

Kartoffeln	Wasser	Lamm	Erbsen
Reis	Hühnerbrühe	Huhn	Karotten
Nudeln	Wasser	Tofu	Brechbohnen
Kartoffeln	Rinderbrühe	Rind	Kohl
Nudeln	Wasser	Schwein	Zwiebeln
Kartoffeln	Wasser	Lamm	Erbsen
Reis	Hühnerbrühe	Pute	Karotten
Nudeln	Gemüsebrühe	Tofu	Brechbohnen
Bohnen	Wasser	Schwein	Zwiebeln

7.5.2   Ergebnismengen mit UNION vereinigen

Von Mengen komplexer Objekte zu Zeilen in SQL-Ergebnismengen ist es nur ein kleiner Schritt. Wenn Sie mit Zeilen einer Datenmenge zu tun haben, die Sie mit SQL abgerufen haben, dann sind die Spalten die einzelnen Attribute. Angenommen, eine Anfrage hat Ihnen die nachfolgende Spaltenmenge zurückgeliefert. (Diese Rezepte sind aus Johns Kochbuch.)

Rezept	Beilage	Flüssigkeit	Fleisch	Gemüse
Lammbraten	Kartoffeln	Wasser	Lamm	Erbsen
Hühnerbraten	Reis	Hühnerbrühe	Huhn	Karotten
Vegetarisch	Nudeln	Wasser	Tofu	Brechbohnen
Irish Stew	Kartoffeln	Rinderbrühe	Rind	Kohl
Schweinebraten	Nudeln	Wasser	Schwein	Zwiebeln

Die Ergebnismenge einer zweiten Anfrage könnte folgendermaßen aussehen. (Diese Rezepte stammen aus dem Kochbuch von Mike.)

Rezept	Beilage	Flüssigkeit	Fleisch	Gemüse
Lammbraten	Kartoffeln	Wasser	Lamm	Erbsen
Putenbraten	Reis	Hühnerbrühe	Pute	Karotten
Vegetarisch	Nudeln	Gemüsebrühe	Tofu	Brechbohnen

Denken in Mengenbegriffen

Rezept	Beilage	Flüssigkeit	Fleisch	Gemüse
Irish Stew	Kartoffeln	Rinderbrühe	Rind	Kohl
Schweinebraten	Bohnen	Wasser	Schwein	Zwiebeln

Die Vereinigung dieser beiden Mengen besteht aus den Zeilen beider Mengen. Vielleicht haben John und Mike ja beschlossen, gemeinsam ein Kochbuch zu schreiben!

Rezept	Beilage	Flüssigkeit	Fleisch	Gemüse
Lammbraten	Kartoffeln	Wasser	Lamm	Erbsen
Hühnerbraten	Reis	Hühnerbrühe	Huhn	Karotten
Vegetarisch	Nudeln	Wasser	Tofu	Brechbohnen
Irish Stew	Kartoffeln	Rinderbrühe	Rind	Kohl
Schweinebraten	Nudeln	Wasser	Schwein	Zwiebeln
Putenbraten	Reis	Hühnerbrühe	Pute	Karotten
Vegetarisch	Nudeln	Gemüsebrühe	Tofu	Brechbohnen
Schweinebraten	Bohnen	Wasser	Schwein	Zwiebeln

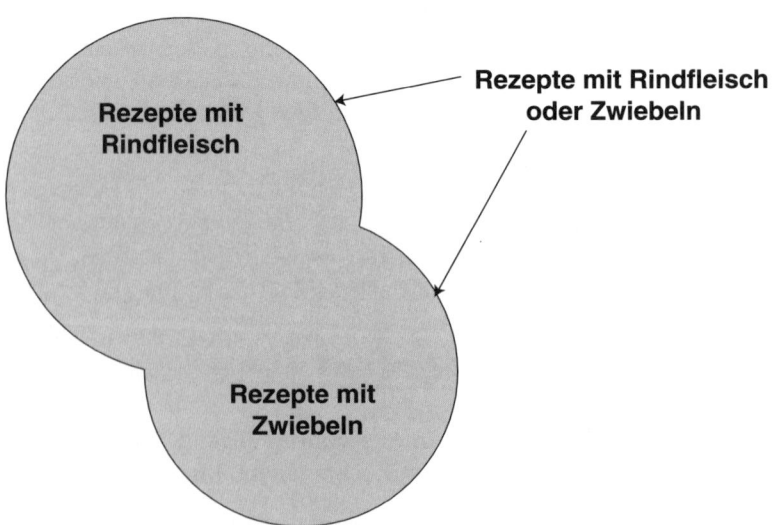

Abbildung 7.5: Welche Rezepte enthalten Rind oder Zwiebeln?

Angenommen, Sie besitzen eine schöne Datenbank mit all Ihren Lieblingsrezepten. Da Sie Rezepte mit Rindfleisch oder Zwiebeln mögen, möchten Sie eine Liste aller Rezepte, die eine dieser beiden Zutaten ent-

7.5 Vereinigungsmenge

halten. Abbildung 7.5 zeigt Ihnen, mit welchem Mengendiagramm Sie die Lösung dieses Problems veranschaulichen können.

Mittlerweile wissen Sie, dass es keine gute Idee ist, Datenbanken mit einer einzelnen Tabelle zu entwerfen. Eine korrekt entworfene Recipes-Datenbank hat statt dessen eine separate Recipe_Ingredients-Tabelle mit einer Zeile pro Rezept pro Zutat. In jeder Zutatenzeile steht nur eine einzige Zutat, sodass in keiner Zeile zugleich Rind und Zwiebeln stehen können. Zuerst suchen Sie alle Rezepte mit einer Rindfleischzeile, als Zweites alle Rezepte mit einer Zwiebeln-Zeile, und dann vereinigen Sie beide.

7.5.3   Problemlösungen mit UNION

Mit UNION können Sie Zeilen gleichartiger Tabellen zusammenmixen und haben überdies den Vorteil, dass keine Zeilen doppelt auftreten. Hier ist eine Auswahl von Problemen, die Sie mit Daten aus den Beispieldatenbanken mit der Vereinigungstechnik lösen können:

▼ »Zeige mir alle Namen und Adressen der Kunden und der Angestellten.«

▼ »Kombiniere in einer Liste die Kunden, die ein Fahrrad bestellt haben, und die Kunden, die einen Helm bestellt haben.«

▼ »Gib mir eine Liste der Unterhaltungskünstler, die für Bonnicksens aufgetreten sind, und der Unterhaltungskünstler, die für Rosales aufgetreten sind.«

▼ »Zeige mir die Schüler, die in Kunst mindestens die Note zwei haben, und die Schüler, die in Informatik mindestens die Note zwei haben.«

▼ »Finde die Kegelbrüder, die auf der Kegelbahn Thunderbird mindestens 155 Punkte erzielt haben, und die Kegelbrüder, die auf der Kegelbahn Bolero mindestens 140 Punkte erzielt haben.«

▼ »Zeige mir die Rezepte mit Rindfleisch und die Rezepte mit Knoblauch.«

Wie bei jeder reinen Mengenoperation gilt hier die Beschränkung, dass die Werte aller Spalten jeder Ergebnismenge zueinander passen müssen. Das funktioniert gut, wenn Sie zwei oder mehr Mengen aus derselben Tabelle vereinigen – z.B. die Kunden, die Fahrräder bestellt haben, und die Kunden, die Helme bestellt haben. Es funktioniert auch dann gut, wenn Sie Mengen aus Tabellen mit gleichen Spalten per UNION vereinigen – z.B. die Namen und Adressen von Kunden und die Namen und Adressen von Angestellten. In Kapitel 10 werden wir noch näher auf die Verwendung von UNION eingehen.

In vielen Fällen, in denen Sie ansonsten Zeilen derselben Tabelle vereinigen würden, werden Sie feststellen, dass DISTINCT (schaltet doppelt vorhandene Zeilen aus) bei komplexen Kriterien für verbundene Tabellen denselben Zweck erfüllt. In Kapitel 8 zeigen wir Ihnen, wie man Probleme auf diese Weise mit JOINs löst.

7.6 Mengenoperationen in SQL

Nun, da Sie die Grundlagen der Mengenoperationen verstehen, wollen wir einen Blick darauf werfen, wie diese in SQL implementiert sind.

7.6.1 Klassische Mengenoperationen versus SQL

Wie gesagt unterstützen noch nicht viele kommerzielle Datenbanksysteme die INTERSECT- oder Differenzoperation auf Mengen unmittelbar. Allerdings definiert der aktuelle SQL-Standard ganz klar, wie diese Operationen implementiert werden sollten. Unserer Meinung nach sind diese Mengenoperationen zumindest so wichtig, dass sie einen Überblick über die Syntax rechtfertigen.

Wie versprochen werden wir Ihnen in späteren Kapiteln noch Alternativen aufzeigen, wie Sie Schnittmengen- oder Differenzprobleme mit JOINs lösen können. Da die meisten Datenbanksysteme UNION unterstützen, befasst sich Kapitel 10 mit der Anwendung dieser Operation. Der Rest des vorliegenden Kapitels gibt Ihnen einen Überblick über alle drei Operationen.

7.6.2 Gemeinsame Werte finden: INTERSECT

Angenommen, Sie möchten die folgende, scheinbar einfache Aufgabe lösen:

»Zeige mir die Bestellungen, die sowohl ein Fahrrad als auch einen Helm umfassen.«

Übersetzung	Wähle aus der Tabelle mit den Bestelldaten die verschiedenen Bestellnummern aus, deren Produktnummer auf der Liste der Produktnummern von Fahrrädern und Helmen steht.
Bereinigte Fassung	Wähle verschiedene Bestellnummern aus Bestelldaten, wobei Produktnummer in Fahrrad- und Helm-Produktnummern
SQL	`SELECT DISTINCT OrderNumber FROM Order_Details WHERE ProductNumber IN (1, 2, 6, 10, 11, 25, 26)`

Leser, die SQL kennen, fragen sich vielleicht, warum wir keinen JOIN von Bestell_Daten und Produkte ausgeführt haben, um die Produktnamen von Fahrrädern oder Helmen zu suchen. Die Antwort ist einfach, dass wir bisher das Konzept eines JOIN noch nicht eingeführt haben. Daher haben wir das obige Beispiel auf einer einzigen Tabelle aufgebaut und verwenden IN und eine Liste bekannter Fahrrad- und Helm-Produktnummern.

Zunächst scheint das zu klappen, aber die Antwort enthält auch Bestellungen, die *entweder* ein Fahrrad *oder* einen Helm umfassen, und Sie wollten doch eigentlich die Bestellungen *sowohl* eines Fahrrads *als auch* eines Helms finden! Wenn Sie »Bestellungen mit Fahrrädern« und »Bestellungen mit Helmen« als zwei verschiedene Mengen visualisieren, ist das Problem leichter zu verstehen. Abbildung 7.6 zeigt an Hand eines Mengendiagramms eine der möglichen Beziehungen zwischen den beiden Bestellmengen.

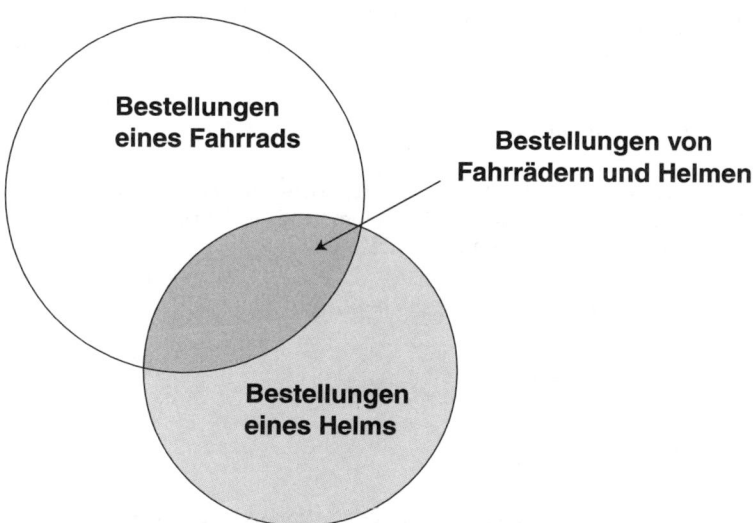

Abbildung 7.6: Eine mögliche Beziehung zwischen zwei Bestellmengen

Man kann tatsächlich überhaupt nicht vorhersagen, welche Art von Beziehung zwischen zwei Datenmengen eventuell besteht. In Abbildung 7.6 steht auf manchen Bestellungen zwar ein Fahrrad, aber kein Helm, und auf anderen zwar ein Helm, aber kein Fahrrad. Abbildung 7.7 zeigt einen anderen Fall, bei dem *alle* Bestellungen eines Helms auch ein Fahrrad umfassen, aber einige Bestellungen eines Fahrrads keinen Helm.

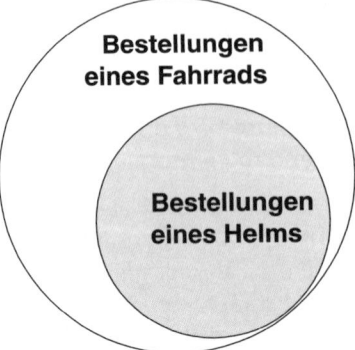

Abbildung 7.7: Alle Helm-Bestellungen erstrecken sich auch auf ein Fahrrad

Wenn in Ihrer Anforderung »sowohl als auch« steht, müssen Sie die Lösung möglicherweise in zwei getrennte Datenmengen aufspalten und diese dann in irgendeiner Form miteinander verknüpfen. (Ihre Anforderung muss dann ebenfalls in zwei Teile aufgespalten werden.)

»Zeige mir die Fahrradbestellungen.«

Übersetzung	Wähle aus der Tabelle mit den Bestelldaten die verschiedenen Bestellnummern aus, deren Produktnummer auf der Liste der Produktnummern von Fahrrädern steht.
Bereinigte Fassung	Wähle verschiedene Bestellnummern aus Bestelldaten, wobei Produktnummer in Fahrrad-Produktnummern
SQL	`SELECT DISTINCT OrderNumber FROM Order_Details WHERE ProductNumber IN (1, 2, 6, 11)`

»Zeige mir die Helmbestellungen.«

Übersetzung	Wähle aus der Tabelle mit den Bestelldaten die verschiedenen Bestellnummern aus, deren Produktnummer auf der Liste der Produktnummern von Helmen steht.
Bereinigte Fassung	Wähle verschiedene Bestellnummern aus Bestelldaten, wobei Produktnummer in Helm-Produktnummern
SQL	`SELECT DISTINCT OrderNumber FROM Order_Details WHERE ProductNumber IN (10, 25, 26)`

Nun sind Sie bereit für die endgültige Lösung. Sicher haben Sie schon geraten, dass wir dazu die *Schnittmenge* der beiden Mengen bilden. Abbildung 7.8 zeigt Ihnen das SQL-Syntaxdiagramm zu diesem Problem. (Beachten Sie, dass Sie INTERSECT mehr als einmal benutzen können, um mehrere SELECT-Anweisungen miteinander zu kombinieren.)

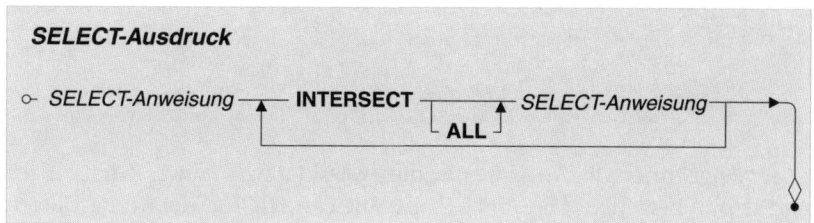

Abbildung 7.8: Zwei SELECT-Anweisungen werden mit INTERSECT verbunden

Nun können Sie die beiden Teile Ihrer Anforderung mit einem INTERSECT-Operator verknüpfen, um die richtige Antwort zu bekommen.

```
SQL     SELECT DISTINCT BestellNummer FROM Bestell_Daten WHERE
        ProduktNummer IN (1, 2, 6, 11)
        INTERSECT
        SELECT DISTINCT OrderNumber FROM Order_Details WHERE
        ProductNumber IN (10, 25, 26)
```

Die schlechte Neuigkeit dabei ist, dass noch nicht viele kommerzielle SQL-Implementierungen den INTERSECT-Operator unterstützen. Aber deswegen ist noch nicht alles verloren! Denken Sie daran, dass jede Zeile einer Tabelle eindeutig durch ihren Primärschlüssel identifiziert ist. (Sie müssen nicht sämtliche Felder, sondern nur den Primärschlüssel einer Zeile abgleichen, um eindeutige Zeilen zu finden, die zu einer Schnittmenge gehören.) In Kapitel 8 werden wir Ihnen ein alternatives Verfahren mit JOIN zeigen, das dieses Problem in anderer Form lösen kann. Die gute Neuigkeit ist: JOIN wird von den meisten kommerziellen SQL-Implementierungen unterstützt.

7.6.3 Ermitteln, was fehlt: EXCEPT (DIFFERENCE)

Wir wollen noch einmal auf die Fahrräder und die Helme zurückkommen. Angenommen, Sie möchten diese scheinbar einfache Aufgabe wie folgt lösen:

»Zeige mir die Bestellungen, die zwar ein Fahrrad, aber keinen Helm umfassen.«

Übersetzung	Wähle aus der Tabelle mit den Bestelldaten die verschiedenen Bestellnummern aus, deren Produktnummer zwar auf der Liste der Produktnummern der Fahrräder, nicht aber auf der Liste der Produktnummern der Helme steht.
Bereinigte Fassung	Wähle verschiedene Bestellnummern aus Bestelldaten, wobei Produktnummer in Fahrrad-Produktnummern und Produktnummer nicht in Helm-Produktnummern

SQL	`SELECT DISTINCT OrderNumber FROM Order_Details WHERE`
	`ProductNumber IN (1, 2, 6, 11)`
	`AND ProductNumber NOT IN (10, 25, 26)`

Leider zeigt Ihnen die Antwort nur die Bestelldaten, die sich lediglich auf ein Fahrrad beziehen! Das Problem ist: Die erste IN-Klausel findet Datenzeilen, die ein Fahrrad enthalten, aber die zweite IN-Klausel verwirft einfach alle Zeilen, die einen Helm enthalten. Wenn Sie »Bestellungen mit Fahrrädern« und »Bestellungen mit Helmen« als zwei verschiedene Mengen veranschaulichen, ist das leichter zu verstehen. Abbildung 7.9 zeigt eine mögliche Beziehung zwischen den beiden Bestellmengen.

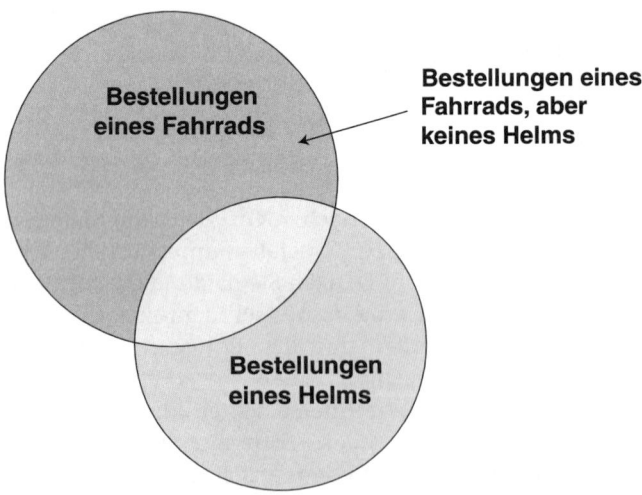

Abbildung 7.9: Fahrradbestellungen, die nicht zugleich auch einen Helm umfassen

Wenn in Ihrer Anforderung »mit Ausnahme von« oder »nicht jedoch« auftaucht, dann müssen Sie die Lösung möglicherweise in zwei getrennte Datenmengen aufspalten und diese dann in irgendeiner Form miteinander verknüpfen. (Ihre Anforderung muss dann ebenfalls in zwei Teile aufgespalten werden.)

7.6 Mengenoperationen in SQL

»Zeige mir die Fahrradbestellungen.«

Übersetzung	Wähle aus der Tabelle mit den Bestelldaten die verschiedenen Bestell-nummern aus, deren Produktnummer auf der Liste der Produktnummern von Fahrrädern steht.
Bereinigte Fassung	Wähle verschiedene Bestellnummern aus Bestelldaten, wobei Produkt-nummer in Fahrrad-Produktnummern
SQL	`SELECT DISTINCT OrderNumber FROM Order_Details WHERE ProductNumber IN (1, 2, 6, 11)`

»Zeige mir die Helmbestellungen.«

Übersetzung	Wähle aus der Tabelle mit den Bestelldaten die verschiedenen Bestell-nummern aus, deren Produktnummer auf der Liste der Produktnummern von Helmen steht.
Bereinigte Fassung	Wähle verschiedene Bestellnummern aus Bestelldaten, wobei Produkt-nummer in Helm-Produktnummern
SQL	`SELECT DISTINCT OrderNumber FROM Order_Details WHERE ProductNumber IN (10, 25, 26)`

Nun sind Sie bereit für die endgültige Lösung. Sicher haben Sie schon geraten, dass wir dazu die *Differenz* der beiden Mengen bilden. SQL kennzeichnet eine Differenzoperation mit dem Schlüsselwort EXCEPT. Abbildung 7.10 zeigt Ihnen das SQL-Syntaxdiagramm zu diesem Problem.

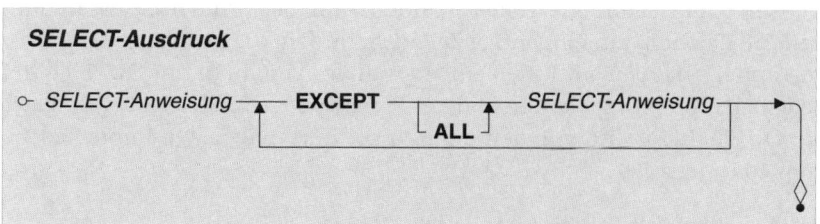

Abbildung 7.10: Zwei SELECT-Anweisungen werden mit EXCEPT verknüpft

Nun können Sie die beiden Teile Ihrer Anforderung mit einem EXCEPT-Operator verknüpfen, um die richtige Antwort zu bekommen.

```
SQL        SELECT DISTINCT OrderNumber FROM Order_Details WHERE
           ProductNumber IN (1, 2, 6, 11)

           EXCEPT

           SELECT DISTINCT OrderNumber FROM Order_Details WHERE
           ProductNumber IN (10, 25, 26)
```

Erinnern Sie sich bitte an die vorherige Diskussion über die Differenzoperation: Die Reihenfolge der Mengen ist wichtig! In diesem Fall fragen Sie nach Fahrrädern »mit Ausnahme von« Helmen. Wenn Sie den umgekehrten Fall abfragen möchten – also Helmbestellungen, die kein Fahrrad enthalten – dann können Sie dies folgendermaßen umdrehen:

```
SQL        SELECT DISTINCT OrderNumber FROM Order_Details WHERE
           ProductNumber IN (10, 25, 26)

           EXCEPT

           SELECT DISTINCT OrderNumber FROM Order_Details WHERE
           ProductNumber IN (1, 2, 6, 11)
```

Die schlechte Neuigkeit dabei ist, dass noch nicht viele kommerzielle SQL-Implementierungen den INTERSECT-Operator unterstützen. Aber deswegen ist noch nicht alles verloren! Denken Sie daran, dass jede Zeile einer Tabelle eindeutig durch ihren Primärschlüssel identifiziert ist. (Sie müssen nicht sämtliche Felder, sondern nur den Primärschlüssel einer Zeile abgleichen, um eindeutige Zeilen zu finden, die sich unterscheiden.) In Kapitel 9 werden wir Ihnen ein alternatives Verfahren mit OUTER JOIN zeigen, das dieses Problem in anderer Form lösen kann. Die gute Neuigkeit ist: OUTER JOIN wird von den meisten kommerziellen SQL-Implementierungen unterstützt.

7.6.4   Mengen kombinieren – UNION

Nur noch eine Aufgabe mit Fahrrädern und Helmen, bevor wir zum nächsten Kapitel kommen. Angenommen, Sie möchten die folgende Anforderung lösen, die oberflächlich betrachtet ganz einfach ist:

»Zeige mir die Bestellungen, die entweder ein Fahrrad oder einen Helm umfassen.«

Übersetzung	Wähle aus der Tabelle mit den Bestelldaten die verschiedenen Bestellnummern aus, deren Produktnummer sowohl auf der Liste der Produktnummern der Fahrräder als auch auf der Liste der Produktnummern der Helme steht.
Bereinigte Fassung	Wähle verschiedene Bestellnummern aus Bestelldaten, wobei Produktnummer in Fahrrad- und Helm-Produktnummern
SQL	`SELECT DISTINCT OrderNumber FROM Order_Details WHERE ProductNumber IN (1, 2, 6, 10, 11, 25, 26)`

Funktioniert doch großartig! Wozu also eine UNION verwenden, um diese Aufgabe zu lösen? Die Wahrheit ist: Dies werden Sie tatsächlich nicht tun. Aber wenn wir das Problem ein wenig komplexer machen –

»*Liste die Kunden, die ein Fahrrad bestellt haben, zusammen mit den Herstellern auf, die Fahrräder liefern.*«

– dann wäre eine UNION sinnvoll.

Leider muss man, um diese Anforderung zu beantworten, eine Reihe von Anfragen mit JOIN-Operationen schreiben, um dann das Endergebnis mit UNION zu ermitteln. Da wir Ihnen aber JOIN bisher noch nicht gezeigt haben, werden wir uns diese Aufgabe für Kapitel 10 aufsparen. Jetzt haben Sie etwas, worauf Sie sich freuen können!

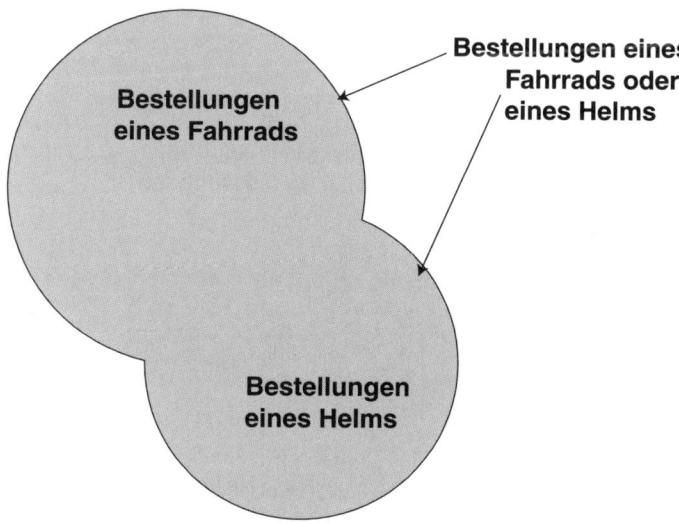

Abbildung 7.11: Bestellungen für Fahrräder oder Helme

Wir wollen noch einmal auf das »Fahrräder oder Helme«-Problem zurückkommen und es mit einer UNION lösen. Wenn Sie »Bestellungen mit
Fahrrädern« und »Bestellungen mit Helmen« als zwei getrennte Mengen
darstellen, ist das Problem leichter zu verstehen. Abbildung 7.11 zeigt Ihnen eine mögliche Beziehung zwischen diesen beiden Bestellmengen.

»*Zeige mir die Fahrradbestellungen.*«

Übersetzung	Wähle aus der Tabelle mit den Bestelldaten die verschiedenen Bestell-nummern aus, deren Produktnummer auf der Liste der Produktnum-mern von Fahrrädern steht.
Bereinigte Fassung	Wähle verschiedene Bestellnummern aus Bestelldaten, wobei Produkt-nummer in Fahrrad-Produktnummern
SQL	`SELECT DISTINCT OrderNumber FROM Order_Details WHERE ProductNumber IN (1, 2, 6, 11)`

»*Zeige mir die Helmbestellungen.*«

Übersetzung	Wähle aus der Tabelle mit den Bestelldaten die verschiedenen Bestell-nummern aus, deren Produktnummer auf der Liste der Produktnum-mern von Helmen steht.
Bereinigte Fassung	Wähle verschiedene Bestellnummern aus Bestelldaten, wobei Produkt-nummer in Helm-Produktnummern
SQL	`SELECT DISTINCT OrderNumber FROM Bestell_Daten WHERE ProduktNummer IN ( 10, 25, 26)`

Nun sind Sie bereit für die endgültige Lösung. Sicher haben Sie schon geraten, dass wir dazu die *Vereinigung* der beiden Mengen bilden. Abbildung
7.12 zeigt Ihnen das SQL-Syntaxdiagramm zu diesem Problem.

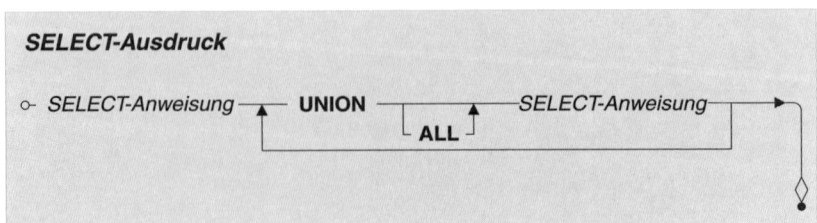

Abbildung 7.12: Zwei SELECT-Anweisungen werden mit UNION verknüpft

Nun können Sie die beiden Teile Ihrer Anforderung mit einem UNION-
Operator verknüpfen, um die richtige Antwort zu bekommen.

7.6 Mengenoperationen in SQL

```
SQL     SELECT DISTINCT OrderNumber FROM Order_Details WHERE
        ProductNumber IN (1, 2, 6, 11)
        UNION
        SELECT DISTINCT OrderNumber FROM Order_Details WHERE
        ProductNumber IN (10, 25, 26)
```

Die gute Neuigkeit dabei ist, dass die meisten kommerziellen SQL-Implementierungen den UNION-Operator unterstützen. Wie die obigen Beispiele deutlich gemacht haben, ist UNION eher umständlich, wenn Sie aus einer einzigen Tabelle ein »entweder oder«-Ergebnis abrufen möchten. UNION eignet sich am besten dazu, eine Liste aus mehreren verschiedenen, aber gleich strukturierten Tabellen zu kompilieren. In Kapitel 10 werden wir UNION noch sehr viel gründlicher behandeln.

7.7 Zusammenfassung

Zu Beginn dieses Kapitels haben wir das Konzept einer Menge erörtert. Danach haben wir alle wichtigen Mengenoperatoren detailliert behandelt, die in SQL implementiert sind: den Schnittmengen-, den Differenz- und den Vereinigungsoperator. Wir haben gezeigt, wie Sie das zu lösende Problem mit Mengendiagrammen veranschaulichen können. Zum Schluss haben wir Sie in die Grundbegriffe der SQL-Syntax und -Schlüsselwörter für diese drei Operationen (INTERSECT, EXCEPT und UNION) eingeführt, um Ihnen Appetit zu machen.

Jetzt sagen Sie vielleicht: »Moment mal, warum zeigen Sie mir drei Arten von Mengenoperatoren, von denen ich zwei wahrscheinlich gar nicht benutzen kann?« Denken Sie an die Überschrift dieses Kapitels: »Denken in Mengenbegriffen«. Wenn Sie komplexe Probleme überhaupt mit Erfolg lösen möchten, dann müssen Sie Ihr Problem in einzelne Ergebnismengen mit Daten zerlegen, die Sie später wieder miteinander verknüpfen können.

Wenn Ihre Aufgabe also »sowohl das Eine als auch das Andere« umfasst, dann müssen Sie vielleicht zuerst das »Eine« und dann das »Andere« lösen, um dann beides zu Ihrer endgültigen Lösung wieder zu verknüpfen. Der SQL-Standard definiert eine praktische INTERSECT-Operation, aber ein JOIN tut es eventuell auch. Lesen Sie dazu mehr in Kapitel 8.

Wenn Ihre Aufgabe jedoch »zwar das Eine, nicht aber das Andere« meint, dann müssen Sie vielleicht zuerst das »Eine« und dann das »Andere« lösen und danach das »Andere« von dem »Einen« subtrahieren, um Ihre Antwort zu erhalten. Wir haben Ihnen die SQL-Standardoperation EXCEPT gezeigt, aber ein OUTER JOIN kann dasselbe bewirken. Einzelheiten entnehmen Sie bitte dem Kapitel 9.

Zum Schluss haben wir Ihnen gezeigt, wie Sie Datenmengen mit einer UNION-Operation »addieren« können. Wie versprochen werden wir uns in Kapitel 10 näher mit UNION befassen.

7.7 Zusammenfassung

Go To

INNER JOINs

8

Kapitelüberblick

»*Do not quench your inspiration and your imagination, do not become the slave of your model.*«
- *Vincent van Gogh*

Bisher haben wir uns hauptsächlich auf Problemlösungen mit einer einzelnen Tabelle konzentriert. Sie wissen jetzt, wie Sie von einer einzelnen Tabelle einfache Antworten bekommen können, und wie Sie etwas komplexere Antworten erhalten, indem Sie Ausdrücke verwenden oder die Ergebnismenge sortieren. Mit anderen Worten wissen Sie jetzt genau, wie Sie die Einzeldinge anlegen müssen. In diesem Kapitel zeigen wir Ihnen, wie Sie diese vielen Teile miteinander verknüpfen oder verbinden (join), um ein Gesamtbild zu erhalten.

8.1 Was ist ein JOIN?

In Kapitel 2 betonten wir, wie wichtig es ist, die Daten Ihrer Tabellen thematisch zu trennen. Die meisten Probleme, die Sie im wirklichen Leben lösen, erfordern jedoch eine Verknüpfung von Daten aus mehreren Tabellen: Kunden und ihre Bestellungen, Kunden und die von ihnen engagierten Unterhaltungskünstler, Kegler und ihre Punktzahlen, Schüler und belegte Kurse oder Rezepte und die dafür benötigten Zutaten. Um diese komplexeren Aufgaben zu lösen, müssen Sie die Antwort suchen, indem Sie mehrere Tabellen verknüpfen oder verbinden. Sie benutzen dazu das Schlüsselwort JOIN.

Das vorige Kapitel zeigte Ihnen, wie nützlich es für Problemlösungen ist, die Schnittmenge von zwei Datenmengen zu bilden. Sie werden sich jedoch erinnern, dass bei einem INTERSECT sämtliche Spalten beider Ergebnismengen abgeglichen werden müssen, um die Antwort zu bekommen. Ein JOIN ist ebenfalls eine Schnittmengenoperation, aber es unterscheidet sich davon insofern, als Sie Ihre Datenbank veranlassen, nur auf den von Ihnen spezifizierten Spalten den JOIN durchzuführen. Folglich können Sie mit einem JOIN auch bei zwei sehr unähnlichen Tabellen eine Schnittmengenoperation auf zueinander passenden Spaltenwerten durchführen. So können Sie mit einem JOIN z.B. Kunden mit ihren Bestellungen verknüpfen, indem Sie die KundenNr. aus der Kundentabelle mit der KundenNr. aus der Bestelltabelle abgleichen.

Wie Sie später noch sehen werden, spezifizieren Sie einen JOIN als Teil der FROM-Klausel in einer SQL-Anweisung. Ein JOIN definiert eine »logische Tabelle«, die das Ergebnis einer Verknüpfung zweier Tabellen oder Ergebnismengen ist. Indem Sie den JOIN in der FROM-Klausel platzieren, definieren Sie eine Verknüpfung von Tabellen, aus denen die Anfrage die endgültige Ergebnismenge herauszieht. Mit anderen Worten ersetzt der JOIN den einzelnen Tabellennamen, den Sie in der FROM-Klausel nach allem, was Sie in den früheren Kapiteln gelernt haben, verwenden sollten. Später in diesem Kapitel werden Sie erfahren, dass Sie auch mehrere JOIN-Operationen angeben können, um eine komplexe Ergebnismenge auf mehr als zwei Tabellen zu erzeugen.

8.2 Der INNER JOIN

Der SQL-Standard definiert mehrere Möglichkeiten, einen JOIN auszuführen. Die gebräuchlichste ist der INNER JOIN. Stellen Sie sich einen Moment lang vor, dass Sie Schüler mit den Kursen verknüpfen, die sie belegt haben. Eventuell sind einige Schüler an der Schule aufgenommen worden, haben aber noch keine Kurse belegt, oder es gibt Kurse, für die sich noch keine Schüler eingeschrieben haben.

Ein INNER JOIN zwischen der Schüler- und der Kurstabelle liefert Schülerzeilen, verknüpft mit den dazugehörigen Kurszeilen (über die Tabelle Student_Schedules), zurück. Er gibt jedoch weder Schüler ohne belegte Kurse noch Kurse ohne eingeschriebene Schüler zurück. Ein INNER JOIN gibt nur solche Zeilen zurück, bei denen die Verknüpfungswerte in beiden Tabellen oder Ergebnismengen übereinstimmen.

8.2.1 Was ist in einem JOIN »zulässig«?

Meist geben Sie den Primärschlüssel einer Tabelle und den dazugehörigen Fremdschlüssel der zweiten Tabelle als die Verknüpfung an, die der JOIN benutzen soll. Wenn Sie sich noch an Kapitel 2 erinnern: Ein Fremdschlüssel muss denselben Datentyp haben wie der dazugehörige Primärschlüssel. Es ist jedoch auch »zulässig«, zwei Tabellen oder Ergebnismengen auf allen Spalten zu verbinden, die das besitzen, was der SQL-Standard »JOIN-taugliche« Datentypen nennt.

Generell können Sie eine Zeichenspalte mit einer anderen Zeichenspalte oder einem Ausdruck verbinden. Sie können jede Art von nummerischer Spalte (z.B. eine mit ganzen Zahlen) mit jeder anderen Art nummerischer Spalte (vielleicht einem Gleitkommawert) und jede Datumsspalte mit einer anderen Datumsspalte verbinden. So können Sie z.B. Zeilen der Tabelle Customers auf der Spalte City oder Zip Code mit der Tabelle Employees per JOIN verbinden (um vielleicht festzustellen, welche Kunden und Angestellten in derselben Stadt oder Postleitzahlenregion leben).

Die bloße Tatsache, dass Sie auf allen JOIN-tauglichen Spalten zweier Tabellen einen JOIN definieren *können*, bedeutet noch nicht, dass Sie dies auch tun *sollten*. Damit der JOIN sinnvoll ist, müssen die Daten der Verknüpfungsspalten dasselbe meinen. Es ist z.B. sinnlos, CustomerName mit EmployeeAddress zu verbinden, auch wenn beide Spalten Zeichen als Datentyp haben. Sie bekommen nur dann Zeilen in die Ergebnismenge, wenn jemand versehentlich einen Namen in die Spalte EmployeeAddress gesetzt hat. Ebenso unvernünftig ist es, StudentID mit ClassID zu verbinden, wenngleich beides Zahlen sind. Selbst wenn Sie ein paar Zeilen in die Ergebnismenge bekommen, haben diese keinen Sinn.

Selbst wenn ein JOIN auf Verknüpfungsspalten sinnvoll ist, endet es vielleicht damit, dass Sie eine Frage konstruieren, deren Auflösung viel Zeit in Anspruch nimmt. Wenn Sie z.B. auf Spalten, für die Ihr Datenbankadministrator keinen Index definiert hat, einen JOIN ausführen möchten, bedeutet das gegebenenfalls für Ihr Datenbanksystem eine Menge zusätzlicher Arbeit. Und wenn Sie einen JOIN auf Ausdrücken durchführen möchten – z.B. einer Verkettung von Vor- und Nachnamen aus zwei Tabellen – dann muss Ihr Datenbanksystem nicht nur für alle Zeilen die Ergebnisspalte aus Ihrem Ausdruck bilden, sondern vielleicht auch die gesamten Daten beider Tabellen mehrere Male durchsuchen, um das korrekte Ergebnis zu finden.

8.2.2   Syntax

Nun wollen wir damit beginnen, die Syntax eines INNER JOINs genauer zu untersuchen.

Tabellen verwenden

Wir beginnen mit etwas ganz Einfachem: einem INNER JOIN auf zwei Tabellen. Abbildung 8.1 zeigt die Syntax der Anfrage.

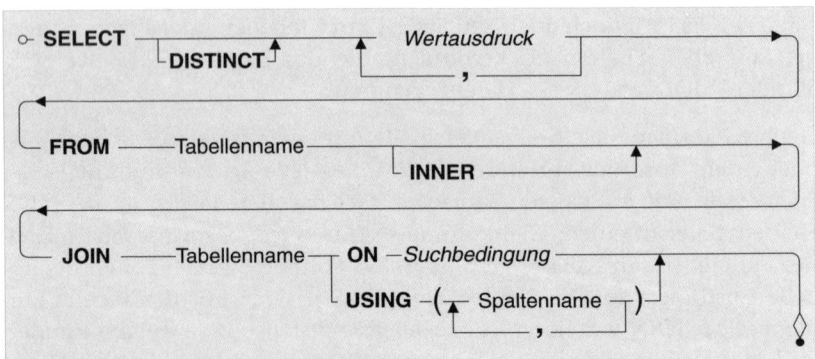

Abbildung 8.1: Diagramm einer Anfrage, die einen INNER JOIN auf zwei Tabellen ausführt

Wie Sie sehen, ist die FROM-Klausel jetzt ein bisschen komplexer. (Wir haben die WHERE- und die ORDER BY-Klauseln zur Vereinfachung vorerst weggelassen.) Statt eines einzelnen Tabellennamens geben Sie zwei Tabellennamen an und verknüpfen diese mit dem Schlüsselwort JOIN. Beachten Sie, dass das optionale Schlüsselwort INNER die Art des JOINs spezifiziert. Im nächsten Kapitel werden Sie sehen, dass man auch einen OUTER JOIN spezifizieren kann. Wenn Sie die Art des angestrebten JOINs nicht ausdrücklich angeben, ist INNER der Standard. Wir raten Ihnen, immer die Art des angestrebten JOINs anzugeben, damit das Wesen Ihrer Frage klar ist.

Wer dies mit dem vollständigen Syntaxdiagramm in Anhang A nachvollzieht, wird feststellen, dass `table_name JOIN table_name` als Teil des definierten Terms Joined Table beschrieben ist. Table Reference enthält Joined Table und die FROM-Klausel einer SELECT-Anweisung benutzt Table Reference. Wir haben diese komplizierten Definitionen in einem einzelnen Diagramm »aufgerollt«, um das Studium eines einfachen JOINs zweier Tabellen zu erleichtern. Im Rest dieses Kapitels werden wir in den Diagrammen dieselbe Vereinfachungstechnik einsetzen.

Der wichtige Teil eines INNER JOINs ist die ON- oder USING-Klausel hinter der zweiten Tabelle, die Ihrer Datenbank mitteilt, wie der JOIN auszuführen ist. Um den JOIN aufzulösen, kombiniert Ihr Datenbanksystem logisch jede Zeile der ersten Tabelle mit jeder Zeile der zweiten Tabelle. (Diese Kombination aller Zeilen der einen mit allen Zeilen der anderen Tabelle nennt man ein Kartesisches Produkt.) Danach filtert Ihr System an Hand der Kriterien der ON- oder USING-Klausel die Zeilen heraus, die tatsächlich zurückgegeben werden.

Sie haben bereits in Kapitel 6 gelernt, wie man eine WHERE-Klausel mit einer Suchbedingung formt. Sie können mit einer Suchbedingung in der ON-Klausel eines JOINs einen logischen Test spezifizieren, der wahr ergeben muss, wenn zwei verknüpfte Zeilen zurückgegeben werden. Vergessen Sie nicht: Es ist nur sinnvoll, eine Suchbedingung zu schreiben, wenn diese mindestens eine Spalte der ersten Tabelle mit mindestens einer Spalte der zweiten Tabelle vergleicht. Sie können zwar auch eine sehr komplexe Suchbedingung schreiben, aber in der Regel spezifizieren Sie nur einen einfachen Vergleichstest, der prüft, ob die Primärschlüsselspalten der einen Tabelle gleich den Fremdschlüsselspalten der zweiten Tabelle sind.

Wir wollen uns ein einfaches Beispiel ansehen. In einer gut aufgebauten Datenbank sollten Sie komplexe Klassifikationsnamen in einer zweiten Tabelle aufbrechen und diese Namen dann über einen einfachen Schlüsselwert wieder mit der Tabelle verknüpfen, die das Hauptthema behandelt. So können Sie Fehler bei der Dateneingabe vermeiden. Jeder, der Ihre Datenbank benutzt, wählt aus einer Liste von Klassifizierungsnamen aus und braucht den Namen nicht in jeder Zeile (möglicherweise mit Tippfeh-

lern) einzutippen. So erscheinen z. B. in der Beispieldatenbank Recipes die Recipe_Classes in einer anderen Tabelle als Recipes. Abbildung 8.2 zeigt Ihnen die Beziehung zwischen Recipe_Classes und Recipes.

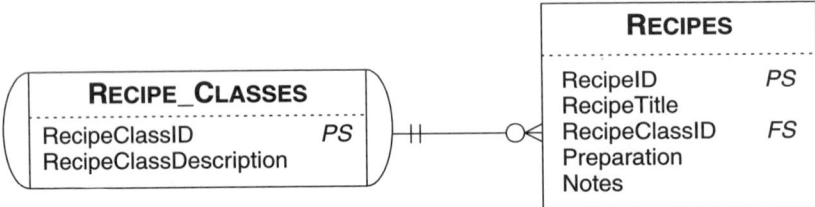

Abbildung 8.2: Die Beschreibungen der Recipe_Classes stehen in einer anderen Tabelle als Recipes.

Wenn Sie Informationen über Recipes und die dazugehörige RecipeClass-Beschreibung aus der Datenbank abrufen möchten, dann wollen Sie nicht die Recipe Class ID-Codenummern aus der Tabelle Recipes sehen. Wie Sie dies mit einem JOIN machen, wird im Folgenden beschrieben.

Wir werden auch in diesem Kapitel durchgängig die »Frage/Übersetzung/Bereinigte Fassung/SQL«-Technik verwenden, die wir in Kapitel 4 eingeführt haben.

»Zeige mir für alle Rezepte in meiner Datenbank den Titel des Rezepts, die Zubereitung und die Rezeptklassenbeschreibung.«

Übersetzung	Wähle Recipe Title, Preparation und Recipe Class Description aus der Tabelle Recipe Classes, verbunden mit der Tabelle Recipes zur Recipe Class ID in der Recipe Classes-Tabelle, die zu der Recipe Class ID in der Recipes-Tabelle passt.
Bereinigte Fassung	Wähle Recipe Title, Preparation, Recipe Class Description aus Recipe Classes, verbinde Recipes auf Recipe Class ID = Recipe Class ID

SQL	`SELECT RecipeTitle, Preparation,`
	`    RecipeClassDescription`
	`FROM Recipe_Classes`
	`INNER JOIN Recipes`
	`ON Recipe_Classes.RecipeClassID =`
	`    Recipes.RecipeClassID`

Wenn Sie in Ihrer FROM-Klausel mehrere Tabellen zu benutzen beginnen, sollten Sie immer jeden einzelnen Spaltennamen, egal wo Sie ihn verwenden, vollqualifiziert mit dem Tabellennamen angeben, damit absolut klar ist, welche Spalte aus welcher Tabelle Sie meinen. Beachten Sie, dass wir den Namen der RecipeClassID in der ON-Klausel qualifizieren mussten, weil es zwei Spalten dieses Namens gibt: eine in der Tabelle Recipes und eine in der Tabelle Recipe_Classes. Die Namen RecipeTitle, Preparation oder RecipeClassDescription in der SELECT-Klausel brauchten wir nicht zu qualifizieren, weil diese Spaltennamen in sämtlichen Tabellen nur ein einziges Mal auftreten. Wenn wir RecipeClassID in der Ausgabe haben möchten, müssen wir dem Datenbanksystem mitteilen, welche Recipe-ClassID wir meinen – die aus Recipe_Classes oder die aus Recipes. Wenn wir alle Namen vollqualifiziert angeben möchten, müssen wir die Anfrage wie folgt schreiben:

```
SQL    SELECT Recipes.RecipeTitle, Recipes.Preparation,
           Recipe_Classes.RecipeClassDescription
       FROM Recipe_Classes
       INNER JOIN Recipes
       ON Recipe_Classes.RecipeClassID =
           Recipes.RecipeClassID
```

Das Schlüsselwort JOIN wird zwar von den meisten, aber nicht von allen kommerziellen SQL-Implementierungen unterstützt. Wenn Ihre Datenbank JOIN nicht unterstützt, können Sie das obige Problem immer noch lösen, indem Sie alle benötigten Tabellen in der FROM-Klausel auflisten und dann Ihre *Suchbedingung* von der ON-Klausel in die WHERE-Klausel verlagern. In Datenbanken, die keinen JOIN unterstützen, lösen Sie das vorerwähnte Problem folgendermaßen:

```
SELECT Recipes.RecipeTitle, Recipes.Preparation,
    Recipe_Classes.RecipeClassDescription
FROM Recipe_Classes, Recipes
WHERE Recipe_Classes.RecipeClassID =
    Recipes.RecipeClassID
```

Für einen Anfänger ist diese Syntax wahrscheinlich bei einfachen Anfragen viel intuitiver. Allerdings ermöglicht es Ihnen der SQL-Standard, die Quelle für die endgültige Ergebnismenge komplett in der FROM-Klausel zu definieren. Stellen Sie sich vor, dass die FROM-Klausel eine verknüpfte Ergebnismenge, aus der das Datenbanksystem Ihre Antwort erhält, vollständig definiert. Im SQL-Standard benutzen Sie die WHERE-Klausel nur, um Zeilen aus der Ergebnismenge herauszufiltern, die durch die FROM-Klausel definiert ist.

Das ist doch nicht schwer, oder? Aber was ist mit der USING-Klausel, die wir Ihnen in Abbildung 8.1 zeigten? Wenn die übereinstimmenden Spalten in den beiden Tabellen denselben Namen haben und Sie lediglich einen JOIN auf gleichen Werten ausführen möchten, so müssen Sie die USING-Klausel verwenden und die Spaltennamen auflisten. Wir wollen jetzt das obige Problem noch einmal mit USING anpacken.

»Zeige mir für alle Rezepte in meiner Datenbank den Titel des Rezepts, die Zubereitung und die Rezeptklassenbeschreibung.«

Übersetzung	Wähle Recipe Title, Preparation und Recipe Class Description aus der Tabelle Recipe Classes, verbunden mit der Tabelle Recipes unter Verwendung der Recipe Class ID
Bereinigte Fassung	Wähle Recipe Title, Preparation, Recipe Class Description aus Recipe Classes, verbinde Recipes unter Verwendung von Recipe Class ID
SQL	`SELECT Recipes.RecipeTitle, Recipes.Preparation,` `Recipe_Classes.RecipeClassDescription` `FROM Recipe_Classes` `INNER JOIN Recipes` `USING (RecipeClassID)`

Manche Datenbanksysteme unterstützen noch kein USING. Wenn Sie feststellen, dass Sie mit Ihrer Datenbank kein USING verwenden können, können Sie dasselbe Ergebnis auch mit einer ON-Klausel und einem Vergleich auf Gleichheit erhalten.

Der SQL-Standard definiert auch einen NATURAL JOIN, der die beiden angegebenen Tabellen verknüpft, indem er alle gleichnamigen Spalten abgleicht. Wenn die Verknüpfungsspalten die einzigen gemeinsamen Spalten sind und Ihre Datenbank NATURAL JOIN unterstützt, können Sie das Problem folgendermaßen lösen:

```
SELECT Recipes.RecipeTitle, Recipes.Preparation,
    Recipe_Classes.RecipeClassDescription
FROM Recipe_Classes
NATURAL INNER JOIN Recipes
```

Geben Sie keine ON- oder USING-Klausel an, wenn Sie das Schlüsselwort NATURAL verwenden.

Wie schon zuvor erwähnt, erzeugt Ihr Datenbanksystem nach logischen Gesichtspunkten die Kombination jeder Zeile der ersten Tabelle mit jeder Zeile der zweiten Tabelle und wendet dann die ON- oder USING-Kriterien an. Das klingt, als hätte Ihre Datenbank eine Menge zusätzlicher Arbeit, um zuerst alle Kombinationen zu bilden und dann die wenigen Zeilen herauszufilten, die übereinstimmen.

Seien Sie jedoch beruhigt: Alle modernen, relationalen Datenbanksysteme werten zuerst die gesamte JOIN-Klausel aus, ehe sie Zeilen abzurufen beginnen. In unserem bisherigen Beispiel beginnen viele Datenbanksysteme diese Frage aufzulösen, indem sie zuerst einen Zeile aus Recipe_Classes abrufen. Dann benutzt die Datenbank eine interne Verknüpfung – einen Index (falls der Designer der Tabellen einen definiert hat) – um rasch übereinstimmende Recipe-Zeilen für die erste Recipe_Class zu finden, bevor sie zur nächsten Recipe_Class-Zeile weitergeht. Mit anderen Worten: Ihre Datenbank verfährt nach einem »intelligenten« oder »optimierten« Plan, um nur die Zeilen abzurufen, die übereinstimmen. Wenn Ihre Datenbank nur ein paar hundert Zeilen enthält, ist das wohl nicht so wichtig, aber wenn sie hunderttausende von Zeilen enthält, macht es einen gewaltigen Unterschied.

Korrelationsnamen (Aliasnamen) für Tabellen

Der SQL-Standard definiert eine Möglichkeit, jeder in Ihrer FROM-Klausel aufgelisteten Tabelle einen »Aliasnamen« zuzuweisen, der in diesem Standard als Korrelationsname bezeichnet wird. Diese Funktion kann sehr praktisch sein, wenn Sie komplexe Anfragen erstellen, die Tabellen mit langen, beschreibenden Namen verwenden. Sie können einer Tabelle einen kurzen Korrelationsnamen zuweisen, damit sich Spalten einer Tabelle mit einem langen Namen leichter ausdrücklich referenzieren lassen.

Abbildung 8.3 zeigt Ihnen, wie Sie einer Tabelle in einer FROM-Klausel einen Korrelationsnamen zuweisen.

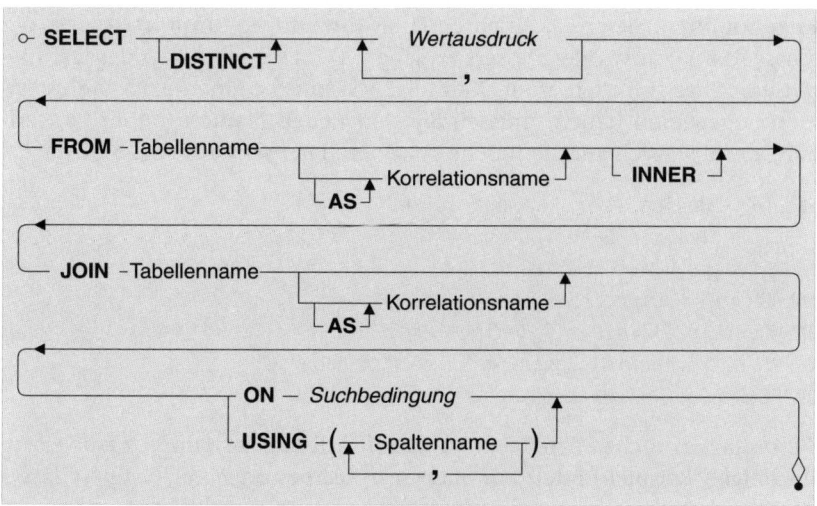

Abbildung 8.3: Einer Tabelle in einer FROM-Klausel einen Korrelationsnamen (Alias) zuweisen

Um einer Tabelle einen Korrelationsnamen zuzuweisen, geben Sie hinter dem Tabellennamen das optionale Schlüsselwort AS und dann den gewünschten Korrelationsnamen ein. (Wie bei allen optionalen Schlüsselwörtern empfehlen wir, AS einzubinden, um die Anfrage lesbarer und verständlicher zu machen.) Sobald Sie einer Tabelle einen Korrelationsnamen zugewiesen haben, verwenden Sie diesen an Stelle des ursprünglichen Tabellennamens in allen anderen Klauseln, einschließlich der SELECT-Klausel, der Suchbedingungen in den ON- und WHERE-Klauseln und der ORDER BY-Klausel. Das kann etwas verwirrend sein, weil Sie in der Regel die SELECT-Klausel vor der FROM-Klausel schreiben. Wenn Sie einer Tabelle jedoch in der FROM-Klausel einen Alias geben möchten, müssen Sie diesen Alias benutzen, wenn Sie in der SELECT-Klausel Spaltennamen qualifizieren.

Wir wollen unsere Beispielanfrage mit Korrelationsnamen neu formulieren, um zu sehen, wie das ausschaut. Unten sehen Sie die Anfrage mit »R« als Korrelationsname für die Tabelle Recipes und »RC« als Korrelationsname für die Tabelle Recipe_Class.

```
SELECT R.RecipeTitle, R.Preparation,
    RC.RecipeClassDescription
FROM Recipe_Classes AS RC
INNER JOIN Recipes AS R
ON RC.RecipeClassID = R.RecipeClassID
```

Angenommen, Sie möchten einen Filter hinzufügen, um nur Rezepte der Klasse Main course oder Dessert zu sehen. (Einzelheiten über das Definieren von Filtern finden Sie in Kapitel 6.) Wenn Sie einen Korrelationsnamen zugewiesen haben, müssen Sie den neuen Namen immer verwenden, wenn Sie sich auf die Tabelle beziehen. Hier sehen Sie das SQL dazu:

```
SELECT R.RecipeTitle, R.Preparation,
    RC.RecipeClassDescription
FROM Recipe_Classes AS RC
INNER JOIN Recipes AS R
ON RC.RecipeClassID = R.RecipeClassID
WHERE RC.RecipeClassDescription = 'Main course'
OR RC.RecipeClassDescription = 'Dessert'
```

Sie brauchen nicht allen Tabellen einen Korrelationsnamen zuzuweisen. Im obigen Beispiel hätten wir auch nur Recipes oder nur Recipe_Classes einen Korrelationsnamen zuweisen können, und nicht beiden.

Manchmal müssen Sie einer Tabelle in einem komplexen JOIN einen Korrelationsnamen zuweisen. Wir wollen noch einmal einen Moment zur Bowling League-Datenbank kommen, um einen Fall zu untersuchen, in dem dies gilt. Abbildung 8.4 zeigt Ihnen die Beziehung zwischen den Tabellen Teams und Bowlers.

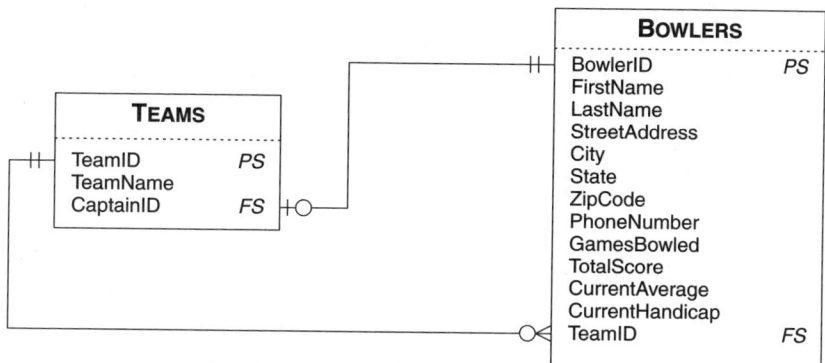

Abbildung 8.4: Die Beziehungen zwischen Teams und Bowlers

Wie Sie sehen ist TeamID ein Fremdschlüssel in der Tabelle Bowlers, mit dem Sie Informationen über alle Kegelbrüder der Mannschaft herausfinden können. Da in jeder Mannschaft einer der Kegler der Kapitän ist, gibt es auch eine Verknüpfung zwischen BowlerID in der Tabelle Bowlers und CaptainID in der Tabelle Teams.

Wenn Sie den Namen der Mannschaft, den Namen des Kapitäns und die Namen aller Kegler in einer einzigen Frage aufführen möchten, müssen Sie die Tabelle Bowlers *zweimal* in Ihre Anfrage aufnehmen: Einmal mit Verknüpfung zur CaptainID, um den Namen des Mannschaftskapitäns abzurufen, und einmal mit Verknüpfung zur TeamID, um eine Liste aller Mannschaftsmitglieder abzurufen. In diesem Fall *müssen* Sie einer oder beiden Kopien der Bowlers-Tabelle einen Aliasnamen zuweisen, damit Ihr Datenbanksystem zwischen der, die den Namen des Kapitäns verknüpft, und der, die die Liste der Mannschaftsmitglieder liefert, unterscheiden kann. Unten in diesem Kapitel werden wir ein Beispiel zeigen, das es erforderlich macht, mehrere Kopien einer Tabelle einzubinden und Aliasnamen zuzuweisen. Sie können dieses Beispiel in dem Unterabschnitt von Beispielanweisungen finden, der »Mehr als zwei Tabellen: die Bowling League-Datenbank« heißt.

Eine SELECT-Anweisung einbetten

Wir wollen es jetzt etwas interessanter machen. Anstatt zuerst ein bisschen Blau und dann ein bisschen Gelb zu nehmen, um auf unserem Bild
Grün hinzubekommen, wollen wir den benötigten Grünton vorher auf
der Palette mischen.

In den meisten SQL-Implementierungen können Sie für jeden Tabellennamen in Ihrer FROM-Klausel auch eine vollständige SELECT-Anweisung
einsetzen. Sie müssen natürlich einen Korrelationsnamen zuweisen, damit
das Ergebnis Ihrer eingebetteten Anfrage auch einen Namen hat. Abbildung 8.5 zeigt Ihnen, wie Sie eine JOIN-Klausel mit eingebetteten SELECT-
Anweisungen zusammensetzen.

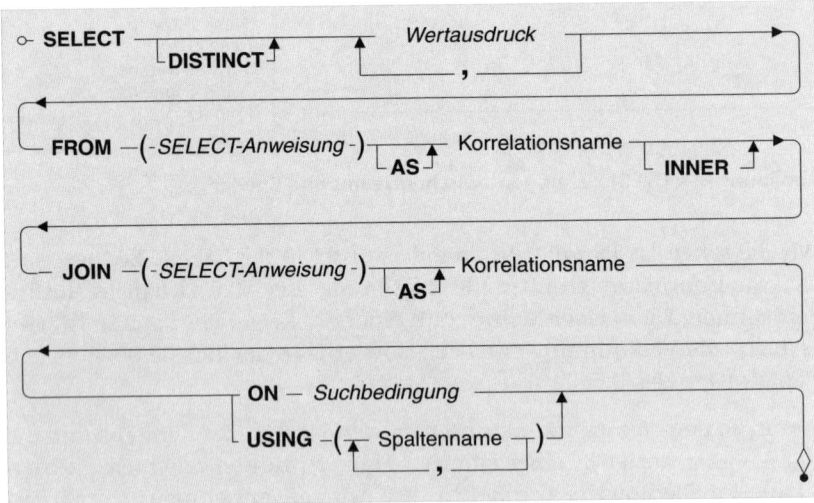

Abbildung 8.5: Tabellennamen in einem JOIN werden durch SELECT-Anweisungen ersetzt.

Beachten Sie in der Abbildung, dass eine SELECT-Anweisung alle Anfrage-
klauseln außer ORDER BY enthalten kann. Außerdem können Sie SELECT-
Anweisungen mit Tabellennamen auf beiden Seiten der INNER JOIN-
Schlüsselwörter vermischen und abgleichen.

Wir wollen uns Recipes und Recipe Classes noch einmal anschauen. Dabei
wollen wir davon ausgehen, dass Ihre Frage immer noch nur Main courses
und Desserts benötigt. Im Folgenden sehen Sie noch einmal die Anfrage,
allerdings wird hier die Tabelle Recipe_Classes in einer SELECT-Anweisung
gefiltert, die Teil eines INNER JOINs ist.

```
SELECT R.RecipeTitle, R.Preparation,
    RCFiltered.ClassName
FROM (SELECT RecipeClassID,
    RecipeClassDescription AS ClassName
FROM Recipe_Classes AS RC
WHERE RC.ClassName = 'Main course' OR
    RC.ClassName = 'Dessert') AS RCFiltered
INNER JOIN Recipes AS R
ON RCFiltered.RecipeClassID = R.RecipeClassID
```

Vorsicht! Da gibt es noch eingestreute »Farbspritzer«. Erstens: Wenn Sie für einen Tabellennamen eine SELECT-Anweisung einsetzen möchten, müssen Sie sicherstellen, dass Sie nicht nur die Spalten einbinden, die Sie in Ihrer endgültigen Ergebnismenge sehen möchten, sondern auch eventuelle Verknüpfungsspalten, die für den JOIN benötigt werden. Daher sehen Sie in der eingebetteten Anweisung sowohl RecipeClassID als auch RecipeClassDescription. Dies führt dazu, dass die SELECT-Klausel nicht nach der RecipeClassDescription, sondern nach dem ClassName fragt. Beachten Sie, dass sich die ON-Klausel nunmehr auf den Korrelationsnamen der eingebetteten SELECT-Anweisung – nämlich RCFiltered – bezieht, und nicht auf den ursprünglichen Namen der Tabelle oder den Korrelationsnamen, den wir der Tabelle in der eingebetteten SELECT-Anweisung zugewiesen hatten.

Wenn Ihr Datenbanksystem einen sehr intelligenten Optimierer hat, dürfte sich Ihre Frage auf diesem Wege ebenso rasch definieren lassen wie im vorherigen Beispiel, in dem der Filter auf Class Description über eine WHERE-Klausel hinter dem JOIN angewendet wurde. Sicher wäre es Ihnen recht, wenn Ihr Datenbanksystem zuerst die Zeilen von Recipe_Classes filtert, ehe es versucht, irgendwelche passenden Zeilen in Recipes zu finden, um Ihre Frage möglichst effizient zu beantworten. Wenn zuerst alle Zeilen aus Recipe_Class mit passenden Zeilen aus Recipes verbunden und erst dann der Filter angewendet würde, dann könnte dies viel langsamer gehen. Wenn Sie denken, dass diese Frage mehr Zeit benötigt als sie sollte, dann können Sie Ihr Datenbanksystem zwingen, zuerst die Recipe_Classes zu filtern, indem Sie die WHERE-Klausel in eine SELECT-Anweisung innerhalb des JOINs verlagern.

JOINs in andere JOINs einbetten

Zwar können Sie viele Probleme lösen, indem Sie einfach zwei Tabellen verknüpfen, aber manchmal müssen es auch drei, vier oder noch mehr Tabellen sein, damit Sie alle benötigten Daten bekommen. Vielleicht möchten Sie z.B. alle relevanten Informationen über Recipes – Typ, Name und alle Zutaten für ein Rezept – in einer einzigen Anfrage abrufen. Abbildung 8.6 zeigt die Tabellen, die notwendig sind, um diese Frage zu beantworten.

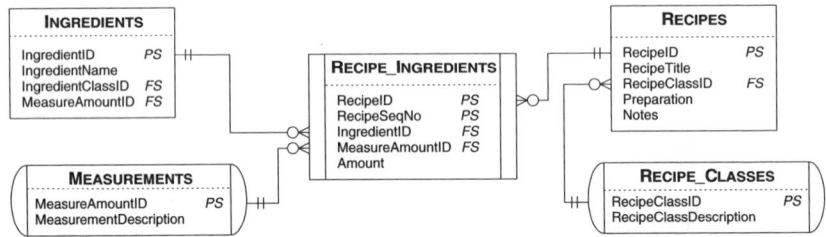

Abbildung 8.6: Die Tabellen aus der Beispieldatenbank Recipes, die notwendig sind, um alle Informationen über Rezepte abzurufen.

Es sieht so aus, als müssten Sie Daten aus fünf verschiedenen Tabellen holen! Keine Angst: Sie können dies tun, indem Sie eine komplexere FROM-Klausel bilden, in der JOIN-Klauseln in anderen JOIN-Klauseln eingebettet sind. Der Trick dabei ist: Überall, wo Sie einen Tabellennamen angeben können, können Sie auch eine vollständige, von Klammern umgebene JOIN-Klausel angeben. Abbildung 8.7 ist eine vereinfachte Version von Abbildung 8.3. (Wir haben die Klauseln mit Korrelationsnamen weggelassen und die ON-Klausel einen einfachen JOIN zweier Tabellen herstellen lassen.)

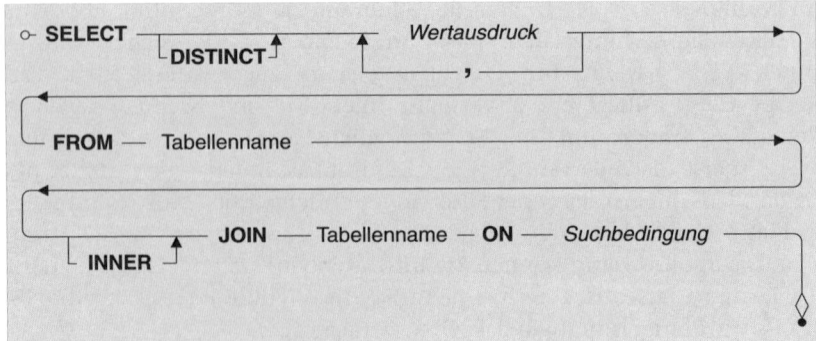

Abbildung 8.7: Ein einfacher INNER JOIN zweier Tabellen

Um dieser Mixtur noch eine dritte Tabelle hinzuzufügen, setzen Sie einfach vor den ersten Tabellennamen eine offene Klammer, setzen hinter die Suchbedingung eine schließende Klammer und setzen INNER JOIN,

8.2 Der INNER JOIN

einen Tabellennamen, das Schlüsselwort ON und eine weitere Suchbedingung ein. Abbildung 8.8 zeigt Ihnen, wie das geht.

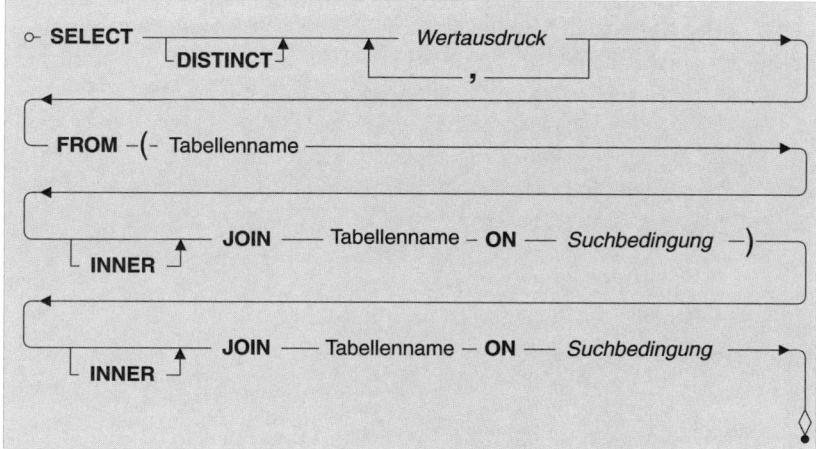

Abbildung 8.8: Ein einfacher INNER JOIN dreier Tabellen

Wenn man darüber nachdenkt, dann bildet der INNER JOIN zweier Tabellen in den Klammern eine »logische« Tabelle oder eine innere Ergebnismenge. Diese Ergebnismenge tritt nun an die Stelle des ersten, einfachen Tabellennamens in Abbildung 8.7. Sie können diesen Prozess, bei dem Sie eine vollständige JOIN-Klausel in Klammern setzen und dann erneut das Schlüsselwort JOIN, einen Tabellennamen, das Schlüsselwort ON und eine Suchbedingung hinzufügen, so lange weiter treiben, bis Sie alle benötigten Ergebnismengen zusammen haben. Wir wollen einmal eine Frage erstellen, die alle Daten aller Tabellen aus Abbildung 8.6 benötigt, und schauen, was daraus wird.

»Ich benötige den Typ und den Namen des Rezepts sowie die Zubereitung, die Namen der Zutaten, die Nummer des Schrittes, bei dem die Zutaten hinzugefügt werden, die Mengenangaben der Zutaten und die Maßeinheiten der Zutaten aus meiner Recipes-Datenbank, und zwar in der Reihenfolge der Zubereitungsschritte.«

Übersetzung	Wähle Recipe Class Description, Recipe Title, Preparation, Ingredient Name, Recipe Sequence Number, Amount und Measurement Description aus der Tabelle Recipe Classes, verbunden mit der Recipes-Tabelle auf der Recipe Class ID, dann verbunden mit der Recipe Ingredients-Tabelle auf der Recipe ID, dann verbunden mit der Ingredients-Tabelle auf der Ingredient ID und schließlich verbunden mit der Measurement-Tabelle auf der Measurement amount ID, geordnet nach Recipe Title und Recipe Sequence Number

Bereinigte Fassung	Wähle Recipe Class Description, Recipe Title, Preparation, Ingredient Name, Recipe Sequence Number, Amount, Measurement Description aus Recipe Classes, verbinde Recipes auf Recipe Class ID, verbinde Recipe Ingredients auf Recipe ID, verbinde Ingredients auf Ingredient ID, verbinde Measurement auf Measurement Amount ID, geordnet nach Recipe Title, Recipe Sequence Number
| SQL | ```
SELECT Recipe_Classes.RecipeClassDescription,
    Recipes.RecipeTitle, Recipes.Preparation,
    Ingredients.IngredientName,
    Recipe_Ingredients.RecipeSeqNo,
    Recipe_Ingredients.Amount,
    Measurements.MeasurementDescription
FROM (((Recipe_Classes
INNER JOIN Recipes
ON Recipe_Classes.RecipeClassID =
    Recipes.RecipeClassID)
INNER JOIN Recipe_Ingredients
ON Recipes.RecipeID =
    Recipe_Ingredients.RecipeID)
INNER JOIN Ingredients
ON Ingredients.IngredientID =
    Recipe_Ingredients.IngredientID)
INNER JOIN Measurements
ON Measurements.MeasureAmountID =
    Recipe_Ingredients.MeasureAmountID
ORDER BY RecipeTitle, RecipeSeqNo
``` |

Du meine Güte! Irgendwelche Freiwilligen, die gerne einen Filter für die Rezeptklasse Main Courses einfügen möchten? Wenn Sie meinten, Sie müssen die WHERE-Klausel direkt vor der ORDER BY-Klausel hinzufügen, dann haben Sie die einfachste Möglichkeit erraten.

In Wirklichkeit können Sie einen vollständigen JOIN zweier Tabellen überall dort einfügen, wo Sie ansonsten einfach einen Tabellennamen hinschreiben würden. In Abbildung 8.8 haben wir impliziert, dass Sie zuerst die erste mit der zweiten und dann das Ergebnis mit der dritten Tabelle verbinden müssen. Sie könnten aber auch zuerst die zweite und die dritte Tabelle verbinden (sofern die dritte Tabelle mit der zweiten und nicht mit der ersten zusammenhängt) und dann mit der ersten Tabelle den abschließenden JOIN durchführen. Abbildung 8.9 zeigt Ihnen diese Alternative.
```

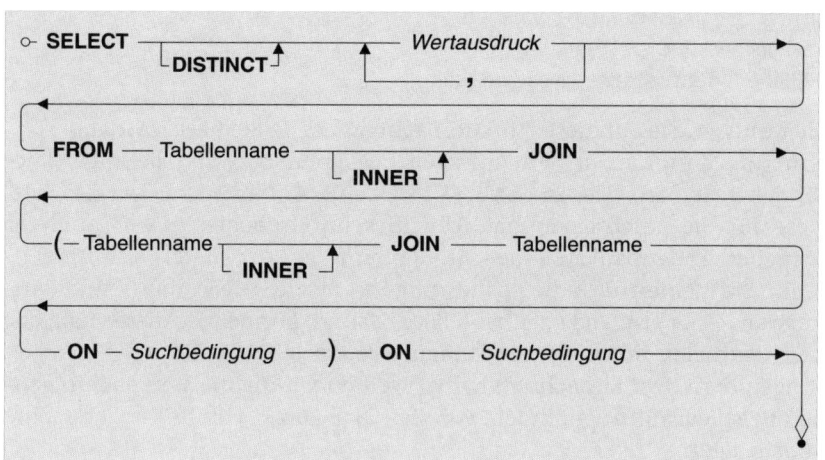

Abbildung 8.9: Mehr als zwei Tabellen in anderer Reihenfolge verbinden

Wir wollen uns das Problem aus der Perspektive eines Malers anschauen. Wenn Sie Pastellgrün haben möchten, ist die Reihenfolge der Vermischung nicht so wichtig. Sie können Weiß mit Blau mischen, um Pastellblau zu erhalten, und dann ein bisschen Gelb hinzumischen, oder Sie können Blau mit Gelb mischen, um Grün zu erhalten, und dann ein wenig Weiß beigeben, um die endgültige Farbe zu erhalten. Um die soeben mit fünf Tabellen gezeigte Frage aufzulösen, hätten wir auch folgende SQL-Anweisungen geben können:

```
SELECT Recipe_Classes.RecipeClassDescription,
    Recipes.RecipeTitle, Recipes.Preparation,
    Ingredients.IngredientName,
    Recipe_Ingredients.RecipeSeqNo,
    Recipe_Ingredients.Amount,
    Measurements.MeasurementDescription
FROM Recipe_Classes
INNER JOIN (((Recipes
INNER JOIN Recipe_Ingredients
ON Recipes.RecipeID =
    Recipe_Ingredients.RecipeID)
INNER JOIN Ingredients
ON Ingredients.IngredientID =
    Recipe_Ingredients.IngredientID)
INNER JOIN Measurements
ON Measurements.MeasureAmountID =
    Recipe_Ingredients.MeasureAmountID)
```

```
ON Recipe_Classes.RecipeClassID =
    Recipes.RecipeClassID
ORDER BY RecipeTitle, RecipeSeqNo
```

Hier müssen Sie auf diese Funktion achtgeben, da Sie dieser Art von Konstruktion entweder in den Anfragen begegnen können, die andere geschrieben haben, oder in dem SQL, das eine Anfrage-nach-Beispiel-Software für Sie geschrieben hat. Überdies unterscheiden die Optimierer mancher Datenbanksysteme die Reihenfolge der JOIN-Definitionen. Wenn Sie meinen, dass die Ausführung Ihrer viele JOINs umfassenden Anfrage auf einer großen Datenbank lange dauert, können Sie diese vielleicht beschleunigen, indem Sie die Reihenfolge der JOINs in Ihrer SQL-Anweisung ändern. Der Einfachheit halber werden wir die meisten nachfolgenden Beispiele aufbauen, indem wir die JOINs direkt von links nach rechts konstruieren.

8.2.3 Prüfen Sie die Beziehungen!

Es dürfte jetzt offensichtlich sein, dass es äußerst wichtig ist, die Beziehungen zwischen Ihren Tabellen zu kennen. Wenn Sie meinen, dass die benötigten Datenspalten in verschiedenen Tabellen stehen, müssen Sie vielleicht eine FROM-Klausel konstruieren, die genauso komplex wie die obige ist, um alle Teile in logisch sinnvoller Weise zu sammeln. Wenn Sie die Beziehungen zwischen Ihren Tabellen und die Verknüpfungsspalten, die diese Beziehungen bilden, nicht kennen, dann geraten Sie in eine Sackgasse.

Oft müssen Sie vielleicht einem »Pfad« durch mehrere Beziehungen folgen, um die gewünschten Daten zu bekommen. Wir wollen z. B. die vorige Frage vereinfachen und nur nach dem Rezept- und den Zutatennamen fragen.

»Zeige mir die Namen all meiner Rezepte und die Namen aller Zutaten für jedes dieser Rezepte.«

Übersetzung	Wähle Recipe Title und Ingredient Name aus der Tabelle Recipes, verbunden mit der Tabelle Recipe Ingredients auf Recipe ID und dann verbunden mit der Ingredients-Tabelle auf Ingredient ID
Bereinigte Fassung	Wähle Recipe Title, Ingredient Name aus Recipes, verbinde Recipe Ingredients auf Recipe ID, verbinde Ingredients auf Ingredient ID

```
SQL    SELECT Recipes.RecipeTitle,
           Ingredients.IngredientName
       FROM (Recipes
       INNER JOIN Recipe_Ingredients
       ON Recipes.RecipeID =
           Recipe_Ingredients.RecipeID)
       INNER JOIN Ingredients
       ON Ingredients.IngredientID =
           Recipe_Ingredients.IngredientID
```

Haben Sie gemerkt, dass Sie die Tabelle Recipe_Ingredients, obwohl Sie keine Spalten daraus benötigen, immer noch in die Anfrage einbinden müssen? Das ist notwendig, weil Recipes und Ingredients ausschließlich über die Recipe_Ingredients-Tabelle zusammenhängen.

8.3 Anwendungen für INNER JOINs

Nun, da Sie die Mechanismen zur Konstruktion eines INNER JOINs in Grundbegriffen kennen, wollen wir uns einige Arten von Aufgaben anschauen, die Sie damit lösen können.

8.3.1 Zusammenhängende Zeilen finden

Wie Sie wissen, wird ein INNER JOIN am häufigsten dazu verwendet, Tabellen so miteinander zu verknüpfen, dass Sie Spalten aus verschiedenen, zueinander gehörigen Tabellen entnehmen können. Die folgende Liste zeigt Arten von Fragen, die Sie an Hand der Beispieldatenbanken mit einem INNER JOIN lösen können.

▼ Sales Order-Datenbank

»Zeige mir die Hersteller und die Produkte, die sie liefern.«

»Liste die Angestellten mit den Kunden auf, für die sie eine Bestellung aufgenommen haben.«

▼ Entertainment Agency-Datenbank

»Zeige Agenten und die von ihnen gebuchten Auftrittsdaten.«

»Liste Kunden und die von ihnen gebuchten Unterhaltungskünstler auf.«

»Finde die Unterhaltungskünstler, die für die Kunden Bonnicksen oder die Rosales aufgetreten sind.«

▼ School Scheduling-Datenbank

»Zeige Schulgebäude und alle darin befindlichen Klassenräume.«

»Liste jeden Lehrer mit seinem Fach auf.«

▼ Bowling League-Datenbank

»Zeige die Kegelmannschaften und den Namen jedes Mannschafts-kapitäns.«

»Liste die Kegelmannschaften und alle ihre Mitglieder auf.«

▼ Recipes-Datenbank

»Zeige mir die Rezepte mit Rind oder Knoblauch.«

»Zeige mir alle Zutaten für Rezepte, die Karotten enthalten.«

Im Abschnitt »Beispielanweisungen« weiter unten werden wir Ihnen zeigen, wie Sie Anfragen erstellen, die diese (und andere) Fragen beantworten.

8.3.2   Übereinstimmende Werte finden

Eine etwas esoterischere Anwendung eines INNER JOINs besteht darin, Zeilen in zwei oder mehr Tabellen oder Ergebnismengen zu finden, die in einem oder mehr Werten übereinstimmen, wobei es sich nicht um die miteinander zusammenhängenden Schlüsselwerte handelt. Denken Sie daran, dass wir in Kapitel 7 versprachen, Ihnen zu zeigen, wie Sie das Äquivalent eines INTERSECT mit einem INNER JOIN ausführen. Im Weiteren sehen Sie einen kleinen Ausschnitt mit nur ein paar der Fragen, die Sie mit dieser Technik lösen können.

▼ Sales Order-Datenbank

»Zeige mir die Kunden und Angestellten, die denselben Namen haben.«

»Zeige mir die Kunden und Angestellten, die in derselben Stadt leben.«

»Finde alle Kunden, die ein Fahrrad und zugleich einen Helm bestellt haben.«

▼ Entertainment Agency-Datenbank

»Finde die Agenten und Unterhaltungskünstler mit derselben Postleitzahl.«

»Liste die Unterhaltungskünstler auf, die für die Kunden Bonnicksen und Rosales aufgetreten sind.«

▼ School Scheduling-Datenbank

»Zeige mir die Schüler und ihre Lehrer, die denselben Vornamen haben.«

»Zeige mir die Schüler, die in Kunst und in Informatik mindestens die Note zwei haben.«

▼ Bowling League-Datenbank

»Finde die Kegler, die dieselbe Durchschnittspunktzahl haben.«

»Finde die Kegler, die auf den Kegelbahnen Thunderbird und Bolero mindestens einen Durchschnitt von 155 Punkten hatten.«

▼ Recipes-Datenbank

»Finde die Zutaten, für die dieselbe Standardmaßeinheit gilt.«

»Zeige mir die Rezepte mit Rind und Knoblauch.«

Der nächste Abschnitt zeigt Ihnen, wie Sie etliche dieser Aufgaben lösen können.

8.4 Beispielanweisungen

Sie wissen jetzt, mit welchen Mechanismen Sie Abfragen mit INNER JOIN konstruieren und haben einige Arten von Fragen gesehen, die Sie mit einem solchen INNER JOIN beantworten können. Nun wollen wir uns eine Reihe recht solider Beispiele anschauen, die alle den INNER JOIN verwenden. Diese Beispiele kommen von den verschiedenen Beispieldatenbanken und veranschaulichen die Anwendung eines INNER JOINs auf zwei Tabellen, mehr als zwei Tabellen und Verbünde von übereinstimmenden Werten.

Da viele dieser Beispiele komplexe JOINs verwenden, schlägt Ihr Datenbanksystem möglicherweise einen anderen Lösungsweg für diese Anfragen ein. Daher kann es sein, dass die ersten paar Zeilen, die wir zeigen, mit Ihrem Ergebnis nicht genau übereinstimmen. Die Gesamtzahl der Zeilen sollte aber gleich sein. Um den Prozess zu vereinfachen, haben wir die Übersetzung weggelassen und gleich die Bereinigte Fassung angegeben.

8.4.1 Zwei Tabellen

Wir beginnen unser Porträt mit einfachen Grundfarben und zeigen Ihnen Beispielfragen, die einen INNER JOIN auf nur zwei Tabellen erfordern.

Sales Order-Datenbank

»Zeige alle Produkte und ihre Kategorien.«

Bereinigte Fassung	Wähle Category Description, Product Name aus Categories, verbinde Products auf Category ID
SQL	```SELECT Categories.CategoryDescription, Products.ProductName FROM Categories INNER JOIN Products ON Categories.CategoryID = Products.CategoryID```

CategoryDescription	ProductName
Accessories	Dog Ear Cyclecomputer
Accessories	Dog Ear Helmet Mount Mirrors
Accessories	Viscount C-500 Wireless Bike Computer
Accessories	Kryptonite Advanced 2000 U-Lock
Accessories	Nikoma Lok-Tight U-Lock
Accessories	Viscount Microshell Helmet
Accessories	Viscount CardioSport Sport Watch
Accessories	Viscount Tru-Beat Heart Transmitter
Accessories	Dog Ear Monster Grip Gloves
<<weitere Zeilen>>	

Tabelle 8.1: Products_And_Categories (40 Zeilen)

Entertainment Agency-Datenbank

»Zeige mir die Unterhaltungskünstler, die Anfangs- und Enddaten ihrer Verträge und den Preis des Vertrags.«

Bereinigte Fassung	Wähle Entertainer Stage Name, Start Date, End Date, Contract Price von Entertainers, verbinde Engagements auf Entertainer ID

SQL	`SELECT Entertainers.EntStageName,`
	`    Engagements.StartDate, Engagements.EndDate,`
	`    Engagements.ContractPrice`
	`FROM Entertainers`
	`INNER JOIN Engagements`
	`ON Entertainers.EntertainerID =`
	`    Engagements.EntertainerID`

EntStageName	StartDate	EndDate	ContractPrice
Carol Peacock Trio	1999-07-18	1999-07-26	$1,670.00
Carol Peacock Trio	1999-07-31	1999-08-06	$1,940.00
Carol Peacock Trio	1999-08-13	1999-08-14	$410.00
Carol Peacock Trio	1999-08-20	1999-08-20	$140.00
Carol Peacock Trio	1999-09-12	1999-09-18	$680.00
Carol Peacock Trio	1999-10-22	1999-10-25	$410.00
Carol Peacock Trio	1999-10-28	1999-11-06	$1,400.00
Carol Peacock Trio	1999-11-07	1999-11-07	$320.00
<<weitere Zeilen>>			

Tabelle 8.2: Entertainers_And_Contracts (131 Zeilen)

8.4 Beispielanweisungen

School Scheduling Database

»Liste die Fächer auf, die mittwochs unterrichtet werden.«

Bereinigte Fassung	Wähle Subject Name aus Subjects, verbinde Classes auf Subject ID, wobei Wednesday Schedule = wahr
SQL	```SELECT DISTINCT Subjects.SubjectName FROM Subjects INNER JOIN Classes ON Subjects.SubjectID = Classes.SubjectID WHERE Classes.WednesdaySchedule = -1```

Da eventuell mehrere Abschnitte desselben Kurses an demselben Wochentag unterrichtet werden, haben wir das Schlüsselwort DISTINCT verwendet, um Doppelerwähnungen zu unterdrücken. Manche Datenbanken unterstützen das Schlüsselwort »true«, wir haben uns jedoch entschieden, den gebräuchlicheren Wert »Ganze Zahl mit allen Bits eingeschaltet« zu verwenden, nämlich -1. Wenn Ihr Datenbanksystem den Wert wahr/falsch als einzelnes Bit speichert, können Sie für »true« auch den Wert 1 abprüfen. Der Wert für »falsch« ist immer die Zahl Null (0).

SubjectName
Advanced English Grammar
Art History
Biological Principles
Business Tax Accounting
Chemistry
Composition-Fundamentals
Composition-Intermediate
Computer Art
Database Management
<<weitere Zeilen>>

Tabelle 8.3: Subjects_On_Wednesday (45 Zeilen)

Bowling League-Datenbank

»Zeige die Kegelmannschaften und den Namen des jeweiligen Mannschaftskapitäns.«

Bereinigte Fassung	Wähle Team Name, Captain Name aus Teams, verbinde Bowlers auf Team Captain ID = Bowler ID

SQL	`SELECT Teams.TeamName, (Bowlers.BowlerLastName`
	`    || ', ' || Bowlers.BowlerFirstName) AS CaptainName`
	`FROM Teams`
	`INNER JOIN Bowlers`
	`ON Teams.CaptainID = Bowlers.BowlerID`

TeamName	CaptainName
Marlins	Fournier, David
Sharks	Patterson, Ann
Terrapins	Morgenstern, Iris
Barracudas	Sheskey, Richard
Dolphins	Viescas, Suzanne
Orcas	Thompson, Sarah
Manatees	Viescas, Michael
Swordfish	Rosales, Joe

Tabelle 8.4: Teams_And_Captains, (8 Zeilen)

Recipes-Datenbank

»Zeige mir die Rezepte mit Rindfleisch oder Knoblauch.«

Bereinigte Fassung	Wähle eindeutig unterschiedenen Recipe Title aus Recipes, verbinde Recipe Ingredients auf Recipe ID, wobei Ingredient ID in (1, 9)

SQL	`SELECT DISTINCT Recipes.RecipeTitle`
	`FROM Recipes`
	`INNER JOIN Recipe_Ingredients`
	`ON Recipes.RecipeID = Recipe_Ingredients.RecipeID`
	`WHERE Recipe_Ingredients.IngredientID IN (1, 9)`

 Da manche Rezepte vielleicht sowohl Rind als auch Knoblauch enthalten, haben wir das Schlüsselwort DISTINCT eingesetzt, um eventuelle Doppelnennungen von Zeilen zu vermeiden.

RecipeTitle
Asparagus
Garlic Green Beans
Irish Stew

Tabelle 8.5: Beef_or_Garlic_Recipes (5 Zeilen)

8.4 Beispielanweisungen

RecipeTitle
Pollo Picoso
Roast Beef

Tabelle 8.5: Beef_or_Garlic_Recipes (5 Zeilen)

8.4.2 Mehr als zwei Tabellen

Nun wollen wir die Sache noch ein bisschen farbiger machen, indem wir Fragen formulieren, die einen JOIN von mehr als zwei Tabellen notwendig machen.

Sales Order Database

»Finde alle Kunden, die jemals einen Fahrradhelm bestellt haben.«

Bereinigte Fassung	Wähle Customer First Name, Customer Last Name aus Customers, verbinde Orders auf Customer ID, verbinde Order Details auf Order Number, verbinde Products auf Product Number, wobei Product Name LIKE ‚%Helmet%'

SQL	```
	SELECT DISTINCT Customers.CustFirstName,
	    Customers.CustLastName
	FROM ((Customers
	INNER JOIN Orders
	ON Customers.CustomerID = Orders.CustomerID)
	INNER JOIN Order_Details
	ON Orders.OrderNumber =
	    Order_Details.OrderNumber)
	INNER JOIN Products
	ON Products.ProductNumber =
	    Order_Details.ProductNumber
	WHERE Products.ProductName LIKE '%Helmet%'
	``

Wenn Ihr Datenbanksystem beim Suchen in Feldern mit Zeicheninhalten zwischen Groß- und Kleinschreibung unterscheidet, müssen Sie die Suchkriterien in der richtigen Schreibweise eingeben. In manchen Datenbanken ist z.B. ‚helmet' etwas anderes als ‚Helmet'.

Da eventuell ein Kunde einen Helm mehr als einmal bestellt hat, haben wir das Schlüsselwort DISTINCT eingesetzt, um Doppelnennungen von Zeilen zu vermeiden.

CustFirstName	CustLastName
Alaina	Hallmark
Allan	Davis
Amelia	Buchanan
Consuelo	Maynez
David	Callahan
David	Smith
Estella	Pundt
Gary	Hallmark
Gregory	Piercy
John	Viescas
<<weitere Zeilen>>	

Tabelle 8.6: Customers_Who_Ordered_Helmets (24 Zeilen)

Entertainment Agency-Datenbank

»Finde die Unterhaltungskünstler, die für die Kunden Bonnicksen oder Rosales aufgetreten sind.«

Bereinigte Fassung	Wähle eindeutig unterschiedene Entertainer Stage Name von Entertainers, verbinde Engagements auf Entertainer ID, verbinde Customers auf Customer ID, wobei Customer Last Name = ‚Bonnicksen' oder Customer Last Name = ‚Rosales'
SQL	```SELECT DISTINCT Entertainers.EntStageName FROM (Entertainers INNER JOIN Engagements ON Entertainers.EntertainerID = Engagements.EntertainerID) INNER JOIN Customers ON Customers.CustomerID = Engagements.CustomerID WHERE Customers.CustLastName = 'Bonnicksen' OR Customers.CustLastName = 'Rosales'```

EntStageName
Carol Peacock Trio
Country Feeling
Julia Schnebly
JV & the Deep Six

Tabelle 8.7: Entertainers_For_Bonnicksen_OR_Rosales (9 Zeilen)

8.4 Beispielanweisungen

EntStageName
Katherine Ehrlich
Modern Dance
Saturday Revue
Susan McLain
Topazz

Tabelle 8.7: Entertainers_For_Bonnicksen_OR_Rosales (9 Zeilen)

Bowling League-Datenbank

»Liste alle Turniere, Turnierspiele und Spielergebnisse auf.«

Bereinigte Fassung	Wähle Tourney ID, Tourney Location, MatchID, Lanes, Odd Lane Team, Even Lane Team, Game Number, Game Winner aus Tournaments, verbinde Toruney Matches auf Tourney ID, verbinde Teams als Odd Lane Team auf Odd Lane Team ID = Team ID, verbinde Teams als Even Lane Team auf Even Lane Team ID = Team ID, verbinde Match Games auf Match ID, verbinde Teams als Winner auf Winning Team ID = Team ID

SQL	`SELECT Tournaments.TourneyID AS Tourney,`
	`    Tournaments.TourneyLocation AS Location,`
	`    Tourney_Matches.MatchID,`
	`    Tourney_Matches.Lanes,`
	`    OddTeam.TeamName AS OddLaneTeam,`
	`    EvenTeam.TeamName AS EvenLaneTeam,`
	`    Match_Games.GameNumber AS GameNo,`
	`    Winner.TeamName AS Winner`
	`FROM Teams AS Winner`
	`INNER JOIN (Teams AS EvenTeam`
	`INNER JOIN (Teams AS OddTeam`
	`INNER JOIN ((Tournaments`
	`INNER JOIN Tourney_Matches`
	`ON Tournaments.TourneyID =`
	`    Tourney_Matches.TourneyID)`
	`INNER JOIN Match_Games`
	`ON Tourney_Matches.MatchID =`
	`    Match_Games.MatchID)`
	`ON OddTeam.TeamID =`
	`    Tourney_Matches.OddLaneTeamID)`
	`ON EvenTeam.TeamID =`
	`    Tourney_Matches.EvenLaneTeamID)`
	`ON Winner.TeamID = Match_Games.WinningTeamID`

 Dies ist eine richtig spaßige Anfrage, weil sie drei Kopien einer einzelnen Tabelle (Teams) benötigt, um ihre Aufgabe zu erfüllen. Damit sie zulässig ist, mussten wir mindestens zwei der Tabellen Korrelationsnamen zuweisen. Wir gingen jedoch noch weiter und gaben ihnen allen »Alias«-Namen, um ihre speziellen Funktionen in der Anfrage widerzuspiegeln. Außerdem hielten wir uns bei der Konstruktion der SQL-Anfrage nicht genau an die Struktur der Bereinigten Fassung. Damit möchten wir zeigen, dass Sie die geschachtelten JOINs definieren können, wie immer Sie wollen, solange Sie auf korrekte Beziehungen achten.

Tourney	Location	MatchID	Lanes	Odds-Lane Team	Even-Lane Team	Game No	Winner
1	Red Rooster Lanes	1	01-02	Marlins	Sharks	1	Marlins
1	Red Rooster Lanes	1	01-02	Marlins	Sharks	2	Sharks
1	Red Rooster Lanes	1	01-02	Marlins	Sharks	3	Marlins
1	Red Rooster Lanes	2	03-04	Terrapins	Barracudas	1	Terrapins
1	Red Rooster Lanes	2	03-04	Terrapins	Barracudas	2	Barracudas
1	Red Rooster Lanes	2	03-04	Terrapins	Barracudas	3	Terrapins

Tabelle 8.8: Tournament_Match_Game_Results (168 Zeilen)

8.4 Beispielanweisungen

				Odds-Lane	Even-Lane		
Tourney	Location	MatchID	Lanes	Team	Team	Game No	Winner
1	Red	3	05-06	Dol-phins	Orcas	1	Dolphins
	Rooster						
	Lanes						
1	Red	3	05-06	Dol-phins	Orcas	2	Orcas
	Rooster						
	Lanes						
1	Red	3	05-06	Dol-phins	Orcas	3	Dolphins
	Rooster						
	Lanes						
<<wei-tere Zei-len>>							

Tabelle 8.8: Tournament_Match_Game_Results (168 Zeilen)

Recipes-Datenbank

»Zeige mir die Rezepte für Hauptmahlzeiten und liste alle Zutaten auf.«

Bereinigte Fassung	Wähle Recipe Title, Ingredient Name, Measurement Description, Measurement Description aus Recipe Classes, verbinde Recipes auf Recipe Class ID, verbinde Recipe Ingredients auf Recipe ID, verbinde Ingredients auf Ingredient ID, verbinde Measurements auf Measure Amount ID, wobei Recipe Class Description = ‚Main Course'
| SQL | ```
SELECT Recipes.RecipeTitle,
    Ingredients.IngredientName,
    Measurements.MeasurementDescription,
    Recipe_Ingredients.MeasurementDescription
FROM (((Recipe_Classes
INNER JOIN Recipes
ON Recipes.RecipeClassID =
    Recipe_Classes.RecipeClassID)
``` |
```

```
INNER JOIN Recipe_Ingredients
ON Recipes.RecipeID =
    Recipe_Ingredients.RecipeID)
INNER JOIN Ingredients
ON Ingredients.IngredientID =
    Recipe_Ingredients.IngredientID)
INNER JOIN Measurements
ON Measurements.MeasureAmountID =
    Recipe_Ingredients.MeasureAmountID
WHERE Recipe_Classes.RecipeClassDescription =
    'Main Course'
```

Sie können eine MeasureAmountID sowohl in der Tabelle Ingredients als auch in der Tabelle Recipe_Ingredients finden. Wenn Sie den endgültigen JOIN auf MeasureAmountID mit der Ingredients- statt der Recipe_Ingredients-Tabelle definieren, erhalten Sie das »Standard«-Maß für die Zutat, und nicht die in dem betreffenden Rezept für die Zutat angegebene Menge.

RecipeTitle	IngredientName	MeasurementDescription	Amount
Irish Stew	Beef	Pound	1
Irish Stew	Onion	Whole	2
Irish Stew	Potato	Whole	4
Irish Stew	Carrot	Whole	6
Irish Stew	Water	Quarts	4
Irish Stew	Guinness Beer	Ounce	12
Fettuccini Alfredo	Fettuccini Pasta	Ounce	16
Fettuccini Alfredo	Vegetable Oil	Tablespoon	1
Fettuccini Alfredo	Salt	Teaspoon	3
<<weitere Zeilen>>			

Tabelle 8.9: Main_Course_Ingredients (53 Zeilen)

8.4.3 Die Suche nach übereinstimmenden Werten

Abschließend wollen wir dem Bild eine dritte Dimension verleihen. Die letzten Beispiele zeigen Fragen, die einen JOIN auf gemeinsamen Werten aus einer oder mehreren Ergebnismengen oder Tabellen durchführen. (Wenn Ihre Datenbank das Schlüsselwort INTERSECT unterstützt, können Sie auch viele ähnlich gelagerte Aufgaben lösen, indem Sie die Schnittmenge der Ergebnismengen bilden.)

Sales Order Database

»Finde alle Kunden, die ein Fahrrad und außerdem noch einen Helm bestellt haben.«

Diese Frage ist offenbar ganz leicht – vielleicht sogar zu leicht. Wir wollen sie in einer etwas anderen Form stellen, damit klarer wird, was wir der Datenbank abverlangen müssen.

»Finde zuerst alle Kunden, die ein Fahrrad bestellt haben und dann alle Kunden, die einen Helm bestellt haben. Liste danach die übereinstimmenden Kunden auf, damit wir wissen, wer sowohl ein Fahrrad als auch einen Helm bestellt hat.«

Übersetzung 1	Wähle Kundenvorname und Kundennachname aus den Kunden, die der Menge der Kunden, die Fahrräder bestellten, und der Menge der Kunden, die Helme bestellt haben, gemeinsam sind.
Übersetzung 2 / Bereinigte Fassung	Wähle Customer First Name, Customer Last Name aus (Wähle eindeutige Kundennamen aus Customers, verbinde Orders auf Customer ID, vcrbinde Order Details auf Order Number, verbinde Products auf Product Number wobei Product Name LIKE ‚%Bike') verbinde (Wähle eindeutige Kundennamen aus Customers, verbinde Orders auf Customer ID, vcrbinde Order Details auf Order Number, verbinde Products auf Product Number wobei Product Name LIKE ‚%Helmet') auf Customer ID
SQL	```SELECT CustBikes.CustFirstName,
CustBikes.CustLastName
FROM
(SELECT DISTINCT Customers.CustomerID,
Customers.CustFirstName,
Customers.CustLastName
FROM ((Customers
INNER JOIN Orders
ON Customers.CustomerID = Orders.CustomerID)
INNER JOIN Order_Details
ON Orders.OrderNumber =
Order_Details.OrderNumber)
INNER JOIN Products
ON Products.ProductNumber =
Order_Details.ProductNumber
WHERE Products.ProductName LIKE '%Bike')
AS CustBikes
INNER JOIN
(SELECT DISTINCT Customers.CustomerID(((Customers```

```
INNER JOIN Orders
ON Customers.CustomerID = Orders.CustomerID)
INNER JOIN Order_Details
ON Orders.OrderNumber =
    Order_Details.OrderNumber)
INNER JOIN Products
ON Products.ProductNumber =
    Order_Details.ProductNumber
WHERE Products.ProductName LIKE '%Helmet')
AS CustHelmets
ON CustBikes.CustomerID =
    CustHelmets.CustomerID
```

 Wir haben die zweite eingebettete SELECT-Anweisung so vereinfacht, dass sie nur die Customer ID holt, denn dies ist die einzige Spalte, die wir benötigen, damit der INNER JOIN auf den beiden Mengen funktioniert. Tatsächlich hätten wir auch den JOIN mit der Tabelle Customers weglassen und die Customer ID aus der Tabelle Orders holen können. Sie können diese Aufgabe auch als INTERSECT der beiden Mengen lösen, müssten dann allerdings sämtliche Ausgabezeilen in beide Ergebnismengen setzen, deren Schnittmenge Sie bilden.

CustFirstName	CustLastName
Suzanne	Viescas
Will	Thompson
Gary	Hallmark
Michael	Davolio
Kenneth	Peacock
John	Viescas
Laura	Callahan
Neil	Patterson
Margaret	Peacock
<<weitere Zeilen>>	

Tabelle 8.10: Customers_Both_Bikes_And_Helmets (24 Zeilen)

Entertainment Agency Database

»Liste die Unterhaltungskünstler auf, die sowohl für Bonnicksen als auch für Rosales aufgetreten sind.«

Für Bonnicksen oder Rosales lässt sich das Problem leicht lösen, wie Sie bereits gesehen haben. Wir wollen die Frage in anderer Form stellen, um klarzustellen, was die Datenbank für uns tun muss.

»Finde alle Unterhaltungskünstler, die für Bonnicksen auftraten, finde dann alle Unterhaltungskünstler, die für Rosales auftraten, und liste zum Schluss die übereinstimmenden Unterhaltungskünstler auf, damit wir wissen, welche für beide Kunden aufgetreten sind.«

Übersetzung 1	Wähle Künstlername aus den Künstlernamen, die in der Menge der Unterhaltungskünstler, die für Bonnicksen auftraten und der Menge der Unterhaltungskünstler, die für Rosales auftraten, übereinstimmen.
Übersetzung 2 / Bereinigte Fassung	Wähle Entertainer Stage Name aus (Wähle unterschiedliche Entertainer Stage Names aus Entertainers, verbinde Engagements auf Entertainer ID, verbinde Customers auf Customer ID, wobei Customer Last Name = ‚Bonnicksen') , verbinde (Wähle unterschiedliche Entertainer Stage Names aus Entertainers, verbinde Engagements auf Entertainer ID, verbinde Customers auf Customer ID, wobei Customer Last Name = ‚Rosales') auf Entertainer ID

| SQL | `SELECT EntBonnicksen.EntStageName`
`FROM`
`(SELECT DISTINCT Entertainers.EntertainerID,`
`    Entertainers.EntStageName`
`FROM (Entertainers`
`INNER JOIN Engagements`
`ON Entertainers.EntertainerID =`
`    Engagements.EntertainerID)`
`INNER JOIN Customers`
`ON Customers.CustomerID =`
`    Engagements.CustomerID`
`WHERE Customers.CustLastName = 'Bonnicksen')`
`AS EntBonnicksen`
`INNER JOIN`
`(SELECT DISTINCT Entertainers.EntertainerID,`
`    Entertainers.EntStageName`
`FROM (Entertainers`
`INNER JOIN Engagements`
`ON Entertainers.EntertainerID =`
`    Engagements.EntertainerID)`
`INNER JOIN Customers`
`ON Customers.CustomerID =`
`    Engagements.CustomerID` |
| | `WHERE Customers.CustLastName = 'Rosales')`
`AS EntRosales`
`ON EntBonnicksen.EntertainerID =`
`    EntRosales.EntertainerID` |

EntStageName
Country Feeling
Katherine Ehrlich
Saturday Revue
Julia Schnebly

Tabelle 8.11: Entertainers_Bonnicksen_AND_Rosales (4 Zeilen)

Dies ist noch ein Beispiel für eine Frage, die sich auch mit INTERSECT lösen lässt.

School Scheduling-Datenbank

»Zeige mir die Schüler und Lehrer, die denselben Vornamen haben.«

8.4 Beispielanweisungen

Bereinigte Fassung	Wähle Student Full Name und Staff Full Name aus Students, verbinde Staff auf First Name

SQL	`SELECT (Students.StudFirstName || ' ' ||`
	`    Students.StudLastName) AS StudFullName,`
	`    (Staff.StfFirstName || ' ' ||`
	`    Staff.StfLastName) AS StfFullName`
	`FROM Students`
	`INNER JOIN Staff`
	`ON Students.StudFirstName = Staff.StfFirstName`

StudFullName	StfFullName
John Kennedy	John Leverling
Michael Viescas	Michael Davolio
Michael Viescas	Michael Hernandez
David Nathanson	David Callahan
David Nathanson	David Smith

Tabelle 8.12: Students_Staff_Same_FirstName (5 Zeilen)

Bowling League-Datenbank

»*Finde die Kegler, die auf der Thunderbird und der Bolero-Kegelbahn mindestens 170 Punkte erzielten.*«

Dies ist noch eine dieser Aufgaben, bei der ein Schnittmengenproblem mit einem JOIN gelöst wird. Wir wollen die Frage anders stellen, damit deutlicher wird, was wir von der Datenbank verlangen.

»Finde alle Kegler, die auf der Thunderbird-Kegelbahn mindestens 170 Punkte erzielten, finde dann alle Kegler, die auf der Bolero-Kegelbahn mindestens 170 Punkte erzielten, und liste danach die übereinstimmenden Kegler auf, damit wir wissen, wer auf beiden Kegelbahnen gute Ergebnisse hatte.«

»*Zeige mir für alle Rezepte in meiner Datenbank den Titel des Rezepts, die Zubereitung und die Rezeptklassenbeschreibung.*«

Übersetzung	Wähle vollen Namen des Keglers aus den Keglernamen, die in der Menge der Kegler, die auf der Thunderbird-Bahn mindestens 170 Punkte hatten, und der Menge der Kegler, die auf der Bolero-Bahn mindestens 170 Punkte hatten, übereinstimmen.

Übersetzung 2 / Bereinigte Fassung	Wähle Bowler Full Name aus (Wähle eindeutig unterschiedene Bowler ID, Bowler Full Name aus Bowlers, verbinde Bowler Scores auf Bowler ID, verbinde Tourney Matches auf Match ID, verbinde Tournaments auf Tourney ID, wobei Tourney Location = 'Thunderbird Lanes' und Raw Score >= 170), verbinde (Wähle eindeutig unterschiedene Bowler ID, Bowler Full Name aus Bowlers, verbinde Bowler Scores auf Bowler ID, verbinde Tourney Matches auf Match ID, verbinde Tournaments auf Tourney ID, wobei Tourney Location = 'Bolero Lanes' und Raw Score >= 170) auf Bowler ID
SQL	

```
SELECT BowlerTbird.BowlerFullName
FROM
(SELECT DISTINCT Bowlers.BowlerID,
    (Bowlers.BowlerLastName || ', ' ||
    Bowlers.BowlerFirstName) AS BowlerFullName
FROM ((Bowlers
INNER JOIN Bowler_Scores
ON Bowlers.BowlerID = Bowler_Scores.BowlerID)
INNER JOIN Tourney_Matches
ON Tourney_Matches.MatchID = Bowler_Scores.MatchID)
INNER JOIN Tournaments
ON Tournaments.TourneyID =
    Tourney_Matches.TourneyID
WHERE Tournaments.TourneyLocation =
    'Thunderbird Lanes'
AND Bowler_Scores.RawScore >= 170)
AS BowlerTbird
INNER JOIN
(SELECT DISTINCT Bowlers.BowlerID,
    (Bowlers.BowlerLastName || ', ' ||
    Bowlers.BowlerFirstName) AS BowlerFullName
FROM ((Bowlers
INNER JOIN Bowler_Scores
ON Bowlers.BowlerID = Bowler_Scores.BowlerID)
INNER JOIN Tourney_Matches
ON Tourney_Matches.MatchID = Bowler_Scores.MatchID)
INNER JOIN Tournaments
ON Tournaments.TourneyID =
    Tourney_Matches.TourneyID
WHERE Tournaments.TourneyLocation = 'Bolero Lanes'
AND Bowler_Scores.RawScore >= 170)
AS BowlerBolero
ON BowlerTbird.BowlerID = BowlerBolero.BowlerID
```

8.4 Beispielanweisungen

Da ein und derselbe Kegler auf jeder der beiden Kegelbahnen auch mehr als einmal viele Punkte geholt haben könnte, haben wir mit dem Schlüsselwort DISTINCT Doppelnennungen vermieden.

BowlerFullName
Kennedy, John
Patterson, Neil
McLain, Susan
Patterson, Kathryn
Viescas, John
Piercy, Greg
Thompson, Mary
Thompson, Will
Patterson, Rachel
Pundt, Steve

Tabelle 8.13: Good_Bowlers_TBird_And_Bolero (10 Zeilen)

Recipes-Datenbank

»Zeige alle Zutaten für Rezepte, die Karotten enthalten.«

Bereinigte Fassung	Wähle Recipe ID, Recipe Title, Ingredient Name aus Recipes, verbinde Recipe Ingredients auf Recipe ID, verbinde Ingredients auf Ingredient ID, verbinde (Wähle Recipe ID aus Ingredients, verbinde Recipe Ingredients auf Ingredient ID, wobei Ingredient Name = 'carrot') auf Recipe ID

SQL	`SELECT Recipes.RecipeID, Recipes.RecipeTitle,`
	`    Ingredients.IngredientName`
	`FROM ((Recipes`
	`INNER JOIN Recipe_Ingredients`
	`ON Recipes.RecipeID =`
	`    Recipe_Ingredients.RecipeID)`
	`INNER JOIN Ingredients`
	`ON Ingredients.IngredientID =`
	`    Recipe_Ingredients.IngredientID)`
	`INNER JOIN`
	`(SELECT Recipe_Ingredients.RecipeID`
	`FROM Ingredients`
	`INNER JOIN Recipe_Ingredients`
	`ON Ingredients.IngredientID =`
	`    Recipe_Ingredients.IngredientID`

```
WHERE Ingredients.IngredientName = 'Carrot')
AS Carrots
ON Recipes.RecipeID = Carrots.RecipeID
```

Diese Frage kann man mit einer Unteranfrage noch ein wenig einfacher lösen. Wie das geht, zeigen wir in Kapitel 11.

RecipeID	RecipeTitle	IngredientName
1	Irish Stew	Beef
1	Irish Stew	Onion
1	Irish Stew	Potato
1	Irish Stew	Carrot
1	Irish Stew	Water
1	Irish Stew	Guinness Beer
14	Salmon Filets in Parchment Paper	Salmon
14	Salmon Filets in Parchment Paper	Carrot
14	Salmon Filets in Parchment Paper	Leek
14	Salmon Filets in Parchment Paper	Red Bell Pepper
14	Salmon Filets in Parchment Paper	Butter
<<weitere Zeilen>>		

Tabelle 8.14: Recipes_Containing_Carrots (16 Zeilen)

8.5 Zusammenfassung

In diesem Kapitel haben wir ausführlich dargestellt, wie man zwei oder mehr Tabellen oder Ergebnismengen auf übereinstimmenden Werten verknüpft. Zuerst definierten wir das Konzept eines JOINs und dann erklärten wir detailliert, wie man einen INNER JOIN bildet. Wir erörterten, welche Kriterien für einen JOIN »zulässig« sind, warnten jedoch auch vor unsinnigen Joins.

In den Beispielen begannen wir mit einfachen JOINs zweier Tabellen. Danach zeigten wir, wie Sie innerhalb Ihrer FROM-Klausel Ihren Tabellen Korrelationsnamen (»Aliasnamen«) zuweisen können. Dies können Sie entweder aus Bequemlichkeit machen, oder aber, weil Sie Korrelationsnamen zuweisen müssen, wenn Sie ein und dieselbe Tabelle mehrmals benutzen oder eine eingebettete SELECT-Anweisung verwenden.

Wir zeigten Ihnen, wie Sie mit einer SELECT-Anweisung in Ihrer FROM-Klausel eine Referenz auf eine Tabelle ersetzen können. Danach stellten wir dar, wie Sie Ihren Horizont erweitern können, indem Sie mehr als zwei Tabellen oder Ergebnismengen verbinden. Zum Abschluss erklärten wir die Syntax eines INNER JOINs und betonten dabei erneut, wie wichtig ein guter Datenbankentwurf und ein Verständnis der Beziehungen zwischen Ihren Tabellen sind.

Wir besprachen mehrere Gründe für die Nützlichkeit von INNER JOINs und gaben Ihnen spezielle Beispiele dafür. Der Rest des Kapitels lieferte mehr als ein Dutzend Anwendungsbeispiele für INNER JOINs. Diese Beispiele gliederten wir in JOINs von zwei Tabellen, JOINs von mehr als zwei Tabellen und JOINs auf übereinstimmenden Werten. Im nächsten Kapitel werden wir eine andere JOIN-Variante untersuchen: den OUTER JOIN.

Im nächsten Abschnitt finden Sie Fragen zum selber Lösen.

8.5.1   Aufgaben

Im Weiteren zeigen wir Ihnen die Frage und den Namen der Lösungsanfrage in den Beispieldatenbanken. Wenn Sie sich etwas Praxis aneignen möchten, können Sie die SQL-Fassungen der einzelnen Fragen ausarbeiten und Ihre Antwort dann mit der Anfrage vergleichen, die wir in den Mustern gespeichert haben. Keine Sorge, wenn Ihre Syntax nicht exakt mit der Syntax der gespeicherten Anfragen übereinstimmt: Hauptsache, Ihre Ergebnismenge ist die gleiche.

Sales Order-Datenbank

1. »Liste die Kunden und die Daten, die sie in einer Bestellung angaben, nach Bestelldatum sortiert auf.« (Tipp: Die Lösung erfordert einen JOIN von zwei Tabellen.) Die Lösung finden Sie in Customers_And_OrderDates (944 Zeilen).

2. »Liste die Angestellten und die Kunden, für die sie eine Bestellung eingaben, auf.« (Tipp: Die Lösung erfordert einen JOIN von mehr als zwei Tabellen.) Die Lösung finden Sie in Employees_And_Customers (211 Zeilen).

3. »Zeige alle Bestellungen, die darin enthaltenen Produkte und den Rechnungsbetrag für jedes Produkt, geordnet nach Bestellnummer. (Tipp: Die Lösung erfordert einen JOIN von mehr als zwei Tabellen.) Sie finden die Lösung in Orders_With_Products (4 196 Zeilen).

4. »Zeige mir die Hersteller und die Produkte, die sie uns liefern, soweit diese Produkte unter hundert Dollar kosten.« (Tipp: Die Lösung erfordert einen JOIN von mehr als zwei Tabellen.) Sie finden die Lösung in Vendors_And_Products_Less_Than_100 (66 Zeilen).

5. »Zeige mir die Kunden und Angestellten, die denselben Vornamen haben.« (Tipp: Die Lösung erfordert einen JOIN auf übereinstimmenden Werten.) Sie finden die Lösung in Customers_Employees_Same_FirstName (4 Zeilen).

6. »Zeige mir die Kunden und Angestellten, die in derselben Stadt wohnen.« (Tipp: Die Lösung erfordert einen JOIN auf übereinstimmenden Werten.) Sie finden die Lösung in Customers_Employees_Same_City (11 Zeilen).

Entertainment Agency-Datenbank

1. »Zeige Agenten und von ihnen gebuchte Engagementsdaten, sortiert nach Startdatum der Buchung.« (Tipp: Die Lösung erfordert einen JOIN von zwei Tabellen.) Sie finden die Lösung in Agents_Booked_Dates (131 Zeilen).

2. »Liste Kunden und von ihnen gebuchte Unterhaltungskünstler auf.« (Tipp: Die Lösung erfordert einen JOIN von mehr als zwei Tabellen.) Sie finden die Lösung in Customers_Booked_Entertainers (93 Zeilen).

3. »Finde die Agenten und Unterhaltungskünstler, die dieselbe Postleitzahl haben.« (Tipp: Die Lösung erfordert einen JOIN auf übereinstimmenden Werten.) Sie finden die Lösung in Agents_Entertainers_Same_Postal (10 Zeilen).

School Scheduling-Datenbank

1. »Zeige Gebäude und alle Klassenzimmer der einzelnen Gebäude.« (Tipp: Die Lösung erfordert einen JOIN von zwei Tabellen.) Sie finden die Lösung in Buildings_Classrooms (44 Zeilen).

2. »Liste Schüler und alle Kurse, in die sie zurzeit eingeschrieben sind, auf.« (Tipp: Die Lösung erfordert einen JOIN von mehr als zwei Tabellen.) Sie finden die Lösung in Student_Enrollments (35 Zeilen).

3. »Liste die Lehrer der Fachbereiche und die von jedem Lehrer unterrichteten Fächer auf.« (Tipp: Die Lösung erfordert einen JOIN von mehr als zwei Tabellen.) Sie finden die Lösung in Staff_Subjects (111 Zeilen).

4. »Zeige mir die Schüler, die sowohl in Kunst als auch in irgendeinem Computerkurs mindestens auf Zwei stehen (85 Punkte oder besser).« (Tipp: Die Lösung erfordert einen JOIN auf übereinstimmenden Werten.) Sie finden die Lösung in Good_Art_CS_Students (1 Zeile).

Bowling League-Datenbank

1. »Liste die Kegelmannschaften und alle Mannschaftsmitglieder auf.« (Tipp: Die Lösung erfordert einen JOIN von zwei Tabellen.) Sie finden die Lösung in Teams_And_Bowlers (32 Zeilen).

2. »Zeige die Kegler, die von ihnen gespielten Partien und die Punktstände der Kegler.« (Tipp: Die Lösung erfordert einen JOIN von mehr als zwei Tabellen.) Sie finden die Lösung in Bowler_Game_Scores (1.344 Zeilen).

3. »Finde die Kegler, die denselben Durchschnittspunktstand haben.« (Tipp: Die Lösung erfordert einen JOIN auf übereinstimmenden Werten.) Sie finden die Lösung in Bowlers_Same_Average (70 Zeilen).

Recipes-Datenbank

1. »Liste alle Salatrezepte auf.« (Tipp: Die Lösung erfordert einen JOIN von zwei Tabellen.) Sie finden die Lösung in Salads (1 Zeile).

2. »Liste alle Rezepte mit einer Milchzutat auf.« (Tipp: Die Lösung erfordert einen JOIN von mehr als zwei Tabellen.) Sie finden die Lösung in Recipes_Containing_Dairy (2 Zeilen).

3. »Finde die Zutaten, die dieselbe Standardmaßeinheit verwenden. (Tipp: Die Lösung erfordert einen JOIN auf übereinstimmenden Werten.) Sie finden die Lösung in Ingredients_Same_Measure (628 Zeilen).

4. »Zeige mir die Rezepte mit Rindfleisch und Knoblauch.« (Tipp: Die Lösung erfordert einen JOIN auf übereinstimmenden Werten.) Sie finden die Lösung in Beef_And_Garlic_Recipes (1 Zeile).

Go To

OUTER JOINs

9

Kapitelüberblick

>*The only difference between a problem and a solution is people understand the solution.*«
-*Charles Franklin Kettering, Inventor, 1876-1958*

Im vorigen Kapitel behandelten wir alles, was in JOINs »drin« ist: wie man zwei oder mehr Tabellen oder Ergebnismengen mit INNER JOIN verknüpft, um alle übereinstimmenden Zeilen zu finden. Nun ist es an der Zeit zu behandeln, was »draußen« ist: wie man Tabellen verknüpft, um nicht nur die übereinstimmenden Zeilen zu finden, sondern auch die Zeilen, die gerade nicht übereinstimmen.

9.1 Was ist ein OUTER JOIN?

Wie schon im vorigen Kapitel erläutert, definiert der SQL-Standard mehrere Arten von JOIN-Operationen, um zwei oder mehr Tabellen oder Ergebnismengen zu verknüpfen. Ein OUTER JOIN veranlasst Ihr Datenbanksystem nicht nur, die in den angegebenen Kriterien übereinstimmenden Zeilen zurückzugeben, sondern auch von einer oder beiden zu verknüpfenden Mengen die nicht übereinstimmenden Zeilen mitzuliefern.

Nehmen wir beispielsweise an, Sie möchten aus der School Scheduling-Datenbank Informationen über Schüler und die von ihnen belegten Kurse herausholen. Wie Sie in Kapitel 8 lernten, gibt ein INNER JOIN nur Schüler, die sich in einen Kurs und Kurse, in die sich Schüler eingeschrieben haben, zurück. Er sagt weder etwas über Schüler, die zwar an der Schule aufgenommen wurden, aber sich noch in keine Kurse eingeschrieben haben, noch etwas über Kurse, die zwar angeboten werden, bisher aber noch kein Schülerinteresse hervorrufen konnten.

Was ist, wenn Sie alle Schüler und – falls vorhanden – die von ihnen belegten Kurse auflisten möchten? Nehmen wir umgekehrt an, Sie möchten eine Liste aller Kurse und – falls vorhanden – der darin eingeschriebenen Schüler. Um solche Aufgaben zu lösen, müssen Sie einen OUTER JOIN bemühen.

Abbildung 9.1 zeigt in einem Mengendiagramm eine mögliche Beziehung zwischen Schülern und Kursen. Wie Sie sehen, haben sich einige Schüler noch in keinen Kurs eingeschrieben, und einige Kurse wurden noch nicht von Schülern belegt.

Wenn Sie nach allen Schülern und den von ihnen belegten Kursen fragen, erhalten Sie eine Ergebnismenge ähnlich der in Abbildung 9.2.

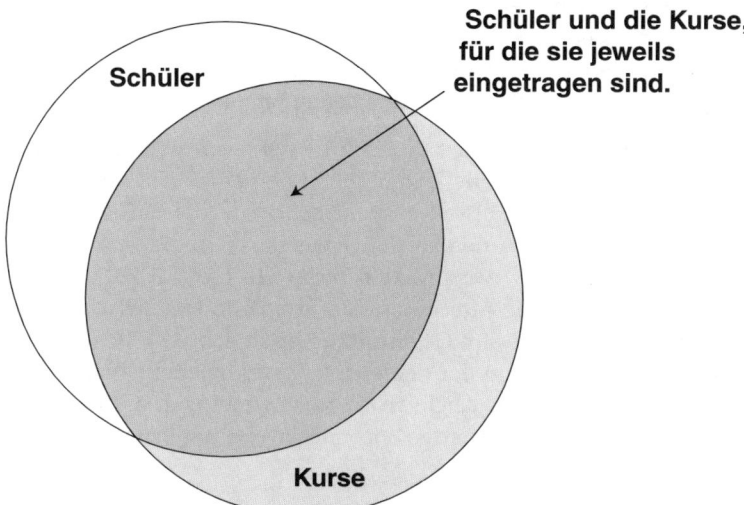

Abbildung 9.1: Eine mögliche Beziehung zwischen Schülern und Kursen

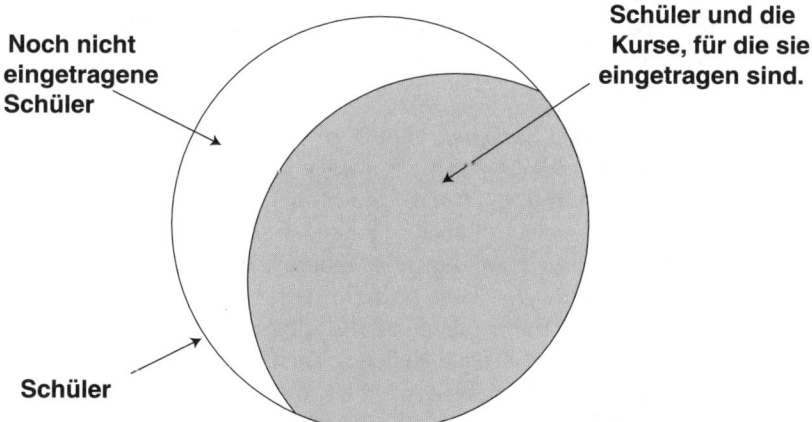

Abbildung 9.2: Alle Schüler und die von ihnen belegten Kurse

Nun fragen Sie sich vielleicht: »Was werde ich von den Schülern sehen, die sich noch in keine Kurse eingeschrieben haben?« Wenn Sie sich an das in Kapitel 5 besprochene Konzept eines Null- oder »Nichts«-Wertes erinnern, dann wissen Sie, was Sie sehen werden: Wenn Sie nach allen Schülern, verbunden mit eventuell vorhandenen Kursen, fragen, gibt Ihre Datenbank in allen Spalten der Classes-Tabelle einen Nullwert zurück, wenn sie einen Schüler findet, der noch keine Kurse belegt hat. Wenn Sie nun an das Konzept einer Differenz zwischen zwei Mengen (Kapitel 7) denken, repräsentieren die Zeilen, die in den Spalten der Classes-Tabelle einen Nullwert haben, die Differenz zwischen der Menge aller Schüler und der Menge der Schüler, die bereits einen Kurs belegt haben.

Ähnlich ist es, wenn Sie nach allen Kursen und den eventuell darin eingeschriebenen Schülern fragen: Die Zeilen, die in den einzelnen Spalten der Students-Tabelle Nullwerte aufweisen, repräsentieren die Differenz zwischen der Menge aller Kurse und der Menge der Kurse, in die bereits Schüler eingeschrieben sind. Wie versprochen bietet ein OUTER JOIN mit einem Test auf Nullwerte eine Alternative, um die Differenz zwischen den beiden Mengen festzustellen. Im Gegensatz zu einer echten EXCEPT-Operation, die vollständige Zeilen der beiden Mengen abgleicht, können Sie in einer JOIN-Operation den Abgleich so spezifizieren, dass nur einige spezielle Spalten abgeglichen werden (normalerweise der Primärschlüssel und der Fremdschlüssel).

9.2 Der LEFT/RIGHT OUTER JOIN

In der Regel benutzen Sie die Form des OUTER JOINs, bei der Sie alle Zeilen einer einzigen Tabelle oder Ergebnismenge und eventuell übereinstimmende Zeilen aus einer anderen Tabelle oder Ergebnismenge abfragen. Dazu spezifizieren Sie entweder einen LEFT OUTER JOIN oder einen RIGHT OUTER JOIN.

Was ist der Unterschied zwischen »LEFT« und »RIGHT«, zwischen links und rechts? Aus dem vorigen Kapitel werden Sie sich noch daran erinnern, dass Sie, um einen INNER JOIN auf zwei Tabellen zu spezifizieren, zuerst den Namen der ersten Tabelle, dann das Schlüsselwort JOIN und dann den Namen der zweiten Tabelle angeben. Wenn Sie anfangen, Anfragen mit OUTER JOIN zu erstellen, dann betrachtet der SQL-Standard die erste von Ihnen benannte Tabelle als die »linke« und die zweite als die »rechte« Tabelle. Wenn Sie also alle Zeilen der ersten Tabelle und eventuell übereinstimmende Zeilen der zweiten Tabelle möchten, dann nehmen Sie einen LEFT OUTER JOIN. Benötigen Sie umgekehrt alle Zeilen der zweiten Tabelle und eventuell übereinstimmende Zeilen der ersten Tabelle, dann nehmen Sie einen RIGHT OUTER JOIN.

9.2.1 Syntax

Wir wollen die Syntax untersuchen, die zur Erstellung eines LEFT oder eines RIGHT OUTER JOINs notwendig ist.

Tabellen verwenden

Wir beginnen einfach damit, dass wir einen OUTER JOIN definieren, der Tabellen verwendet. Abbildung 9.3 zeigt das Syntaxdiagramm zur Erstellung einer Anfrage mit einem OUTER JOIN auf zwei Tabellen.

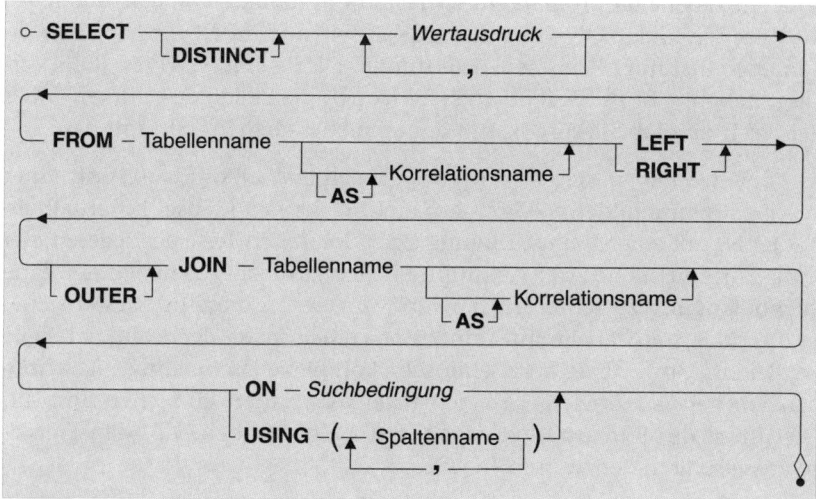

Abbildung 9.3: Einen OUTER JOIN auf zwei Tabellen definieren

Genau wie beim INNER JOIN passiert alles in der FROM-Klausel. (Die WHERE- und die ORDER BY Klauseln haben wir einstweilen weggelassen, damit es einfacher wird.) Anstatt nur eines Tabellennamens geben Sie zwei Tabellennamen an, die Sie mit dem Schlüsselwort JOIN verknüpfen. Wenn Sie die gewünschte Art von JOIN nicht angeben, geht Ihr Datenbanksystem davon aus, dass Sie einen INNER JOIN möchten (dieser wird in Kapitel 8 behandelt). Da Sie hier jedoch einen OUTER JOIN verlangen, müssen Sie ausdrücklich angeben, dass Sie einen LEFT OUTER oder einen RIGHT OUTER JOIN möchten.

Wer dies am vollständigen Syntaxdiagramm in Anhang A nachvollziehen möchte, findet table_name JOIN table_name als Teil des definierten Terms Joined Table beschrieben. Table Reference enthält Joined Table, und die FROM-Klausel einer SELECT-Anweisung benutzt Table Reference. Wir haben diese komplexen Definitionen in einem einzigen Diagramm »abgespult«, um es Ihnen leichter zu machen, einen einfachen JOIN zweier Tabellen zu studieren. Im gesamten Rest dieses Kapitels werden wir dieselbe Vereinfachungstechnik einsetzen.

Der wichtige Teil jedes JOINs ist die ON- oder USING-Klausel hinter der zweiten Tabelle, die Ihrem Datenbanksystem mitteilt, wie es den JOIN durchführen soll. Um den JOIN aufzulösen, kombiniert Ihr Datenbanksystem logisch jede Zeile der ersten Tabelle mit jeder Zeile der zweiten Tabelle. (Diese Kombination aller Zeilen einer Tabelle mit allen Zeilen einer anderen Tabelle nennt man ein Kartesisches Produkt.) Danach wendet es die Kriterien in den ON- oder USING-Klauseln an, um die zurückzuliefernden übereinstimmenden Zeilen zu finden. Da Sie einen OUTER JOIN verlangt haben, gibt Ihr Datenbanksystem auch die Zeilen der »linken« oder der »rechten« Tabelle zurück, mit denen nichts übereingestimmt hat.

In Kapitel 6 haben Sie gelernt, wie man eine WHERE-Klausel mit einer Suchbedingung bildet. Sie können auch in der ON-Klausel innerhalb eines JOINs mit einer Suchbedingung einen logischen Test spezifizieren, der wahr sein muss, ehe zwei verknüpfte Zeilen zurückgegeben werden. Eine Suchbedingung zu schreiben hat nur Sinn, wenn diese mindestens eine Spalte der ersten Tabelle mit mindestens einer Spalte der zweiten Tabelle vergleicht. Obwohl Sie auch eine sehr komplexe Suchbedingung schreiben können, spezifizieren Sie normalerweise einen einfachen Test auf Gleichheit der Primärschlüsselspalten der einen Tabelle mit den Fremdschlüsselspalten der zweiten Tabelle.

Um es leicht zu machen, wollen wir mit dem aus dem vorigen Kapitel bereits bekannten Beispiel beginnen, das Recipe_Classes und Recipes verwendet. Denken Sie daran, dass Sie in einem guten Datenbankentwurf komplexe Klassifikationsnamen am besten in eine zweite Tabelle auslagern und die Namen dann über einen einfachen Schlüsselwert wieder mit der Tabelle des Hauptgegenstands verknüpfen. In der Beispieldatenbank Recipes tauchen die Recipe_Classes in einer anderen als der Recipes-Tabelle auf. Abbildung 9.4 zeigt Ihnen die Beziehung zwischen Recipe_Classes und Recipes.

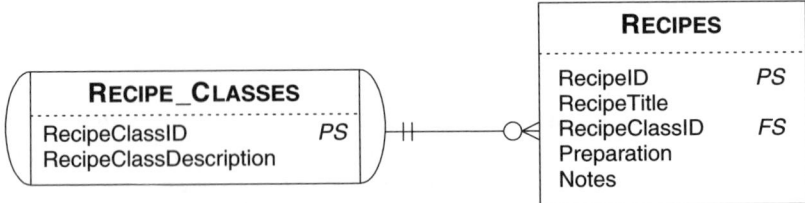

Abbildung 9.4: Recipe_Classes stehen in einer anderen als der Recipes-Tabelle.

9.2 Der LEFT/RIGHT OUTER JOIN

Bei der Ersteinrichtung der Rezeptarten, die Sie in Ihrer Datenbank speichern, haben Sie vielleicht zunächst alle Rezeptklassen eingegeben, die Ihnen in den Sinn kamen. Nun, da Sie eine gewisse Anzahl von Rezepten
eingegeben haben, interessieren Sie sich vielleicht dafür herauszufinden,
in welche Klassen bisher noch keine Rezepte eingegeben wurden. Vielleicht interessieren Sie sich auch dafür, alle Rezeptklassen zusammen mit
den Namen der bisher in die einzelnen Klassen eingegebenen Rezepte auf-
zulisten. Beide Aufgaben können Sie mit einem OUTER JOIN lösen.

In diesem Kapitel werden wir die in Kapitel 4 eingeführte »Frage/ Überset-
zung/ Bereinigte Fassung/ SQL«-Technik verwenden.

*»Zeige mir alle Rezepttypen und eventuell dazu passende Rezepte in meiner Da-
tenbank.«*

Übersetzung	Wähle Recipe Class Description und Recipe Title aus der Recipe Classes-Tabelle, außen verbunden mit der Recipes-Tabelle auf der Recipe Class ID in der Recipe Classes-Tabelle, die mit der Recipe Class ID in der Recipes-Tabelle übereinstimmt
Bereinigte Fassung	Wähle Recipe Class Description, Recipe Title aus Recipe Classes, verbinde außen Recipes auf Recipe Class ID = Recipe Class ID

SQL	`SELECT Recipe_Classes.RecipeClassDescription,`
	`    Recipes.RecipeTitle`
	`FROM Recipe_Classes`
	`LEFT OUTER JOIN Recipes`
	`ON Recipe_Classes.RecipeClassID =`
	`    Recipes.RecipeClassID`

Wenn Sie in Ihrer FROM-Klausel mehrere Tabellen verwenden, müssen Sie
daran denken, dass Sie jeden Spaltennamen bei jeder Nennung vollqualifiziert mit dem Tabellennamen angeben, damit absolut klar ist, welchen
Spaltennamen aus welcher Tabelle Sie wollen. Beachten Sie, dass wir den
Namen von RecipeClassID in der ON-Klausel qualifizieren mussten, weil
es zwei Spalten namens RecipeClassID gibt: die in der Recipes-Tabelle und
die in der Tabelle Recipe_Classes.

Zwar unterstützen die meisten kommerziellen SQL-Implementierungen
einen OUTER JOIN, aber nicht alle. Wenn Ihr Datenbanksystem keinen
OUTER JOIN kennt, können Sie diese Aufgabe immer noch lösen, indem
Sie alle benötigten Tabellen in der FROM-Klausel auflisten, und dann Ihre
Suchbedingung von der ON- in die WHERE-Klausel verlagern. Um die spe-
zielle nicht-standardmäßige Syntax zu lernen, die Ihre Datenbank zur De-
finition des OUTER JOINs verlangt, müssen Sie in die Dokumentation zu
Ihrem Datenbanksystem hineinschauen. So unterstützten z. B. ältere Ver-

sionen von Microsoft SQL Server die folgende Syntax (beachten Sie das Sternchen in der WHERE-Klausel.

```
SELECT Recipe_Classes.RecipeClassDescription,
    Recipes.RecipeTitle
FROM Recipe_Classes, Recipes
WHERE Recipe_Classes.RecipeClassID *=
    Recipes.RecipeClassID
```

Wenn Sie Oracle verwenden, gilt die folgende Syntax (beachten Sie hier das Pluszeichen in der WHERE-Klausel):

```
SELECT Recipe_Classes.RecipeClassDescription,
    Recipes.RecipeTitle
FROM Recipe_Classes, Recipes
WHERE Recipe_Classes.RecipeClassID =
    Recipes.RecipeClassID(+)
```

Für einen Anfänger mögen diese Syntaxvarianten vielleicht bei einfachen Anfragen intuitiver sein. Die SQL-Standardsyntax ermöglicht es Ihnen jedoch, die Quelle für die letztendliche Ergebnismenge vollständig innerhalb der FROM-Klausel zu definieren. Sie können sich die FROM-Klausel als ein Konstrukt vorstellen, das eine verknüpfte Ergebnismenge, aus der das Datenbanksystem die Antwort holt, vollständig definiert. Im SQL-Standard verwenden Sie die WHERE-Klausel nur, um Zeilen aus der von der FROM-Klausel definierten Ergebnismenge herauszufiltern. Überdies müssen Sie, wenn Sie mit mehreren nicht-standardmäßigen Produkten arbeiten, eventuell mehrere verschiedene Syntaxvarianten lernen, denn die spezifische Syntax zur Definition eines OUTER JOINs über die WHERE-Klausel unterscheidet sich von Produkt zu Produkt.

Wenn Sie die obige Anfrage in der Recipes-Datenbank ausführen, dürfte das System 16 Zeilen zurückgeben. Da wir keine Suppenrezepte in die Datenbank eingegeben haben, erhalten Sie für RecipeTitle in der Zeile, in der die RecipeClass Description »Soup« lautet, einen Nullwert. Um nur diese eine Zeile zu finden, verfolgen Sie folgenden Ansatz:

»Liste die Rezeptklassen auf, in die noch keine Rezepte eingegeben wurden.«

Übersetzung	Wähle Recipe Class Description aus der Recipe Classes-Tabelle, außen verbunden mit der Recipes-Tabelle auf Recipe Class ID, wobei Recipe ID leer ist
Bereinigte Fassung	Wähle Recipe Class Description aus Recipe Classes, verbinde außen Recipes auf Recipe Class ID, wobei Recipe ID NULL ist

```
SQL          SELECT Recipe_Classes.RecipeClassDescription
             FROM Recipe_Classes
             LEFT OUTER JOIN Recipes
             ON Recipe_Classes.RecipeClassID =
                Recipes.RecipeClassID
             WHERE Recipes.RecipeID IS NULL
```

Genauer betrachtet haben wir eigentlich nur eine DIFFERENCE- oder EXCEPT-Operation (siehe Kapitel 7) unter Verwendung eines JOINs ausgeführt. Das ist so, als würden wir sagen: »Zeige mir alle Rezeptklassen EXCEPT (außer) denen, die bereits in der Recipes-Tabelle stehen.« Das Mengendiagramm in Abbildung 9.5 sollte Ihnen anschaulich machen, was geschieht.

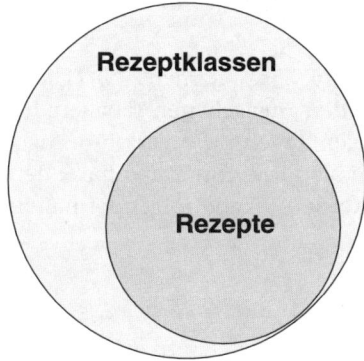

Abbildung 9.5: Eine mögliche Beziehung zwischen Recipe Classes und Recipes

In Abbildung 9.5 haben zwar alle Rezepte eine Rezeptklasse, aber für manche Rezeptklassen wurde noch kein Rezept definiert. Wenn wir den IS NULL-Test einbinden, fragen wir nach allen Zeilen im helleren, äußeren Kreis, für die es in der Rezeptemenge, die der dunklere, innere Kreis darstellt, keine Entsprechung gibt.

Beachten Sie, dass das in Abbildung 9.3 gezeigte Diagramm eines OUTER JOINs auf Tabellen eine optionale USING-Klausel enthält. Wenn die übereinstimmenden Spalten in den beiden Tabellen denselben Namen tragen und Sie nur auf gleichen Werten einen JOIN durchführen möchten, können Sie die USING-Klausel einsetzen und die Spaltennamen auflisten. Wir wollen die obige Aufgabe noch einmal mit USING lösen.

»Zeige mir die Rezeptklassen, die noch keine Rezepte enthalten.«

Übersetzung	Wähle Recipe Class Description aus der Recipe Classes-Tabelle, außen verbunden mit der Recipes-Tabelle unter Verwendung der Recipe Class ID, wobei Recipe ID leer ist
Bereinigte Fassung	Wähle Recipe Class Description aus Recipe Classes, verbinde außen Recipes verwende Recipe Class ID, wobei Recipe ID NULL ist

SQL	`SELECT Recipe_Classes.RecipeClassDescription`
	`FROM Recipe_Classes`
	`LEFT OUTER JOIN Recipes`
	`USING (RecipeClassID)`
	`WHERE Recipes.RecipeID IS NULL`

Ist die Syntax mit USING nicht viel einfacher? Denken Sie jedoch daran, dass manche Datenbanksysteme USING noch nicht unterstützen. Wenn Sie feststellen, dass Sie bei Ihrer Datenbank USING nicht verwenden können, können Sie dasselbe Ergebnis immer noch mit einer ON-Klausel und einem Gleichheitstest erzielen.

Der SQL-Standard definiert auch einen JOIN-Typ namens NATURAL JOIN. Ein NATURAL JOIN verknüpft die beiden angegebenen Tabellen, indem er alle gleichnamigen Spalten vergleicht. Wenn die Verknüpfungsspalten die einzigen gemeinsamen Spalten sind und Ihre Datenbank den NATURAL JOIN unterstützt, können Sie diese Aufgabe folgendermaßen lösen:

```
SELECT Recipe_Classes.RecipeClassDescription
FROM Recipe_Classes
NATURAL LEFT OUTER JOIN Recipes
WHERE Recipes.RecipeID IS NULL
```

Wenn Sie das Schlüsselwort NATURAL verwenden, dürfen Sie keine ON- oder USING-Klausel angeben.

Eine SELECT-Anweisung einbetten

Wie Sie noch aus Kapitel 8 wissen, können Sie in den meisten SQL-Implementierungen in Ihrer FROM-Klausel für einen beliebigen Tabellennamen eine ganze SELECT-Anweisung einsetzen. Dann müssen Sie natürlich einen Korrelationsnamen zuweisen (siehe in Kapitel 8 den Abschnitt über die Zuweisung von Aliasnamen), damit das Ergebnis der Auswertung Ihrer eingebetteten Anfrage auch einen Namen hat. Abbildung 9.6 zeigt, wie Sie mit eingebetteten SELECT-Anweisungen einen OUTER JOIN zusammensetzen. Achtung: Eine SELECT-Anweisung kann alle Anfrageklauseln außer ORDER BY enthalten. Überdies können Sie SELECT-Anfragen mit Tabellennamen auf jeder Seite des Schlüsselworts OUTER JOIN vermischen und abgleichen.

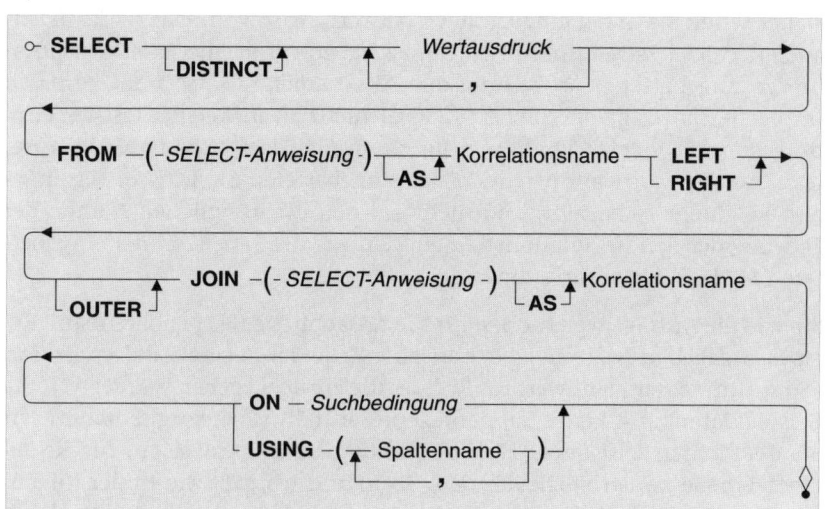

Abbildung 9.6: Ein OUTER JOIN mit SELECT-Anweisungen

Werfen wir noch einen Blick auf Recipes und Recipe Classes. Für dieses Beispiel wollen wir außerdem annehmen, dass Sie sich nur für die Klassen Salate, Suppen und Hauptgerichte interessieren. Unten sehen Sie die entsprechende Anfrage, wobei die Tabelle Recipe_Classes in einer SELECT-Anweisung gefiltert wird, die Teil eines INNER JOINs ist.

```
SELECT RCFiltered.ClassName, R.RecipeTitle
FROM
(SELECT RecipeClassID, RecipeClassDescription
AS ClassName
FROM Recipe_Classes AS RC
WHERE RC.ClassName = 'Salads'
OR RC.ClassName = 'Soup'
OR RC.ClassName = 'Main Course') AS RCFiltered
LEFT OUTER JOIN Recipes AS R
ON RCFiltered.RecipeClassID = R.RecipeClassID
```

Wenn Sie eine SELECT-Anweisung in einer FROM-Klausel verwenden, müssen Sie vorsichtig sein. Erstens: Wenn Sie einen Tabellennamen durch eine SELECT-Anweisung ersetzen, müssen Sie sicherstellen, dass Sie nicht nur die Spalten einbinden, die in der endgültigen Ergebnismenge stehen sollen, sondern auch eventuell vorhandene Verknüpfungsspalten, die Sie für den JOIN benötigen.

Daher sehen Sie in der eingebetteten Anweisung sowohl RecipeClassID als auch RecipeClassDescription. Zum Spaß haben wir RecipeClassDescription in der eingebetteten Anweisung den Aliasnamen »ClassName« verpasst. Infolgedessen fragt die SELECT-Klausel nicht nach RecipeClass-Description, sondern nach ClassName. Beachten Sie, dass sich die ON-Klausel jetzt auf den Korrelationsnamen der eingebetteten SELECT-Anweisung – also RCFiltered – bezieht, und nicht auf den ursprünglichen Namen der Tabelle oder den Korrelationsnamen, den wir der Tabelle in der eingebetteten SELECT-Anweisung zuwiesen.

So, wie die Anfrage weiter oben für die tatsächliche Beispieldatenbank Recipes angegeben ist, sehen Sie, dass eine Zeile der RecipeClassDescription »Soup« mit einem Nullwert für RecipeTitle zurückgegeben wurde, weil die Beispieldatenbank keine Suppenrezepte enthält. Ebenso gut hätten wir auf der rechten Seite des OUTER JOINs eine SELECT-Anweisung für die Recipes-Tabelle konstruieren können. So hätten wir z.B. wie in der folgenden Anweisung nach Rezepten fragen können, die in ihrem Titel das Wort »beef« enthalten.

```
SELECT RCFiltered.ClassName, R.RecipeTitle
FROM
(SELECT RecipeClassID, RecipeClassDescription
AS ClassName
FROM Recipe_Classes AS RC
WHERE RC.ClassName = 'Salads'
OR RC.ClassName = 'Soup'
OR RC.ClassName = 'Main Course') AS RCFiltered
LEFT OUTER JOIN
(SELECT Recipes.RecipeClassID,
    Recipes.RecipeTitle
FROM Recipes
WHERE Recipes.RecipeTitle LIKE '%beef%') AS R
ON RCFiltered.RecipeClassID = R.RecipeClassID
```

Vergessen Sie nicht, dass der LEFT OUTER JOIN nach allen Zeilen der Ergebnismenge oder Tabelle auf der linken Seite des JOINs fragt, egal ob auf der rechten Seite passende Zeilen existieren oder nicht. Die obige Anfrage gibt nicht nur die »Soup«-Zeile mit einem Nullwert als RecipeTitle zurück (weil es in der Datenbank gar keine Suppen gibt), sondern auch eine »Salad«-Zeile mit einem Nullwert. Sie könnten daraus nun schließen, dass die Datenbank auch keine Salate enthält. Es gibt jedoch sehr wohl Salate darin, aber keine mit »beef« im Rezepttitel!

Vielleicht haben Sie bereits gemerkt, dass Sie als Teil der ON-Klausel in einem JOIN eine vollständige Suchbedingung eingeben können. Folglich ist es im SQL-Standard absolut zulässig, das oben gezeigte Problem auch folgendermaßen zu lösen:

```
SELECT Recipe_Classes.RecipeClassDescription,
    Recipes.RecipeTitle
FROM Recipe_Classes
LEFT OUTER JOIN Recipes
ON Recipe_Classes.RecipeClassID =
    Recipes.RecipeClassID
AND
    (Recipe_Classes.RecipeClassDescription = 'Salads'
OR Recipe_Classes.RecipeClassDescription = 'Soup'
OR Recipe_Classes.RecipeClassDescription =
    'Main Course')
AND Recipes.RecipeTitle LIKE "%beef%"
```

Leider haben wir festgestellt, dass einige wichtige SQL-Implementierungen dieses Problem falsch lösen oder diese Syntax gar nicht akzeptieren. Daher empfehlen wir, dass Sie in die Suchbedingung in der ON-Klausel immer nur Kriterien eingeben, die Spalten der beiden Tabellen oder Ergebnismengen vergleichen. Wenn Sie die Zeilen der zu Grunde liegenden Tabellen filtern möchten, müssen Sie dies in einer separaten Suchbedingung in einer WHERE-Klausel tun, die in einer eingebetteten SELECT-Anweisung steht.

JOINs in JOINs einbetten

Sie können zwar viele Probleme schon mit der Verknüpfung zweier Tabellen lösen, aber oft müssen Sie auch drei, vier oder mehr Tabellen verknüpfen, um alle zur Beantwortung Ihrer Frage erforderlichen Daten zu erhalten. Vielleicht möchten Sie z.B. alle relevanten Informationen über Rezepte mit einer einzigen Anfrage holen: Den Typ des Rezepts, seinen Namen und alle Zutaten. Und da Sie nun wissen, was Sie mit einem OUTER JOIN tun können, möchten Sie vielleicht auch alle Rezeptklassen auflisten – auch solche, für die bisher noch keine Rezepte definiert wurden – und alle Einzelheiten über die Rezepte und ihre Zutaten. Abbildung 9.7 zeigt Ihnen alle Tabellen, die zur Beantwortung dieser Frage notwendig sind.

Offenbar benötigen Sie Daten aus fünf verschiedenen Tabellen! Genau wie in Kapitel 8 können Sie dies tun, indem Sie eine komplexere FROM-Klausel erstellen, in der JOIN-Klauseln in andere JOIN-Klauseln eingebettet sind. Das geht folgendermaßen: Überall, wo Sie einen Tabellennamen angeben können, können Sie auch eine ganze, in Klammern stehende

JOIN-Klausel angeben. Abbildung 9.8 zeigt in vereinfachter Form, wie zwei Tabellen verbunden werden. (Wir haben die Klauseln mit den Korrelationsnamen weggelassen und die ON-Klausel bewusst so gestaltet, dass sie einen einfachen INNER oder OUTER JOIN von zwei Tabellen zeigt.)

Abbildung 9.7: Tabellen aus der Beispieldatenbank Recipes, die zur Erlangung aller Informationen über Rezepte notwendig sind

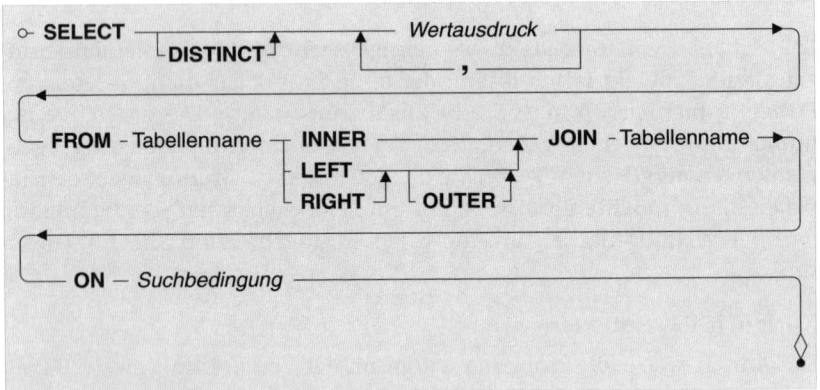

Abbildung 9.8: Ein einfacher JOIN zweier Tabellen

Um dem Ganzen noch eine dritte Tabelle hinzuzufügen, brauchen Sie nur vor den ersten Tabellennamen eine öffnende Klammer und hinter die Suchbedingung eine schließende Klammer zu setzen, und dann einen weiteren JOIN, einen Tabellennamen, das Schlüsselwort ON und eine weitere Suchbedingung einfügen. Wie das geht, zeigt die Abbildung 9.9.

Bei genauerer Überlegung formt der in Klammern stehende JOIN zweier Tabellen eine »logische« Tabelle, eine innere Ergebnismenge. Diese Ergebnismenge nimmt nun den Platz des ersten einfachen Tabellennamens in Abbildung 9.8 ein.

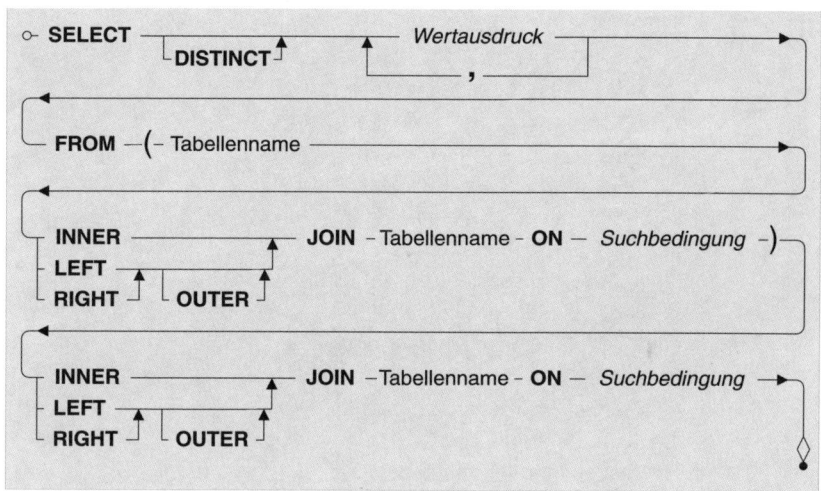

Abbildung 9.9: Ein einfacher JOIN dreier Tabellen

Sie können diesen Prozess, eine komplette JOIN-Klausel einzubinden und dann erneut das Schlüsselwort JOIN, einen Tabellennamen, das Schlüsselwort ON und die Suchbedingung hinzuzufügen, so lange weiter treiben, bis Sie alle benötigten Ergebnismengen zusammenhaben. Wir wollen einmal eine Frage stellen, die Daten aus allen Tabellen in Abbildung 9.7 benötigt, und schauen, was passiert. (Diese Art von Frage können Sie auch für einen Bericht verwenden, der alle Rezepttypen mit Einzelheiten über die Rezepte der jeweiligen Typen auflistet.)

»Ich benötige aus meiner Recipes-Datenbank alle Rezepttypen, dann die dazu passenden Rezeptnamen, Zubereitungshinweise, Namen der Zutaten, Schrittnummer der Zutaten und Mengenangaben sowie Maßeinheiten für die Zutaten, geordnet nach Nummer des Arbeitsschritts.«

Übersetzung	Wähle Recipe Class Description, Recipe Title, Preparation Instructions, Ingredient Name, Recipe Sequence Number, Amount und Measurement Description aus der Recipe Classes-Tabelle, links außen verbunden mit der Recipes-Tabelle auf Recipe Class ID, dann verbunden mit der Recipe Ingredients-Tabelle auf Recipe ID, dann verbunden mit der Ingredients-Tabelle auf Ingredient ID und zum Schluss noch verbunden mit der Measurements-Tabelle auf Measurement Amount ID, geordnet nach Recipe Title und Recipe Sequence Number
Bereinigte Fassung	Wähle Recipe Class Description, Recipe Title, Preparation Instructions, Ingredient Name, Recipe Sequence Number, Amount, Measurement Description Recipe Classes, verbinde links außen Recipes-Tabelle auf Recipe Class ID, verbinde Recipe Ingredients auf Recipe ID, verbinde Ingredients auf Ingredient ID, verbinde Measurements auf Measurement Amount ID, geordnet nach Recipe Title, Recipe Sequence Number

SQL	```
	SELECT Recipe_Classes.RecipeClassDescription,
	    Recipes.RecipeTitle, Recipes.Preparation,
	    Ingredients.IngredientName,
	    Recipe_Ingredients.RecipeSeqNo,
	    Recipe_Ingredients.Amount,
	    Measurements.MeasurementDescription
	FROM (((Recipe_Classes
	LEFT OUTER JOIN Recipes
	ON Recipe_Classes.RecipeClassID =
	    Recipes.RecipeClassID)
	INNER JOIN Recipe_Ingredients
	ON Recipes.RecipeID =
	    Recipe_Ingredients.RecipeID)
	INNER JOIN Ingredients
	ON Ingredients.IngredientID =
	    Recipe_Ingredients.IngredientID)
	INNER JOIN Measurements
	ON Measurements.MeasureAmountID =
	    Recipe_Ingredients.MeasureAmountID
	ORDER BY RecipeTitle, RecipeSeqNo
	``

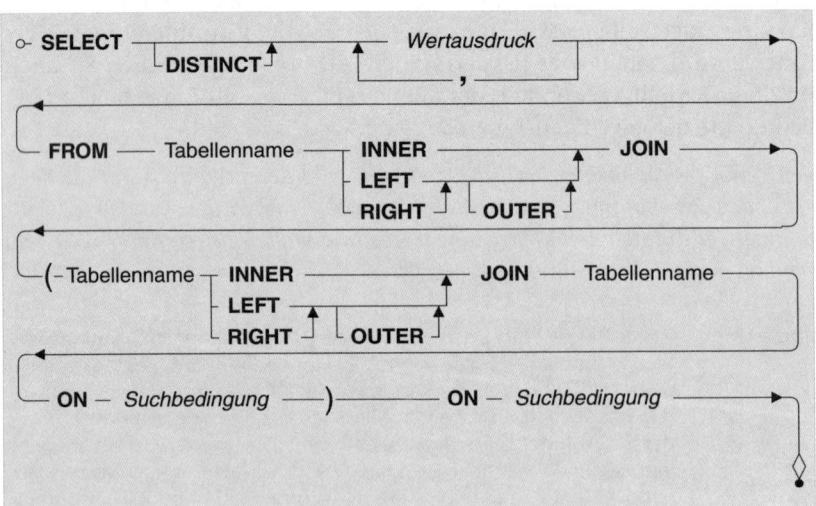

Abbildung 9.10: Mehr als zwei Tabellen in anderer Reihenfolge verbinden

Überall dort, wo Sie ansonsten nur einen Tabellennamen hinschreiben, können Sie auch einen kompletten JOIN zweier Tabellen einsetzen. In Abbildung 9.9 implizierten wir, dass Sie zuerst die erste mit der zweiten Tabelle und dann das Ergebnis mit der dritten Tabelle verbinden müssen. Sie können auch zuerst die zweite mit der dritten und dann das Ergebnis mit der ersten Tabelle verbinden (wenn die dritte Tabelle in Wirklichkeit mit der zweiten und nicht mit der ersten zusammenhängt). Abbildung 9.10 zeigt Ihnen diese Alternative.

Um die soeben mit fünf Tabellen gezeigte Frage zu lösen, hätten wir den SQL-Code auch folgendermaßen angeben können:

```
SELECT Recipe_Classes.RecipeClassDescription,
    Recipes.RecipeTitle, Recipes.Preparation,
    Ingredients.IngredientName,
    Recipe_Ingredients.RecipeSeqNo,
    Recipe_Ingredients.Amount,
    Measurements.MeasurementDescription
FROM Recipe_Classes
LEFT OUTER JOIN
(((Recipes INNER JOIN Recipe_Ingredients
ON Recipes.RecipeID = Recipe_Ingredients.RecipeID)
INNER JOIN Ingredients
ON Ingredients.IngredientID =
    Recipe_Ingredients.IngredientID)
INNER JOIN Measurements
ON Measurements.MeasureAmountID =
    Recipe_Ingredients.MeasureAmountID)
ON Recipe_Classes.RecipeClassID =
    Recipes.RecipeClassID
ORDER BY RecipeTitle, RecipeSeqNo
```

Denken Sie daran, dass die Optimierer in manchen Datenbanksystemen die Reihenfolge der JOIN-Definitionen werten. Wenn die Ausführung Ihrer Anfrage mit vielen JOINs auf einer großen Datenbank lange dauert, können Sie sie vielleicht beschleunigen, indem Sie die Reihenfolge der JOINs in Ihrer SQL-Anweisung ändern.

Vielleicht haben Sie bemerkt, dass wir in den obigen Beispielen mit mehreren JOINs nur einen einzigen OUTER JOIN verwendeten. Nun fragen Sie sich wahrscheinlich, ob es möglich oder auch nur sinnvoll ist, in einem komplexen JOIN mehr als einen OUTER JOIN zu verwenden. Wir wollen annehmen, dass es nicht nur Recipe_Classes ohne dazu passende Rezeptzeilen gibt, sondern auch Rezepte, für die bisher noch keine Zutaten definiert wurden. Im obigen Beispiel finden Sie keine Zeilen aus der Recipes-Tabelle ohne dazu passende Zeilen aus der Recipe_Ingredients-Tabelle, weil der INNER JOIN solche Zeilen eliminiert. Wir wollen nun auch einmal nach sämtlichen Rezepten fragen.

»Ich benötige aus meiner Recipes-Datenbank alle Rezepttypen, dann alle Rezept-namen, Zubereitungsarten und Anleitungen, dann alle Namen der entsprechenden Zutaten, Schrittnummer der Zutaten, Mengen der Zutaten und Maßeinheiten der Zutaten, geordnet nach der Sequenznummer des Arbeitsschritts.«

Übersetzung	Wähle Recipe Class Description, Recipe Title, Preparation Instructions, Ingredient Name, Recipe Sequence Number, Amount und Measurement Description aus der Recipe Classes-Tabelle, links außen verbunden mit der Recipes-Tabelle auf Recipe Class ID, dann links außen verbunden mit der Recipe Ingredients-Tabelle auf Recipe ID, dann verbunden mit der Ingredients-Tabelle auf Ingredient ID und zum Schluss noch verbunden mit der Measurements-Tabelle auf Measurement Amount ID, geordnet nach Recipe Title und Recipe Sequence Number
Bereinigte Fassung	Wähle Recipe Class Description, Recipe Title, Preparation Instructions, Ingredient Name, Recipe Sequence Number, Amount, Measurement Description Recipe Classes, verbinde links außen Recipes-Tabelle auf Recipe Class ID, verbinde links außen Recipe Ingredients auf Recipe ID, verbinde Ingredients auf Ingredient ID, verbinde Measurements auf Measurement Amount ID, geordnet nach Recipe Title, Recipe Sequence Number
SQL	```SELECT Recipe_Classes.RecipeClassDescription,
Recipes.RecipeTitle, Recipes.Preparation,
Ingredients.IngredientName,
Recipe_Ingredients.RecipeSeqNo,
Recipe_Ingredients.Amount,
Measurements.MeasurementDescription
FROM (((Recipe_Classes
LEFT OUTER JOIN Recipes
ON Recipe_Classes.RecipeClassID =
Recipes.RecipeClassID)
LEFT OUTER JOIN Recipe_Ingredients
ON Recipes.RecipeID =
Recipe_Ingredients.RecipeID)
INNER JOIN Ingredients
ON Ingredients.IngredientID =
Recipe_Ingredients.IngredientID)
INNER JOIN Measurements
ON Measurements.MeasureAmountID =
Recipe_Ingredients.MeasureAmountID
ORDER BY RecipeTitle, RecipeSeqNo```

9.2 Der LEFT/RIGHT OUTER JOIN

Vorsicht! Diese Art mehrfacher OUTER JOINs funktioniert nur dann erwartungsgemäß, wenn Sie den Weg von eins-zu-viele-Beziehungen beschreiten. Wir wollen uns die in Abbildung 9.11 gezeigten Beziehungen
zwischen Recipe_Classes, Recipes und Recipe_Ingredients noch einmal genau anschauen.

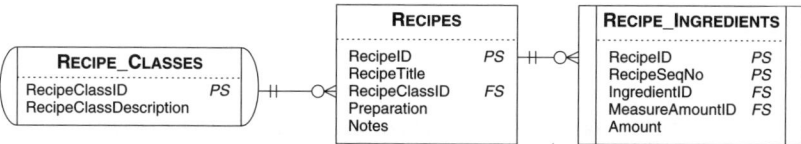

Abbildung 9.11: Die Beziehungen zwischen Recipe_Classes, Recipes und Recipe_Ingredients

Hier können Sie eine eins-zu-viele-Beziehung sehen, die man manchmal
auch »Eltern-Kind«-Beziehung nennt. Jede »Eltern«-Zeile (auf der »Eins«-
Seite der Beziehung) kann null oder mehr »Kind«-Zeilen (auf der »Viele«-
Seite der Beziehung) haben. Wenn Sie auf der Viele-Seite keine verwaisten
Zeilen haben (z.B. eine Recipes-Zeile, die in ihrer RecipeClassID-Spalte
einen Nullwert hat), dann sollte jede Zeile der »Kind«-Tabelle eine dazu
passende Zeile in der »Eltern«-Tabelle haben. Also ist es sinnvoll, mit der
Formulierung Recipe_Classes LEFT JOIN Recipes alle eventuell vorhandenen »Eltern«-Zeilen aus Recipe_Classes herauszupicken, die in Recipes
noch keine »Kinder« haben. Recipe_Classes RIGHT JOIN Recipes dürfte
Ihnen (unter Ausschluss etwaiger »verwaister« Zeilen) dasselbe Ergebnis
bringen wie ein INNER JOIN.

Ebenso ist es sinnvoll, Recipes LEFT JOIN Recipe_Ingredients zu verlangen,
denn vielleicht haben Sie ja Rezepte, für die noch keine Zutaten eingegeben worden sind. Recipes RIGHT JOIN Recipe_Ingredients funktioniert
dagegen nicht, weil die Verknüpfungsspalte (RecipeID) in
Recipe_Ingredients auch Teil des Primärschlüssels dieser Tabelle ist. Folglich erhalten Sie unter Garantie keine »verwaisten« Zeilen in
Recipe_Ingredients, da keine Spalte in einem Primärschlüssel einen Nullwert enthalten darf.

Wir wollen nun einen Schritt weiter gehen und nach sämtlichen Zutaten
fragen, darunter auch nach denen, die noch in keinem Rezept enthalten
sind. Betrachten Sie als Erstes genau die Beziehungen zwischen den Tabellen – einschließlich der Ingredients-Tabelle – wie in Abbildung 9.12 gezeigt.

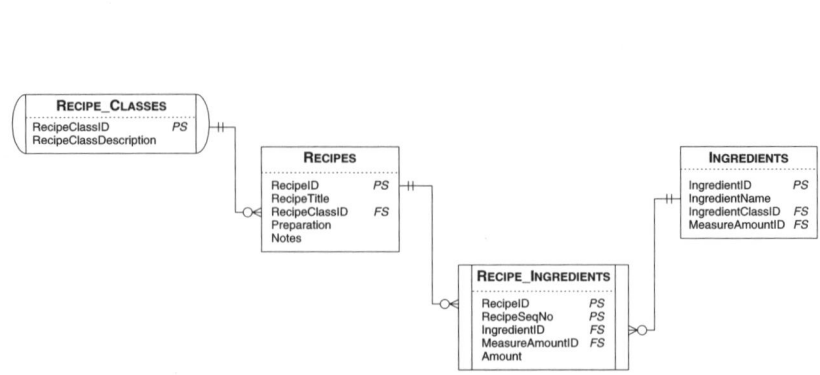

Abbildung 9.12: Die Beziehungen zwischen den Tabellen Recipe_Classes, Recipe_Ingredients und Ingredients

Wir wollen es einmal mit der folgenden Frage versuchen. (Vorsicht: Falle!)

»Ich benötige aus meiner Rezeptdatenbank alle Rezepttypen, dann alle Rezept-namen, Zubereitungen und Anleitungen, und dann alle entsprechenden Schritt-nummern der Zutaten, Zutatenmengen und -maßeinheiten, und schließlich noch allen Zutatennamen, geordnet nach der Sequenznummer des Arbeits-schritts.«

Übersetzung	Wähle Recipe Class Description, Recipe Title, Preparation Instructions, Ingredient Name, Recipe Sequence Number, Amount und Measure-ment Description aus der Recipe Classes-Tabelle, links außen verbun-den mit der Recipes-Tabelle auf Recipe Class ID, dann links außen verbunden mit der Recipe Ingredients-Tabelle auf Recipe ID, dann verbunden mit der Measurements-Tabelle auf Measurement Amount ID und zum Schluss noch rechts außen verbunden mit der Ingredients-Tabelle auf Ingredient ID, geordnet nach Recipe Title und Recipe Sequence Number
Bereinigte Fassung	Wähle Recipe Class Description, Recipe Title, Preparation Instructions, Ingredient Name, Recipe Sequence Number, Amount, Measurement Description Recipe Classes, verbinde links außen Recipes-Tabelle auf Recipe Class ID, verbinde links außen Recipe Ingredients auf Recipe ID, verbinde Measurements auf Measurement Amount ID, verbinde rechts außen Ingredients auf Ingredient ID, geordnet nach Recipe Title, Recipe Sequence Number

SQL	`SELECT Recipe_Classes.RecipeClassDescription,`
	`    Recipes.RecipeTitle, Recipes.Preparation,`
	`    Ingredients.IngredientName,`
	`    Recipe_Ingredients.RecipeSeqNo,`
	`    Recipe_Ingredients.Amount,`
	`    Measurements.MeasurementDescription`
	`FROM (((Recipe_Classes`

```
LEFT OUTER JOIN Recipes
ON Recipe_Classes.RecipeClassID =
    Recipes.RecipeClassID)
LEFT OUTER JOIN Recipe_Ingredients
ON Recipes.RecipeID =
    Recipe_Ingredients.RecipeID)
INNER JOIN Measurements
ON Measurements.MeasureAmountID =
    Recipe_Ingredients.MeasureAmountID)
RIGHT OUTER JOIN Ingredients
ON Ingredients.IngredientID =
    Recipe_Ingredients.IngredientID
ORDER BY RecipeTitle, RecipeSeqNo
```

Glauben Sie, dies wird funktionieren? Die Antwort ist ein schallendes NEIN! Die meisten Datenbanksysteme analysieren die gesamte FROM-Klausel und versuchen dann herauszufinden, wie Sie die Tabellenverknüpfungen am effizientesten einrichten können. Wir wollen immerhin annehmen, dass die Datenbank die Tatsache anrechnet, dass wir die JOINs in Klammern gesetzt haben. Folglich arbeitet sich das Datenbanksystem von dem innersten JOIN (dem zwischen Recipe_Classes und Recipes) nach außen vor.

Da es zu manchen Zeilen in Recipe_Classes vielleicht keine passenden in Recipes gibt, gibt der erste JOIN Zeilen mit einem Nullwert in RecipeID zurück. Wenn Sie sich Abbildung 9.12 noch einmal anschauen, können Sie sehen, dass zwischen Recipe_Classes und Recipes eine eins-zu-viele-Beziehung herrscht. Wenn es keine Rezepte gibt, die noch keiner Recipe_Class zugeordnet sind, bekommen wir ohnehin alle Zeilen der Recipes-Tabelle! Der nächste JOIN mit der Tabelle Recipe_Ingredients verlangt ebenfalls einen OUTER JOIN. Hier verlangen wir alle Zeilen des vorausgehenden JOINs (von Recipe_Classes und Recipes), egal ob sie Nullwerte haben oder nicht, sowie die dazu gehörigen Zeilen in Recipe_Ingredients. Da zu manchen Zeilen in Recipe_Classes vielleicht keine Zeilen in Recipes oder zu manchen Zeilen in Recipes vielleicht keine Recipe_Ingredients gehören, können auch hier wieder mehrere Zeilen in der IngredientID-Spalte der Recipe_Ingredients-Tabelle einen Nullwert aufweisen. Was wir in den beiden JOINs machen ist Folgendes: Wir gehen die eins-zu-viele-Beziehungen zwischen Recipe_Classes und Recipes und dann zwischen Recipes und Recipe_Ingredients von oben nach unten durch. So weit, so gut. (Der letzte INNER JOIN mit Measurements ist übrigens inkonsequent: Wir wissen, dass alle Ingredients eine gültige MeasureAmountID haben.)

Nun fängt das Elend an. Der letzte RIGHT OUTER JOIN fragt nach allen Zeilen von Ingredients und den dazugehörigen Zeilen aus dem Ergebnis der vorausgegangenen JOINs. Aus Kapitel 5 wissen Sie noch, dass der Nullwert ein ganz spezieller Wert ist: Er kann nie gleich irgendeinem anderen Wert sein, noch nicht einmal gleich einem anderen Nullwert. Wenn wir nach allen Zeilen in Ingredients fragen, hat die IngredientID in all diesen Zeilen einen Nichtnullwert. Da keine der Zeilen aus dem vorausgegangenen JOIN, die in IngredientID einen Nullwert haben, passt, verwirft der letzte JOIN sie alle. Sie werden zwar eventuell vorhandene Zutaten sehen, die noch in keinem Rezept benutzt werden, aber Sie werden keine Rezeptklassen ohne Rezepte oder Rezepte ohne Zutaten sehen.

Wenn Ihr Datenbanksystem beschließt, die Anfrage zu lösen, indem es die JOINs in einer anderen Reihenfolge ausführt, dann werden Sie zwar vielleicht Rezeptklassen ohne Rezepte oder Rezepte ohne Zutaten sehen, aber keine bisher noch nicht in einem Rezept verwendeten Zutaten, weil der Abgleich von Nullwerten ein Problem ist. Manche Datenbanksysteme erkennen vielleicht dieses logische Problem und weigern sich insgesamt, Ihre Frage zu beantworten – Sie sehen dann eine Fehlermeldung der Art »ambiguous OUTER JOINs«. Unser jetziges Problem kommt daher, dass wir versuchen, eine viele-zu-eins-Beziehung wieder von unten nach oben durchzugehen, dies allerdings mit einem OUTER JOIN, der in die entgegengesetzte Richtung geht. Bergab geht es immer leicht, aber auf der anderen Seite den Berg wieder hinaufzuklettern erfordert spezielle Werkzeuge. Wie löst man dieses Problem? Lesen Sie den nächsten Abschnitt, dann wissen Sie es!

9.3 Der FULL OUTER JOIN

Ein FULL OUTER JOIN ist weder ein »Linker« noch ein »Rechter«, sondern beides. Er umfasst alle Zeilen beider Tabellen oder Ergebnismengen, die an dem JOIN beteiligt sind. Wenn für Zeilen auf der linken Seite des JOINs keine passenden Zeilen existieren, erhalten Sie aus der Ergebnismenge auf der rechten Seite Nullwerte. Wenn umgekehrt für Zeilen auf der rechten Seite des JOINs keine passenden Zeilen existieren, erhalten Sie aus der Ergebnismenge auf der linken Seite Nullwerte.

9.3.1 Syntax

Da Sie nun schon eine Weile mit JOINs gearbeitet haben, dürfte die Syntax eines FULL OUTER JOINs klar sein. In Abbildung 9.13 können Sie das Syntaxdiagramm für einen FULL OUTER JOIN studieren.

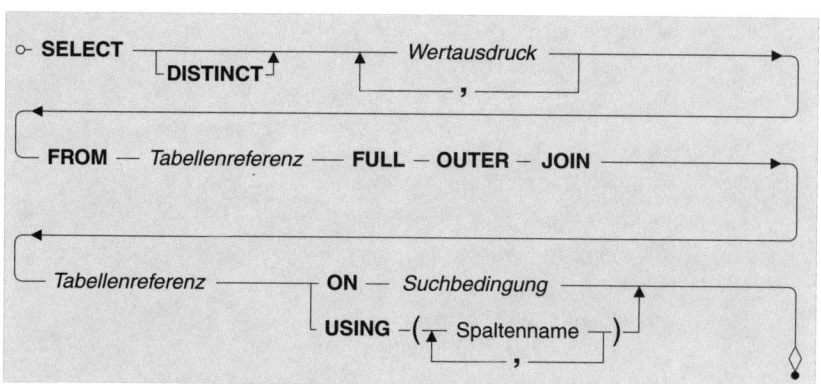

Abbildung 9.13: Ein FULL OUTER JOIN

Um es leichter zu machen, verwenden wir hier den Begriff Tabellenreferenz an Stelle eines Tabellennamens, einer SELECT-Anweisung oder des Ergebnisses eines anderen JOINs. Wir wollen das gegen Ende des letzten Abschnitts eingeführte Problem noch einmal betrachten. Nun können wir es richtig lösen, indem wir einen FULL OUTER JOIN verwenden.

»Ich benötige aus meiner Rezeptdatenbank alle Rezepttypen, dann alle Rezeptnamen, Zubereitungen und Anleitungen, und dann alle entsprechenden Schrittnummern der Zutaten, Zutatenmengen und -maßeinheiten, und schließlich noch alle Zutatennamen, geordnet nach der Sequenznummer des Arbeitsschritts.«

Übersetzung	Wähle Recipe Class Description, Recipe Title, Preparation Instructions, Ingredient Name, Recipe Sequence Number, Amount und Measurement Description aus der Recipe Classes-Tabelle, vollständig außen verbunden mit der Recipes-Tabelle auf Recipe Class ID, dann links außen verbunden mit der Recipe Ingredients-Tabelle auf Recipe ID, dann verbunden mit der Measurements-Tabelle auf Measurement Amount ID und zum Schluss noch vollständig außen verbunden mit der Ingredients-Tabelle auf Ingredient ID, geordnet nach Recipe Title und Recipe Sequence Number
Bereinigte Fassung	Wähle Recipe Class Description, Recipe Title, Preparation Instructions, Ingredient Name, Recipe Sequence Number, Amount, Measurement Description Recipe Classes, verbinde vollständig außen Recipes-Tabelle auf Recipe Class ID, verbinde links außen Recipe Ingredients auf Recipe ID, verbinde Measurements auf Measurement Amount ID, verbinde vollständig außen Ingredients auf Ingredient ID, geordnet nach Recipe Title, Recipe Sequence Number

```
SQL        SELECT Recipe_Classes.RecipeClassDescription,
               Recipes.RecipeTitle, Recipes.Preparation,
               Ingredients.IngredientName,
               Recipe_Ingredients.RecipeSeqNo,
               Recipe_Ingredients.Amount,
               Measurements.MeasurementDescription
           FROM Recipe_Classes
           FULL OUTER JOIN (((Recipes
           LEFT OUTER JOIN Recipe_Ingredients
           ON Recipes.RecipeID =
               Recipe_Ingredients.RecipeID)
           INNER JOIN Measurements
           ON Measurements.MeasureAmountID =
               Recipe_Ingredients.MeasureAmountID)
           FULL OUTER JOIN Ingredients
           ON Ingredients.IngredientID =
               Recipe_Ingredients.IngredientID)
           ON Recipe_Classes.RecipeClassID =
               Recipes.RecipeClassID
           ORDER BY RecipeTitle, RecipeSeqNo
```

Da der erste und der letzte JOIN jetzt nach allen Zeilen auf beiden Seiten des JOINs fragen, ist das Problem der zu nichts passenden Nullwerte gelöst. Nun dürften Sie nicht nur Rezeptklassen ohne Rezepte und Rezepte ohne Zutaten, sondern auch bisher noch in keinem Rezept verwendete Zutaten sehen. Vielleicht kommen Sie damit weg, für den ersten JOIN einen LEFT OUTER JOIN zu verwenden, aber da Sie nicht vorhersagen können, wie Ihr Datenbanksystem die JOINs schachteln wird, sollten Sie auf beiden Seiten einen FULL OUTER JOIN verlangen, damit die richtige Antwort gewährleistet ist.

Wie Sie sich vielleicht schon gedacht haben, besitzen Datenbanksysteme, die die SQL-Standardsyntax für den LEFT OUTER JOIN oder den RIGHT OUTER JOIN nicht unterstützen, auch für den FULL OUTER JOIN eine spezielle Syntax. Um die spezielle nicht-standardmäßige Syntax zu erlernen, die Ihr Datenbanksystem für die Definition des OUTER JOINs erfordert, müssen Sie in die Datenbankdokumentation schauen. Ältere Versionen von Microsoft SQL Server unterstützten z.B. diese Syntax (achten Sie auf die Sternchen in der WHERE-Klausel):

```
SELECT Recipe_Classes.RecipeClassDescription,
    Recipes.RecipeTitle
FROM Recipe_Classes, Recipes
WHERE Recipe_Classes.RecipeClassID *=* Recipes.RecipeClassID
```

9.3 Der FULL OUTER JOIN

Produkte, die zwar gar keine FULL OUTER JOIN-Syntax, aber LEFT oder RIGHT OUTER JOINs unterstützen, erbringen ein äquivalentes Ergebnis, wenn man eine UNION auf einem LEFT und RIGHT OUTER JOIN durchführt. UNION werden wir im nächsten Kapitel noch eingehender besprechen. Da die spezielle Syntax, mit der man einen FULL OUTER JOIN über die WHERE-Klausel definiert, von Produkt zu Produkt unterschiedlich ist, müssen Sie gegebenenfalls mehrere verschiedene Syntaxvarianten lernen, wenn Sie mit nicht standardmäßigen Produkten arbeiten.

9.3.2 FULL OUTER JOIN auf Nicht-Schlüsselwerten

Bisher haben wir OUTER JOINs nur im Zusammenhang mit der Verknüpfung von Tabellen oder Ergebnismengen auf verwandten Schlüsselwerten besprochen. Sie können jedoch auch so manches interessante Problem lösen, indem Sie einen OUTER JOIN auf Nicht-Schlüsselwerte anwenden. Das vorige Kapitel zeigte beispielsweise, wie Sie in der School Scheduling-Datenbank Schüler und Lehrer finden, die denselben Vornamen haben. Angenommen, Sie wollten alle Lehrer und alle Schüler auflisten und dabei auch zeigen, welche denselben Vornamen haben. Dies können sie mit einem FULL OUTER JOIN tun.

»Zeige mir alle Schüler und alle Lehrer und liste die mit demselben Vornamen zusammen auf.«

Übersetzung	Wähle Student Full Name und Staff Full Name aus der Students-Tabelle, vollständig außen verbunden mit der Staff-Tabelle auf dem First Name
Bereinigte Fassung	Wähle Student Full Name, Staff Full Name aus Students, verbinde vollständig außen Staff auf First Name
| SQL | ```
SELECT (Students.StudFirstName || ' ' ||
    Students.StudLastName) AS StudFullName,
    (Staff.StfFirstName || ' ' ||
    Staff.StfLastName) AS StfFullName
FROM Students
FULL OUTER JOIN Staff
ON Students.StudFirstName = Staff.StfFirstName
``` |

9.3.3 UNION JOIN

Keine Behandlung von OUTER JOINs kommt ohne zumindest eine ehrenvolle Erwähnung des UNION JOINs aus. Im SQL-Standard ist ein UNION JOIN ein FULL OUTER JOIN, bei dem die übereinstimmenden Zeilen entfernt wurden. Die Syntax sehen Sie in Abbildung 9.14.
```

Sie haben sich bestimmt schon denken können, dass kaum eine kommerzielle Implementierung den UNION JOIN unterstützt. Offen gestanden fällt auch uns beim besten Willen kein Grund ein, warum Sie einen UNION JOIN benutzen sollten.

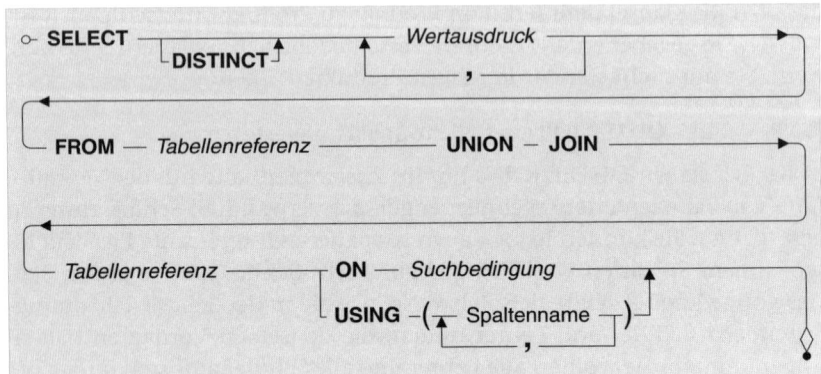

Abbildung 9.14: Die SQL-Syntax eines UNION JOIN

9.4 Anwendungsmöglichkeiten für OUTER JOINs

Da Ihnen ein OUTER JOIN nicht nur die übereinstimmenden Zeilen, sondern auch die nicht übereinstimmenden Zeilen zeigt, eignet er sich großartig dafür herauszufinden, ob und wenn ja welche Zeilen einer Tabelle in einer anderen Tabelle keine Entsprechungen haben. Überdies können Sie damit Zeilen finden, die in einigen, aber nicht in allen Spalten übereinstimmen. Darüber hinaus ist der OUTER JOIN nützlich, um eine Eingabe für einen Bericht zu erzeugen, in dem Sie »alle« Kategorien (egal ob es in anderen Tabellen übereinstimmende Zeilen gibt oder nicht) oder »alle« Kunden (egal ob ein Kunde eine Bestellung aufgegeben hat oder nicht) zeigen. Im Folgenden sehen Sie eine kleine Auswahl von Fragen dieser Art, die Sie mit einem OUTER JOIN lösen können.

9.4.1 Fehlende Werte finden

Manchmal möchten Sie nur wissen, was »fehlt«. Dies können Sie durch einen OUTER JOIN mit einem Test auf Nullwerte herausfinden. Im Folgenden sehen Sie einige Aufgaben mit »fehlenden Werten«, die Sie so lösen können.

▼ »Welche Produkte sind nie bestellt worden?«

▼ »Zeige mir die Kunden, die nie einen Helm bestellt haben.«

▼ »Liste die Unterhaltungskünstler auf, die nie gebucht wurden.«

▼ »Zeige mir die Agenten, die keinen Unterhaltungskünstler gebucht haben.«

▼ »Zeige mir die Turniere, die noch nicht stattgefunden haben.«

▼ »Liste die Lehrer des Fachbereichs auf, die keine Kurse geben.«

▼ »Zeige die Schüler, die nie von einem Kurs zurückgetreten sind.«

▼ »Zeige mir die Kurse, in die keine Schüler eingeschrieben sind.«

▼ »Liste die Zutaten auf, die noch in keinem Rezept vorkamen.«

▼ »Zeige, welche Rezepttypen fehlen.«

9.4.2 Teilweise übereinstimmende Informationen finden

Speziell für Berichte ist es nützlich, alle Zeilen einer oder mehrerer Tabellen zusammen mit den übereinstimmenden Zeilen verwandter Tabellen auflisten zu können. Im Folgenden finden Sie eine Auswahl von Problemen mit »teilweiser Übereinstimmung«, die Sie mit einem OUTER JOIN lösen können.

▼ »Liste alle Produkte und die Daten eventuell erfolgter Bestellungen auf.«

▼ »Zeige alle Kunden und – falls vorhanden – ihre Fahrradbestellungen.«

▼ »Zeige mir die Unterhaltungsvarianten und die Kunden, die die jeweiligen Varianten bevorzugen.«

▼ »Liste alle Unterhaltungskünstler und eventuell von ihnen gebuchte Engagements auf.«

▼ »Liste alle Kegler und – falls vorhanden – ihre Spiele mit mehr als 160 Punkten auf.«

▼ »Zeige alle Turniere und die darin bisher stattgefundenen Spiele.«

▼ »Zeige mir alle Fächer und eventuell darin angebotene Kurse.«

▼ »Liste alle Schüler und die von ihnen zurzeit belegten Kurse.«

▼ »Zeige alle Lehrer der Fakultät und die Kurse, für die sie eingeteilt sind.«

▼ »Liste alle Rezepttypen, alle Rezepte und alle daran beteiligten Zutaten auf.«

▼ »Zeige mir alle Zutaten und – falls vorhanden – die Rezepte, in die sie kommen.«

9.5 Beispielanweisungen

Nun wissen Sie, wie Sie Anfragen mit OUTER JOIN konstruieren, und haben einige Arten von Fragen gesehen, die Sie mit einem OUTER JOIN lösen können. Wir wollen uns nun eine ganz solide Auswahl von Beispielen anschauen, die alle einen OUTER JOIN verwenden. Die Beispiele entstammen allen Beispieldatenbanken und verdeutlichen, wie man mit einem OUTER JOIN entweder fehlende oder teilweise übereinstimmende Werte finden kann.

Da viele dieser Beispiele komplexe JOINs verwenden, wählt der Optimierer Ihrer Datenbank vielleicht einen anderen Lösungsweg für diese Anfragen. Daher ist es möglich, dass die ersten paar Zeilen mit Ihrem Ergebnis nicht genau übereinstimmen, aber die Gesamtzahl der Zeilen sollte gleich sein. Zur Vereinfachung haben wir in den folgenden Beispielen die Übersetzung und die Bereinigte Fassung in ein und demselben Schritt gezeigt.

Sales Order-Datenbank

»Welche Produkte wurden nie bestellt?«

Übersetzung/ Bereinigte Fassung	Wähle Product Number, Product Name aus Products, verbinde links außen Order Details auf Product ID, wobei Order Detail Order Number ist Nullwert

SQL	`SELECT Products.ProductNumber,`
	`    Products.ProductName`
	`FROM Products LEFT JOIN Order_Details`
	`ON Products.ProductNumber =`
	`    Order_Details.ProductNumber`
	`WHERE Order_Details.OrderNumber IS NULL`

ProductNumber	ProductName
4	Victoria Pro All Weather Tires
23	Ultra-Pro Rain Jacket

Tabelle 9.1: Products_Never_Ordered (2 Zeilen)

»Zeige alle Kunden und – falls vorhanden – ihre Fahrradbestellungen.«

Übersetzung 1	Wähle Customer Full Name, Order Date, Product Name, Quantity Ordered und Quoted Price aus der Customers-Tabelle, links außen verbunden mit der Orders-Tabelle auf Customer ID, dann verbunden mit der Order Details-Tabelle auf Order Number, dann verbunden mit der Products-Tabelle auf Product Number, dann verbunden mit der Categories-Tabelle auf Category ID, wobei Category Description 'Bikes' ist

Übersetzung 2 / Bereinigte Fassung	Wähle Customer Full Name, Order Date, Product Name, Quantity Ordered, Quoted Price aus Customers, verbinde links außen Orders auf Customer ID, verbinde Order Details auf Order Number, verbinde Products auf Product Number, verbinde Categories auf Category ID, wobei Category Description = 'Bikes'
| SQL | ```
SELECT Customers.CustFirstName || ' ' ||
    Customers.CustLastName AS CustFullName,
    RD.OrderDate, RD.ProductName,
    RD.QuantityOrdered, RD.QuotedPrice
FROM Customers
LEFT OUTER JOIN
(SELECT Orders.CustomerID, Orders.OrderDate,
    Products.ProductName,
    Order_Details.QuantityOrdered,
    Order_Details.QuotedPrice
FROM ((Orders
INNER JOIN Order_Details
ON Orders.OrderNumber =
    Order_Details.OrderNumber)
INNER JOIN Products
ON Order_Details.ProductNumber =
    Products.ProductNumber)
INNER JOIN Categories
ON Categories.CategoryID = Products.CategoryID
WHERE Categories.CategoryDescription = 'Bikes')
    AS RD
ON Customers.CustomerID = RD.CustomerID
``` |

Da wir nach bestimmten Bestellungen (Fahrrädern) suchen, haben wir die Übersetzung in zwei Teile aufgespalten. So zeigen wir, dass die Bestellungen zunächst gefiltert werden müssen, ehe wir einen OUTER JOIN einsetzen.

Diese Frage ist wirklich knifflig, da Sie alle Kunden auflisten möchten, aber der OUTER JOIN nur die Fahrradbestellungen damit verbinden soll. Wenn Sie die Übersetzung 1 direkt in SQL umwandeln, dann finden Sie keine Kunden, die noch kein Fahrrad bestellt haben. Ein OUTER JOIN von Customers auf Orders gibt hingegen alle Kunden und die eventuell vorhandenen Bestellungen zurück. Wenn Sie den Filter hinzufügen, um nur Fahrradbestellungen auszuwählen, dann bekommen Sie ausschließlich Kunden zurückgeliefert, die Fahrräder bestellt haben. Die Übersetzung 2 zeigt Ihnen, wie man es richtig macht: Sie erzeugen eine innere Ergebnismenge, die nur Fahrradbestellungen zurückgibt, führen damit dann einen OUTER JOIN mit Customers durch und erhalten die Antwort.
```

CustFullName	OrderDate	ProductName	Quantity Ordered	QuotedPrice
Suzanne Viescas				
Will Thompson	1999-10-22	Trek 9000	5	$1,164.00
		Mountain Bike		
Will Thompson	1999-11-14	Trek 9000	6	$1,164.00
		Mountain Bike		
Will Thompson	1999-08-10	Viscount	2	$635.00
		Mountain Bike		
Will Thompson	1999-08-04	Viscount	5	$615.95
		Mountain Bike		
Will Thompson	1999-11-14	Trek 9000	4	$1,200.00
		Mountain Bike		
Will Thompson	1999-08-10	Trek 9000	3	$1,200.00
		Mountain Bike		
Will Thompson	1999-11-06	Trek 9000	2	$1,200.00
		Mountain Bike		
<<weitere Zeilen>>				

Tabelle 9.2: All_Customers_And_Any_Bike_Orders (913 Zeilen)

Es sieht so aus, als sei Will Thompson wirklich ein guter Kunde!

Entertainment Agency-Datenbank

»Liste Unterhaltungskünstler auf, die nie gebucht wurden.«

Übersetzung/ Bereinigte Fassung	Select Entertainer ID, Entertainer Stage Name aus Entertainers, verbinde links außen Engagements auf Entertainer ID, wobei Engagement Number ist Nullwert
SQL	SELECT Entertainers.EntertainerID, Entertainers.EntStageName FROM Entertainers LEFT JOIN Engagements ON Entertainers.EntertainerID = Engagements.EntertainerID WHERE Engagements.EngagementNumber IS NULL

EntertainerID	EntStageName
1009	Katherine Ehrlich

Tabelle 9.3: Entertainers_Never_Booked

9.5 Beispielanweisungen

»Zeige mir alle Musical-Arten und Kunden, die diese Arten bevorzugen.«

Übersetzung/ Bereinigte Fassung	Wähle Style ID, Style Name, Customer ID, Customer First Name, Customer Last Name aus Musical Styles, verbinde links außen (Musical Preferences, verbinde innen Customers auf Customer ID) auf Style ID
SQL	```SELECT Musical_Styles.StyleID,
Musical_Styles.StyleName,
Customers.CustomerID,
Customers.CustFirstName,
Customers.CustLastName
FROM Musical_Styles
LEFT OUTER JOIN (Musical_Preferences
INNER JOIN Customers
ON Musical_Preferences.CustomerID =
Customers.CustomerID)
ON Musical_Styles.StyleID =
Musical_Preferences.StyleID```

StyleID	StyleName	CustomerID	CustFirstName	CustLastName
1	40s Ballroom Music	10015	David	Nathanson
1	40s Ballroom Music	10011	Joyce	Bonnicksen
2	50s Music			
3	60s Music	10002	Ann	Fuller
4	70s Music	10007	Amelia	Buchanan
5	80s Music	10014	Mark	Rosales
6	Country	10009	Sarah	Thompson
7	Classical	10005	Elizabeth	Hallmark

<<weitere Zeilen>>

Tabelle 9.4: All_Styles_And_Any_Customers (41 Zeilen)

(Die Musik der Fünfzigerjahre scheint heute kein Mensch mehr zu mögen!)

Wir formulierten die FROM-Klausel sehr sorgfältig, um das Datenbanksystem so zu beeinflussen, dass es zuerst den INNER JOIN zwischen Musical_Preferences und Customers ausführt, und dann das Ergebnis per OUTER JOIN mit Musical_Styles verbindet. Wenn Ihre Datenbank JOINs in der Regel von links nach rechts verarbeitet, müssen Sie eventuell die FROM-Klausel mit dem INNER JOIN voranstellen, gefolgt von einem

RIGHT OUTER JOIN mit Musical_Styles. In Microsoft Access mussten wir den INNER JOIN als eingebettete SELECT-Anweisung schreiben, um die richtige Antwort zu erhalten.

Bowling League-Datenbank

»Zeige mir die Turniere, die noch nicht stattgefunden haben.«

Übersetzung	Wähle Rezepttitel, Zubereitung und Rezeptklassenbeschreibung aus der Tabelle Recipe Classes, verbunden mit der Tabelle Recipes unter Verwendung der Recipe Class ID
Bereinigte Fassung	Wähle Tourney ID, Tourney Date, Tourney Location aus Tournaments, verbinde links außen Tourney Matches, wobei Match ID ist Nullwert

SQL	SELECT Tournaments.TourneyID,
	    Tournaments.TourneyDate,
	    Tournaments.TourneyLocation
	FROM Tournaments
	LEFT JOIN Tourney_Matches
	ON Tournaments.TourneyID =
	    Tourney_Matches.TourneyID
	WHERE Tourney_Matches.MatchID IS NULL

TourneyID	TourneyDate	TourneyLocation
15	2001-05-01	Red Rooster Lanes
16	2001-05-08	Thunderbird Lanes
17	2001-05-15	Bolero Lanes
18	2001-05-22	Sports World Lanes
19	2001-05-29	Imperial Lanes
20	2001-06-05	Totem Lanes

Tabelle 9.5: Tourney_Not_Yet_Played (6 Zeilen)

»Liste alle Kegler und – falls vorhanden – ihre Spiele mit mehr als 180 Punkten auf.«

Übersetzung 1	Wähle Bowler Name, Tourney Date, Tourney Location, Match ID, und Raw Score aus der Bowlers-Tabelle, links außen verbunden mit der Bowler Scores-Tabelle auf Bowler ID, dann innen verbunden mit der Tourney Matches-Tabelle auf Match ID, dann innen verbunden mit der Tournaments-Tabelle auf Tournament ID, wobei Raw Score in der Bowler Scores-Tabelle größer als 180 ist

Übersetzung 2/ Bereinigte Fassung	Wähle Bowler Name, Tourney Date, Tourney Location, Match ID, und Raw Score aus der Bowlers-Tabelle, links außen verbunden mit der Bowler Scores-Tabelle auf Bowler ID, dann innen verbunden mit der Tourney Matches-Tabelle auf Match ID, dann innen verbunden mit der Tournaments-Tabelle auf Tournament ID, wobei Raw Score in der Bowler Scores-Tabelle größer als 180 ist
| SQL | ```
SELECT Bowlers.BowlerLastName || ', ' ||
    Bowlers.BowlerFirstName AS BowlerName,
    TI.TourneyDate, TI.TourneyLocation,
    TI.MatchID, TI.RawScore
FROM Bowlers
LEFT JOIN
(SELECT Tournaments.TourneyDate,
    Tournaments.TourneyLocation,
    Bowler_Scores.MatchID,
    Bowler_Scores.BowlerID,
    Bowler_Scores.RawScore
FROM (Bowler_Scores
INNER JOIN Tourney_Matches
ON Bowler_Scores.MatchID =
    Tourney_Matches.MatchID)
INNER JOIN Tournaments
ON Tournaments.TourneyID =
    Tourney_Matches.TourneyID
WHERE Bowler_Scores.RawScore>180) AS TI
ON Bowlers.BowlerID = TI.BowlerID
``` |

BowlerName	TourneyDate	TourneyLocation	MatchID	RawScore
Fournier, Barbara				
Fournier, David				
Kennedy, John	1999-07-10	Totem Lanes	21	189
Kennedy, John	1999-09-04	Acapulco Lanes	53	191
Kennedy, John	1999-08-14	Imperial Lanes	41	188
Kennedy, John	1999-06-26	Imperial Lanes	13	182
Kennedy, John	1999-06-05	Red Rooster Lanes	1	191
Kennedy, John	1999-07-24	Red Rooster Lanes	29	182
<<weitere Zeilen>>				

Tabelle 9.6: All_Bowlers_And_Scores_Over_180 (106 Zeilen)
```

Sie haben es sich schon gedacht: Auch bei diesem Beispiel müssen Sie zuerst die gefilterte Ergebnismenge des INNER JOINs erzeugen und diese dann per OUTER JOIN mit der Tabelle verbinden, von der Sie »alle« Zeilen benötigen.

School Scheduling-Datenbank

»Liste die Lehrer der Fakultät auf, die keine Kurse geben.«

Übersetzung/ Bereinigte Fassung	Wähle Staff First Name, Staff Last Name aus Staff, verbinde links Faculty Classes auf Staff ID, wobei Class ID ist Nullwert

SQL	`SELECT Staff.StfFirstName, Staff.StfLastName,`
	`FROM Staff`
	`LEFT JOIN Faculty_Classes`
	`ON Staff.StaffID = Faculty_Classes.StaffID`
	`WHERE Faculty_Classes.ClassID IS NULL`

StfFirstName	StfLastName
Jeffrey	Smith
Tim	Smith
Kathryn	Patterson
Joe	Rosales III

Tabelle 9.7: Staff_Not_Teaching (4 Zeilen)

»Zeige Schüler, die nie von einem Kurs zurückgetreten sind.«

Übersetzung/ Bereinigte Fassung	Wähle Student Full Name aus Students, verbinde links außen (Wähle Student ID aus Student Schedules, verbinde innen Student Class Status auf Class Status, wobei Class Status Description = 'withdrew') auf Student ID, wobei student_schedules.student ID in Student Schedules ist Nullwert

SQL	`SELECT Students.StudLastName || ', ' ||`
	`    Students.StudFirstName AS StudFullName`
	`FROM Students`
	`LEFT OUTER JOIN`
	`(SELECT Student_Schedules.StudentID`
	`FROM Student_Class_Status`
	`INNER JOIN Student_Schedules`
	`ON Student_Class_Status.ClassStatus =`
	`    Student_Schedules.ClassStatus`

```
WHERE Student_Class_Status.ClassStatusDescription =
    'withdrew') AS Withdrew
ON Students.StudentID = Withdrew.StudentID
WHERE Withdrew.StudentID IS NULL
```

StudFullName
Fuller, Andrew
Leverling, Sarah
Peacock, Carol
Callahan, Sally
Buchanan, Steven
Hallmark, Elizabeth
Kennedy, Sara
Fuller, Mary
<<weitere Zeilen>>

Tabelle 9.8: Students_Never_Withdrawn (15 Zeilen)

»Zeige mir alle Fächer und darin eventuell unterrichtete Kurse.«

Übersetzung/ Bereinigte Fassung	Wähle Category Description, Subject Name, Classroom ID, Start Time, Duration aus Categories, verbinde links außen Subjects auf Category ID, verbinde links außen Classes auf Subject ID
SQL	```SELECT Categories.CategoryDescription,` ` Subjects.SubjectName, Classes.ClassRoomID,` ` Classes.StartTime, Classes.Duration` `FROM (Categories` `LEFT OUTER JOIN Subjects` `ON Categories.CategoryID = Subjects.CategoryID) LEFT` `OUTER JOIN Classes` `ON Subjects.SubjectID = Classes.SubjectID```

Auch hier haben wir wieder besondere Sorgfalt auf die Reihenfolge und Schachtelung der JOINs gelegt, um sicherzustellen, dass wir auch die erwartete Antwort bekommen.

CategoryDescription	SubjectName	Classroom	StartTime	Duration
Accounting	Financial Accounting Fundamentals I	3313	9:00	50
Accounting	Financial Accounting Fundamentals I	3313	13:00	50
Accounting	Financial Accounting Fundamentals II	3415	8:00	50
Accounting	Fundamentals of Managerial Accounting	3415	10:00	50
Accounting	Intermediate Accounting	3315	11:00	50
Accounting	Business Tax Accounting	3313	14:00	50
Art	Introduction to Art	1231	10:00	50
Art	Design	1619	15:30	110
<<weitere Zeilen>>				

Tabelle 9.9: All_Categories_All_Subjects_Any_Classes (82 Zeilen)

Weiter unten in der Ergebnismenge werden Sie keine Kurse in Entwicklung eines Geschäftsplans, Computerprogrammierung und amerikanischer Regierungskunde mehr finden. Ebensowenig werden Sie noch Unterrichtsthemen für die Fächer Psychologie, Französisch oder Deutsch finden.

Recipes-Datenbank

»Liste Zutaten auf, die noch in keinem Rezept verwendet werden.«

Übersetzung/ Bereinigte Fassung	Wähle Ingredient Name aus Ingredients, verbinde links außen Recipe Ingredients auf Ingredient ID, wobei Recipe ID ist Nullwert

```
SQL     SELECT Ingredients.IngredientName
        FROM Ingredients
        LEFT OUTER JOIN Recipe_Ingredients
        ON Ingredients.IngredientID =
           Recipe_Ingredients.IngredientID
        WHERE Recipe_Ingredients.RecipeID IS NULL
```

IngredientName
Halibut
Chicken, Fryer
Bacon
Iceberg Lettuce
Butterhead Lettuce
Scallop
Vinegar
Red Wine
<<weitere Zeilen>>

Tabelle 9.10: Ingredients_Not_Used (20 Zeilen)

»Ich benötige alle Rezepttitel, dann alle Rezeptnamen, dann alle übereinstimmenden Arbeitsschrittnummern für die Zutaten, Zutatenmengen und -maßeinheiten sowie alle Namen der Zutaten aus meiner Recipes-Datenbank.«

Übersetzung/ Bereinigte Fassung	Wähle Recipe Class Description, Recipe Title, Ingredient Name, Recipe Sequence Number, Amount, Measurement Description aus Recipe Classes, verbinde vollständig außen Recipes auf Recipe Class ID, verbinde links außen Recipe Ingredients auf Recipe ID, verbinde Measurements auf Measurement Amount ID, verbinde vollständig außen Ingredients auf Ingredient ID

SQL	`SELECT Recipe_Classes.RecipeClassDescription,`
	`    Recipes.RecipeTitle,`
	`    Ingredients.IngredientName,`
	`    Recipe_Ingredients.RecipeSeqNo,`
	`    Recipe_Ingredients.Amount,`
	`    Measurements.MeasurementDescription`
	`FROM Recipe_Classes`
	`FULL OUTER JOIN`
	`    (((Recipes`
	`LEFT OUTER JOIN Recipe_Ingredients`

```
ON Recipes.RecipeID =
    Recipe_Ingredients.RecipeID)
INNER JOIN Measurements
ON Measurements.MeasureAmountID =
    Recipe_Ingredients.MeasureAmountID)
FULL OUTER JOIN Ingredients
ON Ingredients.IngredientID =
    Recipe_Ingredients.IngredientID)
ON Recipe_Classes.RecipeClassID =
    Recipes.RecipeClassID
```

 Das obige Beispiel ist eine Frage, die wir bereits im Abschnitt über den FULL OUTER JOIN lösten. Wir haben uns dafür entschieden, sie hier noch einmal aufzunehmen, damit Sie auch das tatsächliche Ergebnis sehen können. Diese Anfrage finden Sie nicht in der Microsoft Access-Version der Datenbank gespeichert, da Microsoft Access keinen FULL OUTER JOIN unterstützt.

RecipeClass		Ingredient	RecipeSeq		Measurement
Description	RecipeTitle	Name	No	Amount	Description
Main course	Irish Stew	Beef	1	1	Pound
Main course	Irish Stew	Onion	2	2	Whole
Main course	Irish Stew	Potato	3	4	Whole
Main course	Irish Stew	Carrot	4	6	Whole
Main course	Irish Stew	Water	5	4	Quarts
Main course	Irish Stew	Guinness beer	6	12	Ounce
Hors d'oeuvres	Salsa Buena	Jalapeño	1	6	Whole
Hors d'oeuvres	Salsa Buena	Tomato	2	2	Whole
<<weitere Zeilen>>					

Tabelle 9.11: All_Recipe_Classes_All_Recipes (109 Zeilen)

9.6 Zusammenfassung

In diesem Kapitel führten wir Sie durch die Welt der OUTER JOINs. Als Erstes definierten wir einen OUTER JOIN und verglichen ihn mit dem INNER JOIN, den Sie in Kapitel 8 kennen gelernt haben.

Dann erklärten wir, wie Sie einen LEFT oder RIGHT OUTER JOIN konstruieren. Wir begannen mit einfachen Beispielen mit zwei Tabellen, gingen über zu eingebetteten SELECT-Anweisungen und der Erstellung von Anweisungen mit mehreren JOINs. Wir zeigten, wie ein mit einem Nullwert-Test kombinierter OUTER JOIN das Äquivalent zu der in Kapitel 7 erläuterten DIFFERENCE-Operation darstellen kann. Überdies besprachen wir einige Schwierigkeiten, die Ihnen vielleicht beim Schreiben von Anweisungen mit mehreren OUTER JOINs begegnen könnten. Wir beschlossen unsere Ausführungen über LEFT und RIGHT OUTER JOINs mit einer Aufgabe, die mehrere OUTER JOINs notwendig macht und mit einem bloßen LEFT oder RIGHT OUTER JOIN nicht zu lösen ist.

In unserer Erörterung des FULL OUTER JOINs zeigten wir, wie Sie diese Art von JOIN eventuell in Kombination mit anderen INNER und OUTER JOINs einsetzen können, um die richtige Antwort zu erhalten. Darüber hinaus erklärten wir kurz eine Variante des FULL OUTER JOINs: den UNION JOIN.

Wir erläuterten die Nützlichkeit von OUTER JOINs und führten diverse Fragen auf, die Sie mit OUTER JOINs lösen können. Im restlichen Kapitel zeigten wir fast ein Dutzend Beispiele für die Anwendung von OUTER JOINs. Jeder Beispieldatenbank widmeten wir mehrere Beispiele und zeigten für jede Frage die Logik, nach welcher die Anweisung zu konstruieren ist, die das Ergebnis liefert.

Im folgenden Abschnitt geben wir Ihnen mehrere Fragen an, die Sie selbst lösen können.

9.6.1 Aufgaben

Weiter unten zeigen wir Ihnen die Frage-Anweisung und den Namen der Lösungs-Anfrage in den Beispieldatenbanken. Wenn Sie sich etwas Praxis aneignen möchten, können Sie selbst den SQL-Code schreiben, den Sie für die einzelnen Fragen benötigen, und dann Ihre Antwort mit der Anfrage vergleichen, die wir in den Beispielen gespeichert haben. Keine Sorge, wenn Ihre Syntax mit der der gespeicherten Anfragen nicht genau übereinstimmt: Hauptsache, Sie haben dieselbe Ergebnismenge.

Sales Order-Datenbank

1. »Zeige mir die Kunden, die noch nie einen Helm bestellt haben.« (Tipp: Das ist eine dieser Fragen, bei denen Sie zuerst einen INNER JOIN erstellen müssen, der alle Helmbestellungen findet, und dann einen OUTER JOIN mit Customers durchführen.) Die Lösung finden Sie in Customers_No_Helmets (2 Zeilen).

2. »Zeige Kunden, für die es keinen Verkäufer (Sales Rep aus Employees) mit derselben Postleitzahl gibt.« Die Lösung finden Sie in Customers_ No_Rep_Same_Zip (20 Zeilen).

3. »Liste alle Produkte und die Daten eventuell erfolgter Bestellungen auf.« Die Lösung finden Sie in All_Products_Any_Order_Dates (2.682 Zeilen).

Entertainment Agency-Datenbank

1. »Zeige die Agenten, die keinen Unterhaltungskünstler gebucht haben.« Die Lösung finden Sie in Agents_No_Contracts (1 Zeile).

2. »Liste die Kunden auf, die nichts gebucht haben.« Die Lösung finden Sie in Customers_No_Bookings (2 Zeilen).

3. »Liste alle Unterhaltungskünstler und die eventuell von diesen gebuchten Engagements auf.« Die Lösung finden Sie in All_ Entertainers_And_Any_Engagements (112 Zeilen).

Bowling League-Datenbank

1. »Zeige Spiele ohne Spieldaten.« Die Lösung finden Sie in Matches_Not_Played_Yet (1 Zeile).

2. »Zeige alle Turniere und die darin eventuell bereits gespielten Spiele.« Die Lösung finden Sie in All_Tourneys_Match_Results (174 Zeilen).

School Scheduling-Datenbank

1. »Zeige mir Kurse, in die keine Schüler eingeschrieben sind.« (Tipp: Sie benötigen dazu aus Student_Classes nur »enrolled«-Zeilen und nicht »completed« oder »withdrew«.) Die Lösung finden Sie in Classes_No_Students_Enrolled (63 Zeilen).

2. »Zeige Fächer, denen keine Fakultät zugewiesen ist.« Die Lösung finden Sie in Subjects_No_Faculty (1 Zeile).

3. »Liste alle Schüler auf, die zurzeit keine Kurse belegen.« (Tipp: Sie müssen zuerst herausfinden, welche Schüler in Student Schedules den Class Status »enrolled« haben, und dann die Schüler finden, die nicht zu dieser Menge gehören.) Die Lösung finden Sie in Students_ Not_Currently_Enrolled (2 Zeilen).

4. »Zeige alle Lehrer der Fakultät und die Kurse, die sie nach Stundenplan unterrichten.«
Die Lösung finden Sie in All_Faculty_And_Any_Classes (79 Zeilen).

Recipes-Datenbank

1. »Zeige fehlende Rezepttypen.« Die Lösung finden Sie in Recipe_Classes_No_Recipes (1 Zeile).

2. »Zeige mir alle Zutaten und – falls vorhanden – Rezepte, in denen sie benutzt werden.« Die Lösung finden Sie in All_Ingredients_ Any_Recipes (108 Zeilen).

UNION

10

Kapitelüberblick

»I beseech those whose piety will permit them reverently to petition, that they will pray for this union.«
- Sam Houston, Texas hero

In Kapitel 7 führten wir drei grundlegende Mengenoperationen ein – Schnittmenge (Intersection), Differenzmenge (Difference) und Vereinigungsmenge (Union). Kapitel 8 zeigte Ihnen, wie Sie so etwas wie eine Schnittmengenoperation durchführen können, indem Sie mithilfe von INNER JOIN Ergebnismengen auf Schlüsselwerten verknüpfen. In Kapitel 9 wurde erörtert, wie Sie die Differenz zweier Mengen abfragen, indem Sie einen OUTER JOIN zusammen mit einem Test auf den Nullwert verwenden. Im vorliegenden Kapitel wird die dritte Mengenoperation erklärt: die UNION.

10.1 Was ist eine UNION?

Mit einer UNION können Sie die Zeilen aus zwei oder mehreren ähnlich strukturierten Ergebnismengen per SELECT auswählen und in einer einzigen Ergebnismenge zusammenfassen. Beachten Sie, dass wir »Zeilen« und nicht »Spalten« gesagt haben. In den Kapiteln 8 und 9 haben Sie gelernt, wie Sie Spalten aus zwei oder mehr Ergebnismengen mit einem JOIN zusammenbringen. Wenn Sie einen JOIN verlangen, erscheinen die Spalten aus den Ergebnismengen Seite an Seite. Verlangen Sie z.B. die RecipeClass-Description aus der Recipe_Classes-Tabelle und den RecipeTitle aus der Recipes-Tabelle, so erhalten Sie eine Ergebnismenge ähnlich der in Abbildung 10.1.

RecipeClassDescription	RecipeTitle
Main course	Irish Stew
Main course	Fettuccini Alfredo
Main course	Pollo Picoso
Main course	Roast Beef
Main course	Huachinango Veracruzana (Red Snapper, Veracruz style)
Main course	Tourtière (French-Canadian Pork Pie)
Main course	Salmon Filets in Parchment Paper
Vegetable	Garlic Green Beans
<<Mehr Zeilen>>	

Abbildung 10.1: Mit einem JOIN Daten aus zwei Tabellen holen

Zunächst wollen wir einen raschen Blick auf die Syntax einer einfachen UNION werfen, wie sie in Abbildung 10.2 dargestellt ist.

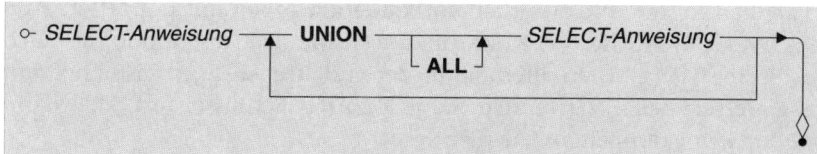

Abbildung 10.2: Diagramm einer einfachen UNION-Anweisung

Eine UNION verwebt die Zeilen einer Ergebnismenge mit den Zeilen einer anderen Ergebnismenge. Sie definieren die jeweiligen Ergebnismengen, indem Sie eine SELECT-Anweisung schreiben, die nicht nur einen komplexen JOIN in der FROM-Klausel, sondern auch WHERE-, HAVING- und GROUP BY-Klauseln enthalten kann. Diese Ergebnismengen können Sie dann mit dem Schlüsselwort UNION verknüpfen. Wenn Sie RecipeClassDescription aus der Recipe_Classes-Tabelle UNION RecipeTitle aus der Recipes-Tabelle verlangen, sieht die Antwort so aus, wie in Abbildung 10.3 gezeigt.

RecipeClassDescription
Asparagus
Coupe Colonel
Dessert
Fettuccini Alfredo
Garlic Green Beans
Hors d'oeuvres
Huachinango Veracruzana (Red Snapper, Veracruz style)
Irish Stew
<<weitere Zeilen>>

Abbildung 10.3: Mit einer UNION Daten aus zwei Tabellen holen

Beachten Sie, dass wir in der Ergebnismenge nur eine einzige Spalte erhalten. Diese Spalte hat ihren Namen von der ersten Tabelle geerbt, genauer: von der Spalte dieser Tabelle, die wir in den SELECT-Ausdruck aufgenommen haben. Sie enthält aber sowohl RecipeTitle-Informationen (Asparagus) als auch RecipeClassDescriptions (Dessert). Die Daten aus den beiden Spalten erscheinen nicht nebeneinander, sondern sind vertikal miteinander verwoben.

Wenn Sie sich das Diagramm in Abbildung 10.2 genau angesehen haben, fragen Sie sich vielleicht, was das optionale Schlüsselwort ALL darin zu suchen hat. Wenn Sie dieses Schlüsselwort weglassen, dann eliminiert Ihr Datenbanksystem die eventuell vorhandenen Zeilen mit doppelten Werten. Wenn es »Dessert« z.B. sowohl als RecipeClassDescription als auch als RecipeTitle gibt, erhalten Sie in der endgültigen Ergebnismenge nur eine Dessert-Zeile. Verwenden Sie jedoch das Schlüsselwort ALL, dann werden keine doppelten Zeilen entfernt.

Um eine UNION ausführen zu können, müssen die beiden Ergebnismengen gewisse Anforderungen erfüllen. Erstens: In jeder der beiden SELECT-Anweisungen, die Sie mit UNION verknüpfen, muss hinter dem Schlüsselwort SELECT dieselbe Anzahl Ausgabespalten angegeben sein, damit die Ergebnismenge auch dieselbe Spaltenzahl aufweist. Zweitens: Jede dazu passende Zeile muss das sein, was der SQL-Standard »vergleichbar« nennt.

Der vollständige SQL-92-Standard ermöglicht es Ihnen, ungleiche Mengen mit UNION zu verknüpfen. Die meisten kommerziellen Implementierungen hingegen unterstützen nur den einfachen oder »Entry-Level«-Standard, den wir hier beschreiben. Eventuell werden Sie feststellen, dass Ihr Datenbanksystem Ihnen auch eine kreativere Verwendung von UNION gestattet.

Wie in Kapitel 6 besprochen, sollten Sie nur Zeichenwerte mit Zeichenwerten, Zahlenwerte mit Zahlenwerten oder Tageszeitwerte mit Tageszeitwerten vergleichen. Zwar erlauben manche Datenbanksysteme, dass Datentypen in Vergleichsoperationen vermischt werden, aber eigentlich ist es nicht sinnvoll, einen Zeichenwert wie »John« mit einem Zahlenwert wie 55 zu vergleichen. Wenn der Vergleich zweier Spalten in einer WHERE-Klausel sinnvoll ist, dann sind diese Spalten »vergleichbar«. Dies ist gemeint, wenn der SQL-Standard fordert, dass eine Spalte einer Ergebnismenge und eine Spalte einer anderen Ergebnismenge »vergleichbar« sein müssen, wenn sie mit UNION vereinigt werden sollen.

10.2 Fragen mit UNION schreiben

In den vorangegangenen Kapiteln über den INNER JOIN und den OUTER JOIN haben wir untersucht, wie eine SELECT-Anweisung mit den Klauseln SELECT, FROM und WHERE konstruiert wird. Im Mittelpunkt dieser beiden Kapitel stand die Erstellung komplexer JOINs innerhalb der FROM-Klausel. Um eine UNION zu erstellen, müssen Sie jetzt einen SELECT-Ausdruck entwickeln, der mit dem UNION-Operator zwei oder mehr SELECT-Anweisungen verknüpft. Jede dieser SELECT-Anweisungen kann eine FROM-Klausel besitzen, die so einfach oder komplex ist, wie es Ihre Aufgabe erfordert.

10.2.1 Einfache SELECT-Anweisungen benutzen

Als Erstes wollen wir eine UNION zweier einfacher SELECT-Anweisungen erzeugen, die eine einzelne Tabelle in der FROM-Klausel verwenden. Abbildung 10.4 zeigt das Syntaxdiagramm für eine UNION zweier einfacher SELECT-Anweisungen.

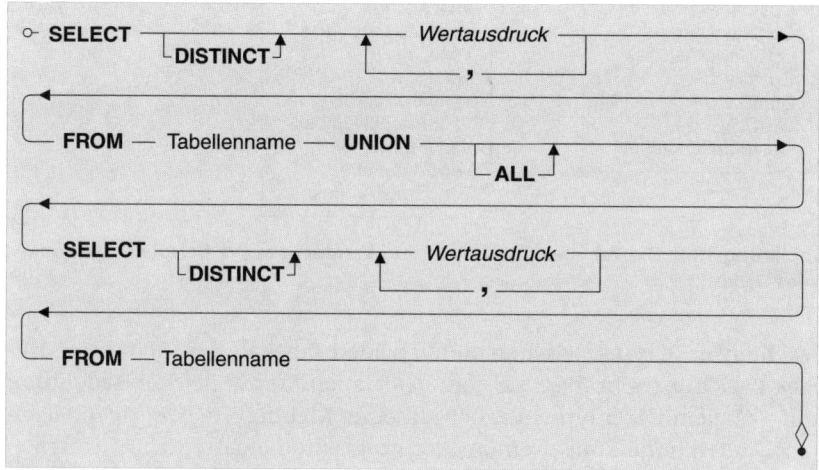

Abbildung 10.4: Zwei einfache SELECT-Anweisungen mit einer UNION kombinieren.

Es ist nicht so wie bei einem JOIN: Hier passiert alles in dem UNION-Operator, den Sie angeben, um die beiden SELECT-Anweisungen zu kombinieren. Wie zuvor bereits erwähnt, eliminiert Ihr Datenbanksystem alle doppelt vorhandenen Zeilen, wenn Sie nicht das optionale Schlüsselwort ALL verwenden. Das bedeutet, dass die Ergebnismenge zu Ihrer Frage eventuell weniger Zeilen hat, als die Summe der Zeilen aller an der UNION beteiligten Ergebnismengen beträgt. Wenn Sie jedoch das Schlüsselwort ALL verwenden, ist die Zeilenzahl der Ergebnismenge gleich der Zeilenzahl der beiden beteiligten Ergebnismengen.

Der SQL-Standard definiert auch eine CORRESPONDING-Klausel, die Sie hinter das Schlüsselwort UNION schreiben können, um anzuzeigen, dass die UNION durch einen Vergleich von Spalten durchgeführt werden soll, die in beiden Ergebnismengen gleich heißen. Sie können die Vergleichsmenge noch stärker beschränken, indem Sie hinter das Schlüsselwort CORRESPONDING eine spezifische Liste von Spaltennamen schreiben. Wir haben zwar noch keine bedeutende kommerzielle Implementierung finden können, die diese Funktion unterstützt, aber vielleicht findet sie ja in kommenden Releases Ihres Produkts Unterstützung.

Lassen Sie uns eine einfache UNION erzeugen: eine Mailingliste für Kunden und Hersteller aus der Beispieldatenbank Sales Order. Abbildung 10.5 zeigt Ihnen die beiden Tabellen, die dazu erforderlich sind.

CUSTOMERS	
CustomerID	PS
CustFirstName	
CustLastName	
CustStreetAddress	
CustCity	
CustState	
CustZipCode	
CustPhoneNumber	

VENDORS	
VendorID	PS
VendName	
VendStreetAddress	
VendCity	
VendState	
VendZipCode	
VendPhoneNumber	
VendFaxNumber	
VendWebPage	
VendEmailAddress	

Abbildung 10.5: Die Tabellen Customers und Vendors aus der Beispieldatenbank Sales Order

Beachten Sie, dass es zwischen diesen beiden Tabellen zwar keine »natürliche« Beziehung gibt, dass sie aber beide Spalten mit gleicher Bedeutung und gleichem Datentyp enthalten. In einer Mailingliste benötigen Sie einen Namen, eine Straße, einen Wohnort, einen Staat (gilt für Amerika) und eine Postleitzahl. Da all diese Spalten in beiden Tabellen vergleichbare Zeichendaten enthalten, brauchen wir uns um Datentypen keine Gedanken zu machen. (Manche Datenbankdesigner machen aus der Postleitzahl vielleicht einen Zahlentyp[1], aber auch dies ist okay, solange die Postleitzahlenspalten beider Tabellen einen vergleichbaren Datentyp haben.)

Problematisch ist, dass der Name in der Vendors-Tabelle eine einzige Spalte, in der Customers-Tabelle hingegen zwei Spalten einnimmt: CustFirstName und CustLastName. Damit wir in beiden Tabellen auf dieselbe Spaltenzahl kommen, müssen wir auf den beiden Namensspalten der Customers-Tabelle einen Ausdruck konstruieren, der einen einzigen Spaltenausdruck erzeugt, um diesen dann mit der einen Namensspalte aus Vendors vereinigen zu können. Wir wollen jetzt die Anfrage erstellen.

In diesem Kapitel verwenden wir wieder die in Kapitel 4 eingeführte »Frage/ Übersetzung/ Bereinigte Fassung/ SQL«-Technik.

---

1. Anm. d. Übers.: Da im Osten Deutschlands Postleitzahlen mit Null beginnen, empfiehlt sich das wohl hier zu Lande weniger...

10.2 Fragen mit UNION schreiben

»Erstelle eine einzige Mailingliste, bestehend aus Name, Straße, Ort, Staat und Postleitzahl für Customers und Name, Straße, Ort, Staat und Postleitzahl für Vendors.«

Übersetzung	Wähle Customer Full Name, Customer Address, Customer City, Customer State und Customer Zip Code aus der Customers-Tabelle kombiniert mit Vendor Name, Vendor Address, Vendor City, Vendor State und Vendor Zip Code aus der Vendors-Tabelle
Bereinigte Fassung	Wähle Customer Full Name, Customer Address, Customer City, Customer State, Customer Zip Code aus Customers UNION Vendor Name, Vendor Address, Vendor City, Vendor State, Vendor Zip Code aus Vendors

SQL	```SELECT Customers.CustLastName || ', ' ||```
	``` Customers.CustFirstName AS MailingName,```
	``` Customers.CustStreetAddress, Customers.CustCity,```
	``` Customers.CustState, Customers.CustZipCode```
	```FROM Customers```
	```UNION```
	```SELECT Vendors.VendName,```
	``` Vendors.VendStreetAddress, Vendors.VendCity,```
	``` Vendors.VendState, Vendors.VendZipCode```
	```FROM Vendors```

Jede SELECT-Anweisung generiert fünf Spalten, aber wir mussten einen Ausdruck verwenden, um die beiden Namensspalten der Customers-Tabelle zu einer einzigen Spalte zu kombinieren. Da alle Spalten sowohl der Customers- als auch der Vendors-Tabelle Zeichendaten enthalten, stellt die Vergleichbarkeit kein Problem dar.

Nun werden Sie vielleicht fragen: »Welche Namen haben die Spalten, die diese Anfrage ausgibt?« Gute Frage! Der SQL-Standard legt Folgendes fest: Wenn die betreffenden Spalten gleich heißen (z.B. der Name der vierten Spalte der ersten SELECT-Anweisung gleich dem Namen der vierten Spalte der zweiten SELECT-Anweisung ist), dann ist dies der Name der Ausgabespalte. Wenn die Spaltennamen sich unterscheiden (wie in dem soeben gezeigten Beispiel), dann legt der SQL-Standard fest, dass der Name »von der jeweiligen Implementierung abhängt und anders als der <Spaltenname> jeder anderen Spalte jeder in der SQL-Anweisung enthaltenen Tabelle ist«.

Auf Deutsch bedeutet dies, dass Ihr Datenbanksystem entscheidet, welche Namen es den Ausgabespalten zuweist. Wenn Ihr System sich an den SQL-Standard hält, dann erscheint der Name in keiner an der UNION beteiligten Ergebnismenge an einer anderen Spaltenposition. Die meisten kommerziellen Datenbanksysteme wählen nach Voreinstellung die Namen der Spalten in der ersten SELECT-Anweisung aus. Für das obige Beispiel bedeutet dies, dass Sie die Spaltennamen MailingName, CustStreetAddress, CustCity, CustState und CustZipCode sehen werden.

Beachten Sie, dass wir in der UNION nicht das Schlüsselwort ALL verwenden. Es dürfte zwar kaum vorkommen, dass der Vor- und Nachname eines Kunden derselbe ist wie der eines Herstellers (ganz zu schweigen von Straße, Ort, Staat und Postleitzahl), aber wir wollten dennoch doppelt vorhandene Mailingadressen vermeiden. Wenn Sie ganz sicher sind, dass Sie in zwei oder mehr UNION-Mengen keine Duplikate haben, können Sie das Schlüsselwort ALL verwenden. Mit ALL wird die Frage höchstwahrscheinlich schneller erledigt, weil Ihr Datenbanksystem dann keine zusätzliche Arbeit für den Versuch verschwendet, Duplikate zu entfernen.

10.2.2 Komplexe SELECT-Anweisungen kombinieren

Sie können sich vorstellen, dass die SELECT-Anweisungen, die Sie mit dem UNION-Operator kombinieren, so komplex sein können, wie es Ihre Aufgabe erfordert. Die einzigen Einschränkungen bestehen darin, dass beide SELECT-Anweisungen letztlich gleich viele Spalten liefern müssen, und dass die Spalten in jeder relativen Position vergleichbare Datentypen haben müssen.

Angenommen, Sie möchten eine Liste aller Kunden und der von ihnen bestellten Fahrräder, kombiniert mit allen Herstellern und den von ihnen gelieferten Fahrrädern erhalten. Zunächst wollen wir alle benötigten Tabellen zusammenstellen. Abbildung 10.6 zeigt, welche Tabellen erforderlich sind, um Customers mit Products zu verknüpfen.

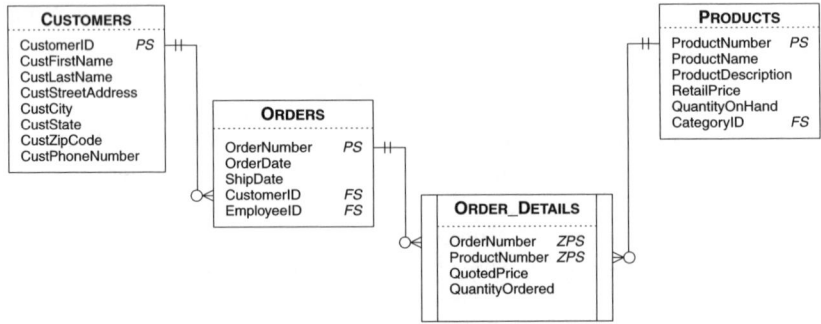

Abbildung 10.6: Tabellenbeziehungen, die gelten, wenn Customers mit den von ihnen gekauften Products verknüpft werden sollen.

Sieht so aus, als müssten wir vier Tabellen mit JOIN verbinden. Wenn wir die Hersteller und die von ihnen verkauften Produkte finden möchten, benötigen wir die in Abbildung 10.7 gezeigten Tabellen.

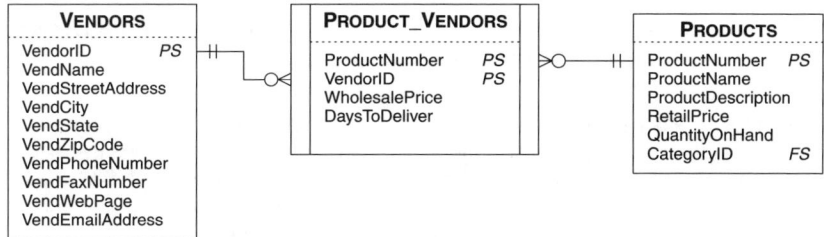

Abbildung 10.7: Tabellenbeziehungen, die gelten, wenn Vendors mit den von ihnen verkauften Products verknüpft werden sollen.

Wie in Kapitel 8 beschrieben, können Sie mehrere JOIN-Klauseln schachteln, um mehrere Tabellen zu verknüpfen. So können Sie Informationen zur Lösung eines komplexen Problems beschaffen. Zur Erinnerung zeigt Ihnen Abbildung 10.8, wie man drei Tabellen schachtelt.

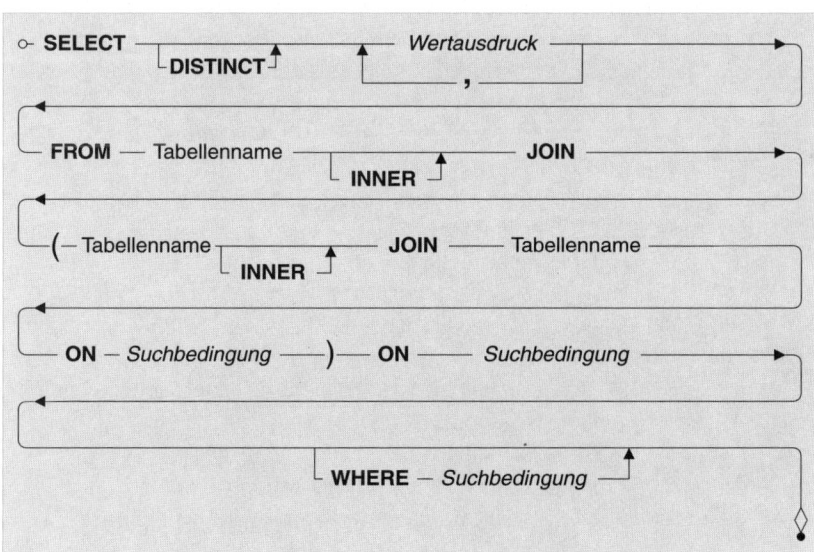

Abbildung 10.8: Drei Tabellen mit JOIN verbinden

Nun haben wir alle Puzzlesteine zusammen. Wir können jetzt einen zusammengesetzten INNER JOIN zur Beschaffung der Kundeninformationen erstellen, ein UNION-Schlüsselwort einfügen, und dann den zusammengesetzten INNER JOIN für die Herstellerinformationen konstruieren.

»Liste Kunden und die von ihnen bestellten Fahrräder, kombiniert mit Herstellern und den von ihnen verkauften Fahrrädern auf.«

Übersetzung	Wähle Customer Full Name und Product Name aus der Customers-Tabelle, verbunden mit der Orders-Tabelle auf Customer ID, dann verbunden mit der Order Details-Tabelle auf Order Number und dann verbunden mit der Products-Tabelle auf Product Number wobei Product Name 'bike' enthält, kombiniert mit: Wähle Vendor Name und Product Name aus der Vendors-Tabelle verbunden mit der Product Vendors-Tabelle auf Vendor ID und dann verbunden mit der Products-Tabelle auf Product Number wobei Product Name 'bike' enthält
Bereinigte Fassung	Wähle Customer Full Name, Product Name aus Customers, verbinde Orders-Tabelle auf Customer ID, verbinde Order Details-Tabelle auf Order Number, verbinde Products auf Product Number, wobei Product Name LIKE '%bike%' UNION Wähle Vendor Name, Product Name aus Vendors, verbinde Product Vendors auf Vendor ID, verbinde Products auf Product Number, wobei Product Name LIKE '%bike%'
SQL	```SELECT Customers.CustLastName || ', ' ||```

```
SELECT Customers.CustLastName || ', ' ||
    Customers.CustFirstName AS FullName,
    Products.ProductName, 'Customer' AS RowID
FROM ((Customers INNER JOIN Orders
ON  Customers.CustomerID = Orders.CustomerID)
INNER JOIN Order_Details
ON Orders.OrderNumber = Order_Details.OrderNumber)
INNER JOIN Products
ON Products.ProductNumber =
    Order_Details.ProductNumber
WHERE Products.ProductName LIKE '%bike%'
UNION
SELECT Vendors.VendName, Products.ProductName,
    'Vendor' AS RowID
FROM (Vendors INNER JOIN Product_Vendors
ON  Vendors.VendorID = Product_Vendors.VendorID)
INNER JOIN Products
ON Products.ProductNumber =
    Product_Vendors.ProductNumber
WHERE Products.ProductName LIKE '%bike%'
```

Das ist zwar eine ganze Menge Zeug, aber es löst das Problem! Beachten Sie, das wir auch einen Zeichenkettenliteral namens RowID in beide SE-LECT-Anweisungen integriert haben, damit Sie leicht erkennen können, welche Zeilen aus Customers und welche aus Vendors stammen. Vielleicht sind Sie jetzt versucht, in die erste SELECT-Anweisung das Schlüsselwort DISTINCT einzubinden, weil ein sehr guter Kunde womöglich ein bestimmtes Fahrradmodell mehr als einmal bestellt haben könnte. Da wir bei dieser UNION nicht das Schlüsselwort ALL verwenden, wird die Frage jedoch ohnehin alle Duplikate verwerfen. Wenn Sie nun auch noch DIS-TINCT hinzufügen, veranlassen Sie Ihre Datenbank gegebenenfalls, Duplikate zweimal zu eliminieren!

Wenn Sie eine Anfrage mit UNION konstruieren müssen, raten wir Ihnen, als Erstes die getrennten SELECT-Anweisungen zu erstellen. Dann können Sie die Syntax für jede SELECT-Anweisung einfach mit Kopieren und Einfügen in eine neue Anfrage übertragen und zwischen die jeweiligen Anweisungen das Schlüsselwort UNION setzen.

10.2.3 UNION mehr als einmal verwenden

Bisher haben wir Ihnen nur gezeigt, wie Sie mit einer UNION zwei Ergebnismengen kombinieren. Eigentlich können Sie hinter die zweite SELECT-Anweisung jedoch noch ein UNION und noch eine SELECT-Anweisung schreiben. Zwar beschränken manche Implementierungen die Anzahl der Ergebnismengen, die Sie mit UNION kombinieren können, aber theoretisch könnten Sie nach Herzenslust immer mehr UNION SELECTs hinzufügen.

Angenommen, Sie möchten eine einzelne Mailingliste aus drei verschiedenen Tabellen – Customers, Employees und Vendors – aufbauen, z.B. um für Urlaubsgruß-Etiketten eine kombinierte Liste zu erstellen. Abbildung 10.9 zeigt in Diagrammform die zur Erstellung dieser Liste erforderliche Syntax.

Wie Sie sehen, müssen Sie eine SELECT-Anweisung zur Beschaffung aller Namen und Adressen aus der Customers-Tabelle schreiben, diese per UNION mit einer SELECT-Anweisung zur Beschaffung derselben Informationen aus der Employees-Tabelle vereinigen, und das Ergebnis schließlich wieder mit UNION mit einer SELECT-Anweisung zur Beschaffung der Namen und Adressen aus der Vendors-Tabelle vereinigen.

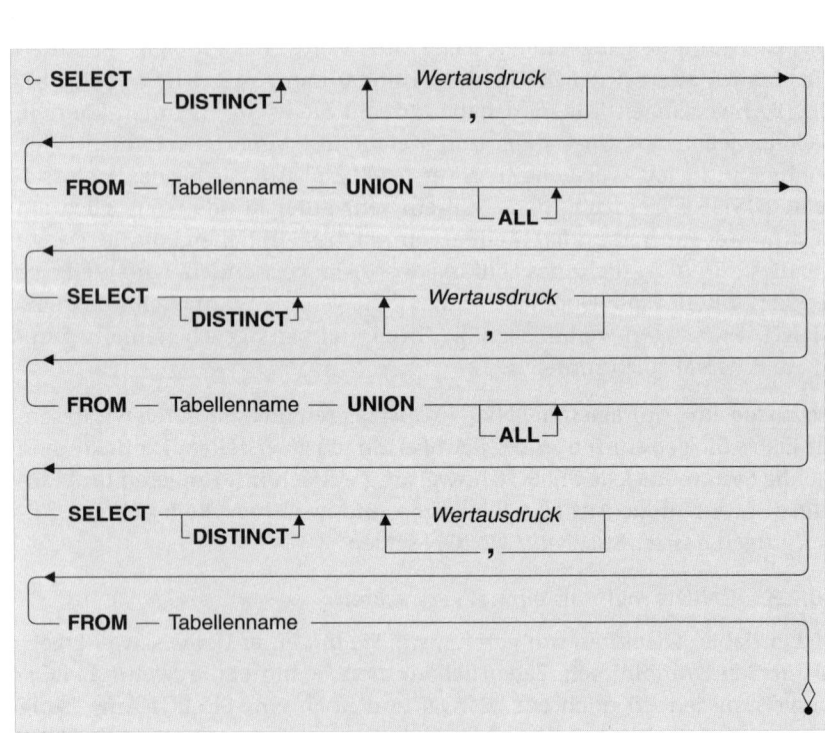

Abbildung 10.9: Eine UNION aus drei Tabellen erzeugen

»Erschaffe eine einzige Mailingliste für Kunden, Angestellte und Hersteller.«

Übersetzung/ Bereinigte Fassung	Wähle Customer Full Name, Customer Street Address, Customer City, Customer State, Customer Zip Code aus Customers UNION Wähle Employee Full Name, Employee Street Address, Employee City, Employee State, Employee Zip Code aus Employees UNION Wähle Vendor Name, Vendor Street Address, Vendor City, Vendor State, Vendor Zip Code aus Vendors

SQL	`SELECT Customers.CustFirstName || ' ' ||`
	`    Customers.CustLastName AS CustFullName,`
	`  Customers.CustStreetAddress, Customers.CustCity,`
	`    Customers.CustState, Customers.CustZipCode`
	`FROM Customers`
	`UNION`
	`SELECT Employees.EmpFirstName || ' ' ||`
	`    Employees.EmpLastName AS EmpFullName,`
	`    Employees.EmpStreetAddress, Employees.EmpCity,`
	`    Employees.EmpState, Employees.EmpZipCode`

```
FROM Employees
UNION
SELECT Vendors.VendName, Vendors.VendStreetAddress,
   Vendors.VendCity, Vendors.VendState,
   Vendors.VendZipCode
FROM Vendors
```

Wenn Sie die Mailingliste nach einem speziellen Ort, Staat oder Postleitzahlenbereich filtern möchten, können Sie natürlich jeder SELECT-Anweisung auch eine WHERE-Klausel hinzufügen. Wenn Sie z.B. eine Liste für die Kunden, Angestellten und Hersteller nur eines bestimmten Staates erzeugen möchten, müssen Sie jeder eingebetteten SELECT-Anweisung noch eine WHERE-Klausel hinzufügen. Sie können auch nur eine einzige der SELECT-Anweisungen mit einem Filter versehen – z.B. eine Liste der Hersteller in Texas mit allen Kunden und allen Angestellten kombinieren.

10.2.4 Eine UNION sortieren

Möchten Sie das Ergebnis einer UNION sortieren? Bei vielen Datenbanksystemen wird die Ergebnismenge so aussehen, als sei sie von links nach rechts nach Ausgabespalten sortiert. So würden die Zeilen z.B. bei der im obigen Abschnitt konstruierten UNION von drei Tabellen zuerst nach Namen, dann nach Straße und so weiter der Reihe nach geordnet.

Um die Post zu beglücken (und vielleicht eine Ermäßigung für Massensendungen herauszuschlagen) sollten Sie Ihre Zeilen nach Postleitzahl sortieren. Um dies zu tun, können Sie eine ORDER BY-Klausel hinzufügen, aber dabei einen Trick beachten: Diese Klausel muss ganz zum Schluss, hinter der letzten SELECT-Anweisung kommen. Das ORDER BY wird dann auf das Ergebnis der UNION und nicht auf die letzte SELECT-Anweisung angewendet. Abbildung 10.10 zeigt Ihnen, wie es geht.

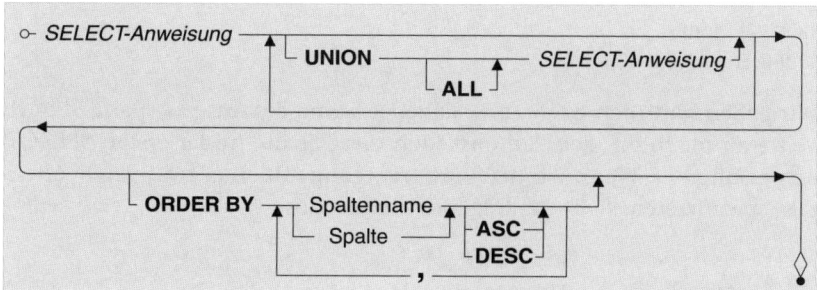

Abbildung 10.10: Einer UNION-Anfrage wird eine Sortierangabe hinzugefügt.

Wie das Diagramm zeigt, können Sie die UNION und die SELECT-Anweisung so oft durchlaufen, wie Sie wollen, um sich alle Ergebnismengen zu holen, die Sie kombinieren möchten. Doch die ORDER BY-Klausel muss ganz am Ende erscheinen. Nun fragen Sie sich vielleicht, was Sie in der ORDER BY-Klausel für column_name oder column_# verwenden sollen. Wie oben bereits gesagt, sind die Ausgabenamen der Spalten »von der Implementierung abhängig«, aber die meisten Datenbanksysteme verwenden die von der ersten SELECT-Anweisung generierten Spaltennamen.

Sie können auch die relative Spaltennummer – beginnend mit 1 – als erste Ausgabespalte spezifizieren. In einer Anfrage, die Name, Straße, Ort, Staat und Postleitzahl ausgibt, müssen Sie als column_# die 5 spezifizieren, um nach Postleitzahl zu sortieren (denn der Zip Code ist die fünfte Spalte).

Wir wollen die »Mailinglisten«-Anfrage mit beiden Techniken sortieren. Im Folgenden sehen Sie die korrekte Syntax für eine Sortierung nach dem Spaltennamen.

```
SELECT Customers.CustFirstName || ' ' ||
    Customers.CustLastName AS CustFullName,
    Customers.CustStreetAddress, Customers.CustCity,
    Customers.CustState, Customers.CustZipCode
FROM  Customers
UNION
SELECT Employees.EmpFirstName || ' ' ||
    Employees.EmpLastName AS EmpFullName,
    Employees.EmpStreetAddress, Employees.EmpCity,
     Employees.EmpState, Employees.EmpZipCode
FROM Employees
UNION
SELECT Vendors.VendName, Vendors.VendStreetAddress,
    Vendors.VendCity, Vendors.VendState,
    Vendors.VendZipCode
FROM Vendors
ORDER BY CustZipCode
```

Wir gehen natürlich davon aus, dass der Name der Ausgabespalte, die wir sortieren möchten, der Name ist, den diese Spalte in der ersten SELECT-Anweisung hat. Wenn wir den Sortiervorgang mit einer relativen Spaltenzahl spezifizieren, sieht das folgendermaßen aus:

```
SELECT Customers.CustFirstName || ' ' ||
    Customers.CustLastName AS CustFullName,
    Customers.CustStreetAddress, Customers.CustCity,
    Customers.CustState, Customers.CustZipCode
```

```
FROM Customers
UNION
SELECT Employees.EmpFirstName || ' ' ||
  Employees.EmpLastName AS EmpFullName,
    Employees.EmpStreetAddress, Employees.EmpCity,
    Employees.EmpState, Employees.EmpZipCode
FROM Employees
UNION
SELECT Vendors.VendName, Vendors.VendStreetAddress,
    Vendors.VendCity, Vendors.VendState,
    Vendors.VendZipCode
FROM Vendors
ORDER BY 5
```

10.3 Anwendung von UNION

Vermutlich werden Sie UNION ebenso viel nutzen wie INNER JOIN und OUTER JOIN. Sehr wahrscheinlich verwenden Sie UNION zum Kombinieren von zwei oder mehr Ergebnismengen aus verschiedenen Tabellen. Sie können zwar auch zwei Ergebnismengen aus derselben Tabelle oder Tabellenmenge mit UNION vereinigen, aber diese Art von Aufgaben lösen Sie normalerweise mit einer einfachen SELECT-Anweisung, die eine komplexere WHERE-Klausel enthält. Im folgenden Abschnitt mit den Beispielaufgaben haben wir einige Beispiele dafür angeführt und zeigen Ihnen, wie Sie dasselbe Problem mit einer WHERE-Klausel effizienter als mit einem JOIN lösen können.

Im Folgenden sehen Sie nur eine kleine Auswahl der Aufgabenarten, die Sie unter Verwendung der Beispieldatenbanken mit UNION lösen können.

▼ »Zeige mir alle Namen und Adressen von Kunden und Angestellten.«

▼ »Liste alle Kunden, die ein Fahrrad bestellt haben, zusammen mit allen Kunden, die einen Helm bestellt haben, auf.« (Das ist eines dieser Probleme, die man auch mit einer einzigen SELECT-Anweisung und einer komplexen WHERE-Klausel lösen kann.)

▼ »Erstelle eine Mailingliste für Kunden und Hersteller.«

▼ »Liste die Kunden, die ein Fahrrad bestellt haben, zusammen mit den Herstellern, die Fahrräder liefern, auf.«

▼ »Erzeuge eine Liste, in der Agenten und Unterhaltungkünstler zusammengestellt sind.«

▼ »Zeige eine kombinierte Liste von Kunden und Unterhaltungskünstlern.«

▼ »Erstelle eine Liste der Kunden, die moderne Musik mögen, zusammen mit einer Liste der Unterhaltungskünstler, die moderne Musik spielen.«

▼ »Erzeuge eine Mailingliste für Schüler und Lehrer.«

▼ »Zeige mir die Schüler, die in Kunst mindestens 85 Punkte haben, zusammen mit den Fakultätsmitgliedern, die Kunst lehren und deren Professionalität mindestens mit 9 bewertet wird.«

▼ »Finde die Kegler, die auf der Thunderbird-Kegelbahn mindestens 155 Punkte holen, kombiniert mit den Keglern, die auf der Bolero-Kegelbahn mindestens 140 Punkte holen.« (Das ist wieder eines dieser Probleme, die man auch mit einer einzigen SELECT-Anweisung und einer komplexen WHERE-Klausel lösen kann.)

▼ »Liste die Turnierspiele, Mannschaftsnamen und Mannschaftskapitäne der Mannschaften auf, die auf der ungeraden Bahn antreten, zusammen mit den Turnierspielen, Mannschaftsnamen und Mannschaftskapitänen der Mannschaften, die auf der geraden Bahn antreten.«

▼ »Erzeuge eine Indexliste aller Rezepttitel und Zutaten.«

▼ »Zeige eine Liste aller Zutaten und ihrer Standard-Maßeinheiten, zusammen mit den in Rezepten verwendeten Zutaten und der jeweiligen Mengenangabe für jedes Rezept.«

10.4 Beispielanweisungen

Sie wissen jetzt, wie Anfragen mit UNION gebildet werden, und haben einige Arten von Fragen gesehen, die Sie mit einer UNION beantworten können. Nun wollen wir uns ein paar solide Beispiele ansehen, die UNION auf jede der Beispieldatenbanken anwenden.

Da viele dieser Beispiele komplexe JOINs verwenden, wählt der Optimierer Ihrer Datenbank möglicherweise einen anderen Lösungsweg für diese Anfragen. Daher stimmen die ersten Zeilen vielleicht nicht genau mit Ihrem Ergebnis überein; die Gesamtzahl der Zeilen sollte jedoch gleich sein. Zur Vereinfachung haben wir wieder die Übersetzung und die Bereinigte Fassung in allen folgenden Beispielen zu einem einzigen Schritt zusammengefasst.

Sales Order-Datenbank

»*Zeige mir die Namen und Adressen aller Kunden und Angestellten – auch die doppelt vorhandenen – sortiert nach Postleitzahl.*«

Übersetzung/ Bereinigte Fassung	Wähle Customer First Name, Customer Last Name, Customer Street Address, Customer City, Customer State, Customer Zip Code aus Customers UNION alle Wähle Employee First Name, Employee Last Name, Employee Street Address, Employee City, Employee State, Employee Zip Code aus Employees, ordne nach Zip Code
SQL	```SELECT Customers.CustFirstName,
Customers.CustLastName,
Customers.CustStreetAddress, Customers.CustCity,
Customers.CustState, Customers.CustZipCode
FROM Customers
UNION ALL
SELECT Employees.EmpFirstName,
Employees.EmpLastName,
Employees.EmpStreetAddress, Employees.EmpCity,
Employees.EmpState, Employees.EmpZipCode
FROM Employees
ORDER BY CustZipCode```

CustFirst Name	CustLast Name	CustStreet Address	CustCity	CustState	CustZipCode
Estella	Pundt	2500 Rosales Lane	Dallas	TX	75260
Michael	Davolio	672 Lamont Ave	Houston	TX	77201
Ryan	Ehrlich	455 West Palm Ave	San Antonio	TX	78284
Ryan	Ehrlich	455 West Palm Ave	San Antonio	TX	78284
Margaret	Peacock	667 Red River Road	Austin	TX	78710
Mark	Rosales	323 Advocate Lane	El Paso	TX	79915
Consuelo	Maynez	3445 Cheyenne Road	El Paso	TX	79915
Gregory	Piercy	4501 Wetland Road	Long Beach	CA	90809
<<weitere Zeilen>>					

Tabelle 10.1: Customers_UNION_ALL_Employees (37 Zeilen)

Offenbar ist Ryan Ehrlich nicht nur Kunde, sondern auch Angestellter.

»Liste alle Kunden, die ein Fahrrad bestellt haben, zusammen mit allen Kunden auf, die einen Helm bestellt haben.«

Übersetzung/ Bereinigte Fassung	Wähle Customer First Name, Customer Last Name aus Customers, verbinde Orders auf Customer ID, verbinde Order Details auf Order Number, verbinde Products auf Product Number, wobei Product Name LIKE '%bike%,' UNION Wähle DISTINCT Customer First Name, Customer Last Name aus Customers, verbinde Orders auf Customer ID, verbinde Order Details auf Order Number, verbinde Products auf Product Number, wobei Product Name LIKE '%helmet%'
SQL	```SELECT Customers.CustFirstName,
Customers.CustLastName, 'Bike' AS ProdType
FROM ((Customers INNER JOIN Orders
ON Customers.CustomerID = Orders.CustomerID)
INNER JOIN Order_Details
ON Orders.OrderNumber = Order_Details.OrderNumber)
INNER JOIN Products
ON Products.ProductNumber =
Order_Details.ProductNumber
WHERE Products.ProductName LIKE '%bike%'
UNION
SELECT Customers.CustFirstName,
Customers.CustLastName, 'Helmet' AS ProdType
FROM ((Customers INNER JOIN Orders
ON Customers.CustomerID = Orders.CustomerID)
INNER JOIN Order_Details
ON Orders.OrderNumber = Order_Details.OrderNumber)
INNER JOIN Products
ON Products.ProductNumber =
Order_Details.ProductNumber
WHERE Products.ProductName LIKE '%helmet%'```

CustFirstName	CustLastName	ProdType
Alaina	Hallmark	Bike
Alaina	Hallmark	Helmet
Allan	Davis	Bike
Allan	Davis	Helmet
Amelia	Buchanan	Bike

Tabelle 10.2: Customer_Order_Bikes_UNION_Customer_Order_Helmets (54 Zeilen)

10.4 Beispielanweisungen

CustFirstName	CustLastName	ProdType
Amelia	Buchanan	Helmet
Andrea	Buchanan	Bike
Andrea	Buchanan	Helmet
<<weitere Zeilen>>		

Tabelle 10.2: Customer_Order_Bikes_UNION_Customer_Order_Helmets (54 Zeilen)

Dies ist eines jener Probleme, die Sie auch mit einer einzelnen SELECT-Anweisung und einer etwas komplexeren WHERE-Klausel lösen können. Die UNION hat den einen Vorteil, dass sie es erleichtert, jeder Ergebnismenge eine künstliche »Mengenbezeichner«-Spalte hinzuzufügen (in diesem Fall die Spalte ProdType), damit man sehen kann, welche Kunden welcher Ergebnismenge entstammen. Allerdings lösen die meisten Datenbanken eine WHERE-Klausel – auch wenn sie komplexe Bedingungen enthält – viel schneller auf, als eine UNION. Nachfolgend sehen Sie, wie Sie dasselbe Problem mit einer WHERE-Klausel lösen können.

```
SELECT DISTINCT Customers.CustFirstName,
    Customers.CustLastName
FROM
    ((Customers INNER JOIN Orders
ON  Customers.CustomerID = Orders.CustomerID)
INNER JOIN Order_Details
ON Orders.OrderNumber = Order_Details.OrderNumber)
INNER JOIN Products
ON Products.ProductNumber =
    Order_Details.ProductNumber
WHERE Products.ProductName LIKE '%bike%'
OR  Products.ProductName LIKE '%helmet%'
```

CustFirstName	CustLastName
Alaina	Hallmark
Allan	Davis
Amelia	Buchanan
Andrea	Buchanan
Consuelo	Maynez
David	Callahan
David	Smith

Tabelle 10.3: Customers_Bikes_Or_Helmets (27 Zeilen)

CustFirstName	CustLastName
Estella	Pundt
<<weitere Zeilen>>	

Tabelle 10.3: Customers_Bikes_Or_Helmets (27 Zeilen)

 Wie Sie sehen, müssen Sie, wenn Sie keine UNION verwenden, Duplikate mit dem Schlüsselwort DISTINCT entfernen. Denken Sie daran, dass UNION automatisch Duplikate entfernt, es sei denn, Sie spezifizieren UNIONALL. Sie können auch in den Beispielen mit UNION das Schlüsselwort DISTINCT einsetzen, aber damit machen Sie Ihrem Datenbanksystem überflüssige Arbeit.

Entertainment-Datenbank

»Erstelle eine Liste, in der Agenten und Unterhaltungskünstler zusammengefasst sind.«

Übersetzung/ Bereinigte Fassung	Wähle Full Name aus Agents UNION Wähle Entertainer Stage Name aus Entertainers

SQL	SELECT Agents.AgtLastName || ', ' ||
	     Agents.AgtFirstName AS Name, 'Agent' AS Type
	 FROM Agents
	 UNION
	 SELECT Entertainers.EntStageName,
	    'Entertainer' AS Type
	 FROM Entertainers

Name	Type
Albert Buchanan	Entertainer
Buchanan, Steven	Agent
Carol Peacock Trio	Entertainer
Caroline Coie Cuartet	Entertainer
Coldwater Cattle Company	Entertainer
Country Feeling	Entertainer
Fuller, Mary	Agent
Jazz Persuasion	Entertainer
<<weitere Zeilen>>	

Tabelle 10.4: Agents_UNION_Entertainers (21 Zeilen)

School Scheduling-Datenbank

»Zeige mir die Schüler mit mindestens 85 Punkten in Kunst zusammen mit den Fakultätsmitgliedern, die Kunst unterrichten und deren Professionalität mindestens mit 9 bewertet wird.«

Übersetzung/ Bereinigte Fassung	Wähle Student First Name alias FirstName, Student Last Name alias LastName, Grade alias Score aus Students, verbinde Student Schedules auf Student ID, verbinde Student Class Status auf Class Status, verbinde Classes auf Class ID, verbinde Subjects auf Subject ID, wobei Class Status Description = 'completed' und Grade >= 85 und Category ID = 'art' UNION Wähle Staff First Name, Staff Last Name, Proficiency Rating alias Score aus Staff, verbinde Faculty Subjects auf Staff ID, verbinde Subjects auf Subject ID, wobei Proficiency Rating > 8 und Category ID = 'ART'
SQL	```SELECT Students.StudFirstName AS FirstName,
Students.StudLastName AS LastName,
Student_Schedules.Grade AS Score,
'Student' AS Type
FROM (((Students INNER JOIN Student_Schedules
ON Students.StudentID =
Student_Schedules.StudentID)
INNER JOIN Student_Class_Status
ON Student_Class_Status.ClassStatus =
Student_Schedules.ClassStatus)
INNER JOIN Classes
ON Classes.ClassID = Student_Schedules.ClassID) INNER
JOIN Subjects
ON Subjects.SubjectID = Classes.SubjectID
WHERE Student_Class_Status.ClassStatusDescription =
'Completed'
AND Student_Schedules.Grade >= 85
AND Subjects.CategoryID= 'ART'
UNION
SELECT Staff.StfFirstName, Staff.StfLastName,
Faculty_Subjects.ProficiencyRating AS Score,
'Faculty' AS Type
FROM (Staff INNER JOIN Faculty_Subjects
ON Staff.StaffID = Faculty_Subjects.StaffID)
INNER JOIN Subjects
ON Subjects.SubjectID = Faculty_Subjects.SubjectID
WHERE Faculty_Subjects.ProficiencyRating > 8
AND Subjects.CategoryID = 'ART```

FirstName	LastName	Score	Type
Alaina	Hallmark	10	Faculty
Amelia	Buchanan	10	Faculty
David	Nathanson	87.05	Student
Elizabeth	Hallmark	93.27	Student
James	Leverling	9	Faculty
John	Leverling	9	Faculty
John	Leverling	10	Faculty
Kendra	Bonnicksen	88.27	Student
<<weitere Zeilen>>			

Tabelle 10.5: Good_Art_Students_And_Faculty (15 Zeilen)

Bowling League-Datenbank

»Erstelle eine Liste der Turnierspiele, Mannschaftsnamen und Mannschaftska-pitäne der Mannschaften, die auf der ungeraden Bahn anfangen, zusammen mit den Turnierspielen, Mannschaftsnamen und Mannschaftskapitänen der Mann-schaften, die auf der geraden Bahn anfangen.«

Übersetzung/ Bereinigte Fassung	Wähle Tourney Location, Tourney Date, Match ID, Team Name, Captain Name aus Tournaments, verbinde Tourney Matches auf Tourney ID, verbinde Teams auf Odd Lane Team ID = Team ID, verbinde Bowlers auf Captain ID = Bowler ID UNION Wähle Tourney Location, Tourney Date, Match ID, Team Name, Captain Name aus Tournaments, verbinde Tourney Matches auf Tourney ID, verbinde Teams auf Even Lane Team ID = Team ID, verbinde Bowlers auf Captain ID = Bowler ID, ordne nach Tourney Date und Match ID
SQL	

```
SELECT Tournaments.TourneyLocation,
    Tournaments.TourneyDate,
    Tourney_Matches.MatchID, Teams.TeamName,
    Bowlers.BowlerLastName || ' ' ||
    Bowlers.BowlerFirstName AS Captain,
    'Odd Lane' AS Lane
FROM ((Tournaments INNER JOIN Tourney_Matches
ON Tournaments.TourneyID =
    Tourney_Matches.TourneyID)
INNER JOIN Teams
ON Teams.TeamID =
    Tourney_Matches.OddLaneTeamID)
INNER JOIN Bowlers
ON Bowlers.BowlerID = Teams.CaptainID
UNION
```

```
SELECT Tournaments.TourneyLocation,
    Tournaments.TourneyDate,
    Tourney_Matches.MatchID, Teams.TeamName,
    Bowlers.BowlerLastName || ' ' ||
     Bowlers.BowlerFirstName AS Captain,
    'Even Lane' AS Lane
FROM ((Tournaments INNER JOIN Tourney_Matches
ON Tournaments.TourneyID =
    Tourney_Matches.TourneyID)
INNER JOIN Teams
ON Teams.TeamID =
    Tourney_Matches.EvenLaneTeamID)
INNER JOIN Bowlers
ON Bowlers.BowlerID =  Teams.CaptainID
ORDER BY 2, 3
```

Die beiden SELECT-Anweisungen sind fast identisch! Der einzige Unterschied besteht darin, dass die erste SELECT-Anweisung Tourney_Matches mit Teams auf OddLaneTeamID verknüpft und die zweite EvenLaneTeamID benutzt.

TourneyLocation	TourneyDate	MatchID	TeamName	Captain	Lane
Red Rooster Lanes	1999-06-05	1	Marlins	Fournier David	Odd Lane
Red Rooster Lanes	1999-06-05	1	Sharks	Patterson Ann	Even Lane
Red Rooster Lanes	1999-06-05	2	Barracudas	Sheskey Richard	Even Lane
Red Rooster Lanes	1999-06-05	2	Terrapins	Morgen-stern Iris	Odd Lane
Red Rooster Lanes	1999-06-05	3	Dolphins	Viescas Suzanne	Odd Lane
Red Rooster Lanes	1999-06-05	3	Orcas	Thompson Sarah	Even Lane
Red Rooster Lanes	1999-06-05	4	Manatees	Viescas Michael	Odd Lane
Red Rooster Lanes	1999-06-05	4	Swordfish	Rosales Joe	Even Lane
Thunderbird Lanes	1999-06-12	5	Marlins	Fournier David	Even Lane

Tabelle 10.6: Bowling_Schedule (112 Zeilen)

TourneyLocation	TourneyDate	MatchID	TeamName	Captain	Lane
Thunderbird Lanes	1999-06-12	5	Terrapins	Morgen-stern Iris	Odd Lane
<<weitere Zeilen>>					

Tabelle 10.6: Bowling_Schedule (112 Zeilen)

Recipes-Datenbank

»Erstelle eine Indexliste aller Rezeptklassen, Rezepttitel und Zutaten.«

Übersetzung/ Bereinigte Fassung	Wähle Recipe Class Description aus Recipe Classes UNION Wähle Recipe Title aus Recipes UNION Wähle Ingredient Name aus Ingredients
SQL	```SELECT Recipe_Classes.RecipeClassDescription AS IndexName, 'Recipe Class' AS Type FROM Recipe_Classes UNION SELECT Recipes.RecipeTitle, 'Recipe' AS Type FROM Recipes UNION SELECT Ingredients.IngredientName, 'Ingredient' AS Type FROM Ingredients```

IndexName	Type
Asparagus	Ingredient
Asparagus	Recipe
Bacon	Ingredient
Balsamic vinaigrette dressing	Ingredient
Beef	Ingredient
Beef drippings	Ingredient
Bird's custard powder	Ingredient
Black olives	Ingredient
<<weitere Zeilen>>	

Tabelle 10.7: Classes_Recipes_Ingredients (101 Zeilen)

10.5 Zusammenfassung

Am Anfang dieses Kapitels definierten wir UNION und zeigten Ihnen den Unterschied zwischen der Verknüpfung zweier Tabellen mit einem JOIN und der Verknüpfung zweier Tabellen mit einer UNION.

10.5 Zusammenfassung

Danach erklärten wir, wie man eine einfache UNION mit zwei SELECT-Anweisungen konstruiert, die jeweils Spalten aus einer einzigen Tabelle abrufen. Wir gingen dann dazu über, zwei komplexe SELECT-Anweisungen zu kombinieren, die jeweils einen JOIN auf mehreren Tabellen verwendeten. Als Nächstes zeigten wir, wie man mehr als zwei Ergebnismengen mit UNION kombiniert. Zum Schluss unserer Beschreibung der UNION-Syntax zeigten wir, wie das Ergebnis sortiert wird.

Wir erklärten den Nutzen von UNION und führten diverse Fragen auf, die Sie mit UNION lösen können. Der Abschnitt mit den Beispielanweisungen zeigte Ihnen für jede der Beispieldatenbanken ein oder zwei Anwendungen von UNION einschließlich der Logik, nach der diese Fragen aufgebaut werden.

Im folgenden Abschnitt finden Sie einige Fragen zum selber Lösen.

10.6 Aufgaben

Nachfolgend zeigen wir Ihnen die Frage-Anweisung und den Namen der Lösungs-Anfrage in den Beispieldatenbanken. Wenn Sie sich etwas Praxis aneignen möchten, können Sie selbst den SQL-Code schreiben, den Sie für die einzelnen Fragen benötigen, und dann Ihre Antwort mit der Anfrage vergleichen, die wir in den Beispielen gespeichert haben. Keine Sorge, wenn Ihre Syntax mit der der gespeicherten Anfragen nicht genau übereinstimmt: Hauptsache, Sie haben dieselbe Ergebnismenge.

Sales Order-Datenbank

1. »Liste die Kunden, die einen Helm bestellt haben, zusammen mit den Helmlieferanten auf.« (Tipp: Sie müssen eine UNION zweier komplexer JOINs erstellen.) Die Lösung finden Sie in Customer_Helmets_Vendor_Helmets (96 Zeilen).

Entertainment-Datenbank

1. »Zeige eine Liste, in der Kunden und Unterhaltungskünstler zusammengefasst sind.« (Tipp: Für einen der Namen müssen Sie einen Ausdruck finden, damit Sie in beiden SELECT-Anweisungen gleich viele Spalten haben.) Die Lösung finden Sie in Customers_UNION_Entertainers (28 Zeilen).

2. »Erstelle eine Liste der Kunden, die moderne Musik mögen, zusammen mit den Unterhaltungskünstlern, die moderne Musik spielen.« (Tipp: Sie müssen zwei komplexe JOINs mit einer UNION vereinigen.) Die Lösung finden Sie in Customers_Entertainers_Contemporary (5 Zeilen).

School Scheduling-Datenbank

1. »Erstelle eine Mailingliste für Schüler und Lehrer, geordnet nach Post-leitzahl.« (Tipp: Versuchen Sie, für die Sortierung eine relative Spalten-zahl einzusetzen.) Die Lösung finden Sie in Student_Staff_Mailing_List (45 Zeilen).

Bowling League-Datenbank

1. »Finde die Kegler, die auf der Thunderbird-Kegelbahn mindestens 165 Punkte hatten, zusammen mit den Keglern, die auf der Bolero-Kegel-bahn mindestens 150 Punkte hatten.« (Tipp: Das ist eines jener Prob-leme, die Sie auch mit einer einzelnen SELECT-Anweisung und einer komplexen WHERE-Klausel lösen können.) Die Lösung mit UNION finden Sie in Good_Bowlers_TBird_Bolero_UNION (120 Zeilen) und die mit WHERE finden Sie in Good_Bowlers_TBird_Bolero_WHERE (125 Zeilen).

2. Können Sie erklären, warum die Zeilenzählungen in den oben angege-benen Lösungsanfragen unterschiedlich sind? (Tipp: Versuchen Sie es in der ersten Anfrage mit UNION ALL.)

Recipes-Datenbank

1. »Zeige eine Liste aller Zutaten und ihrer Standardmaßeinheiten zusammen mit den in Rezepten verwendeten Zutaten und der jeweili-gen Mengenangabe für jedes Rezept.« (Tipp: Dazu benötigen Sie einen einfachen und einen komplexen JOIN.) Die Lösung finden Sie in Ingredient_Recipe_Measurements (144 Zeilen).

Go To

Unteranfragen

11

Kapitelüberblick

»We can't solve problems by using the same kind of thinking we used when we created them.«
- Albert Einstein

In den letzten drei Kapiteln haben wir Ihnen viele Möglichkeiten gezeigt, mit Daten aus mehr als einer Tabelle zu arbeiten. Alle bisherigen Techniken konzentrierten sich darauf, Teilmengen von Informationen zu verknüpfen – entweder eine oder mehrere Spalten und eine oder mehrere Zeilen aus einer ganzen Tabelle oder einer Anfrage mit einer eingebetteten FROM-Klausel oder durch den Operator UNION. In diesem Kapitel werden wir Ihnen wirksame Methoden zeigen, eine einzelne Spalte aus einer Tabelle oder Anfrage zu entnehmen und sie als Wertausdruck in einer SELECT-Klausel oder WHERE-Klausel zu benutzen.

In diesem Kapitel sollten Sie zwei wichtige Dinge lernen.

1. In SQL gibt es nie nur eine Möglichkeit, ein bestimmtes Problem zu lösen. In diesem Kapitel werden Sie neue Möglichkeiten kennen lernen, Probleme aus früheren Kapiteln zu lösen.

2. Sie können komplexe Filter konstruieren, die nicht von den in der FROM-Klausel festgelegten Tabellen abhängig sind. Dieses Konzept ist aus folgendem Grund wichtig: Wenn Sie Zeilen aus einer Tabelle auf der Grundlage des gefilterten Inhalts anderer, verwandter Tabellen benötigen, ist eine Unteranfrage in einer WHERE-Klausel die einzige Möglichkeit, in Ihrer Antwort die richtige Anzahl von Zeilen zu erhalten. Wir werden dies in diesem Kapitel noch ausführlicher erklären.

 Dieses Kapitel behandelt fortgeschrittene Konzepte und geht davon aus, dass Sie Kapitel 7, 8 und 9 gründlich gelesen und verstanden haben.

11.1 Was ist eine Unteranfrage?

Einfach ausgedrückt ist eine *Unteranfrage* ein SELECT-Ausdruck, den Sie in eine der Klauseln einer SELECT-Anweisung einbetten, um so Ihre endgültige Anfrage zu bilden. In diesem Kapitel werden wir die Unteranfrage formeller definieren und Ihnen zeigen, wie sie außerhalb der FROM-Klausel eingesetzt wird.

Der SQL-Standard definiert drei Arten von Unteranfragen:

1. **Zeilenunteranfrage**: ein eingebetteter SELECT-Ausdruck, der mehr als eine Spalte und nicht mehr als eine Zeile zurückgibt.

2. **Tabellenunteranfrage**: ein eingebetteter SELECT-Ausdruck, der eine oder mehrere Spalten und keine bis viele Zeilen zurückgibt.

3. **Skalare Unteranfrage**: ein eingebetteter SELECT-Ausdruck, der genau eine Spalte und nicht mehr als eine Zeile zurückgibt.

11.1.1 Zeilenunteranfragen

In Kapitel 6 haben Sie gelernt, wie von einer Anfrage zurückgegebene Zeilen gefiltert werden. Dafür haben Sie ein Vergleichsprädikat in einer WHERE-Klausel erstellt, das den Wert einer Spalte mit einem Literal, einem Ausdruck oder einer anderen Spalte vergleicht. Zur Erinnerung: Eine einfache Anfrage mit einem einzigen Vergleichsprädikat könnte folgendermaßen aussehen.

```
SQL    SELECT Customers.CustLastName
       FROM Customers
       WHERE Customers.CustAreaCode > 415
```

Der SQL-Standard definiert einen *Zeilenwertkonstruktor*, der als Bestandteil eines Suchbedingungsprädikats in einer WHERE-, HAVING- oder ON-Klausel benutzt wird. Die schlechte Nachricht ist, dass nicht viele kommerzielle Datenbanksysteme diese Syntax unterstützen. Die WHERE-Klausel im folgenden Beispiel verwendet einen Zeilenwertkonstruktor.

```
SQL    SELECT Customers.CustLastName
       FROM Customers
       WHERE
       (Customers.CustAreaCode, Customers.CustZipCode)
       > (415, '94110')
```

Diese WHERE-Klausel fragt nach Zeilen, in denen die Kombination von CustAreaCode und CustZipCode größer ist als die Kombination von 415 und 94110. Dies lässt sich auch folgendermaßen ausdrücken.

```
SQL    SELECT Customers.CustLastName
       FROM Customers
       WHERE (Customers.CustAreaCode > 415)
       OR ((Customers.CustAreaCode = 415)
       AND (Customers.CustZipCode > '94110'))
```

Hier könnten Sie den zweiten Teil des Vergleichs durch eine SELECT-Anweisung ersetzen, die eine einzelne Zeile mit zwei Spalten zurückgibt – eine Zeilenunteranfrage. Die meisten kommerziellen Datenbanken unterstützen weder einen Zeilenwertkonstruktor noch Zeilenunteranfragen. Mehr werden wir darüber in diesem Kapitel nicht sagen.

11.1.2 Tabellenunteranfragen

In den letzten drei Kapiteln haben wir Ihnen bereits gezeigt, wie ein SE-LECT-Ausdruck, der mehrere Zeilen und Spalten zurückgibt, in eine FROM-Klausel eingebettet wird. Wir haben Tabellenunteranfragen bereits großzügig benutzt, um ein komplexes Ergebnis zu spezifizieren, das wir dann in die FROM-Klausel einer anderen Anfrage eingebettet haben. In diesem Kapitel werden wir Ihnen nun zeigen, wie Sie Tabellenunteranfragen als Quelle für die Liste der Vergleichswerte eines IN-Prädikats benutzen: Die Grundlagen dieses Themas haben Sie in Kapitel 6 gelernt. Außerdem werden wir einige neue Schlüsselwörter für Vergleichsprädikate erläutern, die ausschließlich in Tabellenunteranfragen benutzt werden.

11.1.3 Skalare Unteranfragen

In diesem Kapitel werden wir Ihnen außerdem zeigen, wie eine skalare Unteranfrage an Stelle eines Wertausdrucks benutzt wird. Eine skalare Unteranfrage ermöglicht es Ihnen, eine einzelne Spalte oder einen berechneten Ausdruck aus einer anderen Tabelle zu holen, die nicht in der FROM-Klausel der Hauptanfrage enthalten sein muss. Sie können den durch eine skalare Unteranfrage beschafften, einzelnen Wert in der Spaltenliste einer SELECT-Klausel oder als Vergleichswert in einer WHERE-Klausel benutzen.

11.2 Unteranfragen als Spaltenausdrücke

In Kapitel 5 haben Sie viel darüber erfahren, wie man mit Ausdrücken die berechneten Spalten generiert, die Ihre Anfrage ausgeben soll. Dabei haben wir Ihnen nicht gesagt, dass Sie auch mit einer besonderen Art von SELECT-Anweisung – einer Unteranfrage – Daten aus einer anderen Tabelle holen können, selbst wenn diese Tabelle nicht in Ihrer FROM-Klausel steht.

11.2.1 Die Syntax

Kehren wir nun zu den Grundlagen zurück und sehen wir uns in Abbildung 11.1 eine einfache Form der SELECT-Anweisung an.

Dies sieht einfach aus, ist es aber nicht! Der *Wertausdruck* kann tatsächlich sehr komplex sein. Abbildung 11.2 zeigt alle Optionen, aus denen ein Wertausdruck bestehen kann.

In Kapitel 5 haben wir Ihnen gezeigt, wie einfache Wertausdrücke mit Literalwerten, Spaltenreferenzen und Funktionen erstellt werden. Beachten Sie, dass auf der Liste jetzt auch *SELECT-Ausdruck* erscheint. Dies bedeutet, dass Sie in die Liste der Ausdrücke direkt nach dem Schlüsselwort SELECT eine skalare Unteranfrage einbetten können.

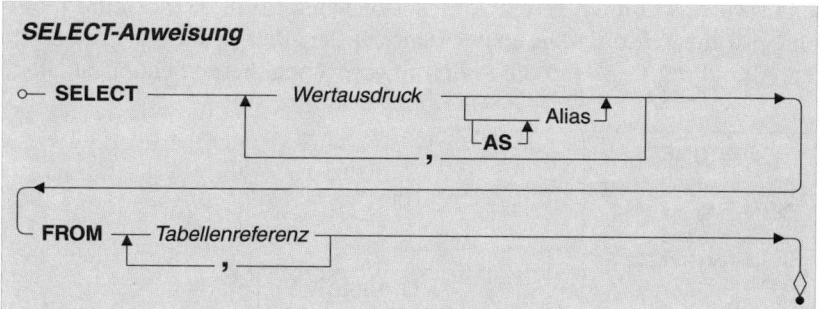

Abbildung 11.1: Eine einfache SELECT-Anweisung

Wie wir bereits gesagt haben, ist eine skalare Unteranfrage ein SELECT-Ausdruck, der genau eine Spalte und nicht mehr als eine Zeile zurückgibt. Dies ist sinnvoll, da Sie die Unteranfrage an Stelle eines einzelnen Spaltennamens oder eines Ausdrucks benutzen können, der eine einzelne Spalte zum Ergebnis hat.

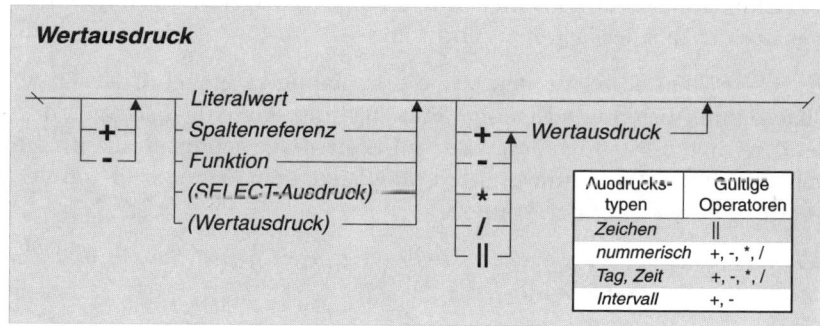

Abbildung 11.2: Das Diagramm eines Wertausdrucks

Sie könnten sich nun fragen: »Was nützt das?« Eine so verwendete Unteranfrage ermöglicht es Ihnen, einen einzelnen Wert aus einer anderen Tabelle oder Anfrage »herauszupicken«, um ihn in das Ergebnis Ihrer Anfrage einzuschließen. In der FROM-Klausel der äußeren Anfrage muss nicht auf die Tabelle oder Anfrage Bezug genommen werden, aus der die Daten in der FROM-Klausel der Unteranfrage stammen. Meistens müssen Sie der WHERE-Klausel in der Unteranfrage Kriterien hinzufügen, um sicherzustellen, dass diese nicht mehr als eine Zeile zurückgibt. Die Kriterien in der Unteranfrage können sogar auf einen von der äußeren Anfrage zurückgegebenen Wert Bezug nehmen, um von dort für die aktuelle Zeile relevante Daten zu entnehmen.

Sehen wir uns nun einige einfache Beispiele an, für die wir nur die Tabellen Customers und Orders aus der Sales Orders-Beispieldatenbank benutzen. Abbildung 11.3 zeigt die Beziehung zwischen diesen beiden Tabellen.

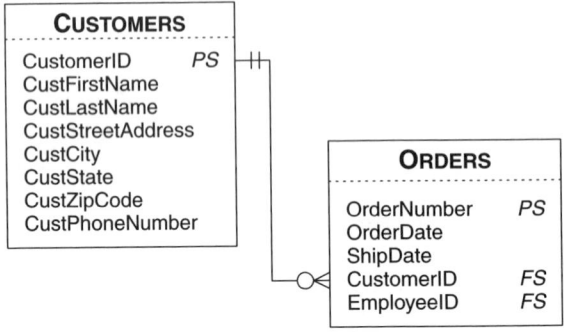

Abbildung 11.3: Customers und Orders

Konstruieren wir nun eine Anfrage, die alle Bestellungen für ein bestimmtes Datum auflistet und in einer Unteranfrage die zugehörigen Kundennamen aus der Tabelle Customers entnimmt.

 In diesem Kapitel verwenden wir die in Kapitel 4 eingeführte »Frage/ Übersetzung/ Bereinigte Fassung/ SQL«-Technik. Außerdem setzen wir in der Bereinigten Fassung alles, was zur Unteranfrage gehört, in Klammern und rücken die Unteranfragen nach Möglichkeit ein, damit Sie deren Verwendung besser erkennen können.

»Zeige mir alle am 24. Dezember 1999 ausgelieferten Bestellungen und den Nachnamen des jeweiligen Kunden.«

Übersetzung	Wähle Order Number, Order Date, Shipped Date, und wähle auch den zugehörigen Customer Last Name aus der Tabelle Customers aus der Tabelle Orders wobei Shipped Date der 24. Dezember 1999 ist.
Bereinigte Fassung	Wähle Order Number, Order Date, Shipped Date, (wähle Customer Last Name aus Customers aus Orders) wobei Shipped Date = 24. Dezember 1999
SQL	``` SELECT Orders.OrderNumber, Orders.OrderDate, Orders.ShippedDate, (SELECT Customers.CustLastName FROM Customers WHERE Customers.CustomerID = Orders.CustomerID) FROM Orders WHERE Orders.ShippedDate = '1999-12-24' ```

Beachten Sie, dass wir den Wert der Customer ID in der Unteranfrage auf den Wert der Customer ID in jeder aus der Tabelle Orders entnommenen Zeile beschränken mussten; anderenfalls würden wir in der Unteranfrage alle Zeilen aus der Tabelle Customers erhalten. Denken Sie daran, dass dies eine skalare Unteranfrage sein muss und wir daher das, was zurückgegeben werden soll, auf höchstens eine Zeile beschränken müssen.

Diejenigen Leser, die das Konzept des INNER JOINs in Kapitel 8 wirklich verstanden haben, fragen sich nun wahrscheinlich, warum wir dieses Problem in der gerade beschriebenen Weise lösen, statt die Tabellen Orders und Customers in der FROM-Klausel der äußeren Anfrage mit JOIN zu verbinden. Im Moment konzentrieren wir uns darauf, in einem sehr einfachen Beispiel eine Ergebnisspalte mit einer Unteranfrage zu erstellen, aber wahrscheinlich sollten Sie dieses Problem tatsächlich eher mit der folgenden Anfrage lösen, die einen INNER JOIN benutzt.

```
SQL    SELECT Orders.OrderNumber, Orders.OrderDate,
       Orders.ShippedDate, Customers.CustLastName
       FROM Customers INNER JOIN Orders
       ON Customers.CustomerID = Orders.OrderID
       WHERE Orders.ShippedDate = '1999-12-24'
```

11.2.2 Einführung in die Aggregatfunktionen: COUNT und MAX

Nachdem Sie nun in Grundzügen verstehen, wie mit einer Unteranfrage eine Ergebnisspalte generiert wird, wollen wir nun einen Schritt weiter gehen und uns ansehen, wie diese Möglichkeit wirklich von Nutzen sein kann. Zunächst müssen wir Ihnen dafür einen Überblick über einige Aggregatfunktionen geben. (Im nächsten Kapitel werden wir alle Aggregatfunktionen eingehend behandeln.)

Der SQL-Standard definiert viele Funktionen zum Berechnen von Werten in einer Anfrage. Eine Teilklasse von Funktionen – die Aggregatfunktionen – ermöglicht Ihnen die Berechnung eines einzelnen Wertes für eine Gruppe von Zeilen in einer Ergebnismenge. Mit einer Aggregatfunktion können Sie zum Beispiel Zeilen zählen, den größten oder kleinsten Wert in einer Menge von Zeilen finden oder den Durchschnitt oder die Gesamtsumme eines Wertes oder eines Ausdrucks in der Ergebnismenge berechnen.

Wir wollen uns nun einige dieser Funktionen ansehen und danach fragen, wie sie in einer Unteranfrage am besten eingesetzt werden können. Abbildung 11.4 zeigt das Diagramm der Funktionen COUNT und MAX, die eine Ergebnisspalte in einer SELECT-Klausel generieren können.

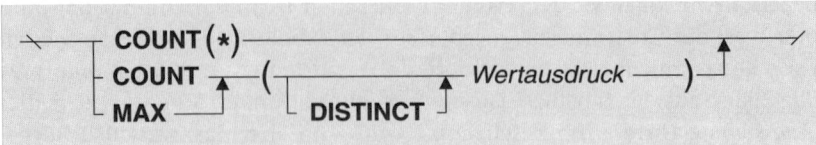

Abbildung 11.4: Die Aggregatfunktionen COUNT und MAX

Mit COUNT können Sie die Anzahl der Zeilen oder Nichtnull-Werte in einer Ergebnismenge bestimmen. Benutzen Sie COUNT (*), um herauszufinden, wie viele Zeilen es in der gesamten Menge gibt. Wenn Sie mit COUNT (Spaltenname) eine bestimmte Spalte in der Ergebnismenge spezifizieren, zählt das Datenbanksystem die Anzahl der Zeilen mit Nichtnull-Werten in dieser Spalte. Wenn Sie noch das Schlüsselwort DISTINCT hinzufügen, werden nur die eindeutig unterschiedlichen Werte gezählt.

Auf die gleiche Art können Sie mit MAX den größten Wert in einer Spalte finden. Falls der Wertausdruck nummerisch ist, erhalten Sie den größten Zahlenwert der spezifizierten Spalte oder des Ausdrucks. Falls der Wertausdruck einen Zeichendatentyp zurückgibt, hängt es von der Vergleichsreihenfolge Ihres Datenbanksystems ab, welcher Wert der größte ist.

Verwenden wir diese Funktionen in einer Unteranfrage, um einige interessante Aufgaben zu lösen.

»Liste die Namen der Kunden und die Anzahl der Bestellungen, die sie jeweils aufgegeben haben, auf.«

Übersetzung	Wähle Customer First Name und Customer Last Name und wähle auch die Anzahl der Orders aus der Tabelle Orders für diesen Customer aus der Tabelle Customers
Bereinigte Fassung	Wähle Customer first Name, Customer Last Name (wähle Anzahl (*) aus Orders wobei CustomerID = CustomerID) aus Customers

SQL	`SELECT Customers.CustFirstName,`
	`Customers.CustLastName,`
	`   (SELECT COUNT(*)`
	`   FROM Orders`
	`   WHERE Orders.CustomerID =`
	`   Customers.CustomerID)`
	`AS CountOfOrders`
	`FROM Customers`

Die Unteranfragen in Form von Ergebnisspalten werden immer interessanter! In den folgenden drei Kapiteln werden Sie mehr über kreative Anwendungsmöglichkeiten der Aggregatfunktionen erfahren. Wenn Sie jedoch nur die Anzahl verwandter Zeilen benötigen, ist eine Unteranfrage eine gute Lösung. Sehen wir uns eine interessante Aufgabe an, die eine andere Aggregatfunktion benutzt: MAX.

»Zeige mir unsere Kunden und das Datum ihrer jeweils jüngsten Bestellung.«

Übersetzung	Wähle Customer First Name und Customer Last Name und wähle auch das höchste Order Date aus der Tabelle Orders für diesen Customer aus der Tabelle Customers
Bereinigte Fassung	Wähle Customer First Name, Customer Last Name, (wähle max(Order Date) aus Orders wobei CustomerID = CustomerID) aus Customers

SQL	`SELECT Customers.CustFirstName,`
	`Customers.CustLastName,`
	`    (SELECT MAX(OrderDate)`
	`    FROM Orders`
	`    WHERE Orders.CustomerID =`
	`    Customers.CustomerID)`
	`AS LastOrderDate`
	`FROM Customers`

Wie Sie sich vorstellen können, lässt sich der größte oder »jüngste« Wert jeder beliebigen verwandten Tabelle mit MAX leicht finden. Wir werden Ihnen in den Beispielanweisungen dieses Kapitels noch einige andere Verwendungsmöglichkeiten dieser Funktionen zeigen.

11.3 Unteranfragen als Filter

In Kapitel 6 haben Sie gelernt, die abgerufenen Informationen durch eine hinzugefügte WHERE-Klausel zu filtern. Außerdem haben Sie erfahren, wie Sie mit einfachen und komplexen Vergleichen nur die Zeilen erhalten, die Sie in der Ergebnismenge haben möchten. Nun werden wir auf Ihrem Wissen aufbauen und Ihnen zeigen, wie Sie eine Unteranfrage als eines der Vergleichsargumente für anspruchsvolleres Filtern benutzen.

11.3.1   Die Syntax

Betrachten wir noch einmal die letzte SELECT-Anweisung und die Syntax, mit der eine Anfrage mit einem einfachen Vergleichsprädikat in einer WHERE-Klausel erstellt wird. Abbildung 11.5 zeigt das vereinfachte Diagramm.

Wie Sie aus Abbildung 11.2 ersehen konnten, kann ein Wertausdruck eine Unteranfrage sein. In dem einfachen Beispiel in Abbildung 11.5 vergleichen Sie den Wertausdruck mit einer einzelnen Spalte.

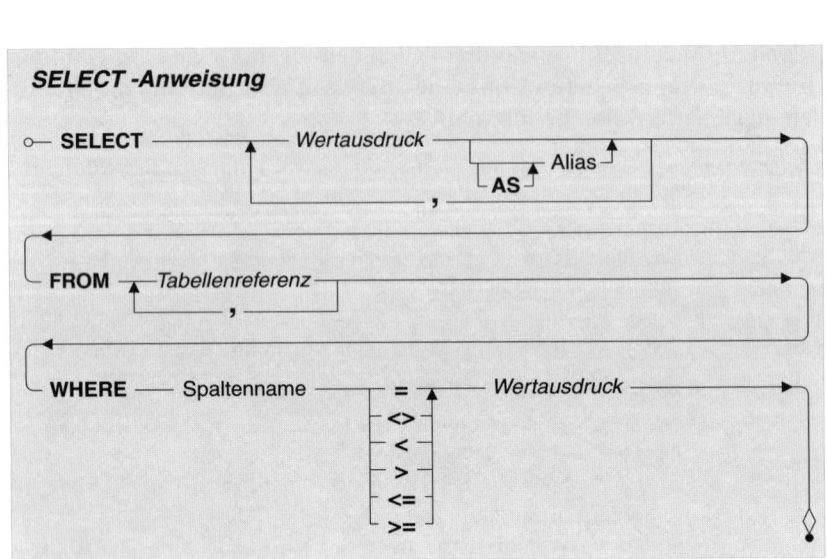

Abbildung 11.5: Ein Ergebnis mit einem einfachen Vergleichsprädikat filtern.

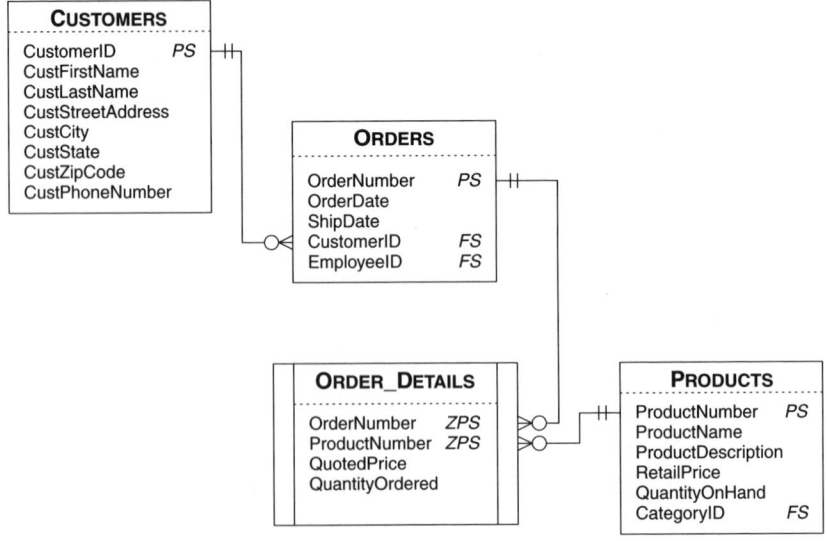

Abbildung 11.6: Die für die Auflistung aller Details einer Bestellung nötigen Tabellen

Der Wertausdruck muss daher ein einzelner Wert sein – das heißt, eine skalare Unteranfrage, die genau eine Spalte und nicht mehr als eine Zeile zurückgibt. Wir wollen nun eine einfache Aufgabe lösen, die einen Ver-

11.3 Unteranfragen als Filter

gleich mit einem von einer Unteranfrage zurückgegebenen Wert erfordert. In diesem Beispiel fragen wir nach allen Details von Kundenbestellungen, aber wir benötigen nur die *jüngste* Bestellung jedes Kunden. Abbildung 11.6 zeigt die benötigten Tabellen.

»Zeige mir die Kunden und alle Details ihrer jüngsten Bestellung.«

Übersetzung	Wähle Customer First Name, Customer Last Name, Order Number, Order Date, Product Number, Product Name und Quantity Ordered aus der Tabelle Customers, verbunden mit der Tabelle Orders auf Customer ID, dann verbunden mit der Tabelle Order Details auf Order Number und verbunden mit der Tabelle Products auf Product Number, wobei das Order Date gleich dem maximalen Order Date aus der Tabelle Orders für diesen Kunden ist.
Bereinigte Fassung	Wähle Customer First Name, Customer Last Name, Order Number, Order Date, Product Number, Product Name, Quantity Ordered aus Customers, verbinde Orders auf Customer ID, verbinde Order Details auf Order Number, verbinde Products auf Product Number wobei Order Date = (wähle max (Order Date) aus Orders wobei Orders.CustomerID = Customers.CustomerID)
| SQL | ```
SELECT Customers.CustFirstName,
Customers.CustLastName, Orders.OrderNumber,
Orders.OrderDate,
Order_Details.ProductNumber,
Products.ProductName,
Order_Details.QuantityOrdered
FROM ((Customers
INNER JOIN Orders
ON Customers.CustomerID = Orders.CustomerID)
INNER JOIN Order_Details
ON Orders.OrderID = Order_Details.OrderID)
INNER JOIN Products
ON Products.ProductNumber =
Order_Details.ProductNumber
WHERE Orders.OrderDate =
(SELECT MAX(OrderDate)
FROM Orders AS O2
WHERE O2.CustomerID = Customers.CustomerID)
``` |

Haben Sie bemerkt, dass wir der zweiten Referenz auf die Tabelle Orders (also der Tabelle Orders in der Unteranfrage) einen Aliasnamen gegeben haben? Selbst wenn Sie den Aliasnamen weglassen, erkennen viele Datenbanksysteme, dass Sie in der Unteranfrage die Kopie der Tabelle Orders meinen. Der SQL-Standard schreibt vor, dass eine unqualifizierte Referenz von der inneren Anfrage aus aufgelöst werden soll. Um unmissverständ-
```

lich klar zu machen, dass die Kopie der Tabelle Orders, auf die wir in der WHERE-Klausel der Unteranfrage Bezug nehmen, dieselbe ist wie die in der FROM-Klausel der Unteranfrage, haben wir dennoch den Aliasnamen hinzugefügt. Mit dieser Vorgehensweise wird Ihre Frage viel leichter verständlich – für Sie selbst, wenn Sie nach Monaten wieder darauf zurückkommen, oder für andere, die die Bedeutung der Frage herausfinden müssen.

11.3.2 Spezielle Prädikatschlüsselwörter für Unteranfragen

Der SQL-Standard definiert eine Reihe spezieller Prädikatschlüsselwörter, die in einer WHERE-Klausel mit einer Unteranfrage benutzt werden.

Elemente einer Menge: IN

In Kapitel 6 haben Sie gelernt, wie Sie mit dem Schlüsselwort IN in einer WHERE-Klausel eine Spalte oder einen Ausdruck mit einer Liste von Werten vergleichen. Sie wissen bereits, dass jeder Wertausdruck in der IN-Liste eine skalare Unteranfrage sein könnte. Kann man mit einer Unteranfrage auch eine ganze Liste erstellen? Wie Abbildung 11.7 zeigt, kann man das auf jeden Fall!

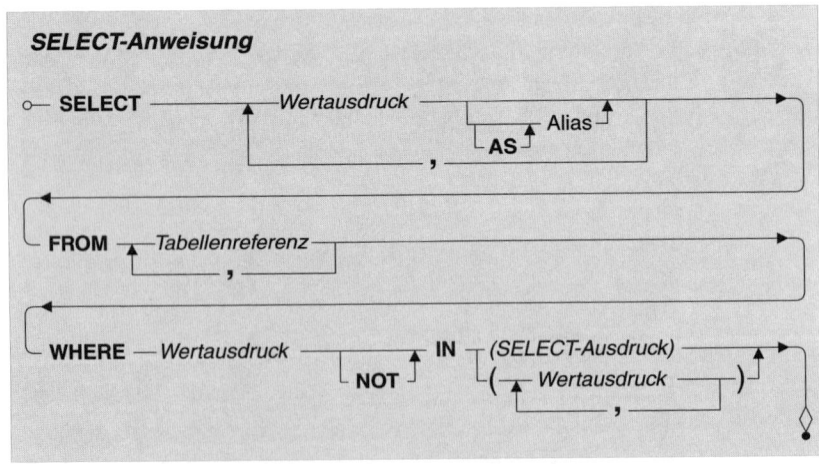

Abbildung 11.7: Verwendung einer Unteranfrage mit einem IN-Prädikat

In diesem Fall können Sie die Liste mit einer Tabellenunteranfrage erstellen, die eine Spalte und so viele Zeilen wie nötig zurückgibt. Nehmen wir ein Beispiel aus der Recipes-Datenbank. Abbildung 11.8 zeigt die relevanten Tabellen.

11.3 Unteranfragen als Filter

Angenommen, Sie haben einen Gast zum Abendessen, der Meeresfrüchte liebt. Nun wissen Sie zwar, dass Sie eine Reihe von Rezepten haben, die Meeresfrüchte als Zutat verwenden, erinnern sich aber nicht an die Namen aller Zutaten in Ihrer Datenbank. Da Sie wissen, dass Sie eine IngredientClassDescription für Meeresfrüchte haben, können Sie alle Tabellen miteinander verbinden und auf IngredientClassDescription filtern; oder Sie können kreativ sein und statt dessen mit Unteranfragen und dem Prädikat IN arbeiten.

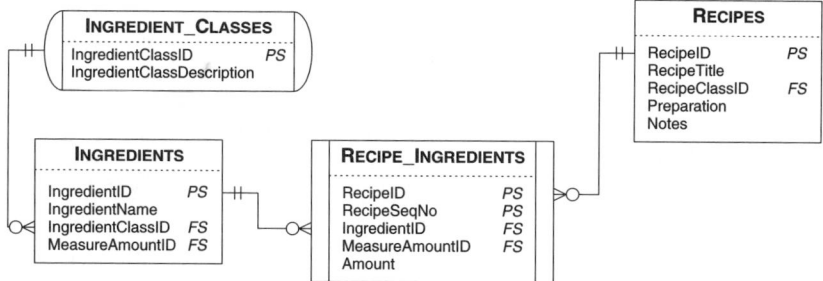

Abbildung 11.8: Tabellen zur Auflistung von Rezepten und ihren Zutaten

»Liste alle meine Rezepte mit der Zutat Meeresfrüchte auf.«

Übersetzung	Wähle Recipe Title aus der Tabelle Recipes wobei die Recipe ID in der Auswahl von Recipe IDs aus der Tabelle Recipe Ingredients ist, wobei die Ingredient ID in der Auswahl von Ingredient IDs aus der Tabelle Ingredients ist, verbunden mit der Tabelle Ingredient Classes auf Ingredient Class ID, wobei Ingredient Class Description »seafood« ist.
Bereinigte Fassung	Wähle Recipe Title aus Recipes, wobei Recipe ID in (wähle Recipe ID aus Recipe Ingredients wobei Ingredient ID in (wähle Ingredient ID aus Ingredients, verbinde Ingredient Classes auf Ingredient Class ID, wobei Ingredient Class Description = »seafood«))

SQL	`SELECT RecipeTitle`
	`FROM Recipes`
	`WHERE Recipes.RecipeID IN`
	`(SELECT RecipeID`
	`FROM Recipe_Ingredients`
	`WHERE Recipe_Ingredients.IngredientID IN`
	`(SELECT IngredientID`
	`FROM Ingredients`
	`INNER JOIN Ingredient_Classes`
	`ON Ingredients.IngredientClassID =`
	`Ingredient_Classes.IngredientClassID`

```
WHERE
Ingredient_Classes.IngredientClassDescription
= 'Seafood'))
```

Sind Sie schon auf die Idee gekommen, eine Unteranfrage in eine Unteranfrage einzufügen? Wir hätten noch einen Schritt weitergehen und den INNER JOIN aus der zweiten Unteranfrage entfernen können. Wir hätten also für die zweite Unteranfrage auch die folgende Syntax verwenden können.

SQL
```
. . (SELECT IngredientID
FROM Ingredients
WHERE Ingredients.IngredientClassID IN
(SELECT IngredientClassID
FROM Ingredient_Classes
WHERE
Ingredient_Classes.IngredientClassDescription
= 'Seafood'))
```

Das wäre jedoch des Guten zu viel, da eine in eine IN-Klausel eingebettete IN-Klausel nur das Lesen der Anfrage erschwert. Wir wollten Ihnen an Hand dieses Beispiels nur zeigen, dass Sie dies tun *können*. Allerdings sollte noch einmal gesagt werden, dass Sie nicht alles, was Sie tun *können*, auch tun *sollen*! Sie werden uns wahrscheinlich darin zustimmen, dass die Anfrage mit einem einzelnen IN-Prädikat und einem komplexeren JOIN in der Unteranfrage verständlicher ist. Auch die folgende Lösung verwendet diese Technik.

SQL
```
SELECT RecipeTitle
FROM Recipes
WHERE Recipes.RecipeID IN
(SELECT RecipeID
FROM (Recipe_Ingredients
INNER JOIN Ingredients
ON Recipe_Ingredients.IngredientID =
Ingredients.IngredientID)
INNER JOIN Ingredient_Classes
ON Ingredients.IngredientClassID =
Ingredient_Classes.IngredientClassID
WHERE
Ingredient_Classes.IngredientClassDescription
= 'Seafood')
```

An dieser Stelle könnten Sie fragen: »Wozu diese Umstände? Wieso machen wir in der äußeren Anfrage nicht einfach den komplexen JOIN und fertig?« Der Grund hierfür ist, dass Sie dann die falsche Antwort bekommen! Zwar werden alle zurückgegebenen Zeilen Zeilen für Rezepte mit Meeresfrüchten aus der Tabelle Recipes sein, aber einige Zeilen bekommen Sie vielleicht nicht nur einmal. Versuchen wir diese Aufgabe ohne Unteranfrage zu lösen, um zu sehen, warum Sie doppelte Zeilen erhalten.

SQL
```
SELECT RecipeTitle
FROM ((Recipes
INNER JOIN Recipe_Ingredients
ON Recipes.RecipeID =
Recipe_Ingredients.RecipeID)
INNER JOIN Ingredients
ON Recipe_Ingredients.IngredientID =
Ingredients.IngredientID)
INNER JOIN Ingredient_Classes
ON Ingredients.IngredientClassID =
Ingredient_Classes.IngredientClassID
WHERE
Ingredient_Classes.IngredientClassDescription
= 'Seafood')
```

Wenn Sie sich Abbildung 11.8 noch einmal ansehen, werden Sie erkennen, dass die Tabelle Recipe_Ingredients für jede Zeile in der Tabelle Recipes viele Zeilen enthalten kann. Die durch die FROM-Klausel definierte Ergebnismenge enthält mindestens so viele Zeilen wie die Tabelle Recipe_Ingredients, wobei die Spalte RecipeTitle oft wiederholt wird. Selbst wenn Sie den Filter hinzufügen, um das Ergebnis auf die Zutaten in der Meeresfrüchteklasse zu beschränken, werden wir für jedes Rezept mit mehr als einer Meeresfrüchtezutat noch immer mehr als eine Zeile je Rezept erhalten.

Diese Unteranfragetechnik ist auch dann sehr wichtig, wenn Sie mehr als nur die Rezeptnamen auflisten wollen. Angenommen, Sie möchten *alle* Zutaten *jedes* Rezeptes sehen, das Meeresfrüchte als Zutat enthält. Wenn Sie in der äußeren Anfrage einen komplexen JOIN benutzen und nach der Zutatenklasse Meeresfrüchte filtern, wie wir es zuvor getan haben, bekommen Sie nur Meeresfrüchtezutaten – aber nicht die anderen Zutaten der Rezepte. Stellen wir nun eine zusätzliche und etwas komplexere Frage.

»Zeige mir alle meine Rezepte und alle Zutaten der Rezepte, die Meeresfrüchte verwenden.«

Übersetzung	Wähle Recipe Title und Ingredient Name aus der Tabelle Recipes verbunden mit der Tabelle Recipe_Ingredients auf Recipe ID, und dann verbunden mit der Tabelle Ingredients auf Ingredient ID, wobei die Recipe ID in der Auswahl der Recipe IDs aus der Tabelle recipe_Ingredients ist, verbunden mit der Tabelle Ingredients auf Ingredient ID, und dann verbunden mit der Tabelle Ingredient_Classes auf Ingredient Class ID, wobei Ingredient Class Description »seafood« ist.
Bereinigte Fassung	Wähle Recipe Title, Ingredient Name aus Recipes, verbinde Recipe_Ingredients auf Recipe ID, verbinde Ingredients auf Ingredient ID, wobei Recipe ID in (wähle Recipe ID aus Recipe_Ingredients, verbinde Ingredients auf Ingredient ID, verbinde Ingredient_Classes auf Ingredient Class ID, wobei Ingredient Class Description = »seafood«)
SQL	```SELECT Recipes.RecipeTitle,
Ingredients.IngredientName
FROM (Recipes
INNER JOIN Recipe_Ingredients
ON Recipes.RecipeID =
Recipe_Ingredients.RecipeID)
INNER JOIN Ingredients
ON Ingredients.IngredientID =
Recipe_Ingredients.IngredientIDRecipes.RecipeID IN
(SELECT RecipeID
FROM (Recipe_Ingredients
INNER JOIN Ingredients
ON Recipe_Ingredients.IngredientID =
Ingredients.IngredientID)
INNER JOIN Ingredient_Classes
ON Ingredients.IngredientClassID =
Ingredient_Classes.IngredientClassID
WHERE
Ingredient_Classes.IngredientClassDescription
= 'Seafood')```

Der wesentliche Punkt ist hier, dass der komplexe OUTER JOIN in der Hauptanfrage alle Zutaten aller ausgewählten Rezepte abruft und die komplexe Unteranfrage nur eine Liste der Kennnummern der Rezepte mit Meeresfrüchten zurückgibt. Es sieht so aus, als würden wir zwei komplexe JOINs durchführen, aber der Wahnsinn hat Methode!

Quantifiziert: ALL/SOME/ANY

Wie Sie gerade gesehen haben, ermöglicht das Prädikat IN den Vergleich einer Spalte oder eines Ausdrucks mit einer Liste, damit Sie feststellen können, ob diese Spalte oder dieser Ausdruck IN der Liste vorkommt. Mit anderen Worten: Die Spalte oder der Ausdruck *ist gleich* einem Bestandteil der Liste. Falls Sie herausfinden möchten, welche Spalte oder welcher Ausdruck größer oder kleiner ist als ein beliebiges oder ein bestimmtes oder alle anderen Objekte auf der Liste, können Sie ein *quantifiziertes* Prädikat (quantified predicate) benutzen. Abbildung 11.9 zeigt die Syntax hierfür.

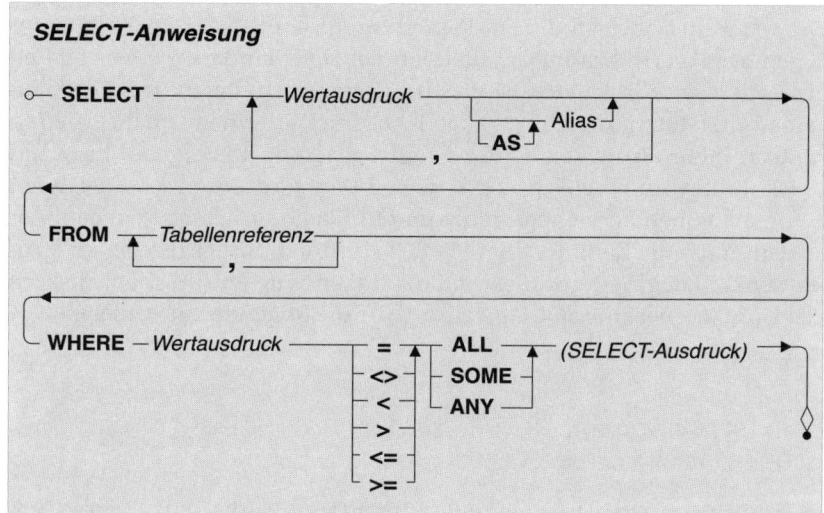

Abbildung 11.9: Verwendung eines quantifizierten Prädikats in einer SELECT-Anweisung

In diesem Fall muss der SELECT-Ausdruck eine Tabellenunteranfrage sein, die genau eine Spalte und keine oder mehr Zeilen zurückgibt. Wenn die Unteranfrage mehr als eine Zeile zurückgibt, ergeben die Werte der Zeilen eine Liste. Wie Sie sehen, kombiniert dieses Prädikat einen Vergleichsoperator mit einem Schlüsselwort, das Ihrem Datenbanksystem sagt, wie es den Operator auf die Bestandteile der Liste anwenden soll. Mit dem Schlüsselwort ALL muss der Vergleich für alle von der Unteranfrage zurückgegebenen Werte wahr sein; bei den Schlüsselwörtern SOME und ANY muss der Vergleich nur für einen Wert der Liste wahr sein.

Wenn Sie darüber nachdenken, wird Ihnen das Folgende klar werden: Wenn die Unteranfrage mehrere Zeilen zurückgibt, wird die Frage = ALL immer die Antwort falsch ergeben, sofern nicht alle von der Unteranfrage zurückgegebenen Werte untereinander gleich und gleich dem Wertausdruck links vom Vergleich sind. Entsprechend könnten Sie nun annehmen, dass < > ANY immer falsch ist, wenn der Wertausdruck auf der linken Seite *gleich* »irgendeinem« Wert der Liste ist. Der SQL-Standard behandelt SOME und ANY jedoch gleich. Wenn Sie also < > SOME oder < > ANY sa-

gen, ist das Prädikat wahr, sofern der Wertausdruck auf der linken Seite nicht gleich wenigstens einem Wert der Liste ist. Noch etwas ist verwirrend: Wenn die Unteranfrage keine Zeilen zurückgibt, ist jedes Vergleichsprädikat mit dem Schlüsselwort ALL wahr und jedes Vergleichsprädikat mit den Schlüsselwörtern SOME oder ANY falsch.

Wie wir weiter oben in diesem Kapitel im Abschnitt über Zeilenunteranfragen bereits erwähnt haben, definiert der SQL-Standard das Konzept eines Zeilenwertkonstruktors. Falls Ihre Datenbank diesen Teil des Standards unterstützt, kann der SELECT-Ausdruck in einem quantifizierten Prädikat mehr als nur eine Spalte zurückgeben. In diesem Fall muss das Objekt links vom Vergleich eine Liste von Wertausdrücken sein, die durch Kommata voneinander abgegrenzt und in Klammern gesetzt werden. Außerdem muss die Zahl der vom SELECT-Ausdruck zurückgegebenen Spalten der Zahl der Wertausdrücke auf der linken Seite entsprechen. Sie können zum Beispiel eine SQL-Anweisung wie die folgende konstruieren.

```
SELECT *
FROM MyTable
WHERE (MyTable.Column1, MyTable.Column2) > ALL
(SELECT ColumnA, ColumnB FROM OtherTable)
```

Lesen Sie bitte in der Dokumentation Ihrer Datenbank nach, ob diese Syntax unterstützt wird.

Bearbeiten wir nun einige Fragen, um die Funktionsweise der quantifizierten Prädikate zu sehen. Zuerst befassen wir uns mit einer Aufgabe aus der Recipes-Datenbank. Die verwendeten Tabellen können Sie in Abbildung 11.8 sehen.

»Zeige mir die Rezepte mit Rindfleisch oder Knoblauch.«

Übersetzung	Wähle Recipe Title aus der Recipes-Tabelle, wobei Recipe ID in der Auswahl von Recipe IDs aus der Tabelle Recipe Ingredients ist, wobei Ingredient ID gleich einer beliebigen aus der Auswahl von Ingredient IDs aus der Tabelle Ingredients ist, wobei Ingredient Name »beef« oder »garlic« ist.
Bereinigte Fassung	Wähle Recipe Title aus Recipes, wobei Recipe ID in (wähle Recipe ID aus Recipe Ingredients, wobei Ingredient ID = beliebig (wähle Ingredient ID aus Ingredients, wobei Ingredient Name in »beef« »garlic«))

SQL	`SELECT Recipes.RecipeTitle`
	`FROM Recipes`
	`WHERE Recipes.RecipeID IN`
	`(SELECT Recipe_Ingredients.RecipeID`

```
FROM Recipe_Ingredients
WHERE Recipe_Ingredients.IngredientID = ANY
(SELECT Ingredients.IngredientID
FROM Ingredients
WHERE Ingredients.IngredientName
IN ('Beef', 'Garlic')))
```

Haben Sie den Eindruck, wir hätten statt = ANY auch IN benutzen können? Wenn ja, dann haben Sie Recht! In der ersten Unteranfrage hätten wir auch einen JOIN zwischen Recipe_Ingredients und Ingredients herstellen können, um die entsprechende Liste mit Rezeptkennziffern zurückzusenden. Wie wir am Anfang dieses Kapitels bereits gesagt haben, gibt es in SQL fast immer mehrere Möglichkeiten, eine Aufgabe zu lösen. Manchmal wird Ihre Frage durch ein quantifiziertes Prädikat klarer.

Nun wollen wir eine etwas komplexere Aufgabe lösen, um Ihnen zu zeigen, wie mächtig quantifizierte Prädikate tatsächlich sind. Dieses Beispiel benutzt die Sales Order-Beispieldatenbank; Abbildung 11.10 zeigt die angesprochenen Tabellen.

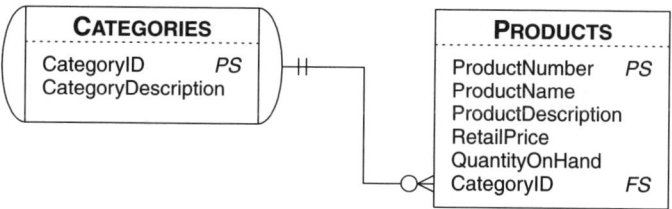

Abbildung 11.10: Categories und die dazugehörigen Products

»Finde alle Accessoires, deren Preis höher ist als der jedes Kleidungsstückes.«

Übersetzung	Wähle Product Name und Retail Price aus der Tabelle Products, verbunden mit der Tabelle Categories auf Category ID, wobei Category Description »accessories« ist und Retail Price größer ist als die Auswahl von Retail Price aus der Tabelle Products, verbunden mit der Tabelle categories auf Category ID, wobei Category Name »clothing« ist.
Bereinigte Fassung	Wähle Product Name, Retail Price aus Products, verbinde Categories auf Category ID, wobei Category Description = »accessories« und Retail Price > alle (wähle Retail Price aus Products, verbinde Categories auf Category ID, wobei Category Name = »clothing«)

```
SQL        SELECT Products.ProductName,
           Products.RetailPrice
           FROM Products
           INNER JOIN Categories
           ON Products.CategoryID = Categories.CategoryID
           WHERE Categories.CategoryDescription =
           'Accessories'
           AND Products.RetailPrice > ALL
           (SELECT Products.RetailPrice
           FROM Products
           INNER JOIN Categories
           ON Products.CategoryID = Categories.CategoryID
           WHERE Categories.CategoryDescription =
           'Clothing')
```

Was geschieht hier? Die Unteranfrage holt alle Preise für Kleidungsstücke. Die äußere Anfrage listet dann alle Accessoires auf, deren Preis höher ist als *alle* Preise in der Kleidungs-Unteranfrage.

Vorhandensein: EXISTS

Sowohl die Mengenzugehörigkeits- (IN) als auch die quantifizierten (SOME/ALL/ANY) Prädikate führen einen Vergleich mit einem Wertausdruck durch – in der Regel ist dies eine Spalte aus der in der FROM-Klausel der äußeren Anfrage spezifizierten Quelle. Manchmal ist es einfach nur nützlich zu wissen, dass eine verwandte Zeile in der von der Unteranfrage zurückgegebenen Ergebnismenge existiert (EXISTS). In Kapitel 8 haben wir Ihnen eine Technik gezeigt, mit komplexen INNER JOINS »AND«-Probleme zu lösen. Sehen wir uns eine Aufgabe aus Kapitel 8 noch einmal an.

»Finde alle Kunden, die ein Fahrrad und einen Helm bestellt haben.«

Übersetzung	Wähle Customer ID, Customer First Name und Customer Last Name aus der Tabelle Customers, wobei einige Zeilen aus der Tabelle Orders existieren, verbunden mit der Tabelle Order Details auf Order ID und dann verbunden mit der Tabelle Products auf Product ID, wobei Product Name »Bike« enthält und Customer ID in der Tabelle Orders gleich der Customer ID in der Tabelle Customers ist, und auch einige Zeilen aus der Tabelle Orders existieren, verbunden mit der Tabelle Order Details auf Order ID und dann verbunden mit der Tabelle Products auf Product ID, wobei Product Name »Helmet« enthält und die Customer ID der Tabelle Orders gleich der Customer ID der Tabelle Customers ist

Bereinigte Fassung	Wähle Customer ID, Customer First Name, Customer Last Name aus Customers, wobei (SELECT * aus Orders, verbinde Order Details auf Order ID, verbinde Products auf Product ID, wobei Product Name LIKE »Bike« und Orders Customer ID = Customers Customer ID) existiert und (SELECT * aus Orders, verbinde Order Details auf Order ID, verbinde Products auf Product ID, wobei Product Name LIKE »Helmet« und Orders Customer ID = Customers Customer ID) existiert

SQL	`SELECT Customers.CustomerID,`
	`Customers.CustFirstName,`
	`Customers.CustLastName`
	`FROM Customers`
	`WHERE EXISTS`
	`(SELECT *`
	`FROM (Orders`
	`INNER JOIN Order_Details`
	`ON Orders.OrderNumber =`
	`Order_Details.OrderNumber)`
	`INNER JOIN Products`
	`ON Products.ProductNumber =`
	`Order_Details.ProductNumber`
	`WHERE Products.ProductName Like '%Helmet'`
	`AND Orders.CustomerID =`
	`Customers.CustomerID)`
	`AND EXISTS`
	`(SELECT *`
	`FROM (Orders`
	`INNER JOIN Order_Details`
	`ON Orders.OrderNumber =`
	`Order_Details.OrderNumber)`
	`INNER JOIN Products`
	`ON Products.ProductNumber =`
	`Order_Details.ProductNumber`
	`WHERE Products.ProductName Like '%Bike'`
	`AND Orders.CustomerID =`
	`Customers.CustomerID)`

Beachten Sie, dass die von der SELECT-Klausel in der Unteranfrage be-
schaffte Spalte jeder beliebige Spaltenname aus jeder Tabelle in der FROM-
Klausel sein kann. Wir haben uns dafür entschieden, den Kurzbefehl »*«
für alle Spalten zu benutzen. Anders ausgedrückt bedeutet diese Anfrage:
»Nenne mir die Kunden, für die es sowohl in den Bestelldetails für Fahrräder als auch in den Bestelldetails für Helme einige Zeilen gibt.« Da wir

nicht nach übereinstimmenden Bestellnummern gesucht haben, interessiert uns nicht, ob ein Kunde das Fahrrad in der einen Bestellung und den Helm in einer anderen bestellt hat.

Da diese Anfrage so interessant ist, haben wir die Lösung als »Cust_Bikes_And_Helmets_EXISTS« in der Beispieldatenbank gespeichert. Die ursprüngliche Lösung mit dem INNER JOIN finden Sie unter dem Namen »Cust_Bike_And_Helmets_JOIN.«

11.4 Einsatzmöglichkeiten von Unteranfragen

Inzwischen verstehen Sie ganz gut, wie Sie mit einer Unteranfrage eine Ausgabespalte generieren oder einen komplexen Vergleich in einer WHERE-Klausel durchführen können. Die Vielfalt der Verwendungsmöglichkeiten von Unteranfragen lässt sich am besten dadurch vorführen, dass wir Ihnen Aufgaben zeigen, die Sie mit Unteranfragen lösen können, und daran im nächsten Abschnitt eine umfassende Menge von Beispielen anschließen.

11.4.1 Spaltenausdrücke

Wie in diesem Kapitel bereits erwähnt wurde, ist ein JOIN wahrscheinlich die wirkungsvollste Methode, um mit einer Unteranfrage einen einzelnen Wert aus einer verwandten Tabelle zu holen. Wenn Sie jedoch an Aggregatfunktionen denken, so machen Unteranfragen, die das Berechnungsergebnis einer Funktion beschaffen, das Konzept viel interessanter. Mit dieser Anwendung von Aggregatfunktionen werden wir uns im nächsten Kapitel eingehender befassen. Vorerst sollten die folgenden Probleme genügen, die Sie lösen können, indem Sie mit einer Unteranfrage eine Ausgabespalte generieren.

▼ »Zeige mir die Händler und die Zahl der Produkte, die sie jeweils an uns verkaufen.«

▼ »Zeige mir unsere Produkte und wann sie jeweils zuletzt bestellt wurden.«

▼ »Zeige die Unterhaltungskünstler und die Anzahl der Engagements jedes Künstlers.«

▼ »Zeige alle Kunden und das Datum, zu dem jeder zuletzt eine Buchung vorgenommen hat.«

▼ »Liste alle Lehrer und die Anzahl der Kurse auf, die sie jeweils unterrichten.«

▼ »Zeige alle Fächer und die Zahl der Kurse in jedem Fach, die am Montag stattfinden.«

▼ »Zeige mir alle Kegler und die Zahl der Spiele, die sie jeweils gespielt haben.«

▼ »Zeige mir die Kegler und die Höchstpunktzahl, die sie jeweils erzielt haben.«

▼ »Liste alle Fleischzutaten auf und sage mir, in wie vielen Rezepten diese jeweils vorkommen.«

▼ »Zeige mir die Rezeptarten und die Zahl der Rezepte, die es von jeder Art gibt.«

11.4.2 Filter

Nachdem Sie nun über Unteranfragen Bescheid wissen, können Sie Ihren Werkzeugkasten zum Lösen komplexer Anfragen wesentlich erweitern. In diesem Kapitel haben wir etliche interessante Verwendungsmöglichkeiten von Unteranfragen als Filter in einer WHERE-Klausel untersucht. In Kapitel 14 werden wir Ihnen die Verwendung von Unteranfragen in einer HAVING-Klausel als Filter für Informationsgruppen zeigen.

Zur Lösung der folgenden Beispielaufgaben können Sie Unteranfragen als Filter für Zeilen in einer WHERE-Klausel benutzen. Beachten Sie, dass wir viele dieser Probleme bereits in früheren Kapiteln gelöst haben. Nun müssen Sie sich einen alternativen Lösungsweg mit einer Unteranfrage ausdenken!

Als Tipp haben wir in Klammern nach der Problemstellung die Schlüsselwörter eingefügt, mit denen Sie die Aufgabe lösen können.

▼ »Liste die Kunden auf, die Fahrräder bestellt haben.« (IN)

▼ »Zeige die Kunden, die Kleidung und Accessoires bestellt haben« (= SOME)

▼ »Finde alle Kunden, die jemals einen Fahrradhelm bestellt haben.« (IN)

▼ »Finde alle Kunden, die ein Fahrrad, aber keinen Helm bestellt haben.« (NOT EXISTS)

▼ »Welche Produkte wurden noch nie bestellt?« (NOT IN)

▼ »Liste auf, welche Kunden Unterhaltungskünstler gebucht haben, die Country oder Countryrock spielen.« (IN)

▼ »Finde Unterhaltungskünstler, die Engagements bei den Kunden Bonnicksen oder Rosales hatten.« (= SOME)

▼ »Zeige die Agenten, die keinen Unterhaltungskünstler gebucht haben.« (NOT IN)

▼ »Liste die Unterhaltungskünstler auf, die für die Kunden Bonnicksen und Rosales gespielt haben.« (EXISTS)

▼ »Zeige die Schüler, die Kurse am Dienstag belegt haben.« (IN)

▼ »Zeige mir die Schüler, die in Kunst und in Informatik jeweils einen Punktedurchschnitt von mindestens 85 haben.« (EXISTS)

▼ »Zeige mir Schüler, die nie einen Kurs abgebrochen haben.« (NOT IN)

▼ »Liste die am Mittwoch unterrichteten Fächer auf.« (IN)

▼ »Zeige die Mannschaftskapitäne, deren aktueller Durchschnitt höher ist als der aller anderen Mitglieder ihres jeweiligen Teams.« (> ALL)

▼ »Zeige mir die Turniere, die noch nicht stattgefunden haben.« (NOT IN)

▼ »Finde die Kegler, die auf den Thunderbird- und Bolero-Kegelbahnen jeweils eine Rohpunktzahl von mindestens 170 hatten.« (EXISTS)

▼ »Liste alle Kegler auf, deren aktueller Durchschnitt weniger beträgt als bei allen anderen Mitgliedern ihrer jeweiligen Mannschaft.« (< ALL)

▼ »Zeige mir die Rezepte mit Rindfleisch und Knoblauch.« (EXISTS)

▼ »Zeige mir alle Zutaten für Rezepte, die Karotten enthalten.« (IN)

▼ »Zeige die Zutaten, die in einem Rezept benutzt werden, in dem die Maßeinheit nicht die Grundmaßeinheit ist.« (<> SOME)

▼ »Liste die Zutaten auf, die bisher in keinem Rezept verwendet werden.« (NOT IN)

11.5 Beispielanweisungen

Sie wissen nun, wie Anfragen mit Unteranfragen konstruiert werden, und haben einige Arten von Fragen gesehen, die Sie mit einer Unteranfrage beantworten können. Sehen wir uns nun eine relativ vollständige Menge von Beispielen an, die alle eine oder mehrere Unteranfragen benutzen. Diese Beispiele stammen aus den Beispieldatenbanken und illustrieren die Verwendung von Unteranfragen als Filter oder zum Generieren einer Ergebnisspalte.

Wir haben Beispielergebnismengen angeführt, die durch diese Operationen zurückgegeben würden, und sie direkt hinter die SQL-Syntaxzeile platziert. Der Name der Ergebnismenge ist der Name der jeweiligen Anfrage in der Beispieldatenbank auf der Begleit-CD, die Sie am Ende des Buches finden. Jede Anfrage ist (wie im Beispiel angezeigt wird) in der entsprechenden Beispieldatenbank des Unterordners »Chapter11« auf der CD gespeichert. Sie können den Anweisungen am Anfang dieses Buches folgen, um die Beispiele auf Ihren Computer zu laden und auszuprobieren.

Denken Sie daran, dass alle Spalten- und Tabellennamen in diesen Beispielen den Strukturen der Beispieldatenbanken in Anhang B entnommen sind. Da viele dieser Beispiele komplexe JOINs verwenden, wählt Ihr Datenbanksystem vielleicht einen anderen Weg zur Lösung der Fragen. Daher stimmen die ersten Zeilen möglicherweise nicht genau mit Ihrem Ergebnis überein, aber die Gesamtzahl der Zeilen sollte dieselbe sein. Zur Vereinfachung haben wir in den folgenden Beispielen die Übersetzung und die Bereinigte Fassung zusammengefasst.

11.5.1 Unteranfragen in Ausdrücken

Sales Order-Datenbank

»Zeige mir eine Liste der Händler und wie viele Produkte sie jeweils an uns verkaufen.«

Übersetzung/ Bereinigte Fassung	Wähle Vendor Name (wähle Count(*) aus Product Vendors WHERE Vendors Vendor ID = Product Vendors Vendor ID) aus Vendors
SQL	SELECT VendName, (SELECT COUNT(*) FROM Product_Vendors WHERE Product_Vendors.VendorID = Vendors.VendorID) AS VendProductCount FROM Vendors

VendName	VendProductCount
Shinoman, Incorporated	3
Viscount	6
Nikoma of America	5
ProFormance	3
Kona, Incorporated	1
Big Sky Mountain Bikes	22
Dog Ear	9
Sun Sports Suppliers	5
Lone Star Bike Supply	30
Armadillo Brand	6

Tabelle 11.1: Vendors_Product_Count (10 Zeilen)

Entertainment-Datenbank

»Zeige mir alle Kunden und das Datum ihrer jeweils letzten Buchung.«

Übersetzung/ Bereinigte Fassung	Wähle Customer First Name, Customer Last Name (wähle MAX(Start Date) aus Engagements, wobei Engagements Customer ID = Customers Customer ID) aus Customers

SQL	```SELECT Customers.CustFirstName,```
	```Customers.CustLastName,```
	```(Select Max(StartDate)```
	```FROM Engagements```
	```WHERE Engagements.CustomerID =```
	```Customers.CustomerID)```
	```AS LastBooking```
	```FROM Customers```

CustFirstName	CustLastName	LastBooking
Sally	Callahan	1999-12-23
Ann	Fuller	1999-12-17
James	Leverling	1999-12-26
Kenneth	Peacock	1999-12-24
Elizabeth	Hallmark	1999-12-19
Thomas	Fuller	1999-12-23
Amelia	Buchanan	1999-12-19
Samuel	Peacock	
Sarah	Thompson	1999-12-24
<<weitere Zeilen>>		

Tabelle 11.2: Customers_Last_Booking (15 Zeilen)

 Die Spalte LastBooking enthält für einige Kunden keine Einträge (Nullwert), da für diese Kunden keine Buchungen vorliegen.

School Scheduling-Datenbank

Zeige mit alle Fächer und wie viele Kurse in jedem Fach am Montag stattfinden.«

Übersetzung/ Bereinigte Fassung	Wähle Subject Name (wähle Count(*) aus Classes, wobei Monday Schedule = wahr und Classes Subject ID = Subjects Subject ID) aus Subjects

```
SQL        SELECT Subjects.SubjectName,
              (SELECT Count(*)
              FROM Classes
              WHERE MondaySchedule = -1
              AND Classes.SubjectID = Subjects.SubjectID)
           AS MondayCount
           FROM Subjects
```

Benutzen Sie unbedingt den »wahr«-Test, den Ihr Datenbanksystem unterstützt. Denken Sie daran, dass einige Datenbanksysteme einen Vergleich mit dem Schlüsselwort TRUE oder dem Integerwert 1 verlangen.

SubjectName	MondayCount
Financial Accounting Fundamentals I	2
Financial Accounting Fundamentals II	1
Fundamentals of Managerial Accounting	1
Intermediate Accounting	1
Business Tax Accounting	1
Introduction to Business	0
Developing A Feasibility Plan	0
Introduction to Enterpreneurship	1
<<weitere Zeilen>>	

Tabelle 11.3: Subjects_Monday_Count (56 Zeilen)

Wenn keine Zeilen vorhanden sind, gibt die Aggregatfunktion COUNT eine Null und keinen Nullwert zurück.

Bowling League-Datenbank

»Zeige mir die Kegler und die höchste Punktzahl, die jeder erzielt hat.

Übersetzung/ Bereinigte Fassung	Wähle Bowler First Name, Bowler Last Name (wähle MAX(Raw Score) aus Bowler Scores WHERE Bowler Scores Bowler ID = Bowlers Bowler ID) aus Bowlers
SQL	SELECT Bowlers.BowlerFirstName, Bowlers.BowlerLastName, (SELECT MAX(RawScore) FROM Bowler_Scores

```
WHERE Bowler_Scores.BowlerID =
Bowlers.BowlerID)
AS HighScore
FROM Bowlers
```

BowlerFirstName	BowlerLastName	HighScore
Barbara	Fournier	164
David	Fournier	178
John	Kennedy	191
Sara	Kennedy	149
Ann	Patterson	165
Neil	Patterson	179
Carol	Viescas	195
David	Viescas	150
<<weitere Zeilen>>		

Tabelle 11.4: Bowler_High_Score (32 Zeilen)

Recipes-Datenbank

»Liste alle Fleischzutaten auf und sage mir, in wie vielen Rezepten jede vorkommt.«

Übersetzung/ Bereinigte Fassung	Wähle Ingredient Class Description, Ingredient Name (wähle Count(*) aus Recipe Ingredients, wobei Recipe Ingredients Ingredient ID = Ingredients Ingredient ID) aus Ingredient Classes, verbinde Ingredients auf Ingredient Class ID, wobei Ingredient Class Description = 'meat'

SQL	`SELECT Ingredient_Classes.IngredientClassDescription,`
	`Ingredients.IngredientName,`
	`(SELECT COUNT(*)`
	`FROM Recipe_Ingredients`
	`WHERE Recipe_Ingredients.IngredientID =`
	`Ingredients.IngredientID)`
	`AS RecipeCount`
	`FROM Ingredient_Classes`
	`INNER JOIN Ingredients`
	`ON Ingredient_Classes.IngredientClassID =`
	`Ingredients.IngredientClassID`
	`WHERE`
	`Ingredient_Classes.IngredientClassDescription`
	`='Meat'`

IngredientClassDescription	IngredientName	RecipeCount
Meat	Beef	2
Meat	Chicken, Fryer	0
Meat	Bacon	0
Meat	Chicken, Pre-cut	0
Meat	T-bone Steak	0
Meat	Chicken Breast	0
Meat	Chicken Leg	1
Meat	Chicken Wing	0
Meat	Chicken Thigh	1
Meat	New York Steak	0
Meat	Ground Pork	1

Tabelle 11.5: Meat_Ingredient_Recipe_Count (11 Zeilen)

11.5.2 Unteranfragen in Filtern

Sales Order-Datenbank

»Zeige mir die Kunden, die Kleidung oder Accessoires bestellt haben.«

Übersetzung/ Bereinigte Fassung	Wähle Customer ID, Customer First Name, Customer Last Name aus Customers, wobei Customer ID in (wähle Customer ID aus Orders, verbinde Order Details auf Order Number, verbinde Products auf Product Number, verbinde Categories auf Category ID wobei Category Description = 'clothing' oder Category Description = 'accessories'
SQL	SELECT Customers.CustomerID, Customers.CustFirstName, Customers.CustLastName FROM Customers WHERE Customers.CustomerID = ANY (SELECT Orders.CustomerID FROM ((Orders INNER JOIN Order_Details ON Orders.OrderNumber = Order_Details.OrderNumber) INNER JOIN Products ON Products.ProductNumber = Order_Details.ProductNumber) INNER JOIN Categories ON Categories.CategoryID =

```
Products.CategoryID
WHERE Categories.CategoryDescription
='Clothing'
OR Categories.CategoryDescription
= 'Accessories')
```

CustomerID	CustFirstName	CustLastName
1001	Suzanne	Viescas
1002	Will	Thompson
1003	Gary	Hallmark
1004	Michael	Davolio
1005	Kenneth	Peacock
1006	John	Viescas
1007	Laura	Callahan
1008	Neil	Patterson
<<weitere Zeilen>>		

Tabelle 11.6: Customers_Clothing_OR_Accessories (27 Zeilen)

Entertainment-Datenbank

»Liste die Unterhaltungskünstler auf, die für die Kunden Bonnicksen und Rosales gespielt haben.«

In Kapitel 8 lösten wir diese Aufgabe mit einem JOIN auf zwei komplexen Tabellenunteranfragen. Diesmal benutzen wir EXISTS.

Übersetzung/ Bereinigte Fassung	Wähle Entertainer ID, Entertainer Stage Name aus Entertainers, wobei existiert (SELECT * aus Customers, verbinde Engagements auf CustomerID, wobei Customer Last Name = 'Rosales' und Entertainers Entertainer ID = Engagements Entertainer ID) und existiert (SELECT * aus Customers, verbinde Engagements auf CustomerID, wobei Customer Last Name = 'Bonnicksen' und Entertainers Entertainer ID = Engagements Entertainer ID)

SQL	`SELECT Entertainers.EntertainerID,`
	`Entertainers.EntStageName`
	`FROM Entertainers`
	`WHERE EXISTS`
	`(SELECT *`
	`FROM Customers`
	`INNER JOIN Engagements`
	`ON Customers.CustomerID =`

```
Engagements.CustomerID
WHERE Customers.CustLastName='Rosales'
AND Engagements.EntertainerID =
Entertainers.EntertainerID)
AND EXISTS
(SELECT *
FROM Customers
INNER JOIN Engagements
ON Customers.CustomerID =
Engagements.CustomerID
WHERE Customers.CustLastName='Bonnicksen'
AND Engagements.EntertainerID =
Entertainers.EntertainerID)
```

EntertainerID	EntStageName
1008	Country Feeling
1009	Katherine Ehrlich
1010	Saturday Revue
1011	Julia Schnebly

Tabelle 11.7: Entertainers_Bonnicksen_AND_Rosales_EXISTS (4 Zeilen)

School Scheduling-Datenbank

»Zeige alle Schüler, die nie einen Kurs abgebrochen haben.«

Übersetzung/ Bereinigte Fassung	Wähle Student ID, Student First Name, Student Last Name aus Students, wobei Student ID nicht in (wähle Student ID aus Student Schedules, verbinde Student Class Status auf Class Status, wobei Class Status Description = 'withdrew'

SQL	`SELECT Students.StudentID,`
	`Students.StudFirstName,`
	`Students.StudLastName`
	`FROM Students`
	`WHERE Students.StudentID NOT IN`
	`(SELECT Student_Schedules.StudentID`
	`FROM Student_Schedules`
	`INNER JOIN Student_Class_Status`
	`ON Student_Schedules.ClassStatus =`
	`Student_Class_Status.ClassStatus`
	`WHERE`
	`Student_Class_Status.ClassStatusDescription`
	`= 'Withdrew')`

Unteranfragen

Diese Anfrage ist recht einfach; in der Unteranfrage findet sie alle Schüler, die jemals einen Kurs abgebrochen haben, und fragt dann nach allen Schüler, die nicht auf der Liste stehen (NOT IN). Können Sie sich vorstellen, diese Aufgabe mit einem OUTER JOIN zu lösen?

StudentID	StudFirstName	StudLastName
1002	Andrew	Fuller
1003	Sarah	Leverling
1004	Carol	Peacock
1005	Sally	Callahan
1006	Steven	Buchanan
1007	Elizabeth	Hallmark
1008	Sara	Kennedy
1010	Mary	Fuller
<<weitere Zeilen>>		

Tabelle 11.8: Students_Never_Withdrawn (15 Zeilen)

Bowling League-Datenbank

»Zeige mir die Mannschaftskapitäne, deren aktueller Durchschnitt über dem aller anderen Mitglieder ihres Teams liegt.«

Übersetzung/ Bereinigte Fassung	Wähle Team Name, Bowler ID, Bowler First Name, Bowler Last Name, Current Average aus Bowlers, verbinde Teams auf Bowler ID Matches = Captain ID, wobei Current Average > alle (wähle Current Average aus Bowlers, wobei Bowler ID <> Bowler ID und Team ID = Team ID
SQL	SELECT Teams.TeamName, Bowlers.BowlerID, Bowlers.BowlerFirstName, Bowlers.BowlerLastName, Bowlers.CurrentAverage FROM Bowlers INNER JOIN Teams ON Bowlers.BowlerID = Teams.CaptainID WHERE Bowlers.CurrentAverage > All (SELECT B2.CurrentAverage FROM Bowlers AS B2 WHERE B2.BowlerID <> Bowlers.BowlerID AND B2.TeamID = Bowlers.TeamID)

Der zweiten Kopie der Tabelle Bowlers gaben wir in der Unteranfrage ausdrücklich einen Aliasnamen, um das Verfahren unmissverständlich klar zu machen. Insbesondere möchten wir nicht mit dem Durchschnitt des aktuellen Keglers vergleichen – dann würde das > ALL-Prädikat scheitern. Auch möchten wir nur mit den anderen Keglern desselben Teams vergleichen.

TeamName	BowlerID	BowlerFirst Name	BowlerLast Name	CurrentAverage
Sharks	5	Ann	Patterson	170.00
Barracudas	16	Richard	Sheskey	165.00

Tabelle 11.9: Team_Captains_High_Average (2 Zeilen)

Recipes-Datenbank

»Zeige alle Zutaten für Rezepte, die Karotten enthalten.«

In Kapitel 8 versprachen wir, Ihnen zu zeigen, wie dieses Problem mit einer Unteranfrage gelöst wird. Wir halten unsere Versprechen!

Übersetzung/ Bereinigte Fassung	Wähle Recipe Title, Ingredient Name aus Recipes, verbinde Recipe Ingredients auf Recipe ID, verbinde Ingredients auf Ingredient ID, wobei Recipe ID in (wähle Recipe ID aus Ingredients, verbinde Recipe Ingredients auf Ingredient ID, wobei Ingredient Name = 'carrot'

SQL	`SELECT Recipes.RecipeTitle,`
	`Ingredients.IngredientName`
	`FROM (Recipes`
	`INNER JOIN Recipe_Ingredients`
	`ON Recipes.RecipeID =`
	`Recipe_Ingredients.RecipeID)`
	`INNER JOIN Ingredients`
	`ON Ingredients.IngredientID =`
	`Recipe_Ingredients.IngredientID`
	`WHERE Recipes.RecipeID`
	`IN`
	`(SELECT Recipe_Ingredients.RecipeID`
	`FROM Ingredients`
	`INNER JOIN Recipe_Ingredients`
	`ON Ingredients.IngredientID =`
	`Recipe_Ingredients.IngredientID`
	`WHERE Ingredients.IngredientName = 'carrot')`

Wenn Sie den Filter für ‚Carrot' in die äußere Anfrage platzieren, werden Sie im Ergebnis nur Karottenzutaten sehen. Da wir bei dieser Aufgabe jedoch *alle* Zutaten jedes Rezeptes sehen wollen, das Karotten verwendet, ist die Unteranfrage eine gute Lösungsmöglichkeit.

RecipeTitle	IngredientName
Irish Stew	Beef
Irish Stew	Onion
Irish Stew	Potato
Irish Stew	Carrot
Irish Stew	Water
Irish Stew	Guinness Beer
Salmon Filets in Parchment Paper	Salmon
Salmon Filets in Parchment Paper	Carrot
Salmon Filets in Parchment Paper	Leek
<<weitere Zeilen>>	

Tabelle 11.10: Recipes_Ingredients_With_Carrots (16 Zeilen)

11.6 Zusammenfassung

Wir haben das Kapitel damit begonnen, wie der SQL-Standard die drei Typen von Unteranfragen definiert – skalare, Zeilen- und Tabellenunteranfragen – und daran erinnert, dass wir die Verwendung von Tabellenunteranfragen in einer FROM-Klausel bereits behandelt haben. Außerdem haben wir kurz die Verwendung einer Zeilenunteranfrage beschrieben und erklärt, dass diese bisher nur von wenigen kommerziellen Implementierungen unterstützt wird.

Als Nächstes haben wir gezeigt, wie mit einer Unteranfrage ein Spaltenausdruck in einer SELECT-Klausel generiert wird. Wir haben uns mit einigen Beispielen befasst und danach zwei Aggregatfunktionen eingeführt, die beim Beschaffen verwandter, zusammenfassender Informationen aus einer anderen Tabelle nützlich sind. (Wir werden uns mit den Aggregatfunktionen im nächsten Kapitel eingehender befassen.)

Anschließend haben wir die Verwendung von Unteranfragen zur Erstellung komplexer Filter in der WHERE-Klausel behandelt. Zunächst haben wir einfache Vergleiche behandelt und danach spezielle Vergleichsschlüsselwörter eingeführt, die beim Konstruieren von Prädikaten mit Unteranfragen nützlich sind: IN, SOME, ANY, ALL und EXISTS.

Wie haben zusammengefasst, warum Unteranfragen nützlich sind, und eine Liste von Beispielaufgaben zusammengestellt, die mit Unteranfragen gelöst werden können. Der Rest des Kapitel besteht aus Beispielen für die Verwendung von Unteranfragen. Diese Beispiele gliedern sich in zwei Gruppen: Die einen benutzen Unteranfragen für Spaltenausdrücke, die anderen zur Erstellung von Filtern.

Der folgende Abschnitt enthält eine Reihe von Fragen, die Sie selbst lösen können.

11.6.1 Aufgaben

Nachfolgend zeigen wir Ihnen die Frage-Anweisung und den Namen der Lösungs-Anfrage in den Beispieldatenbanken. Wenn Sie sich etwas Praxis aneignen möchten, können Sie selbst den SQL-Code schreiben, den Sie für die einzelnen Fragen benötigen, und dann Ihre Antwort mit der Anfrage vergleichen, die wir in den Beispielen gespeichert haben. Keine Sorge, wenn Ihre Syntax mit der der gespeicherten Anfragen nicht genau übereinstimmt: Hauptsache, Sie haben dieselbe Ergebnismenge.

Sales Order-Datenbank

1. *»Zeige mir die Produkte und das letzte Datum, an dem diese Produkte jeweils bestellt wurden.«* (Tipp: Benutzen Sie die Aggregatfunktion MAX.) Die Lösung finden Sie in Products_Last_Date (40 Zeilen).

2. *»Liste die Kunden auf, die Fahrräder bestellt haben.«* (Tipp: Erstellen Sie mit IN einen Filter.) Die Lösung finden sie in Customers_Order_Bikes (23 Zeilen).

3. *»Finde alle Kunden, die ein Fahrrad, aber keinen Helm bestellt haben.«* (Tipp: Beginnen Sie mit der obigen Anfrage und fügen Sie mit NOT EXISTS einen Filter hinzu.) Die Lösung finden Sie in Customers_ Bikes_No_Helmets (2 Zeilen).

4. *»Welche Produkte wurden nie bestellt?«* (Tipp: Erstellen Sie mit NOT IN einen Filter.) Die Lösung finden Sie in Products_Not_Ordered (2 Zeilen).

Entertainment-Datenbank

1. *»Zeige mir die Unterhaltungskünstler und wie viele Engagements jeder hatte.«* (Tipp: Benutzen sie die Aggregatfunktion COUNT.) Die Lösung finden Sie in Entertainers_Engagements_Count (13 Zeilen).

2. *»Liste auf, welche Kunden Unterhaltungskünstler gebucht haben, die Country oder Country-Rock spielen.«* (Tipp: Erstellen Sie mit IN einen Filter.) Die Lösung finden Sie in Customers_Who_Like_Country (15 Zeilen).

3. *»Finde Unterhaltungskünstler, die für die Kunden Bonnicksen oder Rosales gespielt haben.«* (Tipp: Erstellen Sie mit = SOME einen Filter.) Die Lösung finden Sie in Entertainers_Bonnicksen_OR_Rosales_SOME (9 Zeilen).

4. *»Zeige die Agenten, die keinen Unterhaltungskünstler gebucht haben.«* (Tipp: Erstellen Sie mit NOT IN einen Filter.) Die Lösung finden Sie in Bad_Agents (1 Zeile).

School Scheduling-Datenbank

1. *»Liste alle Angestellten und die Anzahl der Kurse auf, die jeder unterrichtet.«* (Tipp: Benutzen Sie die Aggregatfunktion COUNT.) Die Lösung finden Sie in Staff_Class_Count (27 Zeilen).

2. *»Zeige alle Schüler, die einen Kurs am Dienstag belegt haben.«* (Tipp: Erstellen Sie einen Filter mit IN.) Die Lösung finden Sie in Students_In_Class_Tuesdays (18 Zeilen).

3. *»Zeige mir die Schüler, die in Kunst und Informatik jeweils mindestens eine Durchschnittspunktzahl von 85 haben.«* (Tipp: Erstellen Sie mit EXISTS einen Filter.) Die Lösung finden Sie in Good_Arts_CS_Students_EXISTS (1 Zeile).

4. *»Liste die am Mittwoch unterrichteten Fächer auf.«* (Tipp: Erstellen Sie mit IN einen Filter.) Die Lösung finden Sie in Subjects_On_Wednesday (45 Zeilen).

Bowling League-Datenbank

1. *»Zeige mir alle Kegler und die Zahl der Spiele, die jeder gespielt hat.«* (Tipp: Benutzen Sie die Aggregatfunktion COUNT.) Die Lösung finden Sie in Bowlers_And_Count_Games (32 Zeilen).

2. *»Zeige mir die noch ausstehenden Turniere.«* (Tipp: Benutzen Sie einen NOT IN-Filter.) Die Lösung finden Sie in Tourneys_Not_Played (6 Zeilen).

3. *»Finde die Kegler, die auf den Thunderbird- und Bolero-Bahnen jeweils eine Rohpunktzahl von mindestens 170 hatten.«* (Tipp: Erstellen Sie einen Filter mit EXISTS.) Die Lösung finden Sie in Good_Bowlers_TBird_And_Bolero_EXISTS (10 Zeilen).

4. *»Liste alle Kegler auf, deren aktueller Durchschnitt weniger als bei allen anderen Mitgliedern ihrer jeweiligen Teams beträgt.«* (Tipp: Erstellen Sie einen Filter mit < ALL.) Die Lösung finden Sie in Bowlers_Low_Average (8 Zeilen).

Recipes-Datenbank

1. *»Zeige mir die Rezeptarten und die Anzahl der Rezepte jeder Art.«* (Tipp: Benutzen Sie die Aggregatfunktion COUNT.) Die Lösung finden Sie in Count_Of_Recipe_Types (7 Zeilen).

2. *»Zeige mir die Rezepte mit Rindfleisch und Knoblauch.«* (Tipp: Erstellen Sie mit EXISTS einen Filter.) Die Lösung finden Sie in Recipes_Beef_And_Garlic (1 Zeile).

3. *»Liste die Zutaten auf, die in einem Rezept mit einer anderen als der normalen Maßeinheit verwendet werden.«* (Tipp: Erstellen Sie einen Filter mit <> SOME.) Die Lösung finden sie in Ingredients_Using_NonStandard_Measure (21 Zeilen).

4. *»Liste die Zutaten auf, die bisher noch in keinem Rezept benutzt werden.«* (Tipp: Erstellen Sie einen Filter mit NOT IN.) Die Lösung finden Sie in Ingredients_No_Recipe (20 Zeilen).

Go To

Teil IV:
Daten zusammenfassen
und gruppieren

Einfache
Gesamtsummen

12

Kapitelüberblick

»There are two kinds of statistics: the kind you look up and the kind you make up.«
- Rex Stout, Death of a Doxy. A Nero Wolfe Novel

Sie können jetzt die für eine gegebene Frage benötigten Spalten auswählen, Ausdrücke definieren, die mehr Einzelheiten liefern, die passenden Tabellen mit den benötigten Spalten zusammenfügen und Bedingungen zum Filtern derjenigen Daten stellen, die an die Ergebnismenge übergeben werden. Alle diese Techniken zeigten wir Ihnen, damit Sie lernen, detaillierte Informationen aus mehr als einer Tabelle der Datenbank abzurufen. In diesem und den nächsten beiden Kapiteln werden wir Ihnen zeigen, wie Sie einen Schritt zurücktreten und sich die Daten aus einem wesentlich breiteren Blickwinkel anschauen können, den man auch als »das Gesamtbild« bezeichnet.

In diesem Kapitel werden Sie lernen, wie Sie einfache, zusammenfassende Informationen mithilfe von Aggregatfunktionen herstellen können. In Kapitel 13 zeigen wir, wie Sie die Daten mit der GROUP BY-Klausel der SE-LECT-Anweisung in Gruppen organisieren können, und in Kapitel 14 verraten wir Ihnen diverse Filtertechniken, die Sie nach dem Gruppieren auf die Daten anwenden können.

12.1 Aggregatfunktionen

Die Antworten auf die bisher betrachteten Fragen enthielten einzelne Spaltenwerte aus den Zeilen, die von den Klauseln FROM und WHERE zurückgeliefert worden waren. Oft werden Sie jedoch auch Fragen wie die unten aufgeführten finden, deren Beantwortung die Berechnung von Werten über mehrere Zeilen hin erfordert.

▼ »Wie viele unserer Kunden leben in Seattle?«

▼ »Welches ist der niedrigste und welches der höchste Preis, den wir einer Ware in unserem Inventar zugeordnet haben?«

▼ »Wie viele Kurse gibt Mike Hernandez?«

▼ »Um wie viel Uhr beginnt unser frühester Kurs?«

▼ »Wie lange dauert ein Kurs im Durchschnitt?«

▼ »Was ist der Gesamtpreis für die Bestellung Nr. 12?«

Der SQL-Standard stellt Aggregatfunktionen zur Verfügung, mit denen Sie aus den Zeilen einer Ergebnismenge oder aus den Zeilen, die ein Wertausdruck zurückgibt, einen einzelnen Wert berechnen können. Sie können eine gegebene Funktion entweder auf alle Zeilen oder Werte anwenden, oder sie mithilfe einer WHERE-Klausel auf eine bestimmte Menge von Zeilen oder Werten anwenden. So können Sie z. B. mit einer Aggregatfunktion den größten oder den kleinsten Wert ermitteln oder einen Gesamtbetrag ausrechnen, indem Sie nur die unterschiedlichen Werte aus einem Wertausdruck verwenden. Abbildung 12.1 zeigt die Syntax für alle Aggregatfunktionen.

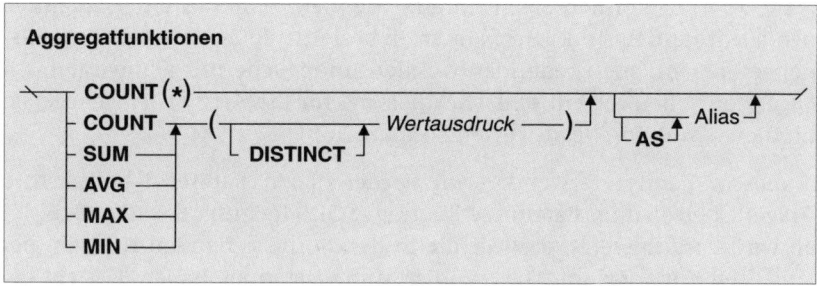

Abbildung 12.1: Syntaxdiagramm für die Aggregatfunktionen

Wie Sie sehen, haben Aggregatfunktionen eine sehr einfache und logische Syntax. In diesem Kapitel zeigen wir Ihnen, wie Sie diese Funktionen in der SELECT-Klausel einsetzen, und in Kapitel 14 werden wir ihre Verwendung in der HAVING-Klausel betrachten.

Im letzten Kapitel haben wir diskutiert, wie man Aggregatfunktionen in einer Unteranfrage so einsetzt, dass sie entweder einen berechneten Wert in einer SELECT-Klausel zurückgeben oder einen berechneten Wert abrufen, den Sie in einem Prädikat einer WHERE-Klausel verwenden können. Von dieser Verwendung zeigen wir Ihnen im vorliegenden Kapitel noch ein paar Beispiele.

Jede Aggregatfunktion gibt einen einzigen Wert zurück, unabhängig davon, ob sie die Zeilen einer Ergebnismenge oder die von einem Wertausdruck zurückgelieferten Zeilen verarbeitet. Mit Ausnahme von COUNT(*) ignorieren alle Aggregatfunktionen automatisch Nullwerte. Sie können mehrere Aggregatfunktionen zugleich in der SELECT-Klausel verwenden und sogar Wertausdrücke, die Aggregatfunktionen enthalten, mit Wertausdrücken vermischen, die Literalwerte enthalten. Sie können jedoch keine Wertausdrücke, die Aggregatfunktionen enthalten, mit Wertausdrücken mischen, die Spaltenreferenzen enthalten, wenn diese nicht-aggregierten Wertausdrücke nicht auch in einer Gruppierungsspezifikation auftauchen. Über Gruppierung erfahren Sie in Kapitel 13 mehr.

Nun wollen wir uns anschauen, wie diese Aggregatfunktionen aussehen, und wie sie zur Beantwortung einer Frage eingesetzt werden können.

12.1.1 Zeilen und Werte mit COUNT zählen

Der SQL-Standard definiert zwei Versionen der COUNT-Funktion. COUNT(*) verarbeitet Zeilen in einer Ergebnismenge und COUNT (Wertausdruck) verarbeitet Werte, die von einem Wertausdruck zurückgegeben werden.

Mit COUNT(*) können Sie ermitteln, wie viele Zeilen in einer Ergebnismenge vorhanden sind. Diese Funktion bezieht alle Zeilen einer Ergebnismenge mit ein, auch redundante Zeilen und solche mit Nullwerten. Im Folgenden sehen Sie ein einfaches Beispiel für die Art von Frage, die Sie mit dieser Funktion beantworten können.

In diesem Kapitel verwenden wir wieder die in Kapitel 4 eingeführte »Frage/ Übersetzung/ Bereinigte Fassung/ SQL«-Technik. Bei allen Beispielen wird vorausgesetzt, dass Sie die in den vorhergehenden Kapiteln behandelten Konzepte sorgfältig studiert und verstanden haben. Das gilt besonders für die Kapitel über JOIN und Unteranfragen.

»Zeige mir die Gesamtzahl der Angestellten unseres Unternehmens.«

Übersetzung	Wähle die Zahl der Angestellten aus der Tabelle Employees
Bereinigte Fassung	Wähle Zahl (*) aus Employees
SQL	SELECT COUNT(*) FROM Employees

Beachten Sie, dass wir nunmehr in unserer Bereinigten Fassung »(*)« verwenden, um anzuzeigen, dass wir alle Zeilen der Employees-Tabelle zählen möchten. Diese Praxis eignet sich besonders für diese Art von Fragen, weil sie hilft sicherzustellen, dass Sie die richtige COUNT-Funktion verwenden. Die SELECT-Anweisung in diesem Beispiel erzeugt eine Ergebnismenge, die aus einer Zeile mit einer einzigen Spalte besteht. Diese enthält einen nummerischen Wert, der die Gesamtzahl der Zeilen in der Employees-Tabelle darstellt.

Die COUNT(*)-Funktion kann beliebig viele Zeilen verarbeiten. Sie können in einer WHERE-Klausel angeben, welche Zeilen COUNT(*) berücksichtigen soll. Nachfolgend sehen Sie z.B., wie Sie eine SELECT-Anweisung definieren, die alle Zeilen der Employees-Tabelle zählt, wo die Angestellten in Washington State wohnen.

```
SELECT COUNT(*)
FROM Employees
WHERE EmpState = 'WA'
```

Bei der Arbeit an diesem Kapitel werden Sie sehen, dass Sie mit einer WHERE-Klausel die Zeilen oder Werte filtern können, die irgendeine Aggregatfunktion verarbeitet.

Wenn Sie in einer SELECT-Anweisung eine Aggregatfunktion verwenden, sehen Sie vielleicht, aber nicht unbedingt, einen Spaltennamen in der Ergebnismenge für den Rückgabewert der Funktion. Manche Datenbanksysteme liefern einen Standardspaltennamen, manche nicht. Sie können aber immer die AS-Option der Funktionssyntax verwenden, um für die Ergebnismenge einen sprechenden Spaltennamen zu erhalten. Im Folgenden sehen Sie, wie Sie diese Option auf das obige Beispiel anwenden können:

```
SELECT COUNT(*) AS TotalWashingtonEmployees
FROM Employees
WHERE EmpState = 'WA'
```

Nun besteht die Ergebnismenge aus einer Spalte namens TotalWashingtonEmployees, die den Rückgabewert der COUNT(*)-Funktion enthält. Wie das Syntaxdiagramm in Abbildung 12.1 zeigt, können Sie diese Technik auf jede beliebige Aggregatfunktion anwenden.

Mit der Funktion COUNT(Wertausdruck) können Sie zählen, wie viele Nichtnull-Werte ein Wertausdruck zurückgibt. (Diese Funktion heißt im Allgemeinen nur COUNT, und auch wir werden im Rest dieses Buchs diesen Namen verwenden.) Sie bezieht alle von einem Wertausdruck zurückgegebenen Werte mit ein, egal ob sie nur einmal oder doppelt vorhanden sind, und schließt eventuell vorhandene Nullwerte aus der endgültigen Zählung aus. Mit COUNT können Sie Fragen des folgenden Typs beantworten:

»Wie viele Kunden waren in der Lage, ihren Landkreis anzugeben?«

Hier müssen Sie ermitteln, wie viele echte Werte in der County-Spalte stehen. Denken Sie daran, dass COUNT(*) auch Nullwerte zählt und somit nicht die korrekte Antwort liefern wird. Statt dessen verwenden Sie die COUNT-Funktion und übersetzen die Frage folgendermaßen:

Übersetzung	Wähle die Zahl der Nichtnull-Werte in County als NumberOfKnownCounties aus der Tabelle Customers
Bereinigte Fassung	Wähle Zahl (County) als NumberOfKnownCounties aus Customers

SQL	`SELECT COUNT(CustCounty)`
	`    AS NumberOfKnownCounties`
	`FROM Customers`

Beachten Sie, dass die Übersetzung und die Bereinigte Fassung ausdrücklich nach Nichtnull-Werten fragen. Sie wissen zwar bereits, dass diese Funktion nur Nichtnull-Werte verarbeitet, aber es ist besser, diese Anforderung beiden Fassungen hinzuzufügen, damit Sie auch bestimmt die richtige COUNT-Funktion verwenden. Die hier definierte SELECT-Anweisung erzeugt eine Ergebnismenge mit einem nummerischen Wert, der die Gesamtzahl der County-Namen in der CustCounty-Spalte wiedergibt.

Denken Sie daran, dass die COUNT-Funktion doppelte County-Namen so behandelt, als seien sie nur einmal vorhanden, und jeden solchen Namen in der endgültigen Zählung berücksichtigt. Sie können jedoch mit der Funktionsoption DISTINCT doppelt vorhandene Werte aus der Zählung ausschließen. Das nächste Beispiel zeigt, wie Sie dies auf eine gegebene Frage anwenden könnten.

»Wie viele eindeutig unterschiedene County-Namen stehen in der Customers-Tabelle.«

Übersetzung	Wähle die Zahl der eindeutig unterschiedenen County-Namen als NumberOfUniqueCounties aus der Customers-Tabelle
Bereinigte Fassung	Wähle Zahl (eindeutig unterschiedene County) als NumberOfUnique-Counties aus Customers

SQL	`SELECT COUNT(DISTINCT CustCounty)`
	`    AS NumberOfUniqueCounties`
	`FROM Customers`

Wenn Sie die Option DISTINCT verwenden, ruft die Datenbank alle Nichtnull-Werte aus der County-Spalte ab, eliminiert die doppelten und zählt dann die restlichen Werte. Die Datenbank macht ungefähr denselben Prozess durch, wenn Sie DISTINCT mit den Funktionen SUM, AVG, MIN oder MAX verwenden.

Im folgenden Beispiel verwenden wir eine leicht geänderte Version der obigen Frage, um zu zeigen, dass Sie auf die COUNT-Funktion auch einen Filter anwenden können.

»Wie viele eindeutig unterschiedene County-Namen gibt es in der Customers-Tabelle für den Staat Oregon?.«

Übersetzung	Wähle die Zahl der eindeutig unterschiedenen County-Namen als NumberOfUniqueOregonCounties aus der Customers-Tabelle, wobei der Staat »OR« ist

Bereinigte Fassung	Wähle Zahl (eindeutig unterschiedene County) als NumberOfUnique-OregonCounties aus Customers, wobei Staat = »OR«
SQL	``` SELECT COUNT(DISTINCT CustCounty) AS NumberOfUniqueOregonCounties FROM Customers WHERE CustState = 'OR' ```

Es ist wichtig zu wissen, dass Sie DISTINCT nicht mit COUNT(*) zusammen verwenden können. Diese Einschränkung ist vernünftig, weil COUNT(*) sämtliche Zeilen einer Tabelle berücksichtigt, egal ob sie redundant sind oder Nullwerte enthalten.

12.1.2 Gesamtbetrag mit SUM errechnen

Mit der Funktion SUM können Sie den Gesamtbetrag für einen nummerischen Wertausdruck berechnen. Er verarbeitet alle Nichtnull-Werte des Wertausdrucks und gibt zum Schluss einen Gesamtbetrag an die Ergebnismenge zurück. Wenn der Wertausdruck in allen Zeilen den Nullwert hat oder wenn die FROM- und die WHERE-Klausel zusammen eine leere Ergebnismenge zurückgeben, dann gibt SUM einen Nullwert zurück. Im Folgenden sehen Sie eine Beispielfrage, die sich mit SUM beantworten lässt.

»Was ist der Gesamtbetrag der Gehälter, die wir unseren Angestellten in Kalifornien zahlen?.«

Übersetzung	Wähle die Summe der Gehälter als TotalSalaryAmount aus der Employees-Tabelle, wobei der Staat »CA« ist
Bereinigte Fassung	Wähle Summe (Salary) als TotalSalaryAmount aus Employees, wobei Staat = »CA«
SQL	``` SELECT SUM(Salary) AS TotalSalaryAmount FROM Employees WHERE EmpState = 'CA' ```

Der hier verwendete Wertausdruck war eine einfache Spaltenreferenz. Sie können SUM aber auch auf einem Wertausdruck benutzen, der aus einem nummerischen Ausdruck besteht. Dies zeigen wir im folgenden Beispiel:

»Wie viel ist unser derzeitiger Lagerbestand wert?«

Übersetzung	Wähle die Summe des Einkaufspreises mal der Lagermenge als TotalInventoryValue aus der Tabelle Products

Bereinigte Fassung	Wähle Summe (Einkaufspreis * Lagermenge) als TotalInventoryValue aus Products

SQL	`SELECT SUM(WholesalePrice * QuantityOnHand)`
	`    AS TotalInventoryValue`
	`FROM Products`

Wie Sie wissen, muss eine Zeile in den Spalten WholesalePrice und QuantityOnHand tatsächliche Werte enthalten, um von der SUM-Funktion verarbeitet werden zu können. In diesem Beispiel verarbeitet die Datenbank den Ausdruck für alle qualifizierten Zeilen der Products-Tabelle, errechnet mit SUM die Gesamtsumme dieser Ergebnisse und übergibt das Endergebnis an die Ergebnismenge. Im Folgenden sehen Sie ein Beispiel, wie man mit SUM einen Gesamtbetrag für eine eindeutige Menge nummerischer Werte errechnen kann.

»Berechne den Gesamtbetrag aller eindeutig unterschiedenen Einkaufspreise für die von uns verkauften Produkte.«

Übersetzung	Wähle die Summe der eindeutigen Einkaufspreise als SumOfUnique-WholesaleCosts aus der Tabelle Products
Bereinigte Fassung	Wähle Summe (eindeutig unterschiedene Einkaufspreise) als SumOfUniqueWholesaleCosts aus Products

SQL	`SELECT SUM(DISTINCT WholesaleCost)`
	`    AS SumOfUniqueWholesaleCosts`
	`FROM Products`

12.1.3 Mit AVG einen Mittelwert errechnen

AVG ist eine weitere Funktion, die Sie auf nummerische Werte anwenden können. Sie berechnet das arithmetische Mittel aller Nichtnull-Werte, die ein Wertausdruck zurückgibt. Mit AVG können Sie Fragen wie die folgende beantworten:

»Welchen Durchschnittswert hat ein Auftrag von Anbieter 10014?«

Übersetzung	Wähle den Durchschnitt von Contract Price als AverageContractPrice aus der Tabelle Vendor Contracts, wobei die Vendor ID 10014 ist
Bereinigte Fassung	Wähle Durchschnitt(Contract Price) als AverageContractPrice aus Vendor Contracts, wobei Vendor ID = 10014

SQL	`SELECT AVG(ContractPrice)`
	`    AS AverageContractPrice`
	`FROM Vendor_Contracts`
	`WHERE VendorID = 10014`

Auch einen nummerischen Ausdruck können Sie mit AVG ebenso wie mit der SUM-Funktion verarbeiten. Denken Sie daran, dass Sie AVG nicht mit einem nichtnummerischen Wertausdruck verwenden dürfen. Die meisten Datenbanken melden einen Fehler, wenn Sie versuchen, diese Funktionen mit Zeichenketten- oder Datum/Uhrzeitdaten zu verwenden.

»Welche Summe haben die Durchschnittspreise bei Bestellung Nummer 64.«

Übersetzung	Wähle den Durchschnittspreis mal der Bestellmenge als AverageItemTotal aus der Tabelle Order Details, wobei die Order ID 64 ist
Bereinigte Fassung	Wähle Durchschnitt(Price * Quantity Ordered) als AverageItemTotal aus Order Details, wobei Order ID = 64
SQL	``` SELECT AVG(Price * QuantityOrdered) AS AverageItemTotal FROM Order_Details WHERE OrderID = 64 ```

Bitte denken Sie daran, dass eine Zeile in den Spalten Price und QuantityOrdered tatsächliche Werte enthalten muss, damit diese Zeile von der Funktion AVG verarbeitet werden kann. Andernfalls wird der Wertausdruck als Nullwert interpretiert und die Zeile von der AVG-Funktion vollständig übergangen. Genau wie SUM gibt AVG einen Nullwert zurück, wenn der Wertausdruck in allen Zeilen der Nullwert ist oder wenn die FROM- und die WHERE-Klausel zusammen eine leere Ergebnismenge zurückgeben.

Im nächsten Beispiel errechnen wir mithilfe von DISTINCT den Durchschnitt einer Menge eindeutig unterschiedener nummerischer Werte.

»Berechne den Durchschnitt aller eindeutig unterschiedenen Produktpreise.«

Übersetzung	Wähle den Durchschnitt der eindeutig unterschiedenen Preise als UniqueProductPrices aus der Tabelle Products
Bereinigte Fassung	Wähle Durchschnitt(eindeutig unterschiedene Prices) als UniqueProductPrices aus Products
SQL	``` SELECT AVG(DISTINCT Price) AS UniqueProductPrices FROM Products ```

12.1.4 Mit MAX den größten Wert finden

Den größten von einem Wertausdruck zurückgegebenen Wert können Sie mit der Funktion MAX ermitteln. Diese Funktion kann jeden Datentyp verarbeiten; welchen Wert sie zurückgibt, hängt von den verarbeiteten Daten ab.

Zeichenketten	Der von MAX zurückgegebene Wert hängt von der Vergleichsreihenfolge ab, die Ihr Datenbanksystem oder Computer verwendet. Ist dies z. B. der ASCII-Zeichensatz und werden Groß- und Kleinschreibung unterschieden, so werden Firmennamen folgendermaßen sortiert: »...4th Dimension Productions...Al's Auto Shop...allegheny & associates...Zercon Productions...zorn credit services«. In diesem Beispiel gibt MAX als größten Wert »zorn credit services« zurück.
Zahlen	MAX gibt die größte Zahl zurück.
Datum/Uhrzeit	MAX wertet Daten und Uhrzeiten in chronologischer Reihenfolge aus und gibt das jüngste Datum oder die jüngste Uhrzeit zurück.

Im Folgenden finden Sie einige Beispiele für Fragen, die sich mit MAX beantworten lassen.

»Was ist der höchste Preis, den wir je für einen Auftrag bezahlt haben?«

Übersetzung	Wähle maximalen Auftragspreis als LargestContractPrice aus der Tabelle Engagements
Bereinigte Fassung	Wähle max(Contract Price) als LargestContractPrice aus Engagements
SQL	```SELECT MAX(ContractPrice) AS LargestContractPrice FROM Engagements```

»Was war der höchste Gesamtpreis bei Bestellung 3314?«

Übersetzung	Wähle maximalen Preis mal Bestellmenge als LargestItemTotal aus der Order Details-Tabelle, wobei die Order ID 3314 ist
Bereinigte Fassung	Wähle max(Price * Quantity Ordered) als LargestItemTotal aus Order Details, wobei Order ID = 3314
SQL	```SELECT MAX(Price * QuantityOrdered) AS LargestItemTotal FROM Order_Details WHERE OrderID = 3314```

Im nächsten Beispiel geben wir mit der Option DISTINCT eine eindeutige Instanz des jüngsten Mitarbeitergesprächs in einer Angestelltentabelle. Hier könnten vergangenen Donnerstag auch zwei oder mehr Mitarbeiter ein Gespräch gehabt haben, aber wir brauchen dieses Datum nur einmal zu sehen.

»Wann haben wir zuletzt ein Mitarbeitergespräch geführt?«

Übersetzung	Wähle das maximale, eindeutig unterschiedene Gesprächsdatum als MostRecentReviewDate aus der Tabelle Staff
Bereinigte Fassung	Wähle max(eindeutig unterschiedenes Review Date) als MostRecent-ReviewDate aus Staff

SQL	`SELECT MAX(DISTINCT ReviewDate)`
	`    AS MostRecentReviewDate`
	`FROM Staff`

Obwohl der SQL-Standard DISTINCT als Option für die MAX-Funktion angibt, hat DISTINCT keinerlei Einfluss auf diese Funktion. Es kann nur einen Höchstwert geben, egal ob er eindeutig unterschieden ist oder nicht. So geben z.B. beide nachfolgenden Ausdrücke denselben Wert zurück:

```
SELECT MAX(HireDate) FROM Agents
SELECT MAX(DISTINCT HireDate) FROM Agents
```

Wir stellen Ihnen beide Versionen der Funktion vor, weil sie Teil des aktuellen SQL-Standards sind, raten Ihnen aber, die MAX-Funktion ohne die Option DISTINCT zu verwenden.

12.1.5 Den kleinsten Wert mit MIN finden

Mit der Funktion MIN können Sie den kleinsten von einem Wertausdruck zurückgegebenen Wert ermitteln. Sie funktioniert genau wie die MAX-Funktion, gibt aber den entgegengesetzten Wert zurück: die erste Zeichenkette (abhängig von der Vergleichsreihenfolge), die kleinste Zahl und das früheste Datum oder die früheste Uhrzeit.

Mit der MIN-Funktion können Sie z.B. die folgenden Fragen beantworten:

»Was ist der niedrigste Preis, den wir für ein Produkt berechnen?«

Übersetzung	Wähle minimalen Preis als LowestProductPrice aus der Products-Tabelle
Bereinigte Fassung	Wähle min(Contract Price) als LowestProductPrice aus Products
SQL	`SELECT MIN(Price) AS LowestProductPrice` `FROM Products`

»Was war die niedrigste Gesamtsumme in Bestellung 3314?«

Übersetzung	Wähle den minimalen Preis mal der Bestellmenge als LowestItemTotal aus der Order Details-Tabelle, wobei die Order ID 3314 ist
Bereinigte Fassung	Wähle min(Price * Quantity Ordered) als LowestItemTotal aus Order Details, wobei Order ID = 3314

SQL	```SELECT MIN(Price * QuantityOrdered)\n AS LowestItemTotal\nFROM Order_Details\nWHERE OrderID = 3314```

Im nächsten Beispiel geben wir mithilfe der Option DISTINCT eine eindeutig unterschiedene Instanz des frühesten Einstellungstermins in der Employee-Tabelle zurück. Auch hier ist es möglich, dass am 16. Mai 1977 zwei oder mehr Mitarbeiter eingestellt wurden, wir jedoch dieses Datum nur einmal sehen müssen.

»Wann haben wir unsere ersten Mitarbeiter eingestellt?«

Übersetzung	Wähle minimales, eindeutig unterschiedenes Einstellungsdatum als EarliestHireDate aus der Employees-Tabelle
Bereinigte Fassung	Wähle min(eindeutig unterschiedenes Hire Date) als EarliestHireDate aus Employees
SQL	```SELECT MIN(DISTINCT HireDate)\n AS EarliestHireDate\nFROM Employees```

Achtung: Die Option DISTINCT hat keinerlei Auswirkungen auf die Funktion MIN. (Wie Sie wissen, war das bei der MAX-Funktion genauso.) Es kann nur einen kleinsten Wert geben, egal ob er eindeutig unterschieden ist oder nicht. So geben z.B. die beiden folgenden Ausdrücke denselben Wert zurück.

```
SELECT MIN(ReviewDate) FROM Agents
SELECT MIN(DISTINCT ReviewDate) FROM Agents
```

Wir stellen Ihnen beide Versionen der Funktion vor, weil sie Teil des aktuellen SQL-Standards sind, raten Ihnen aber, die MIN-Funktion ohne die Option DISTINCT zu verwenden.

12.1.6 Mehr als eine Funktion verwenden

Wie schon zu Beginn dieses Abschnitts gesagt, können Sie auch mehrere Aggregatfunktionen zugleich benutzen. So können Sie mit einer einzigen SELECT-Anweisung Informationen einander gegenüberstellen. Sie können z.B. die Funktionen MIN und MAX dazu benutzen, die ältesten und jüngsten Bestelldaten für einen bestimmten Kunden zu zeigen, oder Sie können mit den Funktionen MAX, MIN und AVG die besten, schlechtesten und Durchschnittsnoten eines angegebenen Schülers zeigen. Nachfolgend geben wir noch weitere Beispiele für die Verwendung von zwei oder mehr Aggregatfunktionen.

12.1 Aggregatfunktionen

»Zeige mir die ältesten und die jüngsten Gesprächstermine der Mitarbeiter in der Anzeigenabteilung.«

Übersetzung	Wähle minimalen Gesprächstermin als EarliestReviewDate und maximalen Gesprächstermin als RecentReviewDate aus der Tabelle Employees, wobei die Abteilung »Advertising« heißt
Bereinigte Fassung	Wähle min Review Date als EarliestReviewDate und max Review Date als RecentReviewDate aus Employees, wobei Department = »Advertising«

SQL	`SELECT MIN(ReviewDate) AS EarliestReviewDate,`
	`    MAX(ReviewDate) AS RecentReviewDate`
	`FROM Employees`
	`WHERE Department = "Advertising"`

»Wie viele unterschiedliche Produkte wurden unter Bestellnummer 553 bestellt, und wie hoch war der Gesamtpreis dieser Bestellung?«

Übersetzung	Wähle die Zahl der Product ID als TotalProductsPurchased und Summe der Einzelpreise mal Bestellmenge als OrderAmount aus der Tabelle Order Details, wobei die Order Number 553 ist
Bereinigte Fassung	Wähle Zahl(Product ID) als TotalProductsPurchased, Summe(Price * Quantity Ordered) als OrderAmount aus Order Details, wobei Order Number = 553

SQL	`SELECT COUNT(ProductID) AS`
	`    TotalProductsPurchased, SUM(Price *`
	`    QuantityOrdered) AS OrderAmount`
	`FROM Order_Details`
	`WHERE OrderNumber = 553`

Wenn Sie mit zwei oder mehr Aggregatfunktionen arbeiten, müssen Sie ein paar Einschränkungen beachten. Die erste ist die, dass Sie nicht eine Aggregatfunktion in eine andere einbetten dürfen. Somit ist der folgende Ausdruck unzulässig:

```
SUM(AVG(LineItemTotal))
```

Die zweite Einschränkung ist, dass Sie keine Unterabfrage als Wertausdruck einer Aggregatfunktion benutzen dürfen. So ist im Hinblick auf diese Einschränkung der folgende Ausdruck unzulässig:

```
AVG((SELECT Price FROM Products WHERE Category = 'Bikes'))
```

Trotz dieser Einschränkungen haben Sie feststellen können, wie leicht man mit Aggregatfunktionen in einer SELECT-Klausel relativ komplexe statistische Informationen abrufen kann. Nun wollen wir sehen, wie Sie mit Aggregatfunktionen die Informationen einer Ergebnismenge filtern können.

12.2 Aggregatfunktionen in Filtern einsetzen

Da eine Aggregatfunktion einen einzigen Wert zurückgibt, kann man sie als Teil eines Vergleichsprädikats in einer Suchbedingung verwenden. Sie müssen jedoch zuerst die Aggregatfunktion in eine Unteranfrage setzen und dann diese Unteranfrage als Teil des Vergleichsprädikats benutzen. Wenn Ihnen das bekannt vorkommt, haben Sie ganz Recht. In Kapitel 11 haben Sie gelernt, wie Sie eine Unteranfrage als Teil einer Suchbedingung in einer WHERE-Klausel und eine Aggregatfunktion in einer Unteranfrage einsetzen können. In einem allgemeinen Sinne wissen Sie also bereits, wie Sie mit einer Aggregatfunktion die an eine Ergebnismenge übergebenen Daten filtern können. Auf diesem Wissen wollen wir jetzt aufbauen.

Wenn Sie eine Aggregatfunktion als Teil eines Vergleichsprädikats einsetzen, können Sie den Wert eines Wertausdrucks mit einem einzelnen, statistischen Wert gegentesten. Sie könnten dafür zwar auch einen Literalwert verwenden, aber eine Unteranfrage gibt Ihnen mehr Flexibilität und verleiht der Bedingung einen dynamischeren Aspekt. Angenommen, Sie möchten z.B. die folgende Frage an die Datenbank richten:

»Liste die Engagementnummern auf, deren Vertragspreis größer oder gleich dem Durchschnittsvertragspreis ist.«

Eine Möglichkeit, auf diese Frage zu antworten, besteht darin, den Gesamtdurchschnittspreis manuell zu berechnen und diesen Wert dann in einem Vergleichsprädikat zu verwenden.

Übersetzung	Wähle die Engagementnummer aus der Engagements-Tabelle, wobei der Vertragspreis größer oder gleich $24 887 ist
Bereinigte Fassung	Wähle Engagement Number aus Engagements, wobei Contract Price >= $24 887

SQL	`SELECT EngagementNumber`
	`FROM Engagements`
	`WHERE ContractPrice >= 24,887.00`

Sie können diese Frage aber auch mit einer Aggregatfunktion in einer Unteranfrage behandeln und das Datenbanksystem für sich arbeiten lassen.

Übersetzung	Wähle die Engagementnummer aus der Engagements-Tabelle, wobei der Vertragspreis größer oder gleich dem Durchschnitts-Vertragspreis in der Engagements-Tabelle ist
Bereinigte Fassung	Wähle Engagement Number aus Engagements, wobei Contract Price >= (wähle Durchschnitt Contract Price aus Engagements)

SQL	`SELECT EngagementNumber`
	`FROM Engagements`
	`WHERE ContractPrice >=`
	`    (SELECT AVG(ContractPrice)`
	`    FROM Engagements)`

Es dürfte offensichtlich sein, dass Sie am besten damit fahren, eine Unteranfrage mit einer Aggregatfunktion zu benutzen. Wenn Sie einen Literalwert verwenden, müssen Sie sicherstellen, dass der Durchschnittsvertragspreis vor dem Ausführen einer SELECT-Anweisung immer wieder neu berechnet wird, falls Sie bestehende Preise geändert haben. Danach müssen Sie auch noch gewährleisten, dass Sie den Wert korrekt in das Vergleichsprädikat eingeben. Doch wenn Sie statt dessen eine Unteranfrage nehmen, haben Sie diese Sorgen nicht. Bei jeder Ausführung der SELECT-Anweisung wird die AVG-Funktion ausgewertet, und sie gibt immer den richtigen Wert zurück, egal ob Sie zwischenzeitlich Vertragspreise geändert haben. (Dasselbe gilt für jede Aggregatfunktion, die Sie in einer Unteranfrage einsetzen.)

Sie können die Anzahl der von einer Aggregatfunktion ausgewerteten Zeilen mit einer WHERE-Klausel in der Unteranfrage eingrenzen. So können Sie die Bandbreite des von der Aggregatfunktion zurückgegebenen, statistischen Wertes einengen. Da Sie bereits in Kapitel 11 gelernt haben, eine WHERE-Klausel auf eine Unteranfrage anzuwenden, wollen wir uns nun ein Beispiel für eine mögliche Anwendung dieser Technik ansehen.

»Liste die Engagementnummer und den Vertragspreis aller Engagements auf, deren Vertragspreis höher als der Gesamtbetrag aller Vertragspreise für den gesamten Monat Mai 1999 ist.«

Übersetzung	Wähle Engagementnummer und Vertragspreis aus der Engagements-Tabelle, wobei der Vertragspreis größer als die Summe aller Vertragspreise der Engagements ist, die zwischen dem 1. und dem 31. Mai 1999 stattfanden
Bereinigte Fassung	Wähle Engagement Number, Contract Price aus Engagements, wobei Contract Price > (wähle Summe (Contract Prices) von Engagements, wobei Start Date 1. zwischen ‚1999-05-01' und ‚1999-05-31'

SQL	`SELECT EngagementNumber, ContractPrice`
	`FROM Engagements`
	`WHERE ContractPrice >`
	`    (SELECT SUM(ContractPrice) FROM Engagements`
	`        WHERE  StartDate BETWEEN '1999-05-01'`
	`        AND '1999-05-31')`

Eventuell stellen Sie fest, dass Sie Aggregatfunktionen nur selten in Filtern benutzen müssen, aber wenn Sie gelegentlich einmal eine »spontane« Frage beantworten müssen, sind sie gewiss ganz praktisch.

12.3 Beispielanweisungen

In diesem Kapitel haben Sie gelernt, wie Sie Aggregatfunktionen in einer SELECT-Klausel und innerhalb einer Unteranfrage verwenden, die Teil eines Vergleichsprädikats sind. Nun wollen wir uns Anwendungsbeispiele für Aggregatfunktionen anschauen und dabei die Tabellen der einzelnen Beispieldatenbanken verwenden.

 Denken Sie daran, dass alle Spalten- und Tabellennamen in diesen Beispielen aus den Beispieldatenbanken stammen, deren Strukturen in Anhang B dargestellt sind. Der Einfachheit halber haben wir die Übersetzung und die Bereinigte Fassung in den folgenden Beispielen zu einem einzigen Schritt verschmolzen.

Sales Order-Datenbank

»Wie viele Kunden haben wir in Kalifornien?«

Übersetzung/ Bereinigte Fassung	Wähle Zahl(*) aus Customers, wobei State = ‚CA‘

SQL	`SELECT COUNT(*) AS NumberOfCACustomers`
	`FROM Customers`
	`WHERE CustState = 'CA'`

NumberOfCACustomers
7

»Liste die Produktnamen und -nummern in der Products-Tabelle auf, deren berechneter Preis größer oder gleich dem durchschnittlichen Verkaufspreis ist.«

Übersetzung/ Bereinigte Fassung	Wähle Product Name, Product Number aus Products, verbinde order_details auf Product Number, wobei Quoted Price >= (wähle Durchschnitt(Retail Price) aus Products)
| SQL | ```
SELECT DISTINCT Products.ProductName,
    Order_Details.ProductNumber
FROM Products
INNER JOIN Order_Details
ON Products.ProductNumber =
    Order_Details.ProductNumber
WHERE Order_Details.QuotedPrice >=
    (SELECT AVG(RetailPrice)
    FROM Products)
``` |

Wir fragen nach verschiedenen (DISTINCT) Produkten, weil zwar (hoffentlich) bestimmte Produkte mehr als einmal bestellt wurden, wir jedoch jeden Produktnamen und jede Produktnummer nur einmal zu sehen brauchen.

ProductName	ProductNumber
Eagle FS-3 Mountain Bike	2
GT RTS-2 Mountain Bike	11
Trek 9000 Mountain Bike	1
Viscount Mountain Bike	6

Entertainment-Datenbank

»Liste die Engagementnummer und den Vertragspreis unserer ältesten Verträge auf.«

Übersetzung/ Bereinigte Fassung	Wähle Engagement Number, Contract Price aus Engagements, wobei Start Date = (wähle min(Start Date) aus Engagements)
| SQL | ```
SELECT EngagementNumber, ContractPrice
FROM Engagements
WHERE StartDate =
    (SELECT MIN(StartDate) FROM Engagements)
``` |

EngagementNumber	ContractPrice
2	$200.00
8	$1,850.00

»Was war der Gesamtwert aller im August 1999 gebuchten Engagements?«

Übersetzung/ Bereinigte Fassung	Wähle Summe(Contract Price) als TotalBookedValue aus Engagements, wobei Start Date zwischen '1999-08-01' und '1999-08-31'
| SQL | ```
SELECT SUM(ContractPrice) AS TotalBookedValue
FROM Engagements
WHERE StartDate
    BETWEEN '1999-08-01' AND '1999-08-31'
``` |

TotalBookedValue
$ 30,005.00

Tabelle 12.1: Total_Booked_Value_For_August_1999 (1 Zeile)

School Scheduling-Datenbank

»Welches ist das höchste Lehrergehalt, das wir zahlen?«

Übersetzung/ Bereinigte Fassung	Wähle max(Salary) als LargestStaffSalary aus Staff
| SQL | ```
SELECT Max(Salary) AS LargestStaffSalary
FROM Staff
``` |

LargestStaffSalary
$ 60,000.00

Tabelle 12.2: Largest_Staff_Salary (1 Zeile)

»Wie viel Gehalt zahlen wir insgesamt unseren Lehrern in Kalifornien?«

Übersetzung/ Bereinigte Fassung	Wähle Summe(Salary) als TotalSalaryAmount aus Staff, wobei State = ‚CA'
| SQL | ```
SELECT SUM(Salary) AS TotalSalaryAmount
FROM Staff
WHERE StfState = 'CA'
``` |

TotalAmountPaid
$209,000.00

Tabelle 12.3: Total_Salary_Paid_To_California_Staff (1 Zeile)
```

Bowling-Datenbank

»Wie viele Turniere wurden auf der Kegelbahn Red Rooster ausgetragen?«

Übersetzung/ Bereinigte Fassung	Wähle Zahl(Tourney Location) als NumberOfTournaments aus Tournaments, wobei Tourney Location = ‚Red Rooster Lanes'

SQL	`SELECT COUNT(TourneyLocation)`
	`    AS NumberOfTournaments`
	`FROM Tournaments`
	`WHERE TourneyLocation = 'Red Rooster Lanes'`

NumberOfTournaments
2

Tabelle 12.4: Number_Of_Tournaments_At_Red_Rooster_Lanes (1 Zeile)

»Liste in alphabetischer Reihenfolge den Nach- und den Vornamen jedes Keglers auf, dessen persönlicher Punktestand größer oder gleich dem gegenwärtigen Durchschnittspunktestand ist.«

Übersetzung/ Bereinigte Fassung	Wähle Last Name, First Name aus Bowlers, wobei Current Average >= (wähle Durchschnitt(Current Average) aus Bowlers)

SQL	`SELECT BowlerLastName, BowlerFirstName`
	`FROM Bowlers`
	`WHERE CurrentAverage >=`
	`    (SELECT AVG(CurrentAverage)FROM Bowlers)`
	`ORDER BY BowlerLastName, BowlerFirstName`

BowlerLastName	BowlerFirstName
Cunningham	David
Fournier	David
Hallmark	Alaina
Hallmark	Gary
Hernandez	Michael
Kennedy	John
McLain	Susan
Patterson	Kathryn
Patterson	Neil

Tabelle 12.5: Better_Than_Overall_Average (16 Zeilen)

BowlerLastName	BowlerFirstName
Patterson	Rachel
Piercy	Greg
Pundt	Steve
Thompson	Mary
Thompson	Will
Viescas	Carol
Viescas	John

Tabelle 12.5: Better_Than_Overall_Average (16 Zeilen)

Recipes-Datenbank

»*Wie viele Rezepte verwenden als Zutat Rindfleisch?*«

Übersetzung/ Bereinigte Fassung	Wähle Zahl(*) als NumberOfRecipes aus Recipes, wobei Recipe ID in (wähle Recipe IDs aus Recipe Ingredients, verbinde innen Ingredients auf Ingredient ID, wobei Ingredient Name wie ‚Beef')

SQL	```SELECT COUNT(*) AS NumberOfRecipes```
	```FROM Recipes```
	```WHERE Recipes.RecipeID IN```
	``` (SELECT RecipeID```
	``` FROM Recipe_Ingredients```
	``` INNER JOIN Ingredients ON```
	``` Recipe_Ingredients.IngredientID =```
	``` Ingredients.IngredientID```
	``` WHERE Ingredients.IngredientName```
	``` LIKE 'Beef%')```

NumberOfRecipes
3

Tabelle 12.6: Recipes_With_Beef_Ingredient (1 Zeile)

»*Wie viele Zutaten werden in Tassen abgemessen?*«

Übersetzung/ Bereinigte Fassung	Wähle Zahl(*) als NumberOfIngredients aus Ingredients, verbinde innen Measurements auf Measureamount ID, wobei Measurement Description = ‚Cup'
SQL	```SELECT COUNT(*) AS NumberOfIngredients``` ```FROM Ingredients```

```
INNER JOIN Measurements ON
    Ingredients.MeasureAmountID =
    Measurements.MeasureAmountID
WHERE MeasurementDescription = 'Cup'
```

NumberOfIngredients

12

Tabelle 12.7: Number_of_Ingredients_Measured_by_the_Cup (1 Zeile)

12.4 Zusammenfassung

Wir begannen dieses Kapitel mit einer Einführung in die Aggregatfunktionen. Sie haben gelernt, dass es sechs verschiedene derartige Funktionen gibt, und dass Sie sie in der SELECT- und der WHERE-Klausel einer SELECT-Anweisung verwenden können. Darüber hinaus lernten Sie, dass alle Aggregatfunktionen mit Ausnahme von COUNT(*) beim Ausführen ihrer Operation etwaige Nullwerte übergehen.

Danach zeigten wir, wie Sie die einzelnen Aggregatfunktionen einsetzen können. Sie haben gelernt, mit den COUNT-Funktionen Zählungen durchzuführen, mit den Funktionen MAX und MIN den größten und den kleinsten Wert herauszufinden, mit der Funktion AVG einen Durchschnitt zu errechnen und mit der Funktion SUM eine Wertemenge aufzusummieren. Außerdem zeigten wir die Verwendung der Option DISTINCT mit den einzelnen Funktionen und erklärten, dass sich DISTINCT nicht auf MIN und MAX auswirkt.

Zum Schluss dieses Kapitels zeigten wir Ihnen, wie Sie Aggregatfunktionen in Filtern einsetzen. Sie wissen jetzt, dass Sie zuerst die Aggregatfunktion in eine Unteranfrage setzen und dann diese Unteranfrage als Teil des Filters verwenden müssen. Überdies lernten Sie, dass Sie einen Filter auch auf eine Unteranfrage anwenden können, damit die Aggregatfunktion ihren Wert aus einer bestimmten Wertemenge berechnet.

Dies ist nur ein kleiner Ausschnitt dessen, was Sie mit Aggregatfunktionen machen können. In den letzten beiden Kapiteln werden wir Ihnen zeigen, wie Sie noch ausgefeiltere statistische Informationen liefern können, indem Sie Aggregatfunktionen auf gruppierte Daten anwenden.

12.5 Aufgaben

Nachfolgend zeigen wir Ihnen die Frage-Anweisung und den Namen der Lösungs-Anfrage in den Beispieldatenbanken. Wenn Sie sich etwas Praxis aneignen möchten, können Sie selbst den SQL-Code schreiben, den Sie

Einfache Gesamtsummen

für die einzelnen Fragen benötigen, und dann Ihre Antwort mit der Anfrage vergleichen, die wir in den Beispielen gespeichert haben. Keine Sorge, wenn Ihre Syntax mit der der gespeicherten Anfragen nicht genau übereinstimmt: Hauptsache, Sie haben dieselbe Ergebnismenge.

Sales Order-Datenbank

1. »Was ist der durchschnittliche Verkaufspreis eines Mountainbikes?« Die Lösung finden Sie in Average_Price_Of_A_Mountain_Bike (1 Zeile).

2. »Welches Datum trägt unsere jüngste Bestellung?« Die Lösung finden Sie in Most_Recent_Order_Date (1 Zeile).

3. »Welchen Gesamtpreis hatte die Bestellung Nummer 8?« Die Lösung finden Sie in Total_Amount_For_Order_Number_8 (1 Zeile).

Entertainment-Datenbank

1. »Welchen Durchschnittsverdienst hat ein Buchungsagent?« Die Lösung finden Sie in Average_Agent_Salary (1 Zeile).

2. »Zeige mir die Engagementnummern aller Engagements, deren Vertragspreis größer oder gleich des Durchschnittsvertragspreises ist.« (Tipp: Für diese Frage benötigen Sie eine Unteranfrage.) Die Lösung finden Sie in Contract_Price_>=_Average_Contract_Price (52 Zeilen).

3. »Welche Anbieter, mit denen wir zusammenarbeiten, haben keine Webseite?« Die Lösung finden Sie in Number_Of_Bellevue_Entertainers (1 Zeile).

School Scheduling-Datenbank

1. »Wie lange dauert derzeit ein durchschnittlicher Kurs?« Die Lösung finden Sie in Average_Class_Duration (1 Zeile).

2. »Liste für die Lehrer, die am längsten bei uns sind, Nachnamen und Vornamen auf.« (Tipp: Sie müssen eine Unteranfrage verwenden, die eine Aggregatfunktion enthält, welche die Spalte DateHired auswertet.) Die Lösung finden Sie in Most_Senior_Staff_Members (3 Zeilen).

3. »Wie viele Kurse finden in Raum Nr. 3346 statt?« Die Lösung finden Sie in Number_Of_Classes_Held_In_Room_3346 (1 Zeile).

Bowling-Datenbank

1. »Was ist das höchste Handicap, das irgendein Kegler derzeit hält?« Die Lösung finden Sie in Current_Highest_Handicap (1 Zeile).

12.5 Aufgaben

2. »An welchen Orten fanden die allerersten Turniere statt?« (Tipp: Sie müssen das älteste Turnierdatum ermitteln.) Die Lösung finden Sie in Tourney_Locations_For_Earliest_Dates (2 Zeilen).

3. »Was ist das jüngste Turnierdatum auf unserem Plan?« Die Lösung finden Sie in Most_Recent_Tourney_Date (1 Zeile).

Recipes-Datenbank

1. »Für welches Rezept sind am meisten Knoblauchzehen nötig?« (Tipp: Für diese Frage benötigen Sie INNER JOINs und eine Unteranfrage.) Die Lösung finden Sie in Recipe_With_Most_Cloves_of_Garlic (1 Zeile).

2. »Zähle, wie viele Rezepte für Hauptgerichte es gibt.« (Tipp: Dies erfordert einen JOIN zwischen Recipe_Classes und Recipes.) Die Lösung finden Sie in Number_Of_Main_Course_Recipes (1 Zeile).

3. »Berechne, wie viele Teelöffel Salz in allen Rezepten zusammen verwendet werden.« Die Lösung finden Sie in Total_Salt_Used (1 Zeile).

Daten gruppieren

13

Kapitelüberblick

»Don't drown yourself with details. Look at the whole.«
- Marschall Ferdinand Foch, Kommandierender General der Alliierten Streitkräfte in Frankreich

In Kapitel 12 wurde erklärt, wie man SQL mit den Aggregatfunktionen (COUNT, MIN, MAX, AVG und SUM) veranlasst, einen Wert über alle Zeilen der in der FROM- und in der WHERE-Klausel definierten Tabelle zu berechnen. Wir wiesen jedoch auch auf den folgenden Punkt hin: Wenn Sie einen Wertausdruck, der eine Aggregatfunktion enthält, in Ihre SELECT-Klausel aufnehmen, müssen *alle* Ihre Wertausdrücke entweder Literalkonstanten sein oder eine Aggregatfunktion enthalten. Diese Eigenschaft ist dann nützlich, wenn Sie von der Ergebnismenge nur eine Zeile mit Gesamtsummen sehen möchten; was aber geschieht, wenn Sie sich für eine Teilsumme interessieren? In diesem Kapitel werden wir Ihnen zeigen, wie Sie Teilsummen abfragen, indem Sie Daten gruppieren.

13.1 Warum werden Daten gruppiert?

Bei der Arbeit mit der Sales Order-Datenbank ist es ausgesprochen nützlich, die Anzahl der Bestellungen (COUNT), die Gesamtumsatzzahlen (SUM), die durchschnittlichen Umsatzzahlen (AVG), die kleinste Bestellung (MIN) oder die größte Bestellung (MAX) herauszufinden. Und wenn Sie irgendeinen dieser Werte nach dem Kunden, dem Bestelldatum oder dem Produkt berechnen möchten, können Sie einen Filter (WHERE) hinzufügen, um die Zeilen für einen bestimmten Kunden oder ein Produkt abzurufen. Doch was tun Sie, wenn Sie Teilsummen für *alle* Kunden sehen möchten, wobei der Kundenname zusammen mit der Teilsumme angezeigt werden soll? Dazu müssen Sie Ihr Datenbanksystem anweisen, die Zeilen zu *gruppieren*.

Auch in der Entertainment Agency-Datenbank ist es einfach, die Zahl der Verträge, den Gesamtvertragspreis, den niedrigsten Vertragspreis oder den höchsten Vertragspreis für alle Verträge herauszufinden. Sie können die Zeilen so filtern, dass Sie diese Berechnungen für einen bestimmten Unterhaltungskünstler, einen bestimmten Kunden oder einen bestimmten Zeitraum sehen. Auch hier gilt wieder: Möchten Sie eine Gesamtzeile für jeden Kunden oder Künstler sehen, so müssen Sie die Zeilen gruppieren.

Merken Sie etwas? Wenn Sie Ihr Datenbanksystem anweisen, Zeilen auf Spaltenwerten oder Ausdrücken zu gruppieren, bildet es Teilmengen von Zeilen, die auf übereinstimmenden Werten beruhen. Anschließend können Sie Ihre Datenbank anweisen, *auf jeder Gruppe* Gesamtwerte (aggregate values) zu berechnen. Sehen wir uns ein einfaches Beispiel aus der Entertainment Agency-Datenbank an. Zunächst müssen wir eine Anfrage konstruieren, die die uns interessierenden Spalten – Entertainer Name und Contract Price – abruft. So sieht der SQL-Code der Anfrage aus:

```
SQL    SELECT Entertainers.EntStageName,
           Engagements.ContractPrice
       FROM Entertainers
       INNER JOIN Engagements
       ON Entertainers.EntertainerID =
           Engagements.EntertainerID
       ORDER BY EntStageName
```

Das Ergebnis ist die folgende Tabelle. (In der Beispieldatenbank haben wir diese Frage als Entertainers_And_ContractPrices gespeichert.)

EntStageName	ContractPrice
Albert Buchanan	$200.00
Albert Buchanan	$500.00
Albert Buchanan	$185.00
Albert Buchanan	$200.00
Albert Buchanan	$110.00
Albert Buchanan	$770.00
Albert Buchanan	$230.00
Albert Buchanan	$365.00
Albert Buchanan	$470.00
Carol Peacock Trio	$1,670.00
Carol Peacock Trio	$1,670.00
Carol Peacock Trio	$1,670.00
Carol Peacock Trio	$320.00
Carol Peacock Trio	$1,400.00
Carol Peacock Trio	$410.00
Carol Peacock Trio	$140.00
Carol Peacock Trio	$410.00
Carol Peacock Trio	$1,940.00
Carol Peacock Trio	$770.00
Carol Peacock Trio	$680.00
Caroline Coie Cuartet	$650.00
<<weitere Zeilen>>	

Tabelle 13.1: Entertainers_And_ContractPrices

Sie wissen bereits, dass Sie alle Zeilen zählen oder den kleinsten oder größten Wert, die Summe oder den Durchschnitt der Spalte ContractPrice finden können – vorausgesetzt, Sie entfernen die Spalte mit den Künstlernamen. Diese Spalte können Sie dann behalten, wenn Sie Ihre Datenbank anweisen, auf ihr zu gruppieren. Wenn Sie die Datenbank anweisen, auf Entertainer Stage Name zu gruppieren, bildet sie eine Gruppe, die die ersten neun Zeilen enthält (»Albert Buchanan«), eine zweite Gruppe mit den nächsten elf Zeilen (»Carol Peacock Trio«) und so weiter. Sie können nun nach der Zeilenzahl (COUNT), der Summe (SUM), dem kleinsten Wert (MIN), dem größten Wert (MAX) oder dem Durchschnitt (AVG) der Spalte Contract Price fragen und erhalten dann eine aggregierte Zeile für jede Künstlertruppe. Das Ergebnis ist die folgende Tabelle.

EntStageName	Num Contracts	TotPrice	MinPrice	MaxPrice	AvgPrice
Albert Buchanan	9	$3,030.00	$110.00	$770.00	$336.67
Carol Peacock Trio	11	$11,080.00	$140.00	$1,940.00	$1,007.27
Caroline Coie Cuartet	11	$15,070.00	$290.00	$2,450.00	$1,370.00
Coldwater Cattle Company	10	$19,100.00	$350.00	$3,800.00	$1,910.00
Country Feeling	16	$36,230.00	$275.00	$14,105.00	$2,264.38
Jazz Persuasion	8	$7,780.00	$500.00	$2,300.00	$972.50
Julia Schnebly	9	$4,665.00	$275.00	$875.00	$518.33
JV & the Deep Six	11	$18,820.00	$950.00	$3,650.00	$1,710.91
<<weitere Zeilen>>					

Tabelle 13.2: EntStageName.

Interessant, oder? Garantiert möchten Sie wissen, wie wir das gemacht haben! In den folgenden Abschnitten werden wir Ihnen alle Einzelheiten vorführen.

13.2 Die GROUP BY-Klausel

Wie Sie in Kapitel 12 erfahren haben, können Sie mit Aggregatfunktionen alle möglichen interessanten Informationen gewinnen. Allerdings ist Ihnen vielleicht aufgefallen, dass alle angeführten Beispiele die Aggregatfunktionen auf *alle* von den FROM- und WHERE-Klauseln zurückgegebenen Zeilen angewendet haben. Mit der WHERE-Klausel konnten Sie die Ergebnismenge filtern, bis nur noch eine Gruppe übrig war, aber es war nicht möglich, Ergebnisse aus mehreren Gruppen in einer Frage zu betrachten. Um diese gruppenweise Zusammenfassung in einer einzigen Frage zu erreichen, müssen wir Ihrem SQL-Lexikon eine weitere wichtige Klausel hinzufügen: GROUP BY.

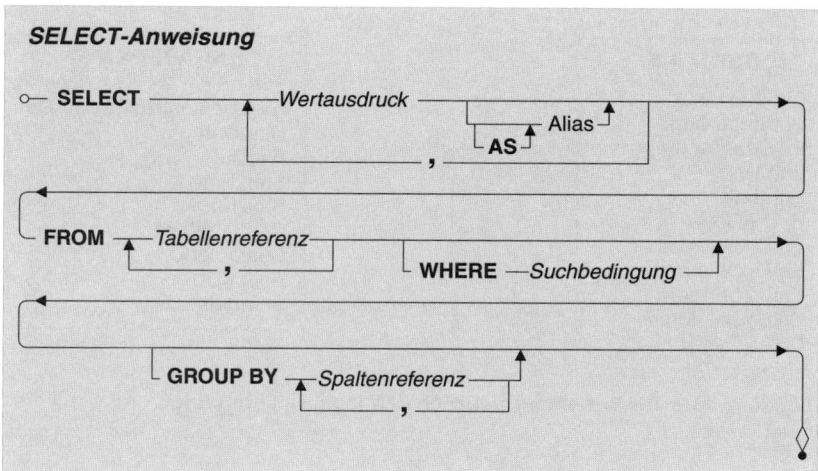

Abbildung 13.1: Die SELECT-Anweisung mit einer GROUP BY-Klausel

13.2.1 Syntax

Sehen wir uns die GROUP BY-Klausel näher an. Abbildung 13.1 zeigt das Basisdiagramm einer SELECT-Anweisung mit einer GROUP BY-Klausel.

Wie Sie aus früheren Kapiteln bereits wissen, werden die Tabellen, aus denen Ihre Daten stammen, in der FROM-Klausel definiert. Ihre FROM-Klausel kann einfach ein einzelner Tabellenname sein, aber auch ein komplexer JOIN mehrerer Tabellen. Wie in Kapitel 8 besprochen, können Sie sogar eine ganze Tabellenunteranfrage (eine SELECT-Anweisung) als Tabellenreferenz einbetten. Als Nächstes können Sie mit einer WHERE-Klausel bestimmte von der FROM-Klausel gelieferte Zeilen ein- oder ausschließen. Mit der WHERE-Klausel haben wir uns in Kapitel 6 eingehend befasst.

Wenn Sie eine GROUP BY-Klausel hinzufügen, spezifizieren Sie diejenigen Spalten in der von der FROM- und WHERE-Klausel gebildeten logischen Tabelle, die Ihr Datenbanksystem als Definition für Zeilengruppen benutzen soll. Diejenigen Zeilen, die in den von Ihnen spezifizierten Spalten dieselben Werte haben, werden zu einer Gruppe zusammengefasst. Die Spalten, die Sie in der GROUP BY-Klausel auflisten, können Sie in Wertausdrücken in Ihrer SELECT-Klausel benutzen, und mit den im vorigen Kapitel besprochenen Aggregatfunktionen können Sie in jeder Gruppe Berechnungen anstellen.

Daten gruppieren

Wenden wir die GROUP BY-Klausel nun an, um zu sehen, wie Sie auf der Grundlage der Unterhaltungsgruppen Informationen über Vertragspreise berechnen können – das Beispiel, mit dem wir Sie bereits gepeinigt haben. Abbildung 13.2 zeigt die für diese Aufgabe benötigten Tabellen.

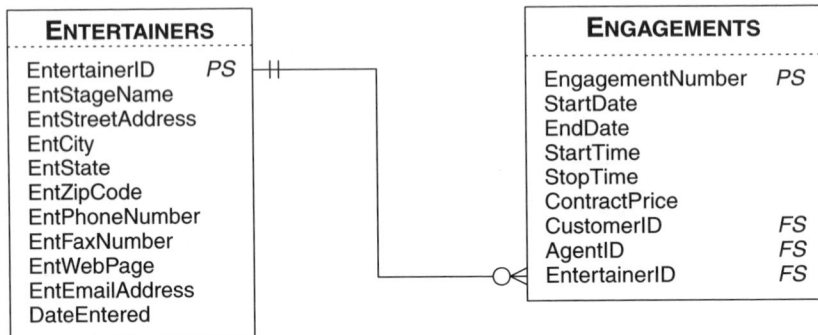

Abbildung 13.2: Die Beziehung zwischen den Tabellen Entertainers und Engagements.

 In diesem Kapitel benutzen wir die in Kapitel 4 eingeführte »Frage/ Übersetzung/ Bereinigte Fassung/ SQL«-Technik.

»Zeige mir für jede Unterhaltungsgruppe den Gruppennamen, die Anzahl der Verträge, den Gesamtpreis aller Verträge, den niedrigsten Vertragspreis, den höchsten Vertragspreis und die Durchschnittspreise aller Verträge.«

(Tipp: Wenn auf der Ebene eines Details (Verträge) nach der Anzahl der Werte, dem kleinsten, größten, Gesamt- oder Durchschnittswert *für jeden* Wert auf einer übergeordneten Ebene (Unterhaltungskünstler) gefragt wird, so muss Ihre Frage Aggregatfunktionen und eine Gruppierung enthalten. Denken Sie daran, dass es für jeden Unterhaltungskünstler wahrscheinlich mehrere Verträge gibt.)

Übersetzung	Wähle den Entertainer Name, die Zahl der Contracts, die Summe des Contract Price, den minimalen Contract Price, den maximalen Contract Price und den durchschnittlichen Contract Price aus der Entertainers-Tabelle, verbunden mit der Engagements-Tabelle auf Entertainer ID, gruppiert nach Entertainer Name
Bereinigte Fassung	Wähle Entertainer Name, Zahl(*), Summe(Contract Price), min(Contract Price), max(Contract Price), Durchschnitt(Contract Price) aus Entertainers, verbinde Engagements auf Entertainer ID, gruppiere nach Entertainer Name

```
SQL      SELECT Entertainers.EntStageName,
            COUNT(*) AS NumContracts,
            SUM(Engagements.ContractPrice) AS TotPrice,
            MIN(Engagements.ContractPrice) AS MinPrice,
            MAX(Engagements.ContractPrice) AS MaxPrice,
            AVG(Engagements.ContractPrice) AS AvgPrice
         FROM Entertainers
         INNER JOIN Engagements
         ON Entertainers.EntertainerID =
            Engagements.EntertainerID
         GROUP BY Entertainers.EntStageName
```

Wir gaben die Anweisung COUNT (*), da wir unabhängig von möglichen Nullwerten alle Engagement- (Vertrags-) Zeilen zählen möchten. Indem wir die GROUP BY-Klausel hinzufügen, ermöglichen wir die Anwendung der *Aggregatfunktionen nach Unterhaltungsgruppe*. Außerdem können wir nun den Namen des Künstlers in die SELECT-Klausel aufnehmen. (Diese Frage haben wir in der Beispieldatenbank als Aggregate_Contract_Info_By_Entertainer gespeichert.)

Was aber geschieht, wenn Sie auf mehr als einem Wert gruppieren möchten (oder müssen)? Sehen wir uns dieselbe Aufgabe noch einmal an, diesmal nicht aus der Perspektive der Unterhaltungskünstler, sondern aus der Perspektive der Kunden. Nehmen wir an, Sie möchten in Ihrer Ergebnismenge den Vor- und den Nachnamen des Kunden angezeigt sehen. Abbildung 13.3 zeigt die benötigten Tabellen.

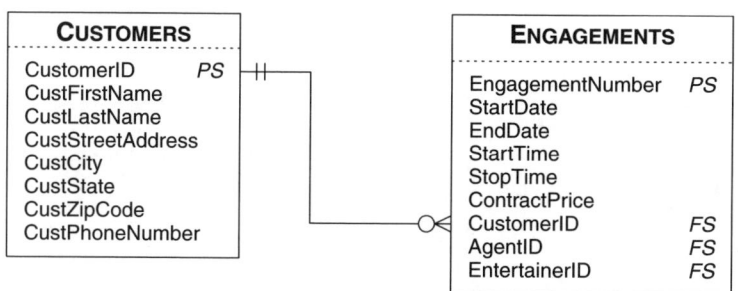

Abbildung 13.3: Die Beziehung zwischen den Tabellen Customers und Engagements

»Zeige mir für alle Kunden den Vor- und Nachnamen, die Anzahl der Verträge, den Gesamtpreis aller Verträge, den niedrigsten Vertragspreis, den höchsten Vertragspreis und den Durchschnittspreis aller Verträge.«

441

Übersetzung	Wähle Customer Last Name, Customer First Name, die Zahl der Contracts, die Summe der Contract Prices, den minimalen Contract Price, den maximalen Contract Price und den durchschnittlichen Contract Price aus der Customers-Tabelle, verbunden mit der Engagements-Tabelle auf Customer ID, gruppiert nach Customer Last Name und Customer First Name
Bereinigte Fassung	Wähle Customer Last Name, Customer First Name, Zahl(*), Summe(Contract Price), min(Contract Price), max(Contract Price), Durchschnitt(Contract Price) aus Customers, verbinde Engagements auf Customer ID, gruppiere nach Customer Last Name, Customer First Name
| SQL | ```
SELECT Customers.CustLastName,
    Customers.CustFirstName,
    COUNT(*) AS NumContracts,
    SUM(Engagements.ContractPrice) AS TotPrice,
    MIN(Engagements.ContractPrice) AS MinPrice,
    MAX(Engagements.ContractPrice) AS MaxPrice,
    AVG(Engagements.ContractPrice) AS AvgPrice
FROM Customers
INNER JOIN Engagements
ON Customers.CustomerID =
    Engagements.CustomerID
GROUP BY Customers.CustLastName,
    Customers.CustFirstName
``` |

Das Ergebnis ist die folgende Tabelle. (In der Beispieldatenbank haben wir diese Frage als Aggregate_Contract-Info_By_Customer gespeichert.)

CustLast-Name	CustFirst-Name	NumCon-tracts	TotPrice	MinPrice	MaxPrice	AvgPrice
Bonnick-sen	Joyce	8	$7,000.00	$320.00	$2,150.00	$875.00
Buchanan	Amelia	7	$4,685.00	$200.00	$1,490.00	$669.29
Callahan	Sally	9	$11,520.00	$140.00	$2,750.00	$1,280.00
Ehrlich	Mel	8	$7,015.00	$110.00	$2,930.00	$876.88
Ehrlich	Zachary	13	$12,455.00	$230.00	$1,550.00	$958.08
Fuller	Ann	10	$12,320.00	$350.00	$2,450.00	$1,232.00
Fuller	Thomas	10	$13,745.00	$200.00	$2,675.00	$1,374.50
Hallmark	Elizabeth	8	$25,585.00	$410.00	$14,105.00	$3,198.13
<<weitere Zeilen>>						

Tabelle 13.3: Aggregate_Contract-Info_By_Customer.
```

Da sich der Kundenname über zwei Spalten erstreckt, mussten wir *beide* Spalten in die GROUP BY-Klausel aufnehmen. Vergessen Sie nicht: Wenn Sie in die Ausgabe eine Spalte aufnehmen möchten, die nicht das Berechnungsergebnis einer Aggregatfunktion ist, müssen Sie sie auch in die GROUP BY-Klausel aufnehmen. Die Spalte ContractPrice nahmen wir nicht in die GROUP BY-Klausel auf, da wir sie in vielen der Aggregatfunktionsausdrücke benutzen. Hätten wir ContractPrice aufgenommen, so hätten wir eindeutige Gruppen von Kunden und Preisen erhalten. MIN, MAX und AVG würden alle diesen gruppierten Preis zurückgeben. COUNT wäre nur dann größer als eins, wenn es für einen Kunden mehr als einen Vertrag mit demselben Preis gibt. Bei genauerer Betrachtung wäre die Gruppierung nach Kunde und Preis und die Frage nach der Anzahl (COUNT) eine gute Möglichkeit, diejenigen Kunden zu finden, die mehrere Verträge mit demselben Preis haben.

13.2.2   Spalten und Ausdrücke mischen

Nehmen wir an, Sie möchten in einer Ausgabespalte den Namen des Kunden, in einer anderen Ausgabespalte seine vollständige Adresse, und darüber hinaus den jüngsten Buchungstermin und die Summe aller Engagement-Vertragspreise auflisten. Der Kundenname besteht aus zwei Spalten: CustFirstName und CustLastName. Für die vollständige Adresse benötigen Sie die Spalten CustStreetAddress, CustState, CustCity und CustZipCode. Sehen wir uns an, wie die SQL-Syntax für diese Frage konstruiert wird. (Diese Frage haben wir in der Beispieldatenbank als Customers_Last_Booking gespeichert.)

»Zeige mir für alle Kunden den vollen Namen des Kunden, seine vollständige Adresse, den Termin des jüngsten Vertrages und den Gesamtpreis aller seiner Verträge.«

Übersetzung	Wähle Customer Last Name und Customer First Name als Customer Full Name; Street Address, City, State und Zipcode als Customer Full Address; das maximale Contract Start Date und die Summe der Contract Prices aus der Customers-Tabelle, verbunden mit der Engagements-Tabelle auf Customer ID, gruppiert nach Customer Last Name, Customer First Name, Customer Street Address, Customer City, Customer State und Customer Zip Code
Bereinigte Fassung	Wähle Customer Last Name || ', ' || Customer First Name als Customer Full Name, Street Address || ', ' || City || ', ' || State || ' ' || Zipcode als Customer Full Address, max(Start Date) als Latest Date, Summe(Contract Price) als Total Contract Price aus Customers, verbinde Engagements auf Customer ID, gruppiere nach Customer Last Name, Customer First Name, Customer Street Address, Customer City, Customer State, Customer Zip Code

```
SQL     SELECT Customers.CustLastName || ', ' ||
            Customers.CustFirstName AS CustomerFullName,
            Customers.CustStreetAddress || ', ' ||
            Customers.CustCity || ', ' ||
            Customers.CustState || ' ' ||
            Customers.CustZipCode AS CustomerFullAddress
            MAX(Engagements.StartDate) AS LatestDate,
            SUM(Engagements.ContractPrice),
            AS TotalContractPrice
        FROM Customers
        INNER JOIN Engagements
        ON Customers.CustomerID =
            Engagements.CustomerID
        GROUP BY Customers.CustLastName,
            Customers.CustFirstName,
            Customers.CustStreetAddress,
            Customers.CustCity, Customers.CustState,
            Customers.CustZipCode
```

Beachten Sie, dass wir alle Spalten auflisten müssen, die wir in einem Ausgabeausdruck benutzen, der keine Aggregatfunktion enthält. Da wir die Spalten StartDate und ContractPrice in Aggregatausdrücken benutzten, brauchen wir sie nicht in der GROUP BY-Klausel aufzuführen. Es wäre auch nicht sinnvoll, StartDate oder ContractPrice zu gruppieren, da wir diese Spalten in einer Gesamtwertberechnung über mehrere Kunden benutzen möchten. Würden wir zum Beispiel StartDate gruppieren, so gäbe MAX(StartDate) den Gruppenwert und SUM(ContractPrice) für einen Kunden nur die Summe der Vertragspreise zu einem bestimmten Termin zurück. Die Summe mehrerer Verträge würden Sie nur dann erhalten, wenn es für einen Kunden zu einem bestimmten Termin mehr als einen Vertrag gäbe – was nicht sehr wahrscheinlich ist.

13.2.3 GROUP BY in einer Unteranfrage in einer WHERE-Klausel benutzen

In Kapitel 11 führten wir die Aggregatfunktionen COUNT und MAX ein, um zu zeigen, wie Zeilen mit einem aggregierten Wert aus einer Unteranfrage gefiltert werden. In Kapitel 12 zeigten wir, wie auch MIN, AVG und SUM im Filter einer Unteranfrage benutzt werden. Nun wollen wir uns eine Frage ansehen, die sowohl eine Unteranfrage mit einer Aggregatfunktion als auch eine GROUP BY-Klausel in einer Unteranfrage erfordert.

»Zeige die Engagementverträge, deren Preis höher ist als die Summe aller Verträge aller anderen Kunden.«

Übersetzung	Wähle Customer First Name, Customer Last Name, Engagement Start Date und Engagement Contract Price aus der Customers-Tabelle, verbunden mit der Engagements-Tabelle auf Customer ID, wobei der Contract Price größer als die Summe aller Contract Prices für andere als den aktuellen Customer ist, gruppiert nach Customer ID
Bereinigte Fassung	Wähle Customer First Name, Customer Last Name, Engagement Start Date, Engagement Contract Price aus Customers, verbinde Engagements auf Customer ID, wobei Contract Price > ALL (SELECT Summe Contract Prices Customers ID <> Customer ID, gruppiere nach Customer ID)
| SQL | ```
SELECT Customers.CustFirstName,
    Customers.CustLastName,
    Engagements.StartDate,
    Engagements.ContractPrice
FROM Customers
INNER JOIN Engagements
ON Customers.CustomerID =
    Engagements.CustomerID
WHERE Engagements.ContractPrice > ALL
    (Select SUM(ContractPrice)
    FROM Engagements AS E2
    WHERE E2.CustomerID <> Customers.CustomerID
    GROUP BY E2.CustomerID)
``` |

Sehen wir uns genauer an, was die Unteranfrage macht. Für jedes Engagement, das die Anfrage im JOIN von Customers und Engagements betrachtet, berechnet die Unteranfrage die Summe (SUM) aller Vertragspreise für alle anderen Kunden und fasst sie nach der Customer ID zu Gruppen zusammen. Da es in der Datenbank mehrere Kunden gibt, gibt die Unteranfrage mehrere SUM-Werte zurück: für jeden Kunden einen. Daher können wir keinen einfachen Größer-als-Vergleich (>) benutzen. Wir können jedoch mit dem quantifizierten Größer-als-alle-Vergleich (> ALL) eine Wertemenge überprüfen; das haben Sie in Kapitel 11 gelernt. Wenn Sie diese Anfrage in der Entertainment Agency-Beispieldatenbank zu diesem Kapitel durchführen (gespeichert unter dem Namen »Biggest_Big_Contract«), werden Sie feststellen, dass nur ein Vertrag diese Bedingung erfüllt, wie nachfolgend gezeigt wird.

CustFirstName	CustLastName	StartDate	ContractPrice
Elizabeth	Hallmark	1999-11-21	$14,105.00

Tabelle 13.4: Biggest_Big_Contract.Biggest.

445
```

13.2.4 Eine SELECT DISTINCT-Anweisung simulieren

Haben Sie schon einmal daran gedacht, eine GROUP BY-Klausel benutzen, ohne in Ihre SELECT-Klausel Aggregatfunktionen aufzunehmen? Natürlich können Sie das tun! Die Wirkung ist dieselbe wie bei der in Kapitel 4 (im Abschnitt über das Beseitigen doppelter Zeilen) besprochenen Verwendung des Schlüsselwortes DISTINCT.

Sehen wir uns nun eine einfache Frage an, die eindeutige Werte erfordert, und lösen sie mit beiden Techniken.

»Zeige mir die eindeutigen Städtenamen aus der Tabelle Customers.«

Übersetzung1	Wähle die eindeutig unterschiedenen City Names aus der Tabelle Customers
Bereinigte Fassung	Wähle eindeutig unterschiedene City Name aus Customers
SQL	SELECT DISTINCT Customers.CustCityName FROM Customers

Überset-zung 2	Wähle City Names aus der Tabelle Customers, gruppiert nach City Name
Bereinigte Fassung	Wähle City Name aus Customers, gruppiere nach City Name
SQL	SELECT Customers.CustCityName FROM Customers GROUP BY Customers.CustCityName

Denken Sie daran, dass GROUP BY alle Zeilen in den angegebenen Gruppenspalten zu Gruppen zusammenfasst und pro Gruppe eine Zeile zurückgibt. Sie erzielen das gleiche Ergebnis wie mit dem Schlüsselwort DISTINCT, allerdings auf einem etwas anderen Weg. Welcher Weg ist besser? Wir meinen: DISTINCT stellt zwar besser dar, was Sie eigentlich wollen, aber Ihr Datenbanksystem löst die Aufgabe mit GROUP BY möglicherweise schneller.

13.3 Restriktionen

Wir erwähnten bereits, dass die Konstruktion Ihrer Frage durch das Hinzufügen einer GROUP BY-Klausel bestimmten Restriktionen unterworfen wird. Sehen wir uns diese Restriktionen noch einmal an, um sicherzugehen, dass Sie nicht in häufig auftretende Fallen stolpern.

13.3.1 Spaltenrestriktionen

Indem Sie eine GROUP BY-Klausel hinzufügen, weisen Sie Ihre Datenbank an, aus den Zeilen, die von den in Ihrer FROM-Klausel definierten Tabellen zurückgegeben und in Ihrer WHERE-Klausel gefiltert wurden, eindeutige Zeilengruppen zu bilden. Sie können in Ihrer SELECT-Klausel beliebig viele Aggregatausdrücke benutzen und diese Ausdrücke können jede beliebige Spalte der von der FROM- und der WHERE-Klausel definierten Tabelle benutzen. Wie wir bereits an einem Beispiel gezeigt haben, ist es nicht sehr sinnvoll, eine Spalte in einem Aggregatausdruck zu referenzieren und diese Spalte auch noch in die Gruppenspezifikation aufzunehmen.

Falls Sie Ausdrücke aufnehmen, die zwar Spalten referenzieren, aber keine Aggregatfunktion enthalten, müssen Sie *alle* so verwendeten Spalten in der GROUP BY-Klausel auflisten. Einer der häufigsten Fehler ist die Annahme, Sie könnten in Nichtaggregatfunktionen Spalten referenzieren, wenn diese Spalten aus eindeutig unterschiedlichen Zeilen stammen. Sehen wir uns als Beispiel eine falsch gestellte Frage an, die einen Primärschlüsselwert enthält – also etwas, von dem wir wissen, dass es seiner Definition nach eindeutig ist.

»*Zeige die Kundennummer, den vollen Namen des Kunden und die Summe aller Engagementvertragspreise.*«

Übersetzung	Wähle Customer ID, Customer First Name und Customer Last Name als Customer Full Name und die Summe der Contract Prices aus der Customers-Tabelle, verbunden mit der Engagements-Tabelle auf Customer ID, gruppiert nach Customer ID
Bereinigte Fassung	Wähle Customer ID, Customer First Name || ' ' || Customer Last Name als Customer Full Name, Summe(Contract Price) aus Customers, verbinde Engagements auf Customer ID, gruppiere nach Customer ID

SQL	`SELECT Customers.CustomerID,`
	`    Customers.CustFirstName || ' ' ||`
	`    Customers.CustLastName AS CustFullName,`
	`    SUM(Engagements.ContractPrice) AS TotalPrice`
	`FROM Customers`
	`INNER JOIN Engagements`
	`ON Customers.CustomerID =`
	`    Engagements.CustomerID`
	`GROUP BY Customers.CustomerI`

Wir *wissen*, dass die Kundennummer für jeden Kunden eindeutig ist. Eine Gruppierung nur auf der Kundennummer sollte genügen, um in den von der Kundennummer gebildeten Gruppen eindeutige Informationen über die Vor- und Nachnamen der Kunden zu erhalten. SQL beruht jedoch auf Syntax, und nicht auf Semantik. In anderen Worten: SQL berücksichtigt das eventuell durch den Entwurf Ihrer Datenbanktabellen implizierte Wissen nicht – auch nicht das Wissen, welche Spalten Primärschlüssel sind. SQL verlangt, dass Ihre Frage syntaktisch »rein« und ohne Kenntnis des zu Grunde liegenden Tabellenentwurfs zu übersetzen ist. Bei einem Datenbanksystem, das den SQL-Standard voll erfüllt, wird die oben angeführte SQL-Anweisung demnach scheitern, da wir in die SELECT-Klausel Spalten aufgenommen haben, die weder in einer Aggregatfunktion noch in der GROUP BY-Klausel vorkommen (CustFirstName und CustLast-Name). Die korrekte SQL-Syntax sieht folgendermaßen aus.

```
SQL    SELECT Customers.CustomerID,
           Customers.CustFirstName || ' ' ||
           Customers.CustLastName AS CustFullName,
           SUM(Engagements.ContractPrice) AS TotalPrice
       FROM Customers
       INNER JOIN Engagements
       ON Customers.CustomerID =
           Engagements.CustomerID
       GROUP BY Customers.CustomerID,
           Customers.CustFirstName,
           Customers.CustLastName
```

Dies scheint vielleicht des Guten zu viel zu sein, aber es ist richtig!

 In einigen Datenbanksystemen müssen Sie die in der SELECT-Klausel benutzten *Ausdrücke* in der GROUP BY-Klausel exakt kopieren. Beispiele hierfür sind Oracle und Microsoft Access. Im vorigen Beispiel müssten Sie statt einer Auflistung der einzelnen Spalten die folgende Syntax benutzen:

```
GROUP BY Customers.CustomerID,
    Customers.CustFirstName || ' ' ||
    Customers.CustLastName
```

Dies entspricht zwar nicht dem SQL-Standard, aber Sie stellen vielleicht fest, dass Ihr System Ihre Frage nur so bearbeiten kann.

13.3.2 Auf Ausdrücken gruppieren

Wir haben Ihnen bereits einige Beispiele für das richtige Erstellen von Ausdrücken ohne Aggregatfunktionen gezeigt. Einer der häufigsten Fehler ist der Versuch, nicht auf den einzelnen Spalten, sondern auf dem in der SELECT-Klausel erstellten Ausdruck zu gruppieren. Vergessen Sie nicht, dass die GROUP BY-Klausel auf Spalten Bezug nehmen muss, die von der FROM- und der WHERE-Klausel erzeugt wurden. Sie kann keinen Ausdruck benutzen, den Sie in der SELECT-Klausel erstellen.

Um dies zu veranschaulichen, wollen wir uns nun ein Beispiel ansehen, das wir weiter oben bereits gelöst haben; aber diesmal bauen wir den beschriebenen Fehler ein. (Wir überspringen hier die Schritte Übersetzung und Bereinigte Fassung, da wir sie weiter oben bereits angeführt haben.)

»Zeige mir für jeden Kunden im Bundesstaat Washington den vollen Namen, die vollständige Adresse, den jüngsten Vertragstermin und den Gesamtpreis aller Verträge.«

```
SQL     SELECT Customers.CustLastName || ', ' ||
            Customers.CustFirstName AS CustomerFullName,
            Customers.CustStreetAddress || ', ' ||
            Customers.CustCity || ', ' ||
            Customers.CustState || ' ' ||
            Customers.CustZip AS CustomerFullAddress
            MAX(Engagements.StartDate) AS LatestDate,
            SUM(Engagements.ContractPrice)
            AS TotalContractPrice
        FROM Customers
        INNER JOIN Engagements
        ON Customers.CustomerID =
            Engagements.CustomerID
        WHERE Customers.CustState ='WA'
        GROUP BY CustomerFullName,
            CustomerFullAddress
```

Einige Datenbanksysteme lassen dies durchgehen, aber es ist nicht richtig. Die Spalten CustomerFullName und CustomerFullAdress gibt es erst, *nachdem* Ihr Datenbanksystem die FROM-, WHERE- und GROUP BY-Klauseln ausgewertet hat. Da die GROUP BY-Klausel diese Spalten im von den FROM- und WHERE-Klauseln erzeugten Ergebnis nicht findet, melden Datenbanksysteme, die den SQL-Standard voll erfüllen, einen Syntaxfehler.

Einen richtigen Weg zur Lösung dieser Aufgabe haben wir Ihnen bereits gezeigt: Sie müssen alle Spalten auflisten, die Sie in den Ausdrücken CustomerFullName und CustomerFullAddress benutzen. Ein anderer Lösungsweg besteht darin, eine Tabellenunteranfrage einzubetten, damit die FROM-Klausel die berechneten Spalten erzeugt. Dies sieht folgendermaßen aus.

```
SQL      SELECT CE.CustomerFullName,
             CE.CustomerFullAddress,
             MAX(CE.StartDate) AS LatestDate,
             SUM(CE.ContractPrice)
             AS TotalContractPrice
         FROM
           (SELECT Customers.CustLastName || ', ' ||
           Customers.CustFirstName AS CustomerFullName,
             Customers.CustStreetAddress || ', ' ||
             Customers.CustCity || ', ' ||
             Customers.CustState || ' ' ||
             Customers.CustZip AS CustomerFullAddress,
             Engagements.StartDate,
             Engagements.ContractPrice
           FROM Customers
           INNER JOIN Engagements
           ON Customers.CustomerID =
             Engagements.CustomerID
           WHERE Customers.CustState ='WA')
         AS CE
         GROUP BY CE.CustomerFullName,
             CE.CustomerFullAddress
```

Nun funktioniert es, da wir die Spalten CustomerFullName und CustomerFullAdrees in der FROM-Klausel als Ausgabe erzeugt haben. Sie müssen jedoch zugeben, dass die Anfrage dadurch sehr komplex wird. Es ist wirklich besser, einfach alle Spalten, die Sie in Nichtaggregatausdrücken benutzen möchten, einzeln aufzuzählen, und die Ausdrücke nicht in einer FROM-Klausel als Spalten zu erzeugen.

13.4 Anwendungsmöglichkeiten von GROUP BY

Inzwischen verstehen Sie, wie man mit Aggregatfunktionen und der GROUP BY-Klausel Teilsummen in Gruppen abfragt. Sie bekommen am ehesten eine Vorstellung von den vielfältigen Anwendungsmöglichkeiten der GROUP BY-Klausel, wenn wir Ihnen Aufgaben zeigen, die Sie mit dieser neuen Klausel lösen können. Daran schließt sich im nächsten Abschnitt eine umfassende Menge von Beispielen an.

▼ »Zeige mir alle Anbieter und wie viele Tage jeder durchschnittlich für die Lieferung von Waren benötigt.«

▼ »Zeige mir für jedes Produkt den Produktnamen und die Gesamtumsatzzahlen.«

▼ »Liste für jeden Kunden und jedes Bestelldatum den vollen Namen des Kunden und den Gesamtpreis aller an diesem Datum bestellten Waren auf.«

▼ »Zeige die Kennnummer und die Mitglieder jeder Künstlergruppe und wie viel jedes Gruppenmitglied verdient, wenn der Gesamtvertragspreis durch die Zahl der Gruppenmitglieder dividiert wird.«

▼ »Zeige für jeden Agenten den Namen, die Summe der Vertragspreise der gebuchten Engagements und seine Gesamtprovision.«

▼ »Nenne mir, sortiert nach Kategorie und Schüler, für die abgeschlossenen Kurse die Bezeichnung der Kategorie, den Namen des Schülers und die Durchschnittspunktzahl, die dieser Schüler in allen Kursen dieser Kategorie erzielt hat.«

▼ »Zeige mir, nach Kategorien sortiert, die Bezeichnung der Kategorie und die Anzahl der angebotenen Kurse.«

▼ »Liste alle Lehrer und die Zahl der Kurse auf, die jeder laut Unterrichtsplan abhalten soll.«

▼ »Zeige mir für jedes Turnier und Spiel die Kennnummer des Turniers, den Austragungsort des Turniers, die Spielenummer, den Namen jeder Mannschaft und die gesamte Handicap-Punktzahl jeder Mannschaft.«

▼ »Zeige mir für jeden Kegler den Namen und den Durchschnitt seiner Rohpunktzahl.«

▼ »Zeige mir, wie viele Rezepte es für jede Zutatenklasse gibt.«

▼ »Wenn ich alle Rezepte in meinem Kochbuch kochen möchte, wie viel brauche ich dann von jeder Zutat?«

13.5 Beispielanweisungen

Sie wissen nun, wie Sie Anfragen mit einer GROUP BY-Klausel konstruieren müssen, und haben einige Fragentypen gesehen, die Sie beantworten können. Sehen wir uns nun einige Beispiele an, für die die Informationen gruppiert werden müssen. Diese Beispiele stammen aus den einzelnen Beispieldatenbanken.

Wir haben auch Beispielergebnismengen angeführt, die durch diese Operationen zurückgeben würden, und direkt hinter der SQL-Syntaxzeile platziert. Der Name der Ergebnismenge ist der Name der jeweiligen Anfrage in den Beispieldatenbanken auf der Begleit-CD, die Sie am Ende des Buches finden. Jede Anfrage ist (wie im Beispiel angezeigt wird) in der entsprechenden Beispieldatenbank des Unterordners »Chapter13« auf der CD gespeichert. Um die Beispiele auf Ihren Computer herunterzuladen und auszuprobieren, folgen Sie bitte den Anweisungen am Anfang dieses Buches.

Denken Sie daran, dass alle Spalten- und Tabellennamen in diesen Beispielen aus den in Anhang B gezeigten Strukturen der Beispieldatenbanken stammen. Der Einfachheit halber haben wir in allen Beispielen die Schritte Übersetzung und Bereinigte Fassung zusammengefasst.

Diese Beispiele setzen voraus, dass Sie die vorhergehenden Kapitel – insbesondere die über JOINs und Unteranfragen – gründlich gelesen und verstanden haben.

Sales Order Datenbank

»Liste für jeden Kunden und jedes Bestelldatum den vollen Namen des Kunden und den Gesamtpreis aller an diesem Datum bestellten Waren auf.«

Übersetzung/ Bereinigte Fassung	Wähle Customer First Name ‖ ' ' ‖ Customer Last Name als Customer Full Name, Order Date, Summe (Quoted Price * Quantity Ordered) als Total Cost aus Customers, verbinde Orders auf Customer ID, verbinde Order Details auf Order Number, gruppiere nach Customer First Name, Customer Last Name, Order Date
SQL	```SELECT Customers.CustFirstName || ' ' ||
        Customers.CustLastName AS CustFullName,
        Orders.OrderDate,
        SUM(Order_Details.QuotedPrice *
        Order_Details.QuantityOrdered) AS TotalCost
FROM (Customers
INNER JOIN Orders
ON Customers.CustomerID = Orders.CustomerID)
INNER JOIN Order_Details
ON Orders.OrderNumber =
        Order_Details.OrderNumber
GROUP BY Customers.CustFirstName,
        Customers.CustLastName, Orders.OrderDate``` |

CustFullName	OrderDate	TotalCost
Alaina Hallmark	1999-07-02	$4,699.98
Alaina Hallmark	1999-07-14	$4,433.95
Alaina Hallmark	1999-07-18	$353.25
Alaina Hallmark	1999-07-21	$3,951.90
Alaina Hallmark	1999-07-22	$10,388.68
Alaina Hallmark	1999-07-30	$3,088.00
Alaina Hallmark	1999-08-11	$6,775.06
Alaina Hallmark	1999-08-21	$15,781.10
<<weitere Zeilen>>		

Tabelle 13.5: Order_Totals_By_Customer_And_Date (847 Zeilen)

Entertainment Agency-Datenbank

»Zeige die Kennnummer und die Mitglieder jeder Künstlergruppe und welche Bezahlung jedes Gruppenmitglied erhält, wenn der Gesamtvertragspreis durch die Zahl der Gruppenmitglieder dividiert wird.«

Diese Aufgabe ist wirklich knifflig, denn jedes Mitglied kann mehr als nur einer Unterhaltungsgruppe angehören. Sie müssen die Summe der Vertragspreise jeder Künstlergruppe bilden und dann durch die Anzahl der Mitglieder dieser Gruppe teilen (vorausgesetzt, alle Mitglieder werden gleich bezahlt). Um die Zahl der Gruppenmitglieder zu erhalten, benötigen Sie eine auf der aktuellen Entertainer ID (der ID der Gruppe, nicht des Mitglieds) gefilterte Unteranfrage, was bedeutet, dass Sie auch auf der Entertainer ID gruppieren müssen. Ach ja, und vergessen Sie nicht, alle inaktiven Mitglieder auszuschließen (Status = 3).

Übersetzung/ Bereinigte Fassung	Wähle Entertainer ID, Member First Name, Member Last Name, Summe(Contract Price) / (SELECT Zahl(*) FROM Entertainer_Members AS EM2 WHERE EM2 Entertainer ID = Entertainer Members Entertainer ID) aus Members, verbinde Entertainer Members, auf Member ID, verbinde Entertainers auf Entertainer ID, verbinde Engagements auf Entertainer ID, wobei Member Status <> 3, gruppiere nach Entertainer ID, Member First Name, Member Last Name, ordne nach Member Last Name
SQL	```SELECT Entertainers.EntertainerID,\n Members.MbrFirstName, Members.MbrLastName,\n SUM(Engagements.ContractPrice)/\n (SELECT COUNT(*)\n FROM Entertainer_Members AS EM2\n WHERE EM2.Status <> 3\n AND EM2.EntertainerID =\n Entertainers.EntertainerID)\n AS MemberPay\nFROM ((Members\nINNER JOIN Entertainer_Members\nON Members.MemberID =\n Entertainer_Members.MemberID)\nINNER JOIN Entertainers\nON Entertainers.EntertainerID =\n Entertainer_Members.EntertainerID)\nINNER JOIN Engagements\nON Entertainers.EntertainerID =\n Engagements.EntertainerID\nWHERE Entertainer_Members.Status<>3```

```
GROUP BY Entertainers.EntertainerID,
    Members.MbrFirstName, Members.MbrLastName
ORDER BY Members.MbrLastName
```

EntertainerID	MbrFirstName	MbrLastName	MemberPay
1010	Kendra	Bonnicksen	$3,675.00
1013	Kendra	Bonnicksen	$3,767.50
1004	Albert	Buchanan	$3,030.00
1007	Andrea	Buchanan	$3,820.00
1001	Laura	Callahan	$3,693.33
1008	George	Chavez	$7,246.00
1013	George	Chavez	$3,767.50
1010	Caroline	Coie	$3,675.00
<<weitere Zeilen>>			

Tabelle 13.6: Member_Pay (40 Zeilen)

Bowling League-Datenbank

»Zeige mir für jedes Turnier und Spiel die Kennnummer des Turniers, den Austragungsort des Turniers, die Spielenummer, den Namen jeder Mannschaft und die gesamte Handicap-Punktzahl jeder Mannschaft.«

Übersetzung/ Bereinigte Fassung	Wähle Tourney ID, Tourney Location, Match ID, Team Name, Summe (Handicap Score) als TotHandicapScore aus Tournaments, verbinde Tourney Matches auf Tournament ID, verbinde Match Games auf Match ID, verbinde Bowler Scores auf Match ID und Game Number, verbinde Bowlers auf Bowler ID, verbinde Teams auf Team ID, gruppiere nach Tourney ID, Tourney Location, Match ID, Team Name

SQL	`SELECT Tournaments.TourneyID,`
	`    Tournaments.TourneyLocation,`
	`    Tourney_Matches.MatchID, Teams.TeamName,`
	`    Sum(Bowler_Scores.HandiCapScore)`
	`    AS TotHandiCapScore`
	`FROM (((((Tournaments`
	`INNER JOIN Tourney_Matches`
	`ON Tournaments.TourneyID =`
	`    Tourney_Matches.TourneyID)`
	`INNER JOIN Match_Games`
	`ON Tourney_Matches.MatchID =`
	`    Match_Games.MatchID)`

```
INNER JOIN Bowler_Scores
ON (Match_Games.MatchID =
    Bowler_Scores.MatchID) AND
    (Match_Games.GameNumber =
    Bowler_Scores.GameNumber))
INNER JOIN Bowlers
ON Bowlers.BowlerID = Bowler_Scores.BowlerID)
INNER JOIN Teams
ON Teams.TeamID = Bowlers.TeamID
GROUP BY Tournaments.TourneyID,
    Tournaments.TourneyLocation,
    Tourney_Matches.MatchID, Teams.TeamName
```

Wie Sie sehen, besteht bei dieser Frage die Schwierigkeit darin, die komplexen JOIN-Klauseln zusammenzusetzen, sodass alle Tabellen richtig verknüpft werden.

TourneyID	TourneyLocation	MatchID	TeamName	TotHandiCap Score
1	Red Rooster Lanes	1	Marlins	2351
1	Red Rooster Lanes	1	Sharks	2348
1	Red Rooster Lanes	2	Barracudas	2289
1	Red Rooster Lanes	2	Terrapins	2391
1	Red Rooster Lanes	3	Dolphins	2389
1	Red Rooster Lanes	3	Orcas	2395
1	Red Rooster Lanes	4	Manatees	2292
1	Red Rooster Lanes	4	Swordfish	2353
2	Thunderbird Lanes	5	Marlins	2297
2	Thunderbird Lanes	5	Terrapins	2279
<<weitere Zeilen>>				

Tabelle 13.7: Tournament_Match_Team_Results (112 Zeilen)

School Scheduling-Datenbank

»Nenne mir, sortiert nach Kategorie und Schüler, für die abgeschlossenen Kurse, die Bezeichnung der Kategorie, den Namen des Schülers und die Durchschnittspunktzahl, die dieser Schüler in allen Kursen dieser Kategorie erzielt hat.«

Übersetzung/ Bereinigte Fassung	Wähle Category Description, Student First Name, Student Last Name, Durchschnitt(Grade) als AvgOfGrade aus Categories, verbinde Subjects auf Category ID, verbinde Classes auf Subject ID, verbinde Student Schedules auf Class ID, verbinde Student Class Status auf Class Status, verbinde Students auf Student ID, wobei Class Status Description = 'Completed,' gruppiere nach Category Description, Student First Name, Student Last Name

SQL	<pre>SELECT Categories.CategoryDescription,
	    Students.StudFirstName,
	    Students.StudLastName,
	    Avg(Student_Schedules.Grade) AS AvgOfGrade
	FROM ((((Categories
	INNER JOIN Subjects
	ON Categories.CategoryID = Subjects.CategoryID)
	INNER JOIN Classes
	ON Subjects.SubjectID = Classes.SubjectID)
	INNER JOIN Student_Schedules
	ON Classes.ClassID = Student_Schedules.ClassID)
	INNER JOIN Student_Class_Status
	ON Student_Class_Status.ClassStatus =
	    Student_Schedules.ClassStatus)
	INNER JOIN Students
	ON Students.StudentID =
	    Student_Schedules.StudentID
	WHERE Student_Class_Status.ClassStatusDescription =
	    'Completed'
	GROUP BY Categories.CategoryDescription,
	    Students.StudFirstName,
	    Students.StudLastName</pre>

CategoryDescription	StudFirstName	StudLastName	AvgOfGrade
Accounting	Andrew	Fuller	79.43
Accounting	Elizabeth	Hallmark	90.24
Accounting	John	Kennedy	71.45
Accounting	Michael	Viescas	90.01
Accounting	Sara	Kennedy	89.92
Accounting	Sarah	Leverling	90.67
Accounting	Steven	Buchanan	87.82
Accounting	Steven	Pundt	84.37
Art	Carol	Peacock	80.78
<<weitere Zeilen>>			

Tabelle 13.8: Student_GradeAverage_By_Category (45 Zeilen)

13.5 Beispielanweisungen

Recipes-Datenbank

»Zeige mir, wie viele Rezepte es für jede Zutatenklasse gibt.«

Hier besteht die Schwierigkeit darin, dass Sie eine bestimmte Rezeptklasse
nicht mehr als einmal pro Rezept zählen möchten. Wenn ein Rezept zum
Beispiel mehrere Kräuter oder Milchprodukte enthält, sollte dieses Rezept
pro Klasse nur einmal gezählt werden. Es sieht so aus, als sei es Zeit für einen COUNT(DISTINCT Wertausdruck), nicht wahr?

Übersetzung/ Bereinigte Fassung	Wähle Ingredient Class Description, Zahl(DISTINCT Recipe ID) aus In- gredient Classes, verbinde Ingredients auf Ingredient Class ID, verbinde Recipe Ingredients auf Ingredient ID, gruppiere nach Ingredient Class Description
| SQL | ```
SELECT
    Ingredient_Classes.IngredientClassDescription,
    Count(DISTINCT RecipeID) AS CountOfRecipeID
FROM (Ingredient_Classes
INNER JOIN Ingredients
ON Ingredient_Classes.IngredientClassID =
    Ingredients.IngredientClassID)
INNER JOIN Recipe_Ingredients
ON Ingredients.IngredientID =
    Recipe_Ingredients.IngredientID
GROUP BY
    Ingredient_Classes.IngredientClassDescription
``` |

IngredientClassDescription	CountOfRecipeID
Butter	3
Cheese	2
Chips	1
Condiment	3
Dairy	2
Fruit	1
Grain	2
Herb	1
<<weitere Zeilen>>	

Tabelle 13.9: IngredientClass_Distinct_Recipe_Count (18 Zeilen)
```

Da Microsoft Access 2000 COUNT DISTINCT nicht unterstützt, wählt die Anfrge in der Access-Beispieldatenbank zuerst mit einer Tabellenunteranfrage in der FROM-Klausel die DISTINCT-Werte der Recipe ID und zählt dann die Ergebniszeilen.

13.6 Zusammenfassung

Am Anfang dieses Kapitels haben wir erklärt, warum es für Sie sinnvoll sein könnte, Daten zu gruppieren und so aus einer Ergebnismenge mehrere Teilsummen zu erhalten. Wir haben Ihnen mit einem Beispiel Appetit gemacht und anschließend gezeigt, wie dieses Beispiel und andere Aufgaben mit der GROUP BY-Klausel gelöst werden. Außerdem haben wir Ihnen gezeigt, wie Spaltenausdrücke mit Aggregatfunktionen verbunden werden.

Als Nächstes haben wir an einem interessanten Beispiel untersucht, wie GROUP BY in einer Unteranfrage benutzt wird, die als Filter in einer WHERE-Klausel fungiert. Anschließend haben wir darauf hingewiesen, dass eine Anfrage mit GROUP BY, aber ohne Aggregatfunktionen der Verwendung von DISTINCT in einer SELECT-Klausel entspricht. Schließlich haben wir Sie ermahnt, Ihre GROUP BY-Klausel sorgfältig zu konstruieren, damit die Spalten, nicht die Ausdrücke aufgenommen werden.

Wir beschlossen unsere Erörterung der GROUP BY-Klausel mit der Erläuterung einiger häufiger Fallgruben. Wir haben gezeigt, dass SQL die Kenntnis der Primärschlüssel nicht berücksichtigt. Außerdem haben wir häufige Fehler erklärt, die Sie bei der Verwendung von Spaltenausdrücken in der SELECT-Klausel machen könnten.

Wir haben zusammengefasst, warum die GROUP BY-Klausel nützlich ist, und eine Liste von Beispielaufgaben aufgeführt, die Sie mit GROUP BY lösen können. Der Rest des Kapitels besteht aus Beispielen für die Konstruktion von Anfragen, die die GROUP BY-Klausel erfordern. Der folgende Abschnitt zeigt eine Reihe von Fragen, die Sie selbst bearbeiten können.

13.7 Aufgaben

Im Folgenden zeigen wir Ihnen die Frageanweisung und den Namen der Lösungsanfrage in den Beispieldatenbanken. Wenn Sie sich etwas Praxis aneignen möchten, können Sie selbst den SQL-Code schreiben, den Sie für die einzelnen Fragen benötigen, und dann Ihre Antwort mit der Anfrage vergleichen, die wir in den Beispielen gespeichert haben. Keine Sorge, wenn Ihre Syntax mit der der gespeicherten Anfragen nicht genau übereinstimmt: Hauptsache, Sie haben dieselbe Ergebnismenge.

Sales Order-Datenbank

1. »Zeige mir alle Anbieter und wie viele Tage jeder durchschnittlich für eine Lieferung braucht.« (Tipp: Benutzen Sie die Aggregatfunktion AVG und gruppieren Sie auf Vendor. Die Lösung finden Sie in Vendor_Avg_Delivery (10 Zeilen).

2. »Zeige mir für jedes Produkt den Produktnamen und die Gesamtumsatzzahlen.« (Tipp: Benutzen Sie SUM mit Menge mal Preis und gruppieren Sie auf Product Name.) Die Lösung finden Sie in Sales_By_ Product (38 Zeilen).

Entertainment Agency-Datenbank

1. »Zeige für alle Agenten den Namen, den Gesamtbetrag des Vertragspreises der gebuchten Engagements und das Gesamtauftragsvolumen.« (Tipp: Sie müssen den Betrag des Vertragspreises mit dem Auftragsvolumen des Agenten multiplizieren. Und gruppieren Sie unbedingt auf Commission Rate!) Die Lösung finden Sie in Agent_ Sales_And_Commissions (8 Zeilen).

Bowling League-Datenbank

1. »Zeige den Namen und die durchschnittliche Rohpunktzahl jedes Keglers.« (Tipp: Benutzen Sie die Aggregatfunktion AVG und gruppieren Sie auf Bowler Name.) Die Lösung finden Sie in Bowler_Averages (32 Zeilen).

School Scheduling-Datenbank

1. »Zeige die Kategorien mit den Kategorienamen und der Anzahl der angebotenen Kurse.« (Tipp: Benutzen Sie COUNT und gruppieren Sie auf Category Name.) Die Lösung finden Sie in Category_Class_Count (16 Zeilen).

2. »Liste alle Lehrer und die Anzahl der Kurse auf, die sie jeweils unterrichten.« (Tipp: Benutzen Sie COUNT und gruppieren Sie auf Staff Name.) Die Lösung finden Sie in Staff_Class_Count (23 Zeilen).

Recipes-Datenbank

1. »Wenn ich alle Rezepte in meinem Kochbuch kochen möchte, welche Menge benötige ich dann von jeder Zutat?« (Tipp: Benutzen Sie SUM und gruppieren Sie auf Ingredient Name und Measurement Description.) Die Lösung finden Sie in Total_Ingredients_Needed (65 Zeilen).

Gruppierte Daten filtern

14

Kapitelüberblick

Let schoolmasters puzzle their brain; With grammar, and nonsense, and learning; Good liquor, I stoutly maintain; Gives genius a better discerning.
- Oliver Goldsmith

In Kapitel 12 behandelten wir die Einzelheiten aller Aggregatfunktionen, die der SQL-Standard definiert. Danach diskutierten wir in Kapitel 13, wie Sie Ihr Datenbanksystem veranlassen können, Zeilenmengen zu Gruppen zusammenzufassen und dann die Gesamtwerte (aggregate value) dieser einzelnen Gruppen zu berechnen. Einer der Vorteile der Gruppenbildung besteht darin, dass Sie die einzelnen Gruppen auch mit Wertausdrücken identifizieren können, die auf den Gruppenspalten fußen.

In diesem Kapitel fügen wir unserem Puzzle das letzte Stück hinzu. Wenn man bereits Zeilen gruppiert und Gesamtwerte berechnet hat, dann ist es oft auch nützlich, das Endergebnis noch stärker zu filtern, indem man ein Prädikat auf eine Gesamtwertberechnung anwendet. Wie Sie bald sehen werden, benötigen Sie dazu das letzte Puzzlestück: die HAVING-Klausel.

14.1 »Fokusgruppen« mit neuer Bedeutung

Wie Sie mittlerweile wissen, können Sie, sobald Sie Ihre Informationen in Zeilengruppen zusammengefasst haben, die Berechnung von MIN, MAX, AVG, SUM oder COUNT aller Werte jeder einzelnen Gruppe verlangen. Angenommen, Sie möchten die endgültige Ergebnismenge noch stärker verfeinern – also die Gruppen »fokussieren« – indem Sie einen der Gesamtwerte testen. Schauen wir uns einmal eine einfache Frage an:

»Zeige mir die Gruppen von Unterhaltungskünstlern, die Jazz spielen und mehr als drei Mitglieder haben.«

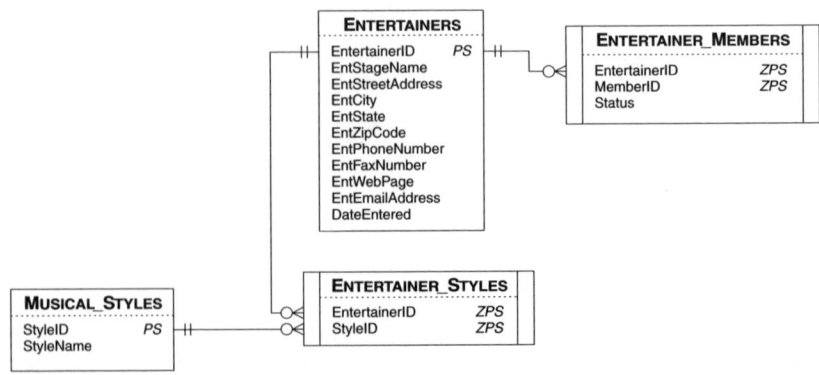

Abbildung 14.1: Die Tabellen, die benötigt werden, um herauszufinden, welche Gruppen Jazz spielen und mehr als drei Mitglieder haben

Klingt doch gar nicht schwer, oder? Abbildung 14.1 zeigt, welche Tabellen zur Lösung dieser Frage erforderlich sind.

Auch hier verwenden wir wieder die »Frage/ Übersetzung/Bereinigte Fassung/ SQL«-Technik, die wir in Kapitel 4 eingeführt haben. Überdies setzen wir die JOIN-Techniken aus Kapitel 8 und 9 und die in Kapitel 11 erklärten Unteranfragen ein.

Wenn Sie die HAVING-Klausel noch nicht kennen, sind Sie vielleicht versucht, die Frage fälschlich in der folgenden Weise zu lösen:

Übersetzung	Wähle den Entertainer Stage Name und die Zahl der Members aus der Entertainers-Tabelle, verbunden mit der Entertainer Members-Tabelle auf Entertainer ID, wobei die Entertainer ID in der Auswahl der Entertainer IDs aus der Entertainer Styles-Tabelle ist, verbunden mit der Musical Styles-Tabelle auf Style ID, wobei der Style Name »Jazz« und die Zahl der Members größer als 3 ist, gruppiert nach Entertainer Stage Name
Bereinigte Fassung	Wähle Entertainer Stage Name, Zahl(*) als CountOfMembers aus Entertainers, verbinde Entertainer Members auf Entertainer ID, wobei Entertainer ID in (wähle Entertainer ID aus Entertainer Styles, verbinde Musical Styles auf Style ID, wobei Style Name = »Jazz«) und Zahl(*) > 3, gruppiere nach Entertainer Stage Name

SQL	```
	SELECT Entertainers.EntStageName,
	     COUNT(*) AS CountOfMembers
	FROM Entertainers
	INNER JOIN Entertainer_Members
	ON Entertainers.EntertainerID =
	     Entertainer_Members.EntertainerID
	WHERE Entertainers.EntertainerID
	IN
	   (SELECT Entertainer_Styles.EntertainerID
	   FROM Entertainer_Styles
	   INNER JOIN Musical_Styles
	   ON Entertainer_Styles.StyleID =
	       Musical_Styles.StyleID
	   WHERE Musical_Styles.StyleName = 'Jazz')
	AND COUNT(*) > 3
	GROUP BY Entertainers.EntStageName
	``

Was ist daran falsch? Der Schlüssel ist, dass jede Spaltenreferenz in einer WHERE-Klausel eine Spalte in einer der Tabellen sein muss, die in der FROM-Klausel definiert sind. (Erinnern Sie sich noch an Kapitel 6?) Ist COUNT(*) eine Spalte, die aus der FROM-Klausel generiert wird? Das meinen wir nicht! Sie können COUNT für jede Gruppe erst dann berechnen, wenn die Zeilen gruppiert sind.

Es sieht ganz so aus, als müsste hinter GROUP BY eine neue Klausel stehen. Abbildung 14.2 zeigt Ihnen die vollständige Syntax einer SELECT-Anweisung einschließlich der neuen HAVING-Klausel.

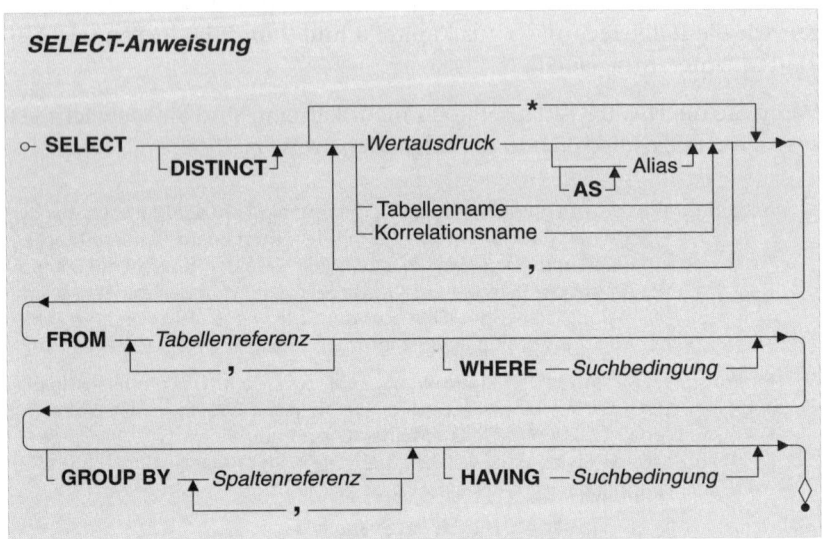

Abbildung 14.2: Die SELECT-Anweisung und alle ihre Klauseln

Da die HAVING-Klausel auf Zeilen operiert, die zuvor gruppiert worden sind, definiert der SQL-Standard einige Einschränkungen für die Spalten, die Sie in einem etwaigen Prädikat in der Suchbedingung referenzieren. Wenn Sie keine GROUP BY-Klausel haben, dann operiert die HAVING-Klausel auf allen von der FROM- und der WHERE-Klausel zurückgegebenen Zeilen, als ob es sich dabei um eine einzige Gruppe handelte.

Die Einschränkungen sind dieselben, die auch für Spalten gelten, die in der SELECT-Anweisung einer gruppierten Anfrage referenziert werden. Jede Referenz auf eine Spalte in einem Prädikat innerhalb einer Suchbedingung einer HAVING-Klausel muss entweder einen in der GROUP BY-Klausel aufgeführten Spaltennamen nennen oder in eine Aggregatfunktion eingebunden sein. Das ist deshalb sinnvoll, weil alle Spaltenvergleiche etwas verwenden müssen, was von den gruppierten Zeilen generiert wurde – sei es ein Gruppenwert oder eine Gesamtwertberechnung über mehrere Zeilen der einzelnen Gruppen hinweg.

Nun, da Sie etwas mehr über HAVING wissen, wollen wir die obige Aufgabe richtig lösen.

14.1 »Fokusgruppen« mit neuer Bedeutung

»Zeige mir die Gruppen von Unterhaltungskünstlern, die Jazz spielen und mehr als drei Mitglieder haben.«

Übersetzung	Wähle den Entertainer Stage Name und die Zahl der Members aus der Entertainers-Tabelle, verbunden mit der Entertainer Members-Tabelle auf Entertainer ID, wobei die Entertainer ID in der Auswahl der Entertainer IDs aus der Entertainer Styles-Tabelle ist, verbunden mit der Musical Styles-Tabelle auf Style ID, wobei der Style Name »Jazz« ist, gruppiert nach dem Entertainer Stage Name, und mit[a] einer Zahl von Members größer als 3
Bereinigte Fassung	Wähle Entertainer Stage Name, Zahl(*) als CountOfMembers aus Entertainers, verbinde Entertainer Members auf Entertainer ID, wobei Entertainer ID in (wähle Entertainer ID aus Entertainer Styles, verbinde Musical Styles auf Style ID, wobei Style Name = »Jazz«) gruppiere nach Entertainer Stage Name, und Zahl(*) > 3

SQL	SELECT Entertainers.EntStageName,
	   COUNT(*) AS CountOfMembers
	FROM Entertainers
	INNER JOIN Entertainer_Members
	ON Entertainers.EntertainerID =
	   Entertainer_Members.EntertainerID
	WHERE Entertainers.EntertainerID
	IN
	   (SELECT Entertainer_Styles.EntertainerID
	   FROM Entertainer_Styles
	   INNER JOIN Musical_Styles
	   ON Entertainer_Styles.StyleID =
	     Musical_Styles.StyleID
	   WHERE Musical_Styles.StyleName = 'Jazz')
	GROUP BY Entertainers.EntStageName
	HAVING COUNT(*) > 3

a. Anm. d. Übers.: Damit diese für deutsche Leser ohnehin schon quälenden Anweisungsübersetzungen nicht völlig unverständlich werden, habe ich hier das englische »having« mit einem schlichten »mit« übersetzt. Worauf die Autoren hinaus wollen, ist klar.

Obwohl wir die Zahl auch in die letzte Ausgabe der Frage eingeschlossen haben, war dies nicht unerlässlich, um in der HAVING-Klausel einen COUNT(*) zu verlangen. Solange sich jeder in der HAVING-Klausel verwendete Wert und jede Spaltenreferenz von den gruppierten Zeilen ableiten lässt, ist alles in Ordnung. Das obige Beispiel haben wir in der Beispieldatenbank Entertainment Agency unter Jazz_Entertainers_More_Than_3 abgespeichert.

14.2 Zum richtigen Zeitpunkt filtern

Jetzt kennen Sie zwei Möglichkeiten zum Filtern der endgültigen Ergebnismenge: WHERE und HAVING. Außerdem wissen Sie, dass die Prädikate, die Sie innerhalb einer Suchbedingung in einer HAVING-Klausel verwenden können, gewissen Einschränkungen unterliegen. Manchmal können Sie jedoch entscheiden, in welche der beiden Klauseln Sie ein Prädikat einfügen. Wir wollen einmal sehen, was dafür spricht, einen Filter nicht in die HAVING-, sondern in die WHERE-Klausel zu setzen.

14.2.1 Soll man in WHERE oder in HAVING filtern?

In Kapitel 6 haben Sie fünf wichtige Arten von Prädikaten kennen gelernt, mit denen Sie die Zeilen filtern können, die die FROM-Klausel Ihrer Frage zurückgibt. Dabei handelt es sich um den Vergleich (=, <>, >=, <=), den Bereich (BETWEEN), Element von (IN), den Mustervergleich (LIKE) und den Nullwert-Test (IS NULL). In Kapitel 11 zeigten wir Ihnen, wie eine Unteranfrage als Argument in einem Vergleichs- oder Element-von-Prädikat eingesetzt wird und führten zwei weitere Prädikatklassen – das quantifizierte (ANY, SOME, ALL) und das Vorhandenseinsprädikat (EXISTS) – ein, bei denen eines der Argumente eine Unteranfrage sein muss.

Denken Sie daran, dass die Suchbedingung in einer WHERE-Klausel Zeilen filtert, bevor Ihr Datenbanksystem sie gruppiert. Wenn Sie letztlich nur eine Teilmenge von Zeilen gruppieren möchten, eliminieren Sie besser zuerst die ungewollten Zeilen in der WHERE-Klausel. Angenommen, Sie wollten die folgende Aufgabe lösen:

»Zeige mir diejenigen Staaten an der Westküste der USA, in denen der Gesamtwert aller Bestellungen eine Million Dollar übersteigt.«

Abbildung 14.3 zeigt, welche Tabellen Sie zur Lösung dieser Frage benötigen.

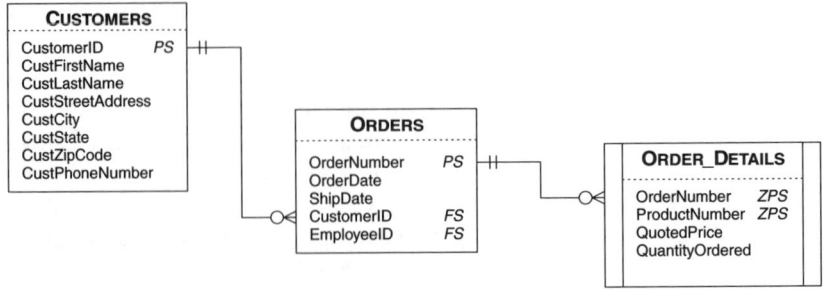

Abbildung 14.3: Die Tabellen, die benötigt werden, um alle Bestellungen nach dem Bundesstaat zu summieren

Es wäre völlig legitim, die Frage wie folgt zu formulieren und das Prädikat bezüglich des Bundesstaats, in dem der Kunde lebt, in die HAVING-Klausel zu setzen.

```
SELECT Customers.CustState,
   SUM(Order_Details.QuantityOrdered *
   Order_Details.QuotedPrice) AS SumOfOrders
FROM (Customers
   INNER JOIN Orders
   ON Customers.CustomerID = Orders.CustomerID) INNER JOIN
Order_Details
ON Orders.OrderNumber =
   Order_Details.OrderNumber
 GROUP BY Customers.CustState
HAVING SUM(Order_Details.QuantityOrdered *
   Order_Details.QuotedPrice) > 1000000
AND CustState IN ('WA', 'OR', 'CA')
```

Da Sie die Gruppierung auf der State-Spalte durchführen, können Sie in der HAVING-Klausel ein Prädikat auf dieser Spalte aufbauen. Doch dann verlangen Sie vielleicht Ihrem Datenbanksystem mehr Arbeit als nötig ab. Es stellt sich heraus, dass auch im Bundesstaat Texas das Gesamtbestellvolumen aller Kunden eine Million Dollar übersteigt. Wenn Sie den Bundesstaaten-Filter wie im obigen Beispiel in die HAVING-Klausel setzen, berechnet Ihre Datenbank auch für alle Zeilen in Texas den Gesamtbetrag, wertet das erste Prädikat in der HAVING-Klausel aus und behält das Ergebnis, um es zum Schluss auszugeben, obwohl die Texas-Gruppe gar nicht die ist, die Sie wollten.

Wenn Sie zwar ein Ergebnis auf der Grundlage einer Gruppierung nach Bundesstaat des Kunden berechnen möchten, aber lediglich für Kunden in Washington, Oregon und Kalifornien, dann ist es sinnvoll, mithilfe der WHERE-Klausel zuerst die Zeilen dieser drei Staaten herauszufiltern, ehe Sie GROUP BY State verlangen. Tun Sie das nicht, so gibt die FROM-Klausel die Zeilen aller Kunden in allen Bundesstaaten zurück und muss sich zusätzliche Arbeit mit der Gruppierung von Zeilen machen, die Sie überhaupt nicht brauchen. Es gibt einen besseren Lösungsweg für dieses Problem:

»Zeige mir diejenigen Staaten an der Westküste der USA, in denen der Gesamtwert aller Bestellungen eine Million Dollar übersteigt.«

Übersetzung	Wähle Customer State und die Summe der Quantity Ordered mal dem Quoted Price als SumOfOrders aus der Customers-Tabelle, verbunden mit der Orders Tabelle auf Customer ID und dann verbunden mit der Order Details-Tabelle auf Order Number, wobei Customer State in der Liste: »WA«, »OR«, »CA« steht, gruppiert nach dem Customer State und mit einer Orders-Summe größer als $1 Million
Bereinigte Fassung	Wähle Customer State, Summe(Quantity Ordered * Quoted Price) als SumOfOrders aus Customers, verbinde Orders auf Customer ID, verbinde Order Details auf Order Number, wobei Customer State in (»WA«, »OR«, »CA«), gruppiere nach Customer State, mit Orders-Summe > $1000000

SQL	`SELECT Customers.CustState,`
	`    SUM(Order_Details.QuantityOrdered *`
	`    Order_Details.QuotedPrice) AS SumOfOrders`
	`FROM (Customers`
	`    INNER JOIN Orders`
	`    ON Customers.CustomerID = Orders.CustomerID) INNER`
	`JOIN Order_Details`
	`ON Orders.OrderNumber =`
	`    Order_Details.OrderNumber`
	`WHERE Customers.CustState IN ('WA', 'OR', 'CA')`
	`GROUP BY Customers.CustState`
	`HAVING SUM(Order_Details.QuantityOrdered *`
	`    Order_Details.QuotedPrice) > 1000000`

Diese Anfrage haben wir in den Beispieldatenbanken unter West_Coast_Big_Order_States gespeichert.

14.2.2 Die HAVING COUNT-Falle vermeiden

Oftmals möchten Sie wissen, welche Kategorien von Gegenständen weniger als eine bestimmte Anzahl Elemente haben. Beispielsweise interessieren Sie sich vielleicht dafür, welche Künstlergruppen zwei oder weniger Mitglieder haben, welche Rezepte zwei oder weniger Milchzutaten haben oder welche Fächer von drei oder weniger Vollzeitprofessoren unterrichtet werden. Der Witz dabei ist, dass Sie auch wissen möchten, welche Kategorien null Elemente haben.

Wir wollen eine Frage betrachten, die zeigt, in welche Falle Sie dabei stolpern können.

»Zeige mir die Fachkategorien, die von drei oder weniger Vollzeitprofessoren unterrichtet werden.«

Abbildung 14.4 zeigt, welche Tabellen Sie zur Lösung dieser Frage benötigen.

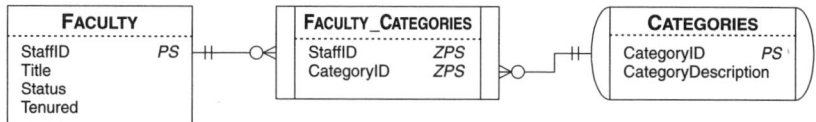

Abbildung 14.4: Fächerkategorien und die Fachbereiche, die in dieser Kategorie unterrichten.

Übersetzung	Wähle Category Description und die Zahl der Staff IDs als ProfCount aus der Categories-Tabelle, verbunden mit der Faculty Categories-Tabelle auf Category ID und dann verbunden mit der Faculty-Tabelle auf der Staff ID, wobei Title 'Professor' ist, gruppiert nach der Category Description und mit einer Zahl von Staff IDs kleiner als 3
Bereinigte Fassung	Wähle Category Description, Zahl(Staff ID) als ProfCount aus Categories, verbinde Faculty Categories auf Category ID, verbinde Faculty auf Staff ID, wobei Title = 'Professor', gruppiere nach Category Description, mit Zahl(Staff ID) < 3

SQL	```SELECT Categories.CategoryDescription,```
	``` COUNT(Faculty_Categories.StaffID) AS```
	``` ProfCount```
	```FROM (Categories```
	```INNER JOIN Faculty_Categories```
	```ON Categories.CategoryID =```
	``` Faculty_Categories.CategoryID)```
	```INNER JOIN Faculty```
	```ON Faculty.StaffID = Faculty_Categories.StaffID```
	```WHERE Faculty.Title='Professor'```
	```GROUP BY Categories.CategoryDescription```
	```HAVING COUNT(Faculty_Categories.StaffID) < 3```

Nicht schlecht, oder? Nachfolgend sehen Sie die Ergebnismenge dieser Anfrage.

CategoryDescription	ProfCount
Accounting	1
Business	2
Computer Information Systems	1
Economics	1

Tabelle 14.1: Subjects_Fewer_3_Professors_WRONG

CategoryDescription	ProfCount
Geography	1
History	1
Journalism	1
Math	1
Political Science	1

Tabelle 14.1: Subjects_Fewer_3_Professors_WRONG

Haben Sie gemerkt, dass die Ergebnismenge keine Fachkategorien auf-
führt, die null Professoren haben? Das rührt daher, dass die COUNT-Funktion nur die Zeilen zählt, die in der Faculty_Categories-Tabelle übrig sind,
nachdem nach Vollzeitprofessoren gefiltert wurde. Mit der WHERE-Klausel haben wir alle potenziellen Nullzeilen auf den Müll geworfen!

Um unseren Verdacht zu erhärten, dass es Fachkategorien ohne Vollzeitprofessoren gibt, wollen wir nun eine Anfrage schreiben, die unsere Theorie überprüft. Denken Sie daran, dass die Aggregatfunktion COUNT eine
Null zurückgibt, wenn wir sie eine leere Menge zählen lassen, und dass wir
eine leere Menge erhalten, wenn wir die Frage zwingen zu berücksichtigen, wie viele Zeilen für eine bestimmte Fachkategorie vorhanden sind.
Dies tun wir, indem wir die Anfrage zwingen, sich die Fachkategorien eine
nach der anderen anzuschauen. Wir zählen jetzt Kategorienzeilen und
nicht Fächerzeilen. Betrachten Sie bitte die folgende SELECT-Anweisung:

```
SELECT COUNT(Faculty.StaffID)
AS BiologyProfessors
FROM (Faculty
INNER JOIN Faculty_Categories
ON Faculty.StaffID =
    Faculty_Categories.StaffID)
INNER JOIN Categories
ON Categories.CategoryID =
    Faculty_Categories.CategoryID
WHERE Categories.CategoryDescription =
    'Biology'
AND Faculty.Title = 'Professor'
```

BiologyProfessors
0

Tabelle 14.2: BiologyProfessors.

14.2 Zum richtigen Zeitpunkt filtern

Diese Anfrage haben wir in den Beispieldatenbanken unter dem Namen Count_Of_Biology_Professors gespeichert. Wie Sie sehen, gibt es in der School Scheduling-Beispieldatenbank tatsächlich keine Vollzeitlehrer, die Biologie unterrichten. Wir haben die Anfrage veranlasst, nur eine einzige Fachkategorie zu berücksichtigen. Da es keine Zeilen mit Professor *und* Biology gibt, erhalten wir eine zulässige leere Menge. Also gibt die COUNT-Funktion eine Null zurück.

Da wir dies nun wissen, können wir die Frage als Unteranfrage in eine WHERE-Klausel einbetten, die aus der äußeren Anfrage einen Vergleich auf der Category ID herausholt. Dies zwingt die Anfrage dazu, die Kategorien eine nach der anderen zu betrachten, während sie aus der Categories-Tabelle in der äußeren Anfrage Zeile für Zeile die Category Descriptions herausholt. Daraus ergibt sich folgender SQL-Code:

```
SELECT Categories.CategoryDescription,
   (SELECT COUNT(Faculty.StaffID)
   FROM (Faculty
   INNER JOIN Faculty_Categories
   ON Faculty.StaffID =
      Faculty_Categories.StaffID)
   INNER JOIN Categories AS C2
   ON C2.CategoryID =
      Faculty_Categories.CategoryID
   WHERE C2.CategoryID = Categories.CategoryID
   AND Faculty.Title = 'Professor')
   AS ProfCount
FROM Categories
WHERE
   (SELECT COUNT(Faculty.StaffID)
   FROM (Faculty
   INNER JOIN Faculty_Categories
   ON Faculty.StaffID =
     Faculty_Categories.StaffID)
   INNER JOIN Categories AS C3
   ON C3.CategoryID =
      Faculty_Categories.CategoryID
   WHERE C3.CategoryID = Categories.CategoryID
   AND Faculty.Title = 'Professor') < 3
```

Diese Anfrage speicherten wir in den Beispieldatenbanken unter Subjects_Fewer_3_Professors_RIGHT. Beachten Sie, dass wir auch eine Kopie der Unteranfrage in der SELECT-Klausel eingebunden haben, um die tatsächlichen Zählungen je Kategorie sehen zu können. Nun funktioniert

alles richtig, weil die Unteranfrage in der WHERE-Klausel für eine Kategorie ohne Vollzeitprofessoren zulässigerweise Null zurückgibt. Nachfolgend sehen Sie das richtige Ergebnis.

CategoryDescription	ProfCount
Accounting	1
Biology	0
Business	2
Chemistry	0
Computer Information Systems	1
Computer Science	0
Economics	1
Geography	1
History	1
Journalism	1
Math	1
Physics	0
Political Science	1
Psychology	0
French	0
German	0

Tabelle 14.3: Subjects_Fewer_3_Professors_RIGHT

Wie Sie sehen, ist vielen Fachkategorien tatsächlich kein Vollzeitprofessor für den Unterricht zugeordnet. Zwar macht diese endgültige Lösung gar keinen Gebrauch von HAVING, aber wir führen sie dennoch an, um Ihr Bewusstsein dafür zu schärfen, dass HAVING nicht immer die richtige Lösung für diese Art von Aufgabe bietet. Vergessen Sie nicht, dass Sie HAVING immer noch für viele Probleme der Art »x hat weniger als...« einsetzen können. Wenn Sie z.B. alle Kunden sehen möchten, die letzten Monat weniger als 500 Dollar ausgaben, nicht jedoch die Kunden, die gar nichts kauften, dann ist die Lösung mit HAVING die Richtige (und wird höchstwahrscheinlich auch schneller ausgeführt). Wenn Sie sich jedoch auch für die Kunden interessieren, die nichts kauften, müssen Sie die soeben vorgeführte Technik ohne HAVING einsetzen.

14.3 Einsatzmöglichkeiten für HAVING

Mittlerweile dürften Sie recht genau wissen, wie man mit Aggregatfunktionen und der GROUP BY-Klausel Teilsummen über Gruppen hinweg abfragt und wie man die gruppierten Daten mithilfe von HAVING filtert. Am besten können wir Ihnen die breit gefächerten Anwendungsmöglichkeiten für HAVING vor Augen führen, indem wir Ihnen zeigen, welche Aufgaben Sie mit dieser neuen Klausel lösen können, und Ihnen hinterher im folgenden Abschnitt eine umfassende Menge von Beispielen geben.

▼ »Zeige mir jeden Anbieter und, geordnet nach Anbietern, die durchschnittliche Lieferzeit in Tagen, soweit sie länger ist als die Durchschnittslieferzeit für alle Anbieter.«

▼ »Zeige mir für jedes Produkt den Produktnamen und die Gesamtumsätze, soweit sie über den Durchschnittsumsätzen für alle Produkte dieser Kategorie liegen.«

▼ »Liste für jeden Kunden und jedes Bestelldatum den vollständigen Namen des Kunden und den Gesamtbestellwert aller Gegenstände auf, soweit dieser mehr als 1.000 Dollar beträgt.«

▼ »Wie viele der Bestellungen betreffen nur ein einziges Produkt?«

▼ »Welche Agenten hatten im Dezember 1999 einen Buchungsumsatz von mehr als 3.000 Dollar?«

▼ »Zeige mir die Unterhaltungskünstler, bei denen sich mehr als zwei Buchungen überschneiden.«

▼ »Zeige den Namen jedes Agenten, die Summe der Vertragspreise der von ihm gebuchten Engagements und die Gesamtprovision der Agenten, deren Provisionen insgesamt mehr als 1.000 Dollar betragen.«

▼ »Gibt es Mannschaftskapitäne, deren Rohpunktzahl über der jedes anderen Mannschaftsmitglieds liegt?«

▼ »Zeige jeden Kegler nach Namen und mit seiner durchschnittlichen Rohpunktzahl an, allerdings nur für jene Kegler, die im Durchschnitt mehr als 155 Punkte haben.«

▼ »Liste die Kegler auf, deren höchste Rohpunktzahl um mindestens 20 Pins über ihrem derzeitigen Durchschnitt liegt.«

▼ »Liste für die abgeschlossenen Kurse nach Kategorie und Schüler den Kategorienamen, den Schülernamen und die Durchschnittsnote aller in dieser Kategorie von ihm belegten Kurse auf, allerdings nur für die Schüler, deren Durchschnittsnote mindestens 90 Punkte beträgt.«

▼ »Zeige nach Kategorie den Kategorienamen und die Zahl der in dieser Kategorie angebotenen Kurse, allerdings nur für die Kategorien, in denen mindestens drei Kurse stattfinden.«

▼ »Liste alle Lehrer und die Zahl der Klassen, die jeder unterrichtet, auf, allerdings nur für die Lehrer, die wenigstens einen, aber weniger als drei Kurse geben.«

▼ »Liste Rezepte auf, die sowohl Rindfleisch als auch Knoblauch enthalten.«

▼ »Errechne die Gesamtmenge Salz nach Rezeptklasse und zeige die Rezepte, die mehr als drei Teelöffel Salz erfordern.«

▼ »Für welchen Rezepttyp habe ich mindestens zwei Rezepte?«

14.4 Beispielanweisungen

Sie kennen jetzt die Mechanismen, nach denen man Anfragen mit einer HAVING-Klausel konstruiert, und haben einige Fragetypen gesehen, die man damit beantworten kann. Nun wollen wir Beispiele betrachten, die allesamt erfordern, dass Informationen gruppiert und dann nach einem aus der Gruppe errechneten Gesamtwert gefiltert werden. Die Beispiele entstammen allen Beispieldatenbanken.

Außerdem haben wir die von diesen Operationen zurückgegeben Beispielergebnismengen angegeben und unmittelbar hinter der SQL-Syntaxzeile aufgeführt. Der Name einer Ergebnismenge ist der Name, den wir der betreffenden Anfrage in den Beispieldaten auf der mitgelieferten CD gaben, die Sie im Buch finden. Wir haben jede Anfrage in der entsprechenden Beispieldatenbank (wie im Beispiel angegeben) im Unterordner »Chapter14« auf der CD gespeichert. Mithilfe der Anleitungen zu Beginn dieses Buches können Sie die Beispiele auf Ihren Computer laden und ausprobieren.

 Denken Sie daran, dass alle in diesen Beispielen verwendeten Spalten- und Tabellennamen aus den Beispieldatenbanken stammen, deren Strukturen Sie in Anhang B finden. Zur Vereinfachung haben wir in allen nachfolgenden Beispielen die Übersetzung und die Bereinigte Fassung zu einem einzigen Schritt zusammengefasst. In diesen Beispielen wird vorausgesetzt, dass Sie die vorangegangenen Kapitel – besonders die über JOIN und Unteranfragen – gründlich gelesen und verstanden haben.

Sales Order-Datenbank

»Liste für jeden Kunden und jedes Bestelldatum den vollen Kundennamen und den Gesamtbestellwert auf, sofern dieser mehr als 1.000 Dollar beträgt.«

Übersetzung/ Bereinigte Fassung	Wähle Customer First Name || ' ' || Customer Last Name als Customer-FullName, Order Date, Summe(Quoted Price * Quantity Ordered) als TotalCost aus Customers, verbinde Orders auf Customer ID, verbinde Order Details auf Order Number, gruppiere nach Customer First Name, Customer Last Name, Order Date, mit Summe(Quoted Price * Quantity Ordered) > 1000
| SQL | ```
SELECT Customers.CustFirstName || ' ' ||
    Customers.CustLastName AS CustFullName,
    Orders.OrderDate,
    SUM(Order_Details.QuotedPrice *
    Order_Details.QuantityOrdered) AS TotalCost
FROM (Customers
INNER JOIN Orders
ON Customers.CustomerID = Orders.CustomerID)
INNER JOIN Order_Details
ON Orders.OrderNumber =
    Order_Details.OrderNumber
GROUP BY Customers.CustFirstName,
    Customers.CustLastName, Orders.OrderDate
HAVING SUM(Order_Details.QuotedPrice *
    Order_Details.QuantityOrdered) > 1000
``` |

CustFullName	OrderDate	TotalCost
Alaina Hallmark	1999-07-02	$4,699.98
Alaina Hallmark	1999-07-14	$4,433.95
Alaina Hallmark	1999-07-21	$3,951.90
Alaina Hallmark	1999-07-22	$10,388.68
Alaina Hallmark	1999-07-30	$3,088.00
Alaina Hallmark	1999-08-11	$6,775.06
Alaina Hallmark	1999-08-21	$15,781.10
Alaina Hallmark	1999-08-29	$15,969.50
<<weitere Zeilen>>		

Tabelle 14.4: Order_Totals_By_Customer_And_Date_GT1000 (649 Zeilen)

Entertainment Agency-Datenbank

»Welche Agenten hatten im Dezember 1999 einen Buchungsumsatz von mehr als 3.000 Dollar?«

Übersetzung/ Bereinigte Fassung	Wähle Agent First Name, Agent Last Name, Summe(Contract Price) als TotalBooked aus Agents, verbinde Engagements auf Agent ID, wobei Engagement Start Date zwischen '1999-12-01' und '1999-12-31', mit Summe(Contract Price) > $3000
```

SQL	SELECT Agents.AgtFirstName, Agents.AgtLastName,
	    SUM(Engagements.ContractPrice)
	    AS TotalBooked
	FROM Agents
	INNER JOIN Engagements
	ON Agents.AgentID = Engagements.AgentID
	WHERE Engagements.StartDate
	BETWEEN '1999-12-01' And '1999-12-31'
	GROUP BY Agents.AgtFirstName, Agents.AgtLastName
	HAVING SUM(Engagements.ContractPrice)>3000

AgtFirstName	AgtLastName	TotalBooked
Gregory	Piercy	$4,785.00
Margaret	Peacock	$4,350.00
Mary	Fuller	$7,120.00
Will	Thompson	$6,555.00

Tabelle 14.5: Agents_Book_Over_3000_12_99 (4 Zeilen)

Bowling League-Datenbank

»Liste die Kegler auf, deren höchste Rohpunktzahl um mindestens 20 Pins über ihrem derzeitigen Durchschnitt liegt.«

Übersetzung/ Bereinigte Fassung	Wähle Bowler First Name, Bowler Last Name, Current Average(Raw Score) als HighGame aus Bowlers, verbinde Bowler Scores auf Bowler ID, gruppiere nach Bowler First Name, Bowler Last Name, Bowler Current Average, mit (Raw Score) > Current Average + 20

SQL	SELECT Bowlers.BowlerFirstName,
	    Bowlers.BowlerLastName,
	    Bowlers.CurrentAverage,
	    Max(Bowler_Scores.RawScore) AS HighGame
	FROM Bowlers
	INNER JOIN Bowler_Scores
	ON Bowlers.BowlerID = Bowler_Scores.BowlerID
	GROUP BY Bowlers.BowlerFirstName,
	    Bowlers.BowlerLastName,
	    Bowlers.CurrentAverage
	HAVING Max(Bowler_Scores.RawScore) >
	    (Bowlers.CurrentAverage+20)

Hier profitierten wir davon, dass die Tabelle Bowlers eine Spalte Current-Average besitzt. Damit dieser Tabellenentwurf funktioniert, muss die Anwendung, die mit dieser Tabelle arbeitet, diese Spalte jedesmal, wenn neue Spiele des betreffenden Keglers eingegeben werden, neu berechnen und aktualisieren. Dies wurde jedoch absichtlich so entworfen, um zu vermeiden, dass der Durchschnitt von vielleicht hunderten von Spielen jedes Mal, wenn wir die Zahl benötigen, neu berechnet werden muss. Wir hätten auch den absoluten, aktuellen Durchschnitt mit einer Unteranfrage an die Bowler_Scores-Tabelle berechnen können, was jedoch länger gedauert hätte. Mehr über notwendige »Regelverstöße« beim Datenbankentwurf können Sie in Database Design for Mere Mortals (Addison Wesley 1997) nachlesen.

BowlerFirstName	BowlerLastName	CurrentAverage	HighGame
Alaina	Hallmark	158.00	180
Carol	Viescas	168.00	195
David	Fournier	157.00	178
Gary	Hallmark	157.00	179
Greg	Piercy	164.00	193
John	Kennedy	166.00	191
John	Viescas	168.00	193
Kathryn	Patterson	162.00	191
<<weitere Zeilen >>			

Tabelle 14.6: Bowlers_Big_High_Score (15 Zeilen)

School Scheduling-Datenbank

»Liste für die abgeschlossenen Kurse, nach Kategorie und Schüler, den Kategorienamen, den Schülernamen und die Durchschnittsnote aller in dieser Kategorie von ihm belegten Kurse auf, allerdings nur für die Schüler, deren Durschnittsnote mindestens 90 Punkte beträgt.«

Übersetzung/ Bereinigte Fassung	Wähle Category Description, Student First Name, Student Last Name, Durchschnitt (Grade) als AvgOfGrade aus Categories, verbinde Subjects auf Category ID, verbinde Classes auf Subject ID, verbinde Student Schedules auf Class ID, verbinde Student Class Status auf Class Status, verbinde Students auf Student ID, wobei Class Status Description = 'Completed,' gruppiere nach Category Description, Student First Name, Student Last Name, mit Durchschnitt(Grade) > 90

```
SQL    SELECT Categories.CategoryDescription,
           Students.StudFirstName,
           Students.StudLastName,
           AVG(Student_Schedules.Grade) AS AvgOfGrade
       FROM (((((Categories
       INNER JOIN Subjects
       ON Categories.CategoryID = Subjects.CategoryID)
       INNER JOIN Classes
       ON Subjects.SubjectID = Classes.SubjectID)
       INNER JOIN Student_Schedules
       ON Classes.ClassID = Student_Schedules.ClassID)
       INNER JOIN Student_Class_Status
       ON Student_Class_Status.ClassStatus =
           Student_Schedules.ClassStatus)
       INNER JOIN Students
       ON Students.StudentID =
           Student_Schedules.StudentID
       WHERE Student_Class_Status.ClassStatusDescription =
           'Completed'
       GROUP BY Categories.CategoryDescription,
           Students.StudFirstName,
           Students.StudLastName
       HAVING AVG(Student_Schedules.Grade) > 90
```

CategoryDescription	StudFirstName	StudLastName	AvgOfGrade
Accounting	Elizabeth	Hallmark	90.24
Accounting	Michael	Viescas	90.01
Accounting	Sarah	Leverling	90.67
Art	Kendra	Bonnicksen	90.63
Art	Sarah	Leverling	91.72
English	Elizabeth	Hallmark	92.90
English	John	Kennedy	93.70
English	Mel	Ehrlich	93.86
English	Sarah	Thompson	97.39
Music	Karen	Smith	92.08
Music	Mary	Fuller	98.26
Music	Mel	Ehrlich	93.26
Music	Nancy	Davolio	93.28

Tabelle 14.7: A_Students (13 Zeilen)

»Liste alle Lehrer und die Zahl der Klassen, die jeder unterrichtet, auf, allerdings nur für die Lehrer, die wenigstens einen, aber weniger als drei Kurse geben.«

Wir haben das HAVING COUNT-Problem dadurch umgangen, dass wir ausdrücklich nach solchen Lehrern fragen, die mindestens einen Kurs geben.

Übersetzung/ Bereinigte Fassung	Wähle Staff First Name, Staff Last Name, Zahl(*) als ClassCount aus Staff, verbinde Faculty Classes auf Staff ID, gruppiere nach Staff First Name, Staff Last Name, mit Count(*) < 3.
SQL	```SELECT Staff.StfFirstName, Staff.StfLastName, Count(*) AS ClassCount FROM Staff INNER JOIN Faculty_Classes ON Staff.StaffID = Faculty_Classes.StaffID GROUP BY Staff.StfFirstName, Staff.StfLastName HAVING COUNT(*) < 3```

StfFirstName	StfLastName	ClassCount
Allan	Davis	1
David	Callahan	2
James	Leverling	2
Joyce	Bonnicksen	2
Katherine	Ehrlich	2
Laura	Callahan	2
Ryan	Ehrlich	2
Suzanne	Viescas	2

Tabelle 14.8: Staff_Class_Count_1_To_3 (8 Zeilen)

Recipes-Datenbank

»Liste Rezepte auf, die sowohl Rindfleisch als auch Knoblauch enthalten.«

Übersetzung/ Bereinigte Fassung	Wähle Recipe Title aus Recipes, wobei Recipe ID in (wähle Recipe ID aus Ingredients, verbinde Recipe Ingredients auf Ingredient ID, wobei Ingredient Name = ‚Beef' oder Ingredient Name = ‚Garlic', gruppiere nach Recipe ID, mit Zahl(*) = 2
SQL	```SELECT Recipes.RecipeTitle FROM Recipes WHERE Recipes.RecipeID```

```
IN (SELECT Recipe_Ingredients.RecipeID
    FROM Ingredients
    INNER JOIN Recipe_Ingredients
    ON Ingredients.IngredientID =
        Recipe_Ingredients.IngredientID
    WHERE Ingredients.IngredientName = 'Beef'
    OR Ingredients.IngredientName = 'Garlic'
    GROUP BY Recipe_Ingredients.RecipeID
    HAVING COUNT(Recipe_Ingredients.RecipeID) = 2)
```

 Dies veranschaulicht, wie man GROUP BY und HAVING in einer Unteranfrage kreativ benutzt, um Rezepte mit beiden Zutaten zu finden. Wenn ein Rezept keine der beiden Zutaten hat, ist COUNT gleich Null. Nur wenn ein Rezept alle beiden Zutaten enthält, ist COUNT gleich 2. Trotzdem Vorsicht! Wenn ein bestimmtes Rezept sowohl gehackte als auch ganze Knoblauchzehen, aber kein Rindfleisch verlangt, scheitert diese Technik! Sie erhalten dann für die Knoblauch-Einträge die Zahl 2 und das Rezept wird ausgewählt, obwohl es kein Rindfleisch enthält. Wenn Sie sich fragen, warum wir den Operator OR verwenden, obwohl wir ja sowohl Rind als auch Knoblauch möchten, sollten Sie in Kapitel 6 im Abschnitt »Mehrere Bedingungen verwenden« das Thema »OR« noch einmal nachlesen. In Kapitel 8 zeigten wir Ihnen einen alternativen Lösungsweg für diese Aufgabe.

RecipeTitle
Roast Beef

Tabelle 14.9: Recipes_Beef_And_Garlic (1 Zeile)

14.5 Zusammenfassung

Am Anfang dieses Kapitels besprachen wir, wie man die mit der HAVING-Klausel gebildeten Gruppen »fokussiert«, um Gruppen auf der Grundlage von Gesamtwertberechnungen herauszufiltern. Wir führten die Syntax dieser letzten Klausel für eine SELECT-Anweisung ein und erklärten ein einfaches Beispiel.

Danach zeigten wir an Hand eines Beispiels, wann Sie besser mit der WHERE- als mit der HAVING-Klausel Zeilen filtern. Wir erklärten, dass Sie Ihren Filter, wenn Sie die Wahl haben, besser in die WHERE-Klausel setzen sollten. Damit Sie sich nicht zu sehr an HAVING gewöhnen, haben wir Ihnen gezeigt, welche Falle Sie oftmals umgehen müssen, wenn Sie Gruppen zählen, die ein Nullergebnis enthalten könnten. Überdies zeigten wir Ihnen einen alternativen Lösungsweg für diese Art von Aufgaben.

Zum Schluss fassten wir den Nutzen der HAVING-Klausel zusammen und gaben Ihnen als Beispiel eine Liste von Problemen an, die Sie mit HAVING lösen können. Im Rest des Kapitels wurden Beispiele für die Konstruktion von Anfragen gegeben, die eine HAVING-Klausel erfordern. Der folgende Abschnitt enthält einige Fragen zum selber Lösen.

14.6 Aufgaben

Nachfolgend zeigen wir Ihnen die Frageanweisung und den Namen der Lösungsanfrage in den Beispieldatenbanken. Wenn Sie sich etwas Praxis aneignen möchten, können Sie selbst den SQL-Code schreiben, den Sie für die einzelnen Fragen benötigen, und dann Ihre Antwort mit der Anfrage vergleichen, die wir in den Beispielen gespeichert haben. Keine Sorge, wenn Ihre Syntax mit der der gespeicherten Anfragen nicht genau übereinstimmt: Hauptsache, Sie haben dieselbe Ergebnismenge.

Sales Order-Datenbank

1. »Zeige mir jeden Anbieter und, geordnet nach Anbietern, die durchschnittliche Lieferzeit in Tagen, soweit sie länger ist als die Durchschnittslieferzeit für alle Anbieter.« (Tipp: Sie müssen mit einer Unteranfrage die durchschnittliche Lieferzeit für alle Anbieter abrufen.) Die Lösung finden Sie in Vendor_Avg_Delivery_GT_Overall_Avg (5 Zeilen).

2. »Zeige mir für jedes Produkt den Produktnamen und die Gesamtumsätze, soweit sie über den Durchschnittsumsätzen für alle Produkte dieser Kategorie liegen.« (Tipp: Zur Berechnung des Vergleichswertes müssen Sie zunächst mit SUM die Umsätze der einzelnen Produkte einer Kategorie aufsummieren und dann mit AVG den Durchschnitt dieser Summen nach Kategorie bilden.) Die Lösung finden Sie in Sales_By_Product_GT_Category_Avg (13 Zeilen).

3. »Wie viele der Bestellungen betreffen nur ein einziges Produkt?« (Tipp: Sie benötigen eine innere Anfrage, die die Bestellnummern für Bestellungen mit nur einer Zeile auflistet. Danach müssen Sie diese Zeilen mit COUNT zählen.) Die Lösung finden Sie in Single_Item_Order_ Count (1 Zeile).

Entertainment Agency-Datenbank

1. »Zeige mir die Unterhaltungskünstler, bei denen sich mehr als zwei Buchungen überschneiden.« (Tipp: Finden Sie mit einer Unteranfrage die Unterhaltungskünstler mit mehr als zwei sich überschneidenden Buchungen heraus (d.h. HAVING a COUNT größer als 2). Die Lösung finden Sie in Entertainers_MoreThan_2_Overlap (1 Zeile).

2. »Zeige den Namen jedes Agenten, die Summe der Vertragspreise der von ihm gebuchten Engagements und die Gesamtprovision der Agenten, deren Provisionen insgesamt mehr als 1.000 Dollar betragen.« (Tipp: Nehmen Sie die ähnliche Aufgabe aus dem vorigen Kapitel und fügen Sie eine HAVING-Klausel hinzu.) Die Lösung finden Sie in Agent_Sales_Big_Commissions (4 Zeilen).

Bowling League-Datenbank

1. »Gibt es Mannschaftskapitäne, deren Rohpunktzahl über der jedes anderen Mannschaftsmitglieds liegt?« (Tipp: Die höchste Rohpunktzahl für Mannschaftskapitäne finden Sie heraus, indem Sie zuerst Teams und Bowlers mit einem JOIN auf der Captain ID und dann mit Bowler Scores verbinden. Vergleichen Sie mit einer HAVING-Klausel den aus einer Unteranfrage stammenden MAXimalwert für alle anderen Mannschaftsmitglieder.) Die Lösung finden Sie in Captains_Who_Are_Hotshots (0 Zeilen). (Es gibt keine Mannschaftskapitäne, die besser kegeln, als ihre Teamkollegen!)

2. »Zeige jeden Kegler nach Namen und mit seiner durchschnittlichen Rohpunktzahl an, allerdings nur für jene Kegler, die im Durchschnitt mehr als 155 Punkte haben.« (Tipp: Dazu benötigen Sie eine einfache HAVING-Klausel, die den Durchschnitt AVG mit einem Zahlenliteral vergleicht.) Die Lösung finden Sie in Good_Bowlers (16 Zeilen).

School Scheduling-Datenbank

1. »Zeige nach Kategorie den Kategorienamen und die Zahl der in dieser Kategorie angebotenen Kurse, allerdings nur für die Kategorien, in denen mindestens drei Kurse stattfinden.« (Tipp: JOINen Sie Categories mit Subjects und dann mit Classes. Zählen Sie mit COUNT die Zeilen und fügen Sie eine HAVING-Klausel hinzu, um das Endergebnis zu erhalten.) Die Lösung finden Sie in Category_Class_Count_3_Or_More (11 Zeilen).

2. »Liste alle Lehrer und die Zahl der Klassen, die jeder unterrichtet, auf, allerdings nur für die Lehrer, die weniger als drei Kurse geben.« (Tipp: Dies ist eine HAVING COUNT-Falle mit Null! Nehmen Sie statt dessen besser Unteranfragen.) Die Lösung finden Sie in Staff_Teaching_LessThan_3 (12 Zeilen).

Recipes-Datenbank

1. »Errechne die Gesamtmenge Salz nach Rezeptklasse und zeige die Rezepte, die mehr als drei Teelöffel Salz erfordern.« (Tipp: Dazu müssen Sie einen komplexen JOIN von fünf Tabellen herstellen, um Salt und Teaspoon herauszufiltern, das Ergebnis mit SUM aufsummieren und dann die Recipe Classes eliminieren, die mehr als drei Teelöffel Salz erfordern. Die Lösung finden Sie in Recipe_Classes_Lots_Of_Salt (1 Zeile).

2. »Für welchen Rezepttyp habe ich mindestens zwei Rezepte?« (Tipp: JOINen Sie Recipe Classes mit Recipes, zählen Sie mit COUNT das Resultat und behalten Sie die mit zwei oder mehr Rezepten mit einer HAVING-Klausel im Sinn.) Die Lösung finden Sie in Recipe_Classes_ Two_Or_More (4 Zeilen).

Go To

Teil V:
Anhänge

Schlusswort

»That is what learning is. You suddenly understand something you've understood all your life, but in a new way.«

– Doris Lessing

Nun verfügen Sie über alle Werkzeuge, um erfolgreich Fragen an eine Datenbank zu richten. Sie haben gelernt, einfache und komplexe SELECT-Anweisungen zu erstellen und mit verschiedenen Datentypen zu arbeiten. Außerdem können Sie nun Daten mit Suchbedingungen filtern, JOINs zur Arbeit mit mehreren Tabellen verwenden und durch das Gruppieren von Daten statistische Informationen gewinnen.

Wie immer lernt man auch hier nie aus. Ihre nächste Aufgabe wird darin bestehen, die in diesem Buch gelernten Techniken auf Ihr eigenes Datenbanksystem anzuwenden. Prüfen Sie unbedingt an Hand der Dokumentation Ihres Datenbanksystems nach, ob die von Ihrer Datenbank benutzte SQL-Syntax von der des SQL-Standards abweicht. Falls Ihre Datenbank die Erstellung von Anfragen mittels einer grafischen Benutzeroberfläche ermöglicht, werden Sie feststellen, dass Sie diese jetzt besser verstehen und leichter einsetzen können.

Bedenken Sie auch, dass wir uns auf den Teil von SQL konzentriert haben, der mit der Manipulation von Daten zu tun hat – den Interessierten bleiben noch viele Teile von SQL zu ergründen. Sie könnten zum Beispiel lernen, Datenstrukturen zu schaffen, mehrere Tabellen in eine einzige *Sicht* einzubauen oder SQL-Anweisungen in ein Anwendungsprogramm einzubetten. Wenn Sie mehr über SQL lernen möchten, empfehlen wir Ihnen für den Anfang die in Anhang C aufgeführten Bücher.

Wir hoffen, dass Ihnen das Lesen dieses Buches ebenso viel Freude bereitet hat wie uns das Schreiben. Da wir wissen, dass Bücher über dieses Thema meist eher trocken sind, beschlossen wir, etwas Witz in die Sache zu brin-

gen und so oft wie möglich ein wenig Humor einzustreuen. Es ist absolut nicht einzusehen, warum Lernen langweilig und öde sein sollte. Im Gegenteil: Man sollte sich darauf freuen, jeden Tag etwas Neues zu lernen.

Wer ein Buch schreibt, lernt Demut. Man merkt, wie viel man selbst noch über das jeweilige Thema zu lernen hat und sieht die Dinge beim Schreiben unweigerlich aus einer neuen Perspektive und in einem anderen Licht. Wir fanden heraus, wir recht Doris Lessing mit ihrer Aussage doch hat.

Auch Sie werden dies hoffentlich feststellen.

Diagramme des SQL-Standards

A

Im Folgenden zeigen wir die vollständigen Diagramme der im vorliegenden Buch besprochenen SQL-Grammatik und -Syntax.

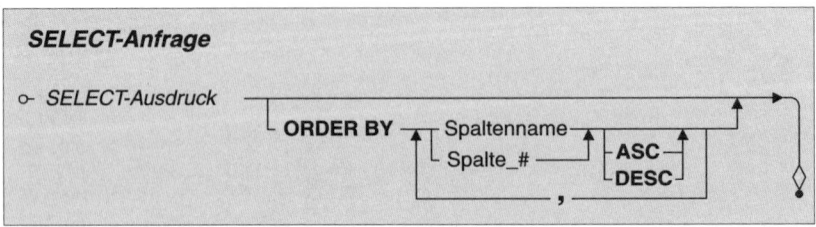

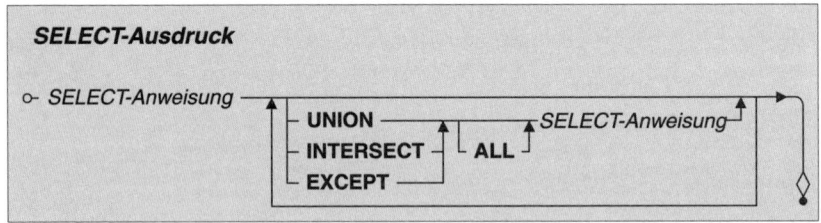

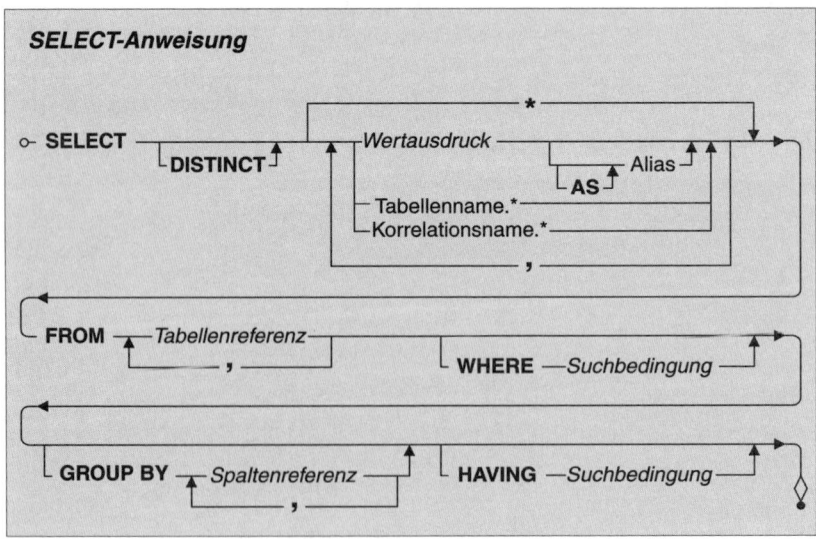

Wertausdruck

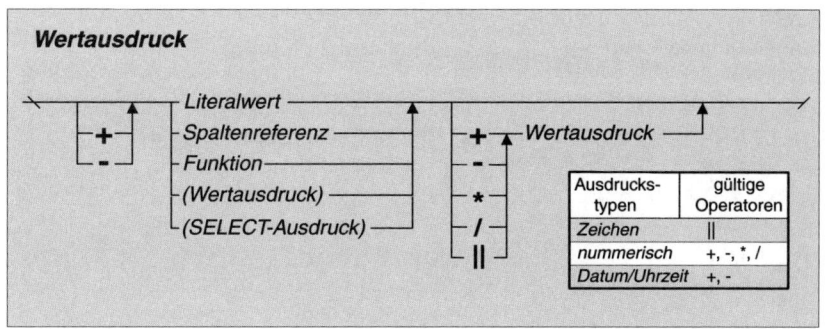

Ausdrucks-typen	gültige Operatoren
Zeichen	||
nummerisch	+, -, *, /
Datum/Uhrzeit	+, -

Literalwert

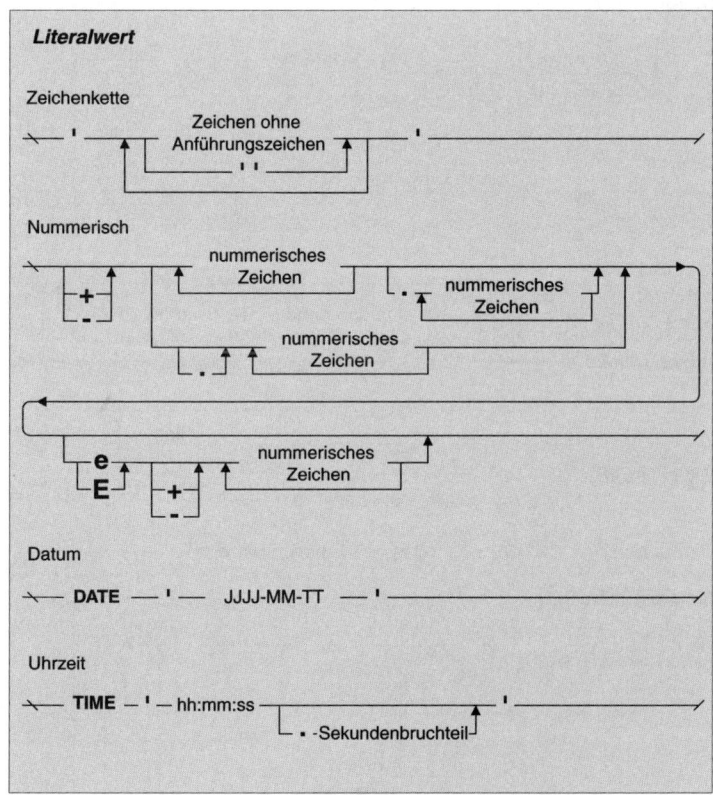

Zeichenkette

Nummerisch

Datum

DATE — ' — JJJJ-MM-TT — '

Uhrzeit

TIME — ' — hh:mm:ss . -Sekundenbruchteil '

Spaltenreferenz

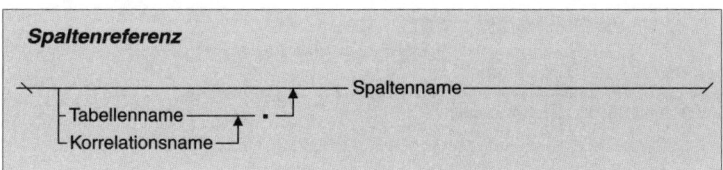

Tabellenname

Korrelationsname

Spaltenname

Aggregatfunktionen

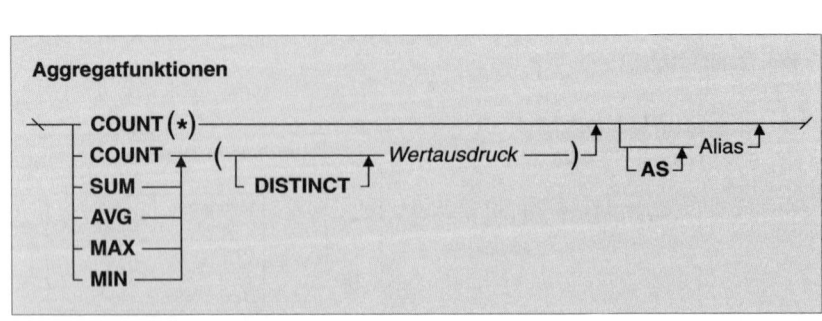

CAST-Funktion

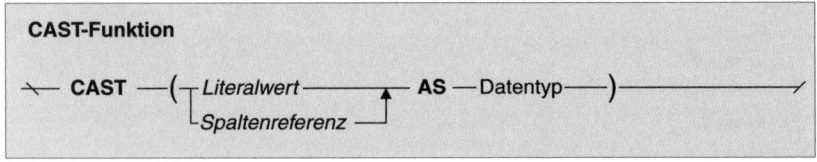

Tabellenreferenz

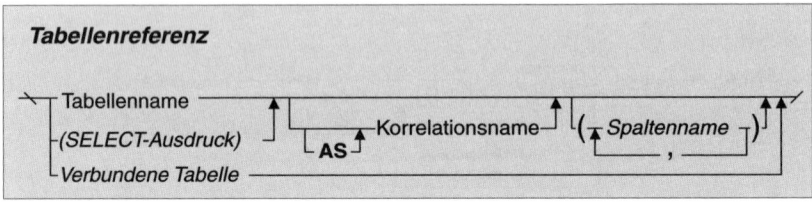

Verbundene Tabelle

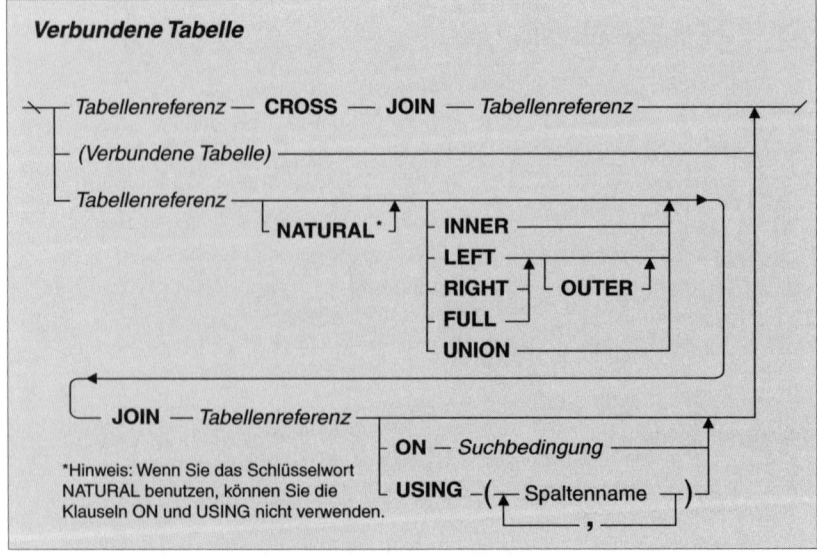

*Hinweis: Wenn Sie das Schlüsselwort NATURAL benutzen, können Sie die Klauseln ON und USING nicht verwenden.

Suchbedingung

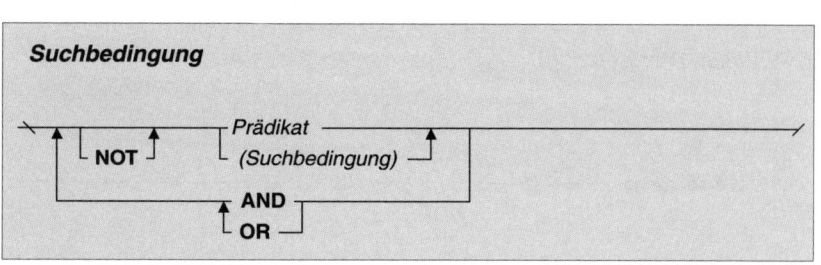

Prädikat

Vergleich

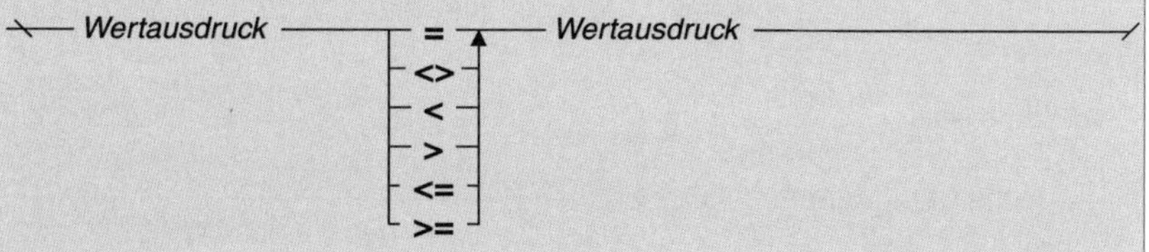

Wertausdruck = <> < > <= >= Wertausdruck

Wertebereich

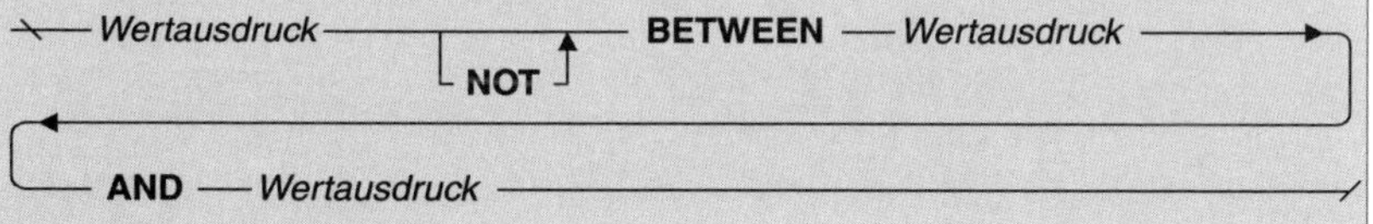

Wertausdruck NOT BETWEEN Wertausdruck AND Wertausdruck

Mengenzugehörigkeit

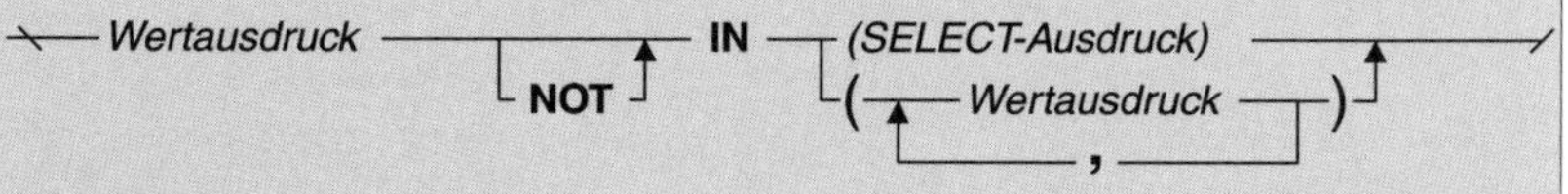

Wertausdruck NOT IN (SELECT-Ausdruck) (Wertausdruck ,)

Mustervergleich

Wertausdruck NOT LIKE Musterzeichenkette ESCAPE - Zeichen

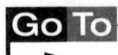

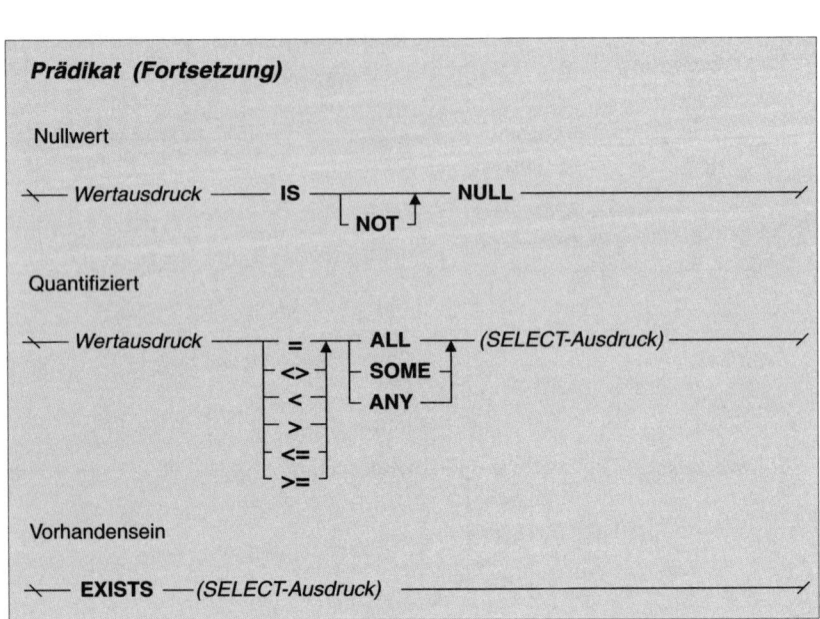

Schema der
Beispieldatenbanken

B

Kapitelüberblick

B.1 Sales Order-Datenbank

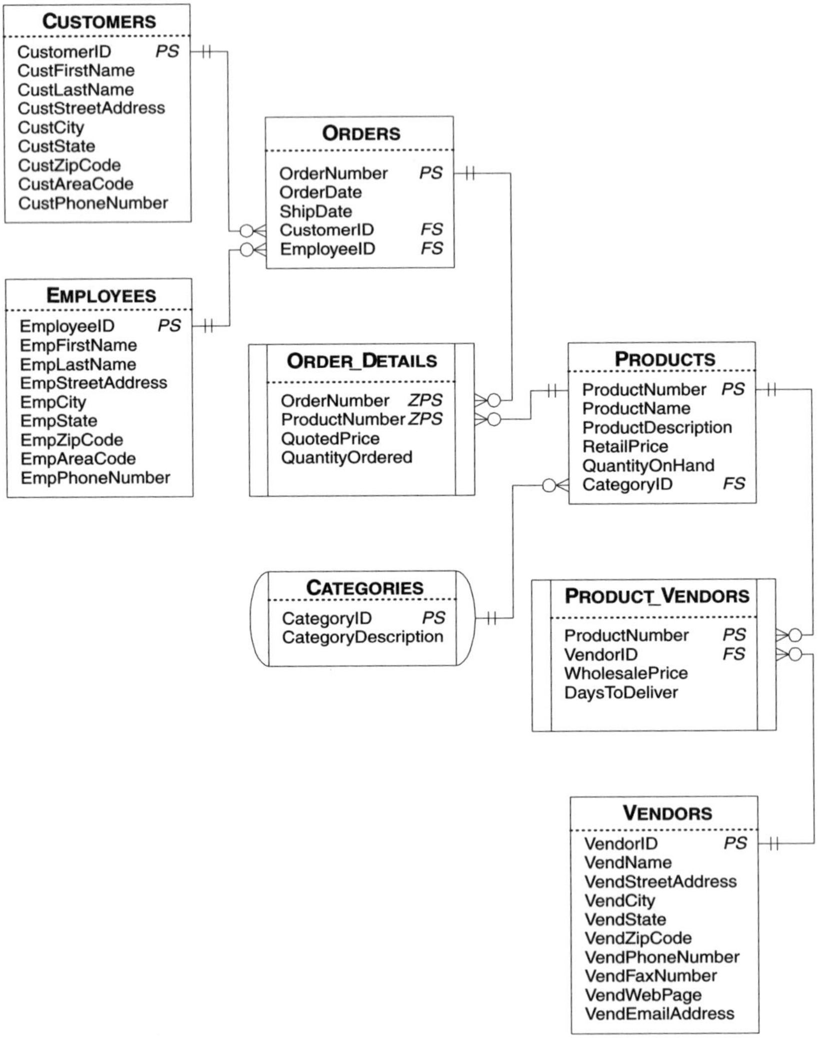

CUSTOMERS

CustomerID	PS
CustFirstName	
CustLastName	
CustStreetAddress	
CustCity	
CustState	
CustZipCode	
CustAreaCode	
CustPhoneNumber	

ORDERS

OrderNumber	PS
OrderDate	
ShipDate	
CustomerID	FS
EmployeeID	FS

EMPLOYEES

EmployeeID	PS
EmpFirstName	
EmpLastName	
EmpStreetAddress	
EmpCity	
EmpState	
EmpZipCode	
EmpAreaCode	
EmpPhoneNumber	

ORDER_DETAILS

OrderNumber	ZPS
ProductNumber	ZPS
QuotedPrice	
QuantityOrdered	

PRODUCTS

ProductNumber	PS
ProductName	
ProductDescription	
RetailPrice	
QuantityOnHand	
CategoryID	FS

CATEGORIES

CategoryID	PS
CategoryDescription	

PRODUCT_VENDORS

ProductNumber	PS
VendorID	FS
WholesalePrice	
DaysToDeliver	

VENDORS

VendorID	PS
VendName	
VendStreetAddress	
VendCity	
VendState	
VendZipCode	
VendPhoneNumber	
VendFaxNumber	
VendWebPage	
VendEmailAddress	

B.2   Entertainment Agency-Datenbank

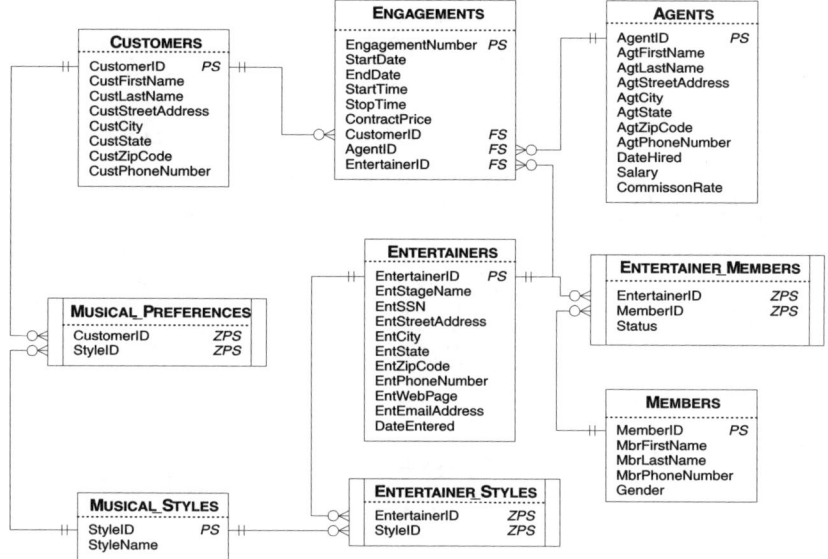

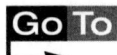

B.3 School Scheduling-Datenbank

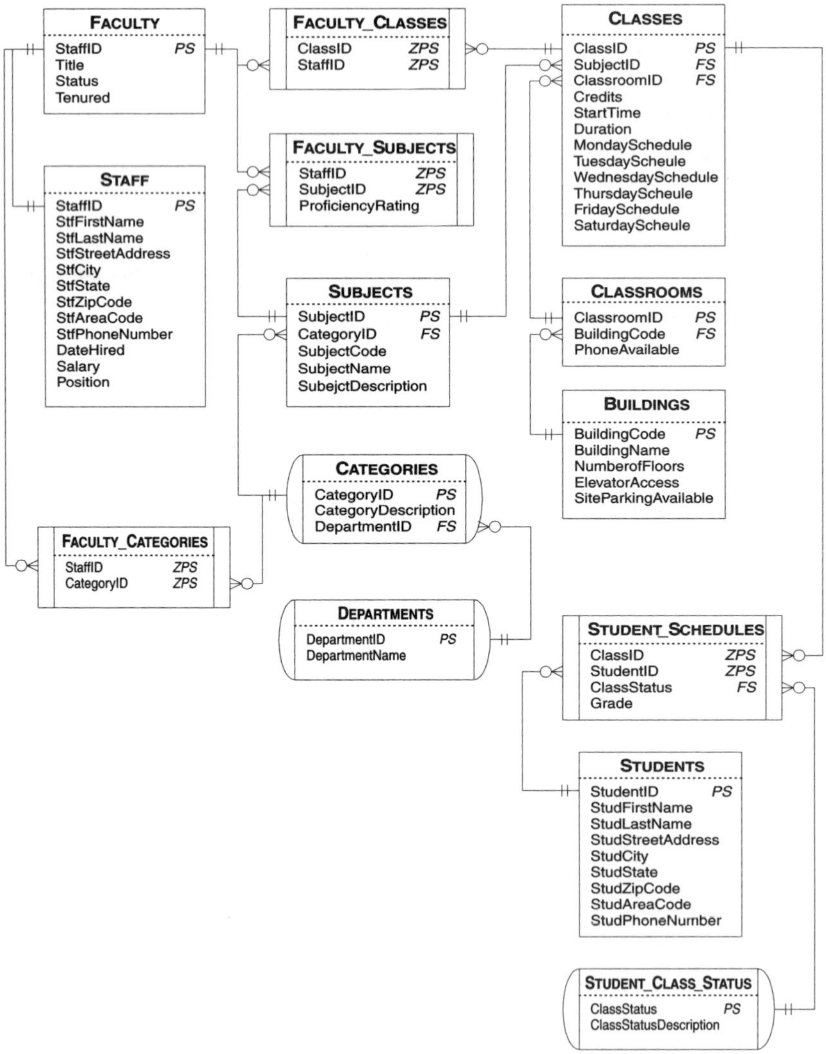

FACULTY

StaffID	PS
Title	
Status	
Tenured	

FACULTY_CLASSES

ClassID	ZPS
StaffID	ZPS

CLASSES

ClassID	PS
SubjectID	FS
ClassroomID	FS
Credits	
StartTime	
Duration	
MondaySchedule	
TuesdayScheule	
WednesdaySchedule	
ThursdayScheule	
FridaySchedule	
SaturdayScheule	

STAFF

StaffID	PS
StfFirstName	
StfLastName	
StfStreetAddress	
StfCity	
StfState	
StfZipCode	
StfAreaCode	
StfPhoneNumber	
DateHired	
Salary	
Position	

FACULTY_SUBJECTS

StaffID	ZPS
SubjectID	ZPS
ProficiencyRating	

SUBJECTS

SubjectID	PS
CategoryID	FS
SubjectCode	
SubjectName	
SubejctDescription	

CLASSROOMS

ClassroomID	PS
BuildingCode	FS
PhoneAvailable	

BUILDINGS

BuildingCode	PS
BuildingName	
NumberofFloors	
ElevatorAccess	
SiteParkingAvailable	

CATEGORIES

CategoryID	PS
CategoryDescription	
DepartmentID	FS

FACULTY_CATEGORIES

StaffID	ZPS
CategoryID	ZPS

DEPARTMENTS

DepartmentID	PS
DepartmentName	

STUDENT_SCHEDULES

ClassID	ZPS
StudentID	ZPS
ClassStatus	FS
Grade	

STUDENTS

StudentID	PS
StudFirstName	
StudLastName	
StudStreetAddress	
StudCity	
StudState	
StudZipCode	
StudAreaCode	
StudPhoneNumber	

STUDENT_CLASS_STATUS

ClassStatus	PS
ClassStatusDescription	

B.4 Bowling League-Datenbank

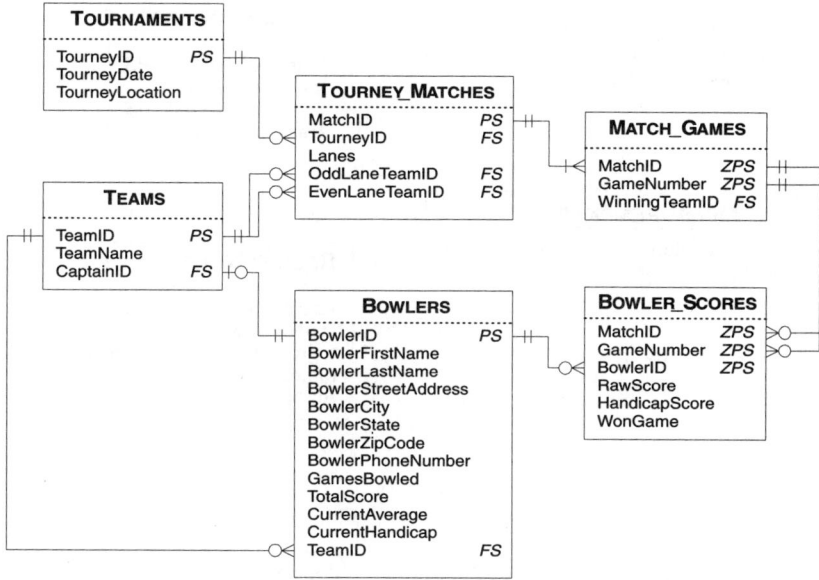

B.5 Recipes-Datenbank

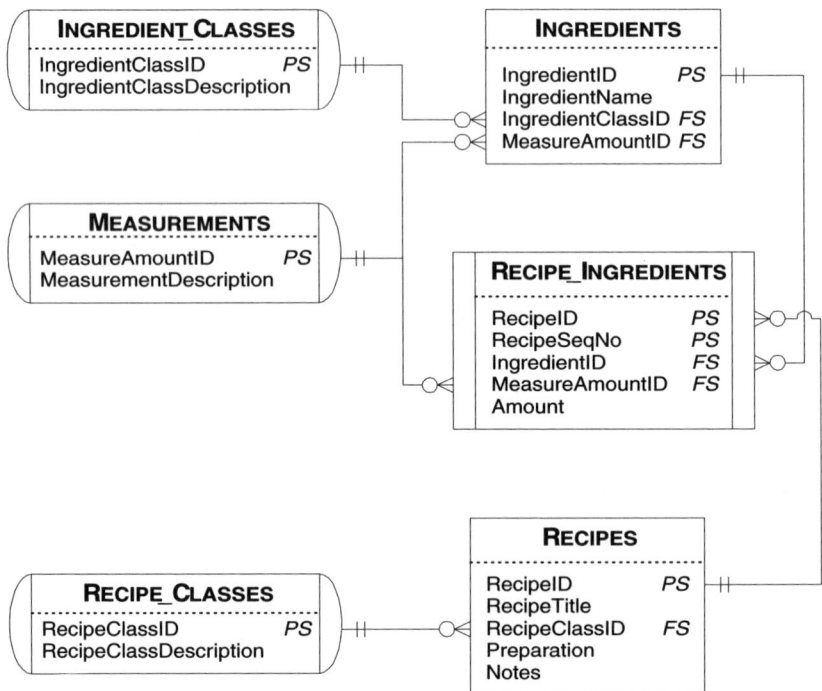

Empfohlene Literatur

C

Kapitelüberblick

Wenn Sie mehr über den Datenbankentwurf erfahren oder Ihre SQL-Kenntnisse erweitern möchten, empfehlen wir Ihnen die folgenden Bücher. Bedenken Sie, dass einige dieser Bücher eher technischer Natur und daher schwierig sind. Außerdem gehen einige Autoren davon aus, dass Sie einigermaßen viel von Computern, Datenbanken und Programmierung verstehen.

C.1 Bücher über Datenbanken

Date, C.J.: *An Introduction to Database Systems* (7. Aufl.). Reading, MA: Addison-Wesley, 1999.

Connolly, Thomas, Carolyn Begg und Anne Strachan: *Database Systems – A Practical Approach to Design, Implementation, and Management*. Essex, England: Addison-Wesley, 1995.

Hernandez, Michael J.: *Database Design for Mere Mortals*. Reading, MA: Addison-Wesley, 1997.

C.2 Bücher über SQL

Bowman, Judith S., Sandra L. Emerson und Marcy Darnovsky: *The Practical SQL Handbook* (3. Aufl.). Reading, MA: Addison-Wesley, 1996.

Celko, Joe: *Instant SQL Programming*. Chicago, IL: Wrox Press Ltd., 1995.

Celko, Joe: *Joe Celko's SQL for Smarties: Advanced SQL Programming* (2. Aufl.). San Francisco, CA: Morgan Kaufmann Publishers, 1999.

Date, C. J. und Hugh Darwen: *A Guide to the SQL Standard* (4. Aufl.). Reading, MA: Addison-Wesley, 1997. (In deutscher Übersetzung erschienen als: »SQL – Der Standard«, AW, 1998, ISBN: 3-8273-1345-7).

Groff, James R. und Paul N. Weinberg: *LAN Times Guide to SQL*. Berkeley, CA: Osborne McGraw-Hill, 1994.

Gruber, Martin: *SQL Instant Reference*. Alamedia, CA: Sybex Inc., 1993.

Melton, Jim und Alan R. Simon: *Understanding the New SQL: A Complete Guide*. San Francisco, CA: Morgan Kaufmann Publishers, 1993.

Go To

Stichwortverzeichnis